비틀거리는
자본주의

지구를 움직이는 힘, 금융

비틀거리는 자본주의

꿈엔비즈

1.

2008년 초여름 씨티은행 부행장과 함께 한 점심식사 자리였다. 부행장이 말했다. "미국 본사에서 자꾸 현금을 보내라고 하는데 무슨 일인지 모르겠어." 그리고 몇 달 뒤 미국 4대 투자회사였던 리먼브러더스 사가 파산했다. 주가가 곤두박질치기 시작했고 미국을 시작으로 지구촌 전체가 패닉 상태에 빠져들었다. 백 년 만에 한 번 올까 말까 한 공황이 일어난 것이었다. 그때서야 본사에서 현금을 만들어 보내라고 한이유를 알 것 같았다. 망치로 뒤통수를 얻어맞은 기분이었다.

그때 나는 한국신용평가정보의 부사장이었다. 금융을, 그것도 리스크 관리를 주업으로 하는 사람이 금융과 자본의 흐름에 대해 예견도 대비도 하지 못했다는 사실이 부끄러웠다. 여태까지 나는 마치 장님이 코끼리 다리를 만지고 있던 격이었음을 그때 깊이 깨달았다. 서브프라임 사태가 일어난 근본 원인부터 다시 알아야 했다. '공부 깨나 했다는 사람도 세상이 돌아가는 이치를 모르는데 그렇지 못한 다른 사람들은 오죽할까.'

공부를 하면 할수록 자본주의가 흔들리고 있음을 알 수 있었다. 자본주의는 과연 어디로 가고 있는 것인가. 현재 우리가 살고 있는 환경을 정확히 파악할 수만 있다면, 그리고 이에 대한 기본 인식에 공감할 수만 있다면, 서로 나뉘어 싸울 일은 없을 것 같았다.

"변화에 슬기롭게 대처하고 위기를 기회로 만든 역사적 선례들은 우리에게 관찰(觀察)과 성찰(省察)과 통찰(洞察)을 요구한다."

이헌재 전 부총리가 그의 저서 『경제는 정치다』에서 한 말이다. 경제는 현실이다. 이데올로기나 도덕적 규범을 개입시키지 말고 현실을 그대로 인정하고 직시하는 관찰이 요구된다. 또한 지금까지 걸어온 길과 앞으로 가야 할 길을 곱씹어보고 점검하는 피드백으로서 성찰이 필수적이다. 마지막으로 관찰과 성찰을 통해 발견한 문제의 해법을 찾아야 한다. 시대의 흐름을 읽으려 노력하다 보면 미래를 보는 능력이 경험지와 암묵지(暗默知)를 통해서 나온다는 것이다.

어리석은 자는 경험에서 배우고, 현명한 자는 역사에서 배운다고 했다. 우리가 역사를 되돌아보고 그 역사 속에서 깨달음을 얻으려고 하는 것은 지금 우리가 경험하고 있는 현실을 직시하고 우리의 미래를 내다보기 위해서다. 그런데 역사란 처음부터 정답을 정해놓고 그쪽으로만 나아가는 것이 아니다. 역사에는 반드시 원인과 경과와 결과가 함께 한다. 그리고 우리 역사가 이렇게 흘러온 데에는 우연과 필연의 사건들이 그 주요한 길목 곳곳에 자리하고 있다. 사람과 사람이 부딪치면서 만들어 가는 기록이 역사이기 때문이다. 결국 오늘 우리가 선 이 자리는 지난 역사가 흘러오며 일어났던 우연과 필연의 사건이 중첩되고 상호작용한 결과이다.

2.

인류의 역사는 부채로부터 시작되었다. 우리는 그 기록을 메소포타미아의 수메르 도시문명에서 찾아볼 수 있다. 고대 세계에서는 모든 혁명 운동들이 빚을 탕감하고 토지를 재분배하라는 요구에 초점이 맞춰졌다. 우리가 알고 있는 함무라비 법전은 부채를 탕감하고 채무자를 보호하기 위한 것이었다. 종교개혁 이전까지 기독교적 세계에서 이자를 받고 돈을 빌려주는 행위는 죄악이었다. 중세 기독교와 이슬람에서 이자금지를 엄격하게 한 것도 채무자 보호를 위해서였다. 유럽에서는 왕이 취임할 때면 대사면(大赦免)을 하고 그때마다 감옥 문을 열고 부채를 탕감해줬다. 가톨릭교에서는 일정한 기간마다 죄를 사하거나 부채를 탕감해 주는 주빌리(jubilee)라는 전통이 있었다.

얼마 전까지만 해도 그리스에서는 국가부도가 난다고 하는데도 불구하고 파업과 데모가 끊이지 않았다. 구제금융을 끊겠다고 압박해도 긴축정책에는 결사반대 한다. 우리의 시각으로 볼 때는 어이가 없는 일이지만 나라의 빚은 통치자가 부담할 몫이라는 인식이 유럽을 지배해 왔던 탓에, 그들은 채무자가 탕감 받는 것을 당연한 권리처럼 여긴다. 유럽은행들이 신속하게 그리스 외채를 70%나 탕감해 주고 구제금융을 제공한 것은 이런 전통이 만들어낸 자연스런 현상일 것이다.

역사는 시나리오대로 흘러가는 것이 아니다. 하지만 우리가 발 딛고 선 삶의 역사에는 하나의 법칙과 규율이 있다. 그것은 화폐라는 괴물이고, 이는 전쟁의 산물이었다. 이 화폐가 신용을 만들어내서 세상이 돌아가게 하고 있는 것이다.

화폐는 신용이고, 신용은 결국 빚이다. 이러한 시스템은 당대 사회

내에 존재하는 신용의 크기만큼만 빚을 허락한다. 그리고 그 한도를 무리하게 넘어서는 순간 버블은 꺼지고 여지없이 크고 작은 위기를 불러왔던 것이다.

경제위기는 항상 과도한 빚에서 출발했다. 1997년 우리나라의 외환위기가 그랬고 2007년 서브프라임모기지 사태가 그러했다. 그리고 아직도 진행 중인 유럽의 재정위기 또한 그러하다. 종교개혁으로 노동과 자본의 개념이 생겨나고 기독교에서도 이자를 받는 것이 허용되었을 때 이미 부채는 신용이 있는 사람에게만 주어지는 혜택이었다. 이를 신용경제시스템이라 한다. 그리고 이것은 주식, 은행, 채권과 더불어 자본주의의 본질이 되었다. 금융이 사실상 역사의 뒤편에서 정치의 향방을 가리키며 역사를 기록해 나가고 있는 것이다. 오죽하면 영국의 디즈레일리 총리가 "세상은 사람들이 생각하는 것과는 전혀 다른 인물이 통치한다"고 했겠는가.

오늘날 우리가 살아가면서 삶을 영위하고 인류 발전을 자극하는 힘 중 하나는 화폐이다. 인류 역사에 있어 화폐는 평화의 시기에는 신용화폐로, 전쟁의 시기에는 금속화폐로 변화하면서 진화해 왔다. 오늘날의 금융시스템은 지난 4,000년간 이어 온 경제 진화의 산물이다. 화폐는 채권자와 채무자 사이의 관계를 구체화시켰고, 은행을 탄생시켜 대출행위와 차입행위를 만들어냈다. 13세기부터는 채권도 등장하여 규율에 따라 공개시장에서 거래되었다. 17세기에는 기업의 주식도 거래소에서 사고 팔 수 있게 되었다. 18세기에는 보험과 연기금이 등장했고, 19세기 이후에는 선물과 옵션이라는 세분화된 금융 증서들이 등장했다. 이 모든 제도적 혁신은 봉건주의 경제방식 대신 금융 중개를 거치면서 가능해졌고, 자원을 더 효율적으로 할당할 수 있게 해주었다.

역사가 사람들의 생존 환경에 따라 만들어진 흔적의 기록이라면, 금융 또한 역사 속에 다양한 형태로 숨겨진 암호와 같은 것이다. 그렇기에 문명의 발전 과정 속에 숨겨진 금융의 모습도 시대에 따라 다른 얼굴로 나타났다. 어떤 의미에서는 경제학의 영역을 넘어서 우리에게 다가오기도 했다. 그렇지만 한번 출현하면 어떤 한 사람의 의지로 쉽게 변화되지 않는 것이 금융시스템이다. 도도히 흐르는 강물을 거스를 수 없는 것과 같은 이치다. 오늘날 금융시장은 인류를 비추는 거울이 되었다.

3.

산업혁명 이전의 생존경제 시대에는 시장이 없었기 때문에 금융위기가 존재하지 않았다. 사람들은 오로지 생존하는 것이 중요했다. 그런데 신용시스템 아래에서 금융위기는 피할 수 없다. 과거에도 그랬고 현재도 그러하며 미래에도 그러할 것이다.

아담 스미스의 '보이지 않는 손'이 가져왔던 민간부문 유효수요가 수명을 다했을 때, 케인즈는 정부부문 유효수요로 이를 타개했다. 그런데 2008년 글로벌 금융위기가 왔을 때에는 민간부문 유효수요도, 정부부문 유효수요도 작동하지 못했다. 최근 들어 예일 거시경제 패러다임으로 미국만이 위기를 벗어나려고 하고 있을 따름이다. 그리고 세계는 저성장 디플레이션 환경에서 환율전쟁에 들어가 있는 상태다. 우리나라는 더더욱 앞날이 밝지 않다.

지구촌은 지금 저성장 국면에 진입해 빚 상환능력이 떨어지고 있어 금융위기가 다시 오는 것이 아닌가 하는 우려가 확산되고 있다. 미국의 금리인상을 계기로 국제 금리가 본격적인 상승국면으로 진입할 경우 빚이 또 다른 빚을 부르는 나선형 악순환 고리(vicious spiral cycle)에 빠질 가능성 때문에 각국이 전전긍긍하고 있다. 그래서 재닛 옐런 연준 의장은 금리인상과 같은 주요 통화정책 결정에는 '인내심을 갖고(patient) 접근한다'는 방침을 천명하기까지 했다. 1994~1995년, 2004~2008년 금리인상 당시 앨런 그린스펀 전 Fed 의장의 전철을 밟지 않겠다는 의미다.

유럽중앙은행(ECB)은 2014년, '마이너스 예금 금리제'를 발표하고 그것도 모자라 매월 600억 유로씩 풀어 2016년 9월까지 총 1조 1400억 유로의 양적완화 시행을 발표했다. 이에 대항해서 스위스는 스위스 프랑의 고평가를 막기 위해 금리인하를 단행했다. 북유럽, 캐나다에 이르기까지 금리를 내렸다. 일본의 불황 극복을 위한 아베노믹스의 궁극적인 목표는 디플레이션 탈출을 통한 경기회복이다. 중국조차 지급준비율인하와 금리인하로 맞서고 있다.

금리인하는 다른 나라를 어렵게 하면서까지 자국의 경제를 회복시키려는 '근린 궁핍화 정책'이다. 각국은 지금 찬밥 더운밥 가릴 때가 아니라고 생각하고 있는 것이다. 이러한 환율전쟁 국면이 쉽게 해소되지는 않을 것이다. 자본주의는 이제 수명을 다했나 생각될 정도로 비틀거리며 진흙탕 속으로 들어가고 있다. 그런데 우리나라만이 고고하게 홀로 상대적 고금리를 고수하고 있었다. 최근 메르스(중동호흡기증후군)의 확산으로 인한 경기후퇴 우려 때문에 1.5%까지 인하했지만 미국이 금리인상을 앞두고 있는 상황에서 너무 늦은 결정이었다. 세상 돌아가는 것을 모르고 있는 것인지, 아니면 무사태평한 것인지 답답하기만 하다.

한국은행은 2013년도에 금리인하를 했어야 했는데 실기하고 말았다. 우리나라의 물가상승률 목표치는 하단선 2.5%, 상단선 3.5%의 밴드폭을 갖고 있는데, 2년 내내 물가상승률이 1%대를 맴돌고 있다가 작년 말에는 0.8%까지, 2015년 3월에는 0.36%까지 떨어졌다가 5월에는 0.53%로 다소 올랐으나 7개월째 0%대 수준이다. 연초의 담뱃값 인상요인을 제외하면 실질 소비자물가 상승률은 지난 2월부터 3개월 동안 사실상 마이너스를 기록하고 있다. 더욱 우려되는 것은 물가하락을 이끄는 중심축이 국제유가 및 농산물 하락 등 공급측 요인에서 생산 · 소비 · 수출 등으로 이동한 데 있다. 전형적인 로플레이션(lowflation) 상태를 넘어 D(디플레이션)의 공포가 다가오고 있는 이유이다.

로플레이션의 문제는 통화정책 측면에서 통화정책 연결 경로(transmition mechanism)가 작동되지 않는다는 데 있다. 중앙은행의 통화공급이 확대되면 금리가 하락하고 이는 총수요 증가를 불러와 경기부양을 이루는 것이 일반적 통화정책이다. 그런데 로플레이션에서는 이런 경로가 멈추게 되고, 금융과 실물 간의 연계성이 떨어지게 되는 이분법 경제현상(dichotomy)이 나타나게 되는 것이다. 그런 상황에서는 돈을 푼다 하더라도 그 돈이 실물경제로 들어가지 않고 금융권에서만 맴도는 현상이 발생한다.

재정정책 측면에서는 시차가 길어진다. 시차는 정책입안에서 국회 통과까지의 내부 행정시차, 그리고 정책확정 후 효과가 나타나기까지의 외부 집행시차로 구분된다. 확정된 재정정책도 구축효과(crowding out effect)로 인해 경기부양효과가 반감된다. 그리하여 국가 부채가 늘어나지 않더라도 물가가 낮은 수준에 있으면 실질 부채 부담은 증가하게 되어 결과적으로 소비와 투자가 감소하는 문제가 발생하게 된다. 여기서 디플레이션이 우려될 만큼 물가가 낮은 여건에서는 실질 자산소득과 실질 부채부담이 동시에 늘어나서 계층별 빈부격차가 더 확대된다. 그런데 이를 방치하여 금리를 동결하면 자연스럽게 긴축효과가 일어나게 된다. 긴축효과가 있을 때에는 돈을 쓰기 어렵기 때문에 경기가 위축되어 기업들이 설비투자를 하지 않게 된다. 빚이 많고 물가가 낮은 국가일수록 금리를 내리는 것도 이 때문이다. 따라서 이럴 때에는 금리를 내려서 경기를 부양하는 정책적 보완이 요구된다. 금융위기 이후 선진국의 중앙은행은 통화량 증가를 시도함으로써 디플레이션과도 맞서 싸우는 역할을 하고 있다. 뿐만 아니라 실업과 금융불안정 등의 이슈에까지 중앙은행의 역할이 요구되고 있는 것이다.

4.

글로벌 금융위기 이후 선진국들은 학생들을 위한 금융교육을 시작했다. 학생들은 용돈 관리, 신용카드와 빚, 금융 상품 등에 관련된 내용뿐만 아니라 금리와 수익률을 비교하는 방법 등을 배우게 된다. 선진국들이 금융 교육에 나서는 데에는 2008년 글로벌 금융위기의 영향이 컸다. 은행이나 카드사가 뿌린 신용카드와 대출에 무작위로 노출되었던 소비자들은 갑자기 닥친 위기에 대응할 방법을 제대로 배우지 못했던 탓에 빚을 못 갚아 살던 집에서 쫓겨나야 했다. 어릴 적부터 부모가 휴대폰 요금을 내주는 것에 익숙해진 세대는 자율적이고 주체적인 돈 관리에도, 또 금융에도 취약하다. 더구나 우리는 근현대 역사에서 자본주의 경험이 일천하여 젊은 세대나 부모 세대 할 것 없이 모두 금융위기에 대해 무방비 상태에 놓여 있는 것이다. 이러한 상황에서 특히 젊은 세대가 자본주의 시장을 이해하고 금융 이해력을 높이는 것이 매우 중차대한 까닭은 여기에 미래 세대의 생존 문제가 달려있기 때문이다.

사회의 큰 흐름이 변하려면 대중들의 뭉쳐진 힘이 바탕이 되어야 한다. 혼돈의 세계 속에서 우리의 리더 계층을 변하게 하는 것도 국민들의 몫이다. 대중들도 역사와 금융의 흐름을 알아야 하고, 그런 대중의 각성이 뭉쳐져야 역사 속에서 낙오되지 않는 새로운 패러다임에 동참할 수 있는 것이다. 과거의 세계 패권국가였던 로마, 스페인, 네덜란드 등의 경우를 보아도 새로운 변화에 능동적으로 대응하지 못하고 민심이 흩어졌을 때 국가가 쇠퇴하였다.

이제 지구촌은 새로운 기로에 서 있다. 우리 눈앞에 성큼 다가온 사물인터넷 환경은 이러한 지구촌의 변화를 앞당길 것이다. 자본주의를 수세기 동안 이끌어 왔던 오프라인 형태의 전통적인 은행의 개념도 바뀔 것이다. 이미 증권거래는 점포가 없는 온라인 상태에서 거의 모든 것이 이루어지고 있다. 은행도 서서히 그러나 어느 날 갑자기 그렇게 바뀌어 갈 것이다. 인터넷은행이나 핀테크를 통한 손안의 모바일 은행이 눈앞에 다가와 있다. 이제 문명의 새로운 패러다임이 금융과 함께 다시 태어나고 있다.

이 글을 쓰는 7년여 동안 묵묵히 옆을 지켜주었던 아내에게 고마움을 전한다. 또한 몇 번씩 주저앉을 때마다 질책과 격려를 아끼지 않았던 친구와 지인들에게 감사를 드린다. 편집과 출판에 많은 지혜를 빌려주고 도움을 준 꿈엔들에 고마움을 전한다.

風來疎竹 風過而竹不留聲
雁度寒潭 雁去而潭不留影
故君子 事來而心始現 事去而心隨空

바람이 성긴 대숲을 지나가매 그 소리를 남기지 않고
기러기 늦가을 호수를 지나가도 그 그림자를 남기지 않으니
이처럼 군자도 일이 생기면 비로소 마음이 움직이고 일이 없어지면
마음도 따라서 비워지는 것이다.

눈앞으로 무언가 날아오면 의도하지 않더라도 저절로 눈이 감긴다.
피리가 소리를 낼 수 있는 이유는 자기 속을 비워 바람이 지나갈 수 있
게 했기 때문이다. 행하되 자취를 남기지 않는다. 『채근담菜根譚』에
나오는 시구다.

2015년 봄
조길연

Contents

9 / 근린 궁핍화 정책

1장

다시 써야 되는
경제학 교과서

신용의 역사

수메르 문명과 청동기문화

기원전 5000년경, 메소포타미아 문명은 티그리스 유프라테스강의 잦은 범람 덕분에 발생되었다. 강이 자주 범람하면서 매년 영양분이 가득한 새 흙이 흘러들어 땅이 비옥해졌고, 곡물을 비롯한 식량 생산이 활발할 수 있었다. 자연히 가축의 수도 많았고 양모나 가죽산업이 발달했다.

반면에 진흙이나 모래가 쌓여 이루어진 충적층 평야인 탓에 문명생활에 필요한 돌과 목재, 금속 등의 기초재료가 부족하여 이를 외부에서 수입해야 했다. 그래서 일찍부터 교역을 하지 않을 수 없었고 생활에 필요한 무언가를 만들어 써야 했기 때문에 불을 다루는 기술이 발달했다. 메소포타미아 지역에서는 큰 나무와 돌이 없었다. 그래서 그들은 나무나 돌 대신 진흙을 뜨거운 불에 구워 만든 단단한 벽돌로 집을 지었다.

그들은 벽돌을 쌓아 불을 피우는 화덕을 만들었는데, 그 가운데 어떤 초록색 돌들은 오래 가열하면 붉고 찐득찐득한 물질로 변하였다. 구리의 발견이었다. 특히 여러 돌들을 함께 녹이다가 우연히 전혀 새로운 구리가 발견되었는데 이것이 바로 구리와 주석의 합금인 청동이었다.

섭씨 800~900도에서 녹는 청동은 구리나 주석보다 녹이기는 쉽고 훨씬 단단해서 도구를 만드는데 유용했다. 그리하여 기원전 4000년경에는 본격적인 청동기 시대가 열렸다. 수메르에서 발달한 구리야금술은 연장은 물론 검과 같은 무기를 만들어 냈다. 이렇게 청동무기로 무장한 부족들은 주변에 있는 약한 부족들을 점령하여 점점 도시국가로 발전했다. 광물을 녹일 수 있는 고온은 노천에서 나무를 태워서는 얻을 수가 없었고 밀폐된 공간에서 숯을 사용해 불을 피워야 했다. 이러한 광물을 다루는 기술의 발달은 여태까지와 다른 새로운 문명을 만들어 냈다.

메소포타미아 지역은 비옥했을 뿐만 아니라 사방으로 탁 트인 평지여서 많은 도시국가들이 잦은 전쟁을 일으켰으며, 유목민의 침략에 끊임없이 시달리며 부침을 거듭했다. 그러는 동안 문명의 중심지가 수메르에서 에리두, 우르크, 아카드, 우르로 바뀌었다.

에리두는 『성경』 속의 에덴과 혼동되기도 하는데 기원전 5000년경에 시작되어 기원전 3000년경 대홍수로 멸망했다. 노아의 방주 신화보다 1,000년 앞서 만들어진 수메르인들의 홍수신화가 여기에서 비롯되지 않았을까 생각된다. 우르크는 기원전 3500년경에 인류 최초의 문자를 만들었다. 우리에게 쐐기문자로 알려진 수메르 문자다. 아카드는 기원전 2300년경에 가장 용맹한 도시국가였고, 기원전 2100년경에는 우르가 최강의 도시국가로 성장했다. 그러나 각 도시국가들은 지역적으로 가까이 있었기 때문에 문화에는 큰 차이가 없었다.

우르가 최강의 도시국가로 불리는 이유 중 하나는 그들이 남긴 많은 유적과 유물에 있다. 특히 수백만 개의 벽돌을 쌓아 만든 거대 신전 지구라트(Ziggurat)는 하늘에 제사를 지내는 제단이면서 우주의 순환을 관찰하는 관측소였다. 우르인들은 오랜 관찰과 기록 끝에 하늘에서 반복적으로 일어나는 순환의 패턴을 알아냈고, 하늘의 움직임이 인간의 삶에 어떤 영향을 미치는지 예측하는 데 그 정보를 이용했다. 그들은 하늘을 12구역으로 나누고 각 구역에 음력 월과 별자리 이름을 하나씩

(그림1) 수메르 문명의 고대도시들

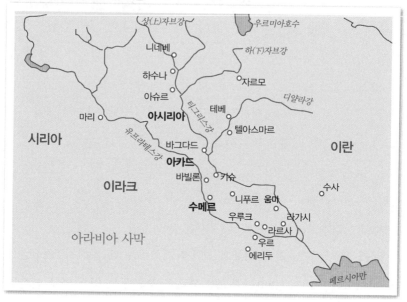

대응시켰다. 별자리 운세로 친숙한 12궁도가 이렇게 탄생했다. 60이 시간의 기본 단위가 되고 1주일이 7일로 정해진 것도 이때부터였다.

우르인들은 10진법 대신 60진법을 사용했다. 60은 약수가 많아 곡물이나 토지를 나눠 줄 때 편리했다. 그리고 60×6=360이라는 산술적 관계에 의해 1년을 360일로 나눴다. 60과 360을 중요하게 여기는 습관은 원은 360도, 1시간은 60분, 1분은 60초, 하루는 24시간 등으로 오늘날까지 이어져 오게 되었다.

우르인들은 가공되지 않은 은(銀)을 덩어리 형태로 다듬어 표준화했다. 그리하여 은화 1세켈을 화폐의 기본 단위로 하고(1세켈은 60미나로 나뉜다) 이를 쐐기(설형)문자로 서판에 표시했다.

황금투구, 청동제 화살, 주사위 등 오늘날 우리가 수메르 유물이라고 알고 있는 다수가 우르의 것들이다. 또한 우르남무 왕이 만든 법전은 후일 함무라비 법전의 모태가 되었다. 기원전 2000년쯤 우르에 살고 있던 아브라함의 가족이 척박한 땅 가나안(오늘날의 팔레스타인)으로 이주하면서 이스라엘의 역사가 시작되었다. 그때부터 가나안 사람들은 이들을 유프라테스 강을 건너서 왔다고 하여 '히브리' 사람들이라고 불렀다.

수메르인이 중심이 된 우르 문명은 기원전 1970년경 서쪽에서 건너온 셈족 아모리인들의 공격으로 쇠멸하게 되었다. 아모리인들은 바빌론에 나라를 세웠는데, 이것이 바로 바빌로니아 왕국이었다.

신용의 탄생

"푸줏간 주인이 고기를 주고 맥주와 교환한다고 할 때, 이 물물교환에서는 푸줏간 주인이 맥주를 원할 뿐만 아니라 양조장 주인이 고기를 원해야만 고기와 맥주가 교환될 수 있다는 어려움이 있다. 또한 이 물물교환에서 쇠고기 100g이 맥주 3병과 교환이 된다고 가정할 때, 푸줏간 주인이 맥주 2병을 원하는데 양조장 주인은 쇠고기 100g을 원한다면 맥주와 쇠고기를 서로 교환할 수 없을 것이다. 이런 물물교환의 어려움을 해결하여 생산물들의 교환을 원활하게 해주기 위해 어떤 특정한 물건(예를 들어 금이나 은)이 일반적인 거래수단으로 등장하는데, 이것이 '화폐'다."

아담 스미스가 『국부론』에서 주장한 말이다. 이미 기원전 330년에 아리스토텔레스도 비슷한 주장을 했다. 아리스토텔레스는 처음에는 가족들이 필요한 모든 것을 직접 만들었을 것이라고 생각했다. 그러다 점진적으로 가족들이 일부 업종에 전문화하게 되었다. 어떤 가족은 옥수수를 경작하고, 또 어떤 가족은 포도주를 빚었다. 그들은 서로 필요한 것을 교환했다. 그런 과정에서 돈이 탄생했음에 틀림없다고 아리스토텔레스는 주장했다. 그러나 어떤 식으로 돈이 탄생하게 되었는지에 대해서는 명쾌하게 밝히지 않았다.

우리는 경제학에서 "인류의 경제활동은 물물교환으로부터 비롯되었다"고 배운다. 경제학자들이 돈의 기원에 대해 이야기할 때면 항상, 먼저 물물교환이 일어났고, 그 다음에 화폐가 등장했으며 신용은 화폐가 등장한 다음에 나타났다는 식으로 말한다. 더구나 부채는 언급도 되지 않는다.

돈은 물론 시장경제의 작동에 결정적으로 중요하다. 돈이 없는 세상을 상상이나 하겠는가? 오늘날은 화폐가 금속에서 종이로, 종이에서 프라스틱 안으로, 다시 컴퓨터 속의 숫자로 움직이고 있다. 그리고 '비트코인(bitcoin)'이라는 온라인 가상화폐까지 등장했다. 그러나 이러한 화폐가 없으면 물론 그 대안은 물물교환일 것이다. 아담 스미스는 경제학의 밑바탕을 이루는 중요한 말을 하고 있다.

"경제생활의 기초란, 인간의 본성에 있는 어떤 성향, 즉 물건을 갖고 다니며 유익한 것을 찾아 서로 교환하려는 성향이다. 동물들은 이런 교환을 하지 않는다. 개가 다른 개와 뼈다귀를 공정하고 정교하게 교환하는 것을 본 사람은 지금까지 아무도 없다."

현실 속의 수많은 공동체에서 삶을 살아가는 모든 사람들은 사실상 어떤 형태로든지 다른 사람들에게 빚을 지고 있으며, 대부분의 거래는 통화 없이 이루어진다. 물물교환을 거쳐 돈이 나타나고 그 다음에 신용이 생겨났다는 주장은 단순히 증거의 본질 때문일 수 있다. 금속화폐에 관한 내용은 고고학적 기록으로 남는다. 그러나 신용거래의 기록은 보존되지 않는다.

지금도 그렇지만 예전에도 이웃에게 단순히 어떤 도구를 빌려줄 때는 이자를 받지 않았다. 단지 빌려주었을 때의 상태로 되돌려 주면 되었고, 나중에 필요한 물건이 있을 때 자신도 물건을 빌리면 되었다. 때로는 궁핍한 친구나 친척에게 음식이나 거처를 그냥 제공하기도 했다. 그러나 이웃이 무엇인가 필요할 때 아무런 대가 없이 빌려주었다가 후일에 받는 행위는 분명히 상대방의 신용을 보고 빌려준 것이었다.

이자가 오가는 대출의 행위도 오래전부터 존재했다. 그 대표적인 것이 곡식의 씨앗을 빌려주거나 가축을 빌려주는 경우이다. 이와 같은 생산 목적의 대출은 본질적으로 추수 후 더 많은 곡식으로 불려 받거나 가축의 새끼 일부까지 돌려받는, 즉 이자를 붙여서 되받을 수 있기 때문이었다. 오늘날의 이자 개념은 이러한 형태의 생산적 대출에서 비롯된 것이라 추정할 수 있다. 그러다가 나중에는 비생산적 대출에도 이자를 지급하는 기록들이 나타나고 있다.

돈과 신용 즉, 부채는 인류 역사에 거의 동시에 출현했다. 그러나 지금까지 기록으로 전해지는 최초의 신용거래는 고대 메소포타미아의 수메르 도시문명에서 찾아볼 수 있을 뿐이다.

부채의 탕감과 함무라비 법전

수메르인들은 도시국가마다 각각 다른 신을 섬겼으며 각 도시에 신을 모시는 지구라트를 건설했다. 당연히 그 도시의 중심은 거대한 신전(神殿)과 궁전이었는데, 여기에 성직자와 관리, 공방에서 일하는 장인,

농부와 양치기 등 수천 명이 소속되어 있었다. 신전은 도시의 창고 역할을 했다. 신전에 저장된 곡식은 이를 필요로 하는 사람에게 빌려주고 추수 후 이자를 붙여 받았다.

신전의 관료들은 은으로 임차료와 수수료, 대출 등의 부채를 그들이 개발한 60진법의 회계시스템을 이용해 계산하고 문자로 기록했고 농민들은 대부분 보리로 부채를 상환했다. 일종의 신용시스템인 것이다. 물론 당시에는 아직 현대적 의미의 신용이 싹트지는 못했다. 그러나 시장의 상인들은 대부분의 거래를 신용으로 했다. 양조장에서 술을 사는 사람들은 평소에 외상으로 했다가 나중에 추수기가 되면 그 빚을 보리나 다른 것으로 상환했다.

신전의 행정관은 상인에게 재화를 빌려주었고 상인들은 빌린 재화를 다른 지역에 내다 팔곤 했다. 이때 신전은 자신들의 몫을 따로 챙기는 방법을 고안하게 되었다. 이자의 탄생이다.

융자가 자리를 잡자 그 관행이 급속도로 전파되었다. 오래지 않아 고전적 의미의 고리대금이라는 소비자융자까지 등장하게 되었다. 그리고 흉작으로 융자금 회수가 안 될 때는 농지, 가축을 비롯하여 농민의 소유물을 빼앗는 관행이 보편화 되었다. 심지어는 자식과 아내를 포함한 가족들까지도 예외가 없었다. 담보물 행사로 잡혀 온 여자가 낳은 아이까지 노예가 되었다. 채권을 영어로 'bond'라고 하는데 '꽁꽁 묶는다'는 뜻의 동사 'bind'에서 파생한 단어다. '빚을 지면 내 가족이 노예가 되어서 밧줄에 묶인다'는 의미에서 채무계약이 'bond계약'이라 표현된 것이다.

메소포타미아의 점토판을 보면 빌린 물품을 갚으라는 거래기록이 나온다. 점토판 영수증은 왕궁이나 사원에서 곡물과 여타 상품을 보관하는 사람 앞으로 발행되었다. 빌려 준 쪽에서 돌려받을 양과 지급 기일을 작성하고 차용자의 인장을 찍은 다음 봉인한 상태로 간직했다. 그리고 설형문자로 된 점토판에 이 신용기록을 남겼고 채무자가 상환일이 되어 빚을 갚으면 이 서판을 깨뜨렸다. 빚은 양도가 가능해서 서판의 최종 소지자에게 지급해야 했다. 차입자는 이자도 지급해야 했다.

설형문자로 된 기록의 다수는 금융에 관한 것이었다. 기원전 2402년 메소포타미아 라가시 지역의 엔메테나가 새긴 글을 보면, 움마의 왕이 라가시의 농경지를 점령하고 농지에 대한 임차료와 그 임차료에 대한 이자까지 내놓으라고 한다고 불평하고 있다. 이미 이 시대에 이자를 무는 소비자금융이 확립되었다는 증거이다. 결국 움마의 왕은 라가시와 전쟁을 벌여 승리했다. 그리고 이번에는 자기 왕국 내의 모든 부채를 탕감한다는 칙령을 발표했다. 훗날 그는 다음과 같이 자랑했다고 한다.

"나는 라가시에 자유를 퍼뜨렸다. 자식을 어머니에게 돌려주고, 어머니를 자식에게 돌려주었다. 모든 이자를 폐지했다."

이것이 인류 역사에 나타난 최초의 부채탕감 기록이다.

빚을 진 농민들은 빚을 갚지 못하면 노예로 전락할 것을 두려워하여 땅과 집을 버리고 사막 언저리를 떠돌던 유목민 집단에 합류했다. 땅은 버려져 황폐해졌고, 농민들의 불만은 하늘을 찔렀다.

채무자 집단이 사회 위협세력으로 등장하자 사회 붕괴의 위험에 직면한 바빌론의 통치자들은 이들을 달래기 위해 매년 봄에 '서판을 깨뜨리는' 의식을 행하였다. 서판, 즉 채무증서를 깨뜨리면 빚이 탕감되어 부채기록이 지워지기 때문에 담보로 잡혀 있던 사람들이 풀려나 가족들의 품으로 돌아올 수 있었다. 수메르에서는 이런 조치를 '자유선언'이라 불렀다. 역사상 최초의 기록으로 남은 '자유'를 뜻하는 수메르어 'amargi'의 원래 의미는 '어머니에게 돌아간다'는 뜻이다. 메소포타미아의 왕들은 스스로를 우주를 지배하는 존재로 여겼기 때문에 이러한 행사에서 정의와 평등의 복원, 과부와 고아들의 보호를 내세웠다.

메소포타미아를 통일한 바빌로니아의 함무라비왕은 넓은 영토를 다스리기 위해 왕을 대신하는 관리를 파견했다. 나아가 제국 안의 다양한 문제에 대해 누가 재판하더라도 공평한 형벌이 내려지게 하기 위해 법을 만들어 선포했다. 법에 의한 지배를 기초로 하는 '눈에는 눈, 이에는 이'라는 함무라비 법전은 이렇게 만들어졌다. 함무라비 법전은 너비 65cm, 둘레 1.9m, 높이 2.25m의 큰 돌에 설형문자로 새겨졌다. 함무라비 법전에는 은과 곡물 등 모든 유형의 대출에 대한 법정 최고 이자율을 정해 놓았다. 금리의 역사는 바로 신용의 역사가 되었다. 그 서문에는 이렇게 적혀 있다.

"태양신 사마슈가 이 세상에 빛을 준 것처럼 백성의 행복을 위해 이 세상에 정의를 주노라. 그리하여 강자가 약자를 못살게 굴지 않도록, 과부와 고아가 굶주리지 않도록, 평민이 관리에게 시달리지 않도록."

함무라비왕이 기원전 1761년 부채탕감을 해주었을 때도 "강한 자들이 약한 자들을 억압하지 않도록 하기 위해서"라고 적고 있다. 바빌로니아의 함무라비 법전은 강자보다는 약자를 보호하기 위한 법이었다. 다시 말하면 폭력이 지배하는 금속화폐 시대와는 달리 신용화폐 시대에는 농민봉기 같은 사회적 혼란을 막기 위해 채무자를 보호하는 제도가 있었던 것이다. 메소포타미아 지방의 부채탕감과 중세 기독교와 이슬람의 이자 금지는 채무자를 보호하는 대표적 제도였다.

함무라비 시대에는 복리이자가 부과된 것으로 나온다. 어쨌거나 이 모든 거래의 밑바탕에는 차입자가 되갚는다는 믿음이 깔려 있었다. 영어에서 '신뢰(credit)'의 어원이 라틴어 '신뢰를 보이다(credo)'인 것은 결코 우연이 아니다.

메소포타미아의 신용 관행은 기원전 3000년경 수메르 시대 초기부터 기원전 1900년부터의 바빌로니아, 기원전 732~625년의 아시리아, 기원전 625~539년의 신바빌로니아, 그리고 기원전 539~333년의 페르시아 시대와 헬레니즘 시대에 이르기까지 수천 년에 걸쳐 계속되었다.

반면에 고대 이집트는 메소포타미아만큼 부유했지만 강이 사막을 가로질러 흐르는 환경 속에서 자제력과 통제력이 강한 중앙집권적 사회라는 차이가 있었다. 파라오는 신이었으며, 국가와 신전의 관료들은 모든 일에 관여했다. 국가가 토지와 임금과 지출의 분배를 주도했고, 회계의 수단으로 돈도 생겨났다. 그러나 화폐의 상업적 활용이나 신용거래는 활발하지 않았다. 융자도 드물었고 대출에 대한 이자도 없었다.

인도의 갠지스문명은 당시의 기록들이 아직 해독되지 않고 있고, 중국의 황하문명도 신용거래에 대해 그리 전해지는 것이 없다. 돈의 역사에 관한 기록들은 오로지 주조(鑄造)에 관한 것뿐이다.

화폐와 신용이 발달하면서 과도한 신용행위에 대한 견제도 함께 늘어났다. 고대 법전들 대다수가 신용의 남용을 금지하거나 신용행위 자체를 아예 금지하는 내용을 담고 있다. 이스라엘은 이자를 받고 돈을 빌려주는 행위를 허용하지 않았고, 기원전 450년경의 이란은 이자를 받는 것을 불명예스럽게 생각했다. 그런데도 성경과 조로아스터교의 경전인 젠드 아베스타나 고대 인도 성전인 베다에는 담보대출에 대해 언급하고 있다. 바빌로니아와 로마에서는 신용은 허용했으나 금리는 제한했다. 그리스인들은 금리 제한이 없는 신용은 독려했으나 인신담보 등은 금지했다.

전쟁과 함께 태어난 종교사상과 주화

전쟁의 시대

독일의 실존주의 철학자 칼 야스퍼스(Karl Jaspers)는 피타고라스(기원전 570~495년)와 부처(기원전 624~544년), 공자(기원전 551~479년)가 거의 같은 시기에 살았고, 그 시기에 그리스와 인도, 중국의 각각 서로 다른 지역에서 지적 논쟁이 급작스럽게 개화했다는 사실에 주목했다.(부처의 생몰연대에는 여러 가지 설이 있다. 기원전 565~485년도 그 중의 하나다. 세계의 공통불기는 불멸연대로서 2015년 기준 불기 2559년이다.)

한편으로는 피타고라스와 부처와 공자가 살았던 기간이 주화가 발명된 시기와 거의 일치한다. 게다가 주화가 처음 발명된 세 지역은 바로 그 현자들이 살았던 곳이었다. 실제 에게해 해안의 도시국가들과 인도 북부의 갠지스강 유역, 그리고 중국의 황하 유역은 종교적, 철학적 창의성의 중심지가 되었다.

기원전 7세기경 고대 그리스의 도시국가들은 늘어난 백성을 먹여 살리기 위해 농지가 필요했다. 그러나 농지가 부족했고, 그마저도 땅이 척박해서 밀 농사만으로는 먹고 살 수가 없었다. 그리스인들은 도자기, 포도주, 올리브기름을 팔아서 이집트와 흑해 연안에서 곡물을 수입했으나 늘 수입이 수출보다 많았다. 농업 생산력이 수요에 미치지 못하고, 무역으로도 돈을 벌 수가 없자 자연스럽게 식민지 확보로 눈을 돌렸다. 도시국가 간의 전쟁도 많아졌다.

이러한 시기에 셈족 계열의 아시리아가 바빌로니아를 정복하고 역사상 처음으로 오리엔트 전역을 통일했다. 그러나 아시리아 제국은 전쟁에서 잡은 적을 모두 죽이고 남은 백성은 노예로 부리는 등 통치 방식이 너무 잔혹했다. 폭정에 시달리던 바빌로니아, 메디아, 이집트, 리디아 등 식민지 백성들이 일제히 반란을 일으켰다. 아시리아는 오리엔트를 통일한 지 60여 년 만에 무너지고 신바빌로니아가 시작됐다. 신바빌로니아는 유대왕국을 공격해 예루살렘을 빼앗았다. 이때 유대인의 상당수도 신바빌로니아로 끌려가 노예가 되었다. 수도 바빌론에는 90m 높이의 지구라트가 있었는데, 이 지구라트는 성서에 나오는 바벨탑의 소재가 되기도 했다.

번영을 누리던 신바빌로니아도 이집트의 마지막 왕조를 무너뜨린 아케메네스 페르시아의 키루스 대왕에 의해 멸망하고 말았다(기원전 539년). 그리고 다리우스 대왕 때는 동쪽으로는 인더스 강에서 서쪽으로는 다르다넬스 해협까지 영토를 넓혔다. 많은 그리스 식민도시들도 페르시아의 지배를 받게 되었다.

기원전 499년, 지배를 받던 그리스 식민도시들이 페르시아에 반란을 일으켰다. 분노한 다리우스 대왕이 그리스 본토까지 원정에 나서면서 페르시아 전쟁이 시작됐다. 이 전쟁에서 그리스가 이겨 한 병사가 마라톤 평원 40여km를 달려 승전소식을 전하기도 했다. 마라톤 전쟁이 끝난 후 10년이 지난 기원전 480년 제2차 페르시아 전쟁이 일어났다. 스파르타의 레오니다스 왕은 300명의 정예전사를 이끌고 테르모필레 계곡에서 페르시아 군대와 맞섰으나 크세르크세스 왕이 이끄는 페르시아의 30만 대군에게는 적수가 되지 못했다. 스파르타 군대는 전멸

했다. 이 이야기는 잭 스나이더 감독의 영화 〈300〉의 기본 줄거리가 되기도 했다. 승리한 페르시아는 아테네로 진격했다. 그러나 해군이 강했던 그리스 연합군과 육군이 강했던 페르시아가 맞붙었을 때 결정적 승부는 해전에서 결판이 났다. 페르시아는 아테네의 영웅 테미스토클레스에게 살라미스 해전에서 패하고 말았다.

그리스는 전쟁에서 승리했지만 아테네와 스파르타로 갈라져 펠로폰네소스 전쟁(기원전 431~404년)을 치렀다. 이후 아테네와 스파르타는 비슷한 시기 중국 춘추전국시대의 오나라와 월나라처럼 철천지원수가 되었다. 이어서 기원전 336년, 마케도니아의 알렉산더 대왕이 그리스를 완전히 정복하고, 동방원정에 나서 페르시아를 멸망시켰다.

기원전 6세기 초반, 인도의 갠지스강 주변에도 도시국가들이 나타나기 시작했다. 제2차 페르시아 전쟁이 시작될 무렵, 인도의 마가다 왕국도 갠지스강 일대를 완전히 정복했다. 그러나 얼마 못 가서 반란에 의해 무너지고 난다 왕국이 들어섰지만 알렉산더 군대의 침략을 받는다. 침략을 받은 인도인들은 인도 민족에게도 강력한 제국이 필요하다는 사실을 깨달았다. 알렉산더의 동방원정이 끝나고 얼마 지나지 않은 기원전 317년, 찬드라굽타 마우리아가 난다 왕조를 몰아내고 마우리아 제국을 세웠다. 인도 남동쪽 칼링가와 남부 지역을 제외한 인도 대부분 지역을 모두 통일한 거대 제국이었다.

마우리아의 3대 왕인 아소카는 왕이 되기 위해 99명의 형제를 살해한 끝에 왕위에 올랐다. 아소카는 기원전 270년 전쟁을 벌여 칼링가 지역을 포함한 인도 전역을 통일했다. 이 전투로 10만 명이 죽고 15만 명이 포로가 되었다. 그러나 그는 잔혹한 정복전쟁에서 수많은 목숨이 사라졌다는 생각에 죄책감을 느끼고 전쟁중단을 선언했다. 그리고 불교에 심취하여 국교로 삼았다. 그는 부처의 몸에서 나온 사리를 찾아내 84,000개로 나누어 각 지역에 전하고 사리를 보관하는 스투파[탑]를 곳곳에 세웠다. 불교에서는 위대한 왕을 '전륜성왕(轉輪聖王)'이라고 부르는데 아소카를 속세를 다스리는 전륜성왕이라고 불렀다.

기원전 770년 중국에서는 주 왕조의 유왕이 포사에게 빠져 정사를 돌보지 않자 전국에서 반란이 일어났다. 이때 북방에 있던 유목민족인 견양족의 침략으로 수도가 함락되었다. 제후들은 유왕의 아들을 왕으로 세워 수도를 뤄양(洛陽)으로 옮겼다. 이때부터 지방 제후들이 들고 일어나 권력을 다투면서 춘추전국시대가 시작됐다. 춘추전국시대는 춘추시대(기원전 770~403년)와 전국시대(기원전 403~221년)로 구분한다. 춘추시대 때 대략 500회 이상의 전쟁이 일어났다. 당시 수백여 개의 제후국 가운데 국력이 막강했던 제, 진, 초, 오, 월 5개 나라를 '춘추오패(春秋五覇)'라 불렀다. 이 시기 제후국들의 경제적 기반은 영토 내에 거주하면서 자급자족할 수 있는 농민의 수였다. 농민의 수가 늘어난다는 것은 평상시에는 국가재정 수입이 늘어나고 전쟁시에는 병력이 늘어난다는 의미였다. 이즈음 철제 무기가 나타나고 철로 만든 농기구로 농사를 지어 농업 생산량도 청동기 시대와는 비교도 되지 않게 크게 증가하게 되었다.

그리스에서 펠로폰네소스 전쟁이 끝날 때 중국에서는 춘추시대가 지나고 더 큰 혼란에 접어드는 전국시대가 시작됐다. 춘추시대 때는 겉으로나마 중앙정부인 주 왕조에 충성했으나, 전국시대 때는 제후들이 스스로를 왕이나 황제로 부르면서 전쟁을 벌였다. 전국에는 진, 초, 연, 제, 한, 조, 위의 '전국칠웅(戰國七雄)'이 있었다.

상업이 발달했던 황하 하류의 제나라와 장강 일대의 초나라는 농업이 발달했던 서부의 진나라에게 망했다. 홍수 같은 자연재해와 외적의 침입으로부터 살아남아야 했던 당시만 해도 시장은 그리 중요하지 않았다. 그보다는 농업을 바탕으로 한 강력한 황권체제가 보다 효율적이었다. 당시의 대혼란 속에서도 진나라는 법가 철학을 바탕으로 중앙정부의 힘이 지방 구석구석까지 미치는 '중앙집권체제'를 세웠다. 그리하여 기원전 221년 화폐와 도량형을 통일한 진(秦)나라가 사상 처음으로 광대한 중국을 통일하는 위업을 이루었다. 춘추전국시대에 들어선 이후 무려 550여 년에 걸쳐 계속됐던 혼란을 끝낸 것이다.

당시는 제2차 포에니 전쟁이 터지기 전, 카르타고의 한니발 장군이 복수를 꿈꾸며 로마를 노리고 있을 때였다. 그리고 15년 후인 기원전 206년, 로마가 포에니 전쟁에서 이기고 크게 성장하고 있을 때 진나라는 멸망하고 말았다.

종교사상의 기원

세계가 온통 전쟁을 벌이고 있을 때 세계 전역에서 철학과 사상의 꽃이 활짝 피었다. 그것도 거의 비슷한 시기에 서로 다른 지역에서 발생한 일이다. 그러나 이것은 우연이 아니었다. 거기에는 그럴 만한 이유가 있었다. 인도는 브라만 사제의 횡포가 심했고, 중국은 춘추전국시대의 혼란기였으며, 그리스는 전쟁의 소용돌이에 휩싸여 있었다. 페르시아도 제국의 확대를 위하여 정신적 무장이 필요했다. 동서양 모두 전쟁의 혼란에서 탈출할 수 있는 새로운 철학과 사상이 필요했다.

세월이 흐르면서 통치자들의 태도가 변했다. 대부분의 통치자들은 현실정치를 끌어안는 동시에 새로운 철학 및 종교운동들에 대해 관용적인 태도를 보였다. 철학과 사상이 발전하려면 언론의 자유가 보장되고 활발하게 토론할 수 있는 장소가 있어야 했다. 아테네에서는 아고라, 중국에서는 직문이 그 역할을 했다. 직문은 제나라의 수도 임치성에 있는 성문 중 하나였는데, 제나라가 학자들을 우대하니까 전국에서 학자들이 몰려들었다. 맹자도 이곳을 거쳐 갔다.

아케메네스 페르시아는 종교에 있어서도 가장 먼저 눈을 뜬 나라였다. 현대 종교의 기원이 된 조로아스터교가 바로 페르시아에서 탄생했다. 기원전 7세기 말에서 6세기 초에 페르시아의 예언자 조로아스터(자라투스투라)는 '아후라 마즈다'라는 신을 숭배하는 조로아스터교를 만들었다. 이 종교는 세상을 선과 악이 투쟁하는 장소로 여겼다. 교리에 따르면 인간은 죽은 다음에 천국 또는 지옥으로 가게 되어 있고, 세계의 종말이 오면 신의 심판을 받는다고 했다. 조로아스터교의 이원론적 사상은 기독교와 이슬람교에 영향을 끼쳤다. 이 종교는 제사를 지낼 때 불을 피웠기 때문에 중국에서는 배화교(拜火敎)라 불렀다.

인도의 여러 나라들은 브라만교를 국교로 삼고 있었는데, 브라만교는 기원전 1500년쯤 아리아인들이 인도에 정착할 때부터 시작된 종교였다. 브라만교에는 브라만, 크샤트리아, 바이샤, 수드라, 그리고 불가촉 천민으로 엄격하게 신분을 구분해 놓은 카스트 제도가 있었다. 그들 집단은 카스트의 틀 안에서 자신들의 고유한 습속을 지키고자 하는 심리적 특성이 있었다. 인도인 누구나 이 신분을 그대로 받아들였다. 브라만교의 재생사상인 '카르마(業)' 때문이었다. 현생은 전생의 업에 의해 결정되고, 내생은 현생의 업에 의해 결정된다는 것이다. 이 카르마 교리는 불교와 힌두교에 고스란히 이어졌다. 고타마 싯다르타는 고행 끝에 "인간의 불행은 외부에서가 아니라 내부에 있는 이기적인 욕심 때문에 시작된다"는 깨달음을 얻었다. 불교의 시작이었다.

카스트 제도 하에서의 왕과 귀족들은 크샤트리아 계급으로서, 아무리 해도 승려계급인 브라만을 능가할 수 없었다. 그러나 불교는 계급을 구분하지 않았다. 신분의 귀천을 가리지 않으니 브라만 계급에 불만을 가졌던 왕과 귀족들이 불교를 보호하게 되었다. 이에 위기의식을 느낀 브라만교는 개혁을 했다. 기원전 240년쯤, 전통 브라만교에 드라비다인(토착 원주민)이 섬기던 신을 결합해 힌두교를 만들었다.

그리스 일대는 오늘날 서양철학의 기본 뼈대가 만들어진 곳이었다. 기원전 6세기부터 기원전 3세기까지 그리스와 식민도시에서 많은 사상가들이 활동했다. 그 당시 그리스 지역 사람들의 생활은 미신적이고 신화적인 사고의 틀에 갇혀 있었다. 그런데 혼란기를 맞아 지금의 터키지역인 밀레토스라는 지방에서 동양의 앞선 문명을 가진 메소포타미아의 영향을 받아 우주는 왜 존재하는가, 우주 만물은 무엇으로 만들어졌는가에 대한 근본적인 물음을 던지는 철학자들이 등장했다. 따라서 이들은 우주 만물을 이루고 작용시키는 본질과 원리를 물, 불, 원자 등으로 규정함으로써, 자연을 중요하게 여겼다. 이를 자연철학시대라 분류한다.

소피스트시대에는 주로 그리스 본토에서 활동한 철학자들이 자연철학을 한 단계 더 발전시켜 인간에게 이르게 하였다. 소크라테스(기원전 469~399년)부터 플라톤과 아리스토텔레스로 이어지는 그리스철학의 황금기였다.

동양철학도 기원전 6세기에서 기원전 3세기에 그 뿌리가 만들어졌다. 춘추시대에는 농민의 수가 곧 국력이었기 때문에 제후들은 농민들을 자신의 영토로 끌어들이려고 노력했다. 따라서 수많은 학자와 사상가들이 경쟁적으로 나타나 제후들에게 어떻게 통치해야 농민들을 더 많이 끌어들일 수 있는지에 대한 사상의 꽃을 피웠다. 이때의 상황을 '백가쟁명(百家爭鳴)'이라 하고, 각 학파를 '제자백가(諸子百家)'라 불렀다. 이들 중 유가(儒家), 도가(道家), 법가(法家), 묵가(墨家)가 대표적이다.

〈표1〉인물사 연표

유럽	중동아시아, 아프리카	중국, 한국
BC 800 호메로스 「일리아드」	BC 1790 함무라비법전 BC 1500 브라만교 태동	BC 2333 단군조선 개국 BC 1100 주나라 건국 BC 770~403 춘추시대
BC 570~495 피타고라스 BC 480 제2차 페르시아전쟁 BC 469~399 소크라테스 BC 384~322 아리스토텔레스 BC 356~323 알렉산더 대왕	BC 624~544 부처 BC 490 제1차 페르시아전쟁 BC 317 찬드라굽타 인도 최초 제국	BC 551~479 공자 BC 403~221 전국시대
BC 272 로마 이탈리아 통일 BC 218 한니발 제2차 포에니 전쟁 BC 100~ 44 카이사르 시저	BC 270 아소카 왕 불교 공식종교 BC 240 힌두교 탄생 AD 570~ AD 632 무함마드	BC 221 진시황 중국 통일 BC 206 진나라 멸망 BC 195 위만조선 BC 156~ 87 한무제 BC 37 주몽 고구려 건국

종교는 제국의 희생자들에게 내세에서의 해방을 약속하고 구원을 받을 수 있다는 믿음을 주었다. 또한 육체적 도피가 불가능한 현실세계에서 이런 저런 방식으로 해방될 공간을 창조할 길을 열어 주었다. 통치자는 그 종교를 끌어안으려고 하였다. 인도에선 아소카가 불교를 국교로 삼았고, 로마에서는 콘스탄티누스 1세가 밀라노 칙령을 공포하여 신앙의 자유를 인정함으로써 기독교를 공인했다. 그리고 중국에서는 한무제가 유교를 국가의 철학으로 채택했다. 중국 제국은 그 후 이름을

달리하여 2000년 동안 이어졌는데, 거의 언제나 유교가 공식 이념이었다. 로마제국은 몰락했으나 로마교회는 계속 살아남았다. 인도의 마우리아 제국도 사라졌고 불교도 자신의 영토에서 밀려났지만, 불교는 중국과 네팔, 티베트, 스리랑카, 한국, 일본, 태국 등 아시아의 여러 지역에서 뿌리를 더 깊이 내렸다.

주화의 탄생 배경과 신용시스템의 붕괴

전쟁에는 필연적으로 군대가 필요하다. 국가 간의 정복전쟁이 한창이던 시기에 새로운 종류의 군대가 등장했다. 이들은 새로운 무기와 전술훈련을 잘 받은 직업군인들로 이루어진 군대였다. 이들 용병들에 대한 대가는 부피가 큰 가축과 같은 물건은 소용이 없었다. 더구나 약속어음 같은 것도 용병의 고국에서는 무용지물이었다. 자연히 그들에게는 전쟁에서 취한 약탈품의 일부를 주는 것이 해결책이 되었다.

전리품으로 얻은 귀금속들을 통제하고 일상의 거래에 쓰이게 하기 위해서는 정부가 관여할 필요가 있었다. 끊임없이 벌어진 전쟁 역시 군대 주둔지에 소액의 귀금속 교환에 근거한 시장을 형성하게 했다. 시장이 존재한다는 것 자체가 정부에게는 편리한 일이었다. 주둔군들의 보급품 공급을 쉽게 할 수 있을 뿐만 아니라, 그들이 정한 주화로 벌금이나 세금을 받음으로써 전국적으로 통일된 시장을 확립할 수 있었다.

기원전 600~500년에 그리스·인도·중국에서 거의 동시에 주화가 발명되어 금속화폐 시대가 열렸다. 역사상 최초의 주화는 기원전 600년경 리디아 왕국에서 만든 것이었다. 이 주화는 에페수스의 아르테미스 신전(오늘날 터키의 이즈미르 근처)에서 발견되었는데, 금과 은의 합금으로 만들어졌으며 사자머리가 그려져 있었다. 이것은 한쪽에는 아테네 여신을, 다른 쪽에는 올빼미를 새겨 넣은 아테네의 드라크마 은화의 전신이기도 했다. 로마시대에 이르러 주화는 금화, 은화, 청동 주화의 세 가지 종류로 제작되었다.

리디아 왕국에서 주조된 주화는 인근의 이오니아 지역으로 신속히 퍼졌다. 그 당시 그리스 용병들의 상당수를 공급한 지역이 이오니아였으며, 그 용병들의 본부가 있는 곳이 밀레토스였다. 밀레토스는 그 지역 상업의 중심지였으며, 세계 최초로 시장거래가 신용 대신 주화로 이루어진 도시였다. 탈레스를 비롯한 자연철학시대의 철학자들이 이곳 출신이었다.

금속화폐시대에는 폭력이 지배했다. 전쟁과 약탈의 위협이 도처에 횡행하던 혼란기에 믿을 것은 금과 은뿐이었다. 중무장을 한 채 전장을 떠도는 군인에게 신용으로 물건을 줄 수는 없었다. 금과 은이 중요한 이유는 어딜 가거나 어떠한 물건과도 교환이 가능했기 때문이다. 신용시스템에서 부채는 신용이 있는 사람에게만 가능했고, 신용은 신뢰가 기반이 되었다. 그러나 금속화폐시대에는 상품을 주고 그 대가로 금이나 은을 받은 사람은 저울의 정확성과 금속의 품질만 따지면 되었다. 그 밖에 다른 것을 신뢰할 필요가 없었다.

용병들에게는 돈을 후하게 지급해야 했다. 주화를 월급으로 지급하기 위해서는 전쟁에서 약탈한 귀금속을 녹이거나 광산을 개발해야 했다. 광산에서 광물을 캐는 사람들은 전쟁에서 잡혀온 전쟁포로들이었다. 전쟁과 약탈이 특징인 혼란기에는 금속화폐가, 상대적으로 사회적 평화를 누리던 시기에는 신용화폐가 통용되는 현상이 나타났다. 따라서 광산이나 군사작전이 없던 지역에서는 여전히 신용시스템이 우세했다.

알렉산더 대왕은 고대 신용시스템을 완전히 파괴한 장본인이었다.

그 이유는 신용시스템이 활발했던 고대 페니키아의 항구도시인 티레를 파괴했을 뿐만 아니라 바빌론과 페르시아의 신전에 있던 금과 은까지 약탈했기 때문이다. 신전에 있던 금과 은이 바로 그 지역의 신용시스템을 떠받친 바탕이었던 것이다.

인도에서도 비슷한 시기에 크샤트리아 공화국이나 고대 코살라 왕국과 마가다 왕국 같은 다양한 정부들이 난립하고 있었다. 그들은 저마다 은과 구리로 주화를 만들었다. 마가다 왕국이 가장 강력한 나라가 될 수 있었던 이유는 광산의 대부분을 지배한 덕이었다. 그 당시 카우틸리아가 쓴 『실리론』에 다는 이런 대목이 기술되어 있다.

"재정은 광산을 바탕으로 하고, 군대는 그 재정을 바탕으로 한다. 군대와 재정을 가진 자가 천하를 통일할 것이다."

전쟁의 와중에 병력들이 주둔하는 주변에는 소규모 상인들을 비롯한 다양한 부류의 사람들이 모여들었다. 이들 역시 주화를 사용하게 되었고 자연스레 시장경제가 생겨나서 점진적으로 정부의 지배를 받게 되었다. 이윽고 정부는 곡물창고와 작업장, 거래소, 감옥 등을 세워 관리로 하여금 감독하게 했다. 그 결과 일상생활의 화폐화가 나타나게 되었다.

아소카 황제(재위 기원전 273~232년) 때 마우리아 왕조는 오늘날 인도와 파키스탄 지역 거의 전부를 통치했다. 잔혹한 정복전쟁으로 유명했던 그가 훗날 전쟁을 포기하고 불교를 수용했을 때, 상인 집단들이 아소카의 개혁을 전적으로 지지했다. 자이나교 신자들은 살아있는 생명체에 해를 입혀서는 안 된다는 교리 때문에 사실상 상인이 되는 것 외에는 달리 길이 없었다. 그런데 상인들이 바라던 시장의 발달 대신 다른 결과가 나타났다.

불교에서는 승려가 개인적으로 재산을 소유할 수 없었기 때문에 귀금속을 멀리했다. 대신 신용거래에 대해서는 관대했다. 또한 고리대금을 공식적으로 비난하지 않은 극소수 종교 중 하나였다. 아소카왕의 불교 도입은 군대의 쇠퇴로 주화를 사라지게 했지만, 한편으로는 좀 더 세련된 형태의 신용을 만들어 냈다.

중국의 춘추전국시대에는 많은 나라들이 난립하고 명멸하였다. 전쟁을 위해서는 역시 훈련을 잘 받은 직업군인이 필요했고, 그 군인들에게 월급을 지급하기 위해 주화를 발행했다. 그러나 중국은 금화나 은화를 만든 적이 없었다. 상인들은 덩어리 형태로 귀금속을 사용하긴 했지만 실제로 유통된 주화들은 잔돈들이었다. 주화는 원형의 청동으로 여러 개를 한 줄로 꿸 수 있도록 가운데 구멍이 나 있었다. 따라서 큰 규모의 거래에는 많은 주화가 필요했다. 큰 거래에 달구지까지 동원될 정도라면 애초부터 그런 주화의 유통은 현실적으로 어려운 일이었다. 병사도 서구에 비해 전문적이지 못했고 돈도 많이 받지 못했다. 통치자들은 바로 그것을 원했다. 군대가 독립적인 기반이 되는 것을 막기 위해서였다. 이것이 중국의 통화제도가 그리스나 인도와 달랐던 이유였다. 기원전 221년 무렵 진시황도 통일된 청동 주화를 도입했다. 강력한 군주로서 화폐 주조를 독점하고 세금을 거두기 위해서였다.

3
부절막대와 신용화폐

영국의 부절막대

아담 스미스의 『국부론』으로 돌아가 보자. 여기에 나오는 푸줏간 주인이 쇠고기 100g을 양조장 주인의 맥주 3병과 교환한다고 해 보자. 그런데 만일 원하는 맥주가 없어서 나중에 가져가기로 하고 대신 양조장 주인으로부터 차용증서를 받았다고 하면, 양조장 주인은 그만큼 빚을 진 셈이 된다. 그리고 푸줏간 주인이 사정이 생겨 이 차용증서를 제3자에게 넘긴다고 한다면, 이 차용증서는 일종의 돈이 된다.

옛날의 주화는 사실상 하나의 차용증서였다. 차용증서는 부채다. 결국 돈은 부채다. 은행권은 일정금액의 '진짜화폐'를 지급하겠다는 약속이다. 지폐 대신에 금화를 준다고 해도 상황은 마찬가지다. 서로마제국이 멸망하고 게르만족의 대이동이 있었던 때부터 시작된 중세시대에는 진짜 금과 은은 대부분 교회와 수도원, 사원 등에 보관되었고 화폐는 다시 신용화폐가 되었다.

영국에서는 1100년에 헨리 1세가 취임하여 부채관계를 기록한 부절막대를 쓰기 시작했다. 아직 인쇄기가 발명되기 전이었고, 세금은 땅에서 생산된 물건으로 직접 내던 시대였다. 부절막대는 개암나무로 만들었는데 막대기에 눈금을 새겨 빚을 진 금액이 얼마인지 표시한 뒤 그것을 반으로 갈라 거래 당사자가 서로 하나씩 보관했다. 채권자는 'stock'

이라 불린 반쪽을 갖고, 채무자는 'stub'라 불린 반쪽을 가졌다. 오늘날 '증권(stock)'이란 단어는 중세 영어의 '부절막대(stick)'를 뜻하는 말에서 왔다.

잉글랜드에서 프랑스 남부까지의 영토를 지배했던 헨리 2세(1133~1189) 시대에, 영국에서 가장 중요한 통화 형태 중 하나는 부채를 기록하는 데 쓰인 '부절(符節)막대'였다. 이 부절은 군인들의 복무에 대한 보상을 주거나 농민들에게 곡식을 살 때, 일꾼들의 품삯을 줄 때도 이용했다. 또한 세금을 냈다는 사실을 증명하는 영수증으로 발급을 했는데, 헨리 2세의 재무담당관들은 세금이 들어오기 전에 이 막대를 미리 할인하여 팔기도 했다. 그러면 이 부절막대는 정부에 진 부채의 증거로 유통되곤 하였다.

1500년대 헨리 8세는 세금 납부를 입증하기 위해 반드시 부절을 사용해야 한다고 하여 국가 통화의 권능을 부여했다. 잉글랜드은행 주식도 처음에 부절막대로 샀다. 중세 대부분의 기간 동안 부절은 영국 통화량의 상당 부분을 담당했고 5세기 이상 사용되었다.

1690년 잉글랜드은행이 종이 은행권을 발행하기 시작하면서 정부도 세금 징수를 근거로 종이부절을 발행했다. 은행권과 종이부절은 서로 교환되며 유통되었다. 그러나 금으로 뒷받침되는 은행권이 정부 부절보다 안전해 보였다. 결국 1694년 윌리엄 3세의 잉글랜드은행 허가로 인해 부절은 마녀와 같은 운명을 맞고 말았다. 1834년, 중세시대에 화형을 당했던 마녀들처럼, 결국 부절 토막들은 영국 상원의 거대한 화톳불 속에서 화형에 처해졌다. 공교롭게도 불은 미처 손 쓸 틈도 없이 웨스트민스터궁과 국회의사당을 홀랑 태워 버렸다. 권력이 정부에서 은행으로 넘어간 순간이었다.

중국의 부절막대와 신용화폐

중국은 특이하게 거의 모든 시대에 걸쳐 청동으로 만든 적은 액수의 주화가 통용되었다. 그러나 지방의 가게나 상인들은 대부분의 회계에 부절막대를 사용했다. 영국과 다른 점은 개암나무가 아니라 대나무였다는 점이다.

항우를 물리치고 한나라를 세운 유방은 지방 장수로 있던 젊은 시절 술을 좋아했다. 그는 밤새 술을 마시는 일이 잦아 주막에 외상을 많이 달아 놓고 있었다. 그러던 어느 날 그가 술에 취해 인사불성이 되어 주막에 쓰러져 자고 있었다. 그런데 주막집 주인이 보니 그의 머리위로 용이 승천하고 있었다. 그 순간 주막집 주인은 유방이 달아 놓은 "부절을 부숴 버리고" 그의 모든 외상값을 탕감해 주었다.

한나라 개국공신이었던 소하(蕭何)도 신용대출을 받은 일이 있었다. 기원전 196년 가을, 유방은 군사를 이끌고 반란을 일으킨 회남왕 경포를 진압하러 나섰다. 그런데 남겨두고 온 소하가 자기 자리를 차지하지 않을까 불안한 나머지 염탐꾼을 장안(오늘날의 시안)에 보냈다. 소하는 유방이 염탐꾼을 보낸 것을 눈치 채고는 일부러 토지를 외상으로 사들였다. 소하는 '작은 재물을 탐하는 자가 어찌 천하를 욕심내겠느냐?'는 뜻을 유방에게 전달하려 했던 것이다.

불교가 전성기를 누리던 800년경 당나라 시대에 운남, 귀주, 사천지역의 차(茶)를 수도로 수송하던 상인들과 세금을 수도로 옮기던 관리들은 장거리 이동에 따른 위험을 걱정했다. 그리하여 수도에 있는 신뢰받는 금융인들에게 돈을 맡기고 어음을 발행하는 시스템을 고안했다. 이 어음을 '비전(飛錢)'이라 불렀는데, 중국 최초의 환어음이라 할 수 있었다. '돈이 두 지역을 날아간다'하여 비전이라고 했다. 국가와 상인, 상인과 상인 사이에 신용의 개념이 싹트기 시작한 것이다. 이 어음도 부절처럼 반으로 나뉘어졌다. 비전은 최고의 신용을 필요로 했는데 중앙정부는 상인들에게 어느 정도 신임을 얻고 있었기 때문에 이 어음은 현금으로 바꿀 수 있었고 자유로이 유통되었다. 송나라 때인 1023년에는 정부가 아예 관청을 세워 독점을 꾀하기도 했다. 1271년에 원나라에 왔던 마르코 폴로도 이 비전을 보고 놀라움을 금치 못했다고 한다. 이미 중국에서는 이탈리아 베네치아의 환전상에 의해 생겨난 환어음보다 400여 년이나 앞서 환어음이 발달한 셈이었다.

아라비안나이트의 신용사회

중세에 있어 금융 혁신을 이룬 곳은 이슬람 세계였다. 중세 대부분 동안 이슬람은 서구문명의 핵심이었다. 이슬람 세력은 인도, 아프리카, 유럽까지 확장되었고 인도양 너머로까지 선교사를 파견했다. 오랜 세월에 걸쳐 인류사상사의 가장 중심적인 축을 형성하게 된 사상의 탄생시기, 즉 '축(軸)의 시대'에는 직업군대를 통해 정복전쟁을 수행하고 피정복민을 노예로 삼았다. 또한 전리품을 녹여 주화로 만들어 군인들과 관리들에게 지급하였고 그 주화로 세금을 내게 했다.

이슬람 군인의 대부분은 노예로 구성됐다. 이슬람 신자들이 군인으로 활동하는 것을 종교 지도자들이 탐탁지 않게 여겼기 때문이었다. 아이러니하게도 13세기 이집트의 이슬람 아유브 왕조를 무너뜨린 것은 노예출신 군인인 맘루크의 세력이었다. 맘루크 왕조(1250~1517) 때는 노예출신 군인이 권력의 절정을 이루었고, 술탄도 힘에 의해 차지했으며 훗날 오스만 제국에 의해 멸망될 때까지 260년 이상 지속되었다.

이슬람은 모든 형태의 채무노예를 금지했고, '목적을 불문하고 돈이나 물품을 이자를 받고 빌려주는 모든 행위'에 해당하는 고리대금을 엄격히 금지했다. 다만 신용으로 구매한 물품에 대해서는 현금으로 구입한 것보다 가격을 조금 더 높게 책정할 수 있도록 했다. 금융 분야에서는 이자를 받는 대신 파트너십을 선호했다. 즉 자본을 댄 쪽과 기업을 운영하는 쪽으로 나뉘어, 투자자는 나중에 결실이 생기면 일정한 몫을 받는 식이었다. 이 경우 신용이 있는 사람에게만 파트너십이 허용되었다. 그들에게 명예를 돈으로 바꾸는 것은 가능해도 돈으로 명예를 사는 것은 불가능했다. 인도양 너머로까지 이슬람이 전파될 수 있었던 이유도 이 신뢰 네트워크의 영향이 컸다.

이슬람 사회에서 상인들은 전사들처럼 멀리까지 가며 모험을 추구할 줄 알면서도 또한 전사들과는 다르게 아무에게도 피해를 주지 않고 모험을 즐길 줄 아는 명예로운 남자로 통했다. 상인들은 자신의 신용을 상당한 자본으로 바꿀 수도 있었다. 『천일야화』에 나오는 신밧드는 장사를 위해 먼 곳까지 가는 모험을 하면서 젊은 시절을 보낸다. 엄청나게 많은 돈을 벌어 돌아온 신밧드는 은퇴한 뒤에 정원에서 무희들에게 둘러싸인 가운데 자신의 모험담을 들려주면서 여생을 보낸다. 이처럼 상인에 대한 존경심은 우리가 상상하기 어려울 정도였다.

고대부터 로마제국까지
인플레이션의 역사

제왕학의 비밀

동서고금을 막론하고 역대 제왕들에게는 자신의 후계자들에게만 직접 전수해 주던 통치의 핵심 비밀이 있었다. 이 비밀은 백성들에게 알려질 경우 통치기반이 흔들릴 수 있기 때문에 왕이 직접 구두로 전수해 내려왔다. 그 비밀은 인류가 수천 년 동안 시행착오를 거쳐서 터득한 것이었다.

인류가 정착생활을 시작하게 되고 본격적인 경제행위를 하게 되면서 권력이 생겨나게 되었고, 제왕은 그 경제활동을 원만하게 이끌어갈 수 있는 이치를 터득했으며, 그것이 바로 권력을 유지하는 비법이 되었다. 그 비법은 상당히 묘하고 깊이가 있어서 이를 잘 활용할 경우 국민생활이 아주 윤택해지기 때문에 왕은 권력과 부를 늘리기에 이보다 더 좋은 방법이 없었다. 그러나 후계자가 이를 잘못 휘두를 경우 왕국을 패망의 길로 몰아가기도 했다.

제왕학의 비밀은 '화폐를 부리는 기술'이었다. 화폐가 곧 권력이라는 사실을 제대로 이해하는 것은 제왕이 갖춰야 할 권력 운용의 핵심 요소였다. 화폐량을 조절하는 오묘한 이치를 터득하기만 하면 백성들의 환영을 받을 수 있고 권력은 탄탄하게 유지되는 것이다. 화폐량이 늘어나면 경제는 활력을 얻게 된다. 그렇다고 무작정 화폐량을 늘리기만 해서는 안 된다. 지나친 인플레이션은 화를 불러오기 때문이다. 화폐량이 지나치게 많아지지 않도록 적절한 때에 이를 줄일 줄도 알아야 한다. 적절할 때에 거품을 빼주어야 하기 때문이다.

화폐량은 늘리고 싶다고 마음대로 늘릴 수 있는 것이 아니다. 화폐를 만드는 금이 한정돼 있기 때문이다. 화폐량을 늘리기 위해서는 새로운 광산을 발견하거나 아니면 다른 나라와의 전쟁으로 귀금속을 약탈해 와야 한다. 로마의 네로황제는 화폐량을 늘리기 위해 금의 함량을 줄이고 다른 금속을 넣어서 변조를 했다. 무식한 왕은 눈에 보이는 세금을 올려서 백성들의 반발을 산다. 화폐를 다루는 기술(경제학)은 그리 쉬운 일이 아니다.

통치술이 한 단계 도약하는 데는 종이지폐의 도입이라는 단계가 있었다. 17세기까지도 화폐라고 하면 곧 금화나 은화를 가리키는 것이었다. 1716년 존 로라는 사람이 프랑스 루이 15세의 섭정인 오를레앙 공작에게 지폐를 발행하도록 하는 데 성공했다. 이후 몇 년간 프랑스에 기적이 일어났다. 재정난에 시달리던 프랑스의 경제가 일거에 호황으로 돌아섰다. 그러나 지폐발행을 통해 이룩한 신경제의 기적은 1720년 하이퍼인플레이션이 일어남으로써 종말을 고했다. 그리고 이제 지폐의 발행과 유통은 독일의 하이퍼인플레이션 등 많은 시행착오를 거치면서 존 로의 말처럼 사람들이 종이를 화폐(금)로 받아들이게끔 세뇌가 되었다.

1848년 영국에서 은행의 '부분지불준비금제도'가 합법성을 얻게 됨으로써 다시 한 번 중대한 변화가 생겼다. 화폐의 발행을 조절하는 권력이 이 최신 기술을 적절히 구사하게 되면 화폐량의 증가나 감소가 일반 국민들의 눈에 잘 띄지 않게 된 것이다. 지금 전 세계로 번진 글로벌 경제위기의 밑바닥에는 바로 이 제도가 가진 문제점이 도사리고 있다. 이와 관련하여 존 메이나드 케인즈는 이렇게 말했다.

"정부는 인플레이션이라는 도구를 이용해 눈에 띄지 않게 국민의 재산을 몰수할 수 있다. 100만 명 가운데 한 사람도 이러한 절도행위를 발견해내기 어렵다."

함무라비 시대의 인플레이션

기원전 3000년대에도 통치자들은 다량의 화폐가 높은 인플레이션을 낳는다는 사실을 깨달았던 것 같다. 그 당시 도시국가들 사이에는 전쟁이 계속되어 재원을 고갈시켰다. 통치자들은 군비를 충당하기 위해 광산에서 은 같은 금속을 캐내어 화폐의 양을 늘렸고, 이는 통화팽창으로 인플레이션을 가져올 수밖에 없었다. 기원전 1792년에 집권한 함무라비의 법전에도 그러한 흔적이 나온다. 그가 바빌론의 왕위에 올랐을 때 메소포타미아 지역은 아시리아, 라르사 등 여러 왕국으로 나뉘어 치열한 영토전쟁을 벌이고 있었다. 그는 혼란을 수습하기 위해 초기 30년간은 내정에 충실하며 국력의 기반을 다졌다. 그 뒤에 본격적으로 국외로 시야를 돌려 여러 도시국가를 평정하고 바빌로니아왕국을 세웠다.

기원전 1745년경에 공포한 그의 법전에는 고질적인 만성 인플레이션과 동시에 제국 건설을 위해 엄청난 화폐가 필요하다는 것을 보여주는 내용이 있다. 그는 자신의 시대보다 2,000년이나 거슬러 올라 그 지역에서 사용되었던 곡물화폐인 보리를 농촌 지역의 유일한 교환수단으로 다시 사용할 것을 명령했다. 그리고 거의 1,000년 동안 기준화폐로 사용했던 은을 도시지역에서만 사용하도록 규제했다. 농산물과 용역에 대한 모든 지불을 보리로 하게 됨으로써 은화의 총 거래량은 줄어들 것이었다. 은화는 이제 제국 건설을 위한 경비로만 사용하게 되어 인플레이션을 미연에 방지할 수 있게 되었다. 이를 보면 함무라비가 경제와 화폐기능에 대한 날카로운 이해가 있었음을 알 수 있다.

함무라비는 자신의 왕국이 영속되기를 바랐다. 그는 후계자를 믿을 수 없었기에 법전을 만들어 세세하게 규정해 놓았다. 그러나 그러한 법전에도 불구하고 통치술의 오묘한 이치를 제대로 이해하지 못한 왕국은 해체되고 말았다.

알렉산더와 초인플레이션

함무라비의 시대로부터 약 1,500년 뒤, 알렉산더 대왕은 스무 살의 나이로 왕위에 올랐다. 일설에 의하면 알렉산더는 용맹하긴 했지만 그리 총명하지는 못했다고 한다. 아버지 필리포스는 아들을 깨우치기 위해서 그리스 전역에서 가장 학식이 높은 아리스토텔레스를 개인교수로 초빙했으나 별 효과가 없었다. 제왕학의 비밀을 전수하기 어렵게 되자 왕은 유능한 컨설턴트를 재정보좌관으로 붙여주는 방법을 택했다. 알렉산더의 용맹함과 재정보좌관들의 지혜는 충분한 시너지를 발휘했다.

알렉산더 대왕은 그리스 전역을 통일한 뒤 아케메네스 페르시아의 페르세폴리스를 침략하여 다리우스 3세의 궁전을 함락시켰다. 그 궁전에서 빼앗은 전리품은 마케도니아 국가 재원의 약 250배에 달했다. 얼마 후 페르시아의 또 다른 대도시 에크바타나를 함락시키고 그동안 빼앗은 전리품을 모두 이곳으로 옮겼다. 그 소식이 마케도니아로 전해지자 모두들 기뻐 날뛰었다. 조그만 나라의 60만 주민은 갑자기 부자가 되는 환상에 빠졌다. 그러나 그것도 잠시였다.

페르시아에 와 있던 알렉산더의 재정보좌관들과 왕실 회계원들 간에는 시끄러운 회의가 며칠간 계속되었다. 좀 더 명석했던 재정보좌관들은 보잘것없는 마케도니아 경제에 18만 금화 탤런트(talent)를 풀어놓으면 엄청난 물가상승과 투기, 그리고 불안정을 야기할 것이라고 조언했다. 알렉산더는 이 조언을 받아들여 새로 생긴 귀금속을 일절 화폐로 주조하지 않기로 했다. 그리고 당분간은 그 재보를 엄중한 감시하에 에크바타나에 두고 군사비의 지출이 필요할 경우에만 사용하기로 했다.

거대한 부의 혜택을 기대했던 국민들의 원망은 컸지만 안정을 택한 것은 적절한 선택이었다. 그러나 운명은 얄궂었다. 알렉산더는 아시아에서 군사비로 그 재보를 물 쓰듯 했고, 그것을 지키는 관리와 군사들은 불만에 사로잡혀 좀도둑질로 점점 재보를 축냈다. 왕실 회계관 하르팔루스는 상당량을 횡령하기도 했다. 마케도니아에서는 금을 먼 사막에 내버려 두고 한 푼도 만져볼 수 없다는 사실에 불만이 날로 커져 갔다.

국민들의 불만이 커진다는 소식을 들은 알렉산더는 그 전리품을 즉시 마케도니아로 옮기도록 했다. 그리고 피할 수 없는 결과가 일어났다. 인플레이션이 걷잡을 수 없이 터져 버린 것이었다. 오늘날로 보면 초인플레이션 상태였다. 이집트에서 신으로 추앙받은 알렉산더는 인도로까지 침략전쟁을 펼쳤지만, 부하들의 반대에 부딪혀 회군하는 길에 서른 셋의 나이에 열병과 과로로 쓰러져 죽게 되었다. 그때에도 마케도니아의 인플레는 기승을 부리고 있었다.

어찌 되었든 마케도니아의 왕실과 재정보좌관들은 화폐라는 신비로운 물건의 실체에 대해 이해하고 있었음이 틀림없다. 그들은 화폐가 곧 권력이라는 점을 깨닫고 있었다. 화폐는 왕실의 음모였다. 즉 화폐가 민중의 손에 들어가면 언젠가는 왕권을 거역하는 군사비 등으로 쓰이게 될 것이라는 점을 고대의 제후들은 깨닫고 있었던 것이다.

알렉산더 대왕이 만든 도시 알렉산드리아는 이집트 프톨레마이오스 왕조 때 놀라운 번영을 이루었고, 클레오파트라가 죽은 뒤 로마제국의 2대 도시이자 경제 중심지로서 번영을 이어갔다. 알렉산드리아의 거대한 파로스 등대는 대략 60Km 밖에서도 그 불빛이 보였다고 한다. 알렉산드리아는 1497년 희망봉을 돌아가는 새로운 무역로가 발견되면서 몰락하게 되었다.

인플레이션으로 무너진 로마제국

화폐가 적절하게 증가하면 경제활성화에 확실한 효과를 가져다준다. 더구나 옛날, 그것도 화폐가 금이나 은처럼 귀한 금속이었던 시대에는 개인이나 국가는 화폐를 많이 가지면 가질수록 좋았다. 그러나 금이나 은은 광산을 새로이 발견하기 전에는 아무리 경제가 발전해도 새로이 더 많은 양이 얻어질 수는 없었다. 게다가 그리스나 로마 등의 지중해 연안은 대규모 농업경작이나 목축이 불가능했다. 곡물을 얻기 위해서라도 기후조건이 좋은 다른 곳과의 전쟁은 불가피했다. 고대에는 정복전쟁이 곧 경제행위였다. 국가가 전쟁을 통해서 상대국이 갖고 있던 귀금속을 빼앗아 자국 화폐로 만들고 군대를 유지할 경비도 지급했던 것이다.

전쟁포로는 노예가 되었다. 당시 노예는 노동력으로 활용이 되었고 전투를 위한 용병으로도 쓰이는 가장 중요한 생산기반이었다. 그러나 알렉산더 대왕의 경우처럼 금이 그 국가의 경제규모를 넘어서서 지나치게 많아지면 걷잡을 수 없는 인플레이션이 터지고 만다. 화폐가치가 떨어지기 때문이다.

기원전 200년경 동양에서는 항우가, 서양에서는 한니발이 뜻을 이루지 못하고 패배를 맛보았다면, 기원전 50년경 고구려가 동아시아에서 탄생할 무렵 한 무제와 로마의 카이사르는 비슷한 시기에 대제국을 건설했다. 카이사르의 양아들인 옥타비아누스는 원로원으로부터 '아우구스투스'란 호칭을 선사받았다. 기원전 27년 로마의 첫 황제가 된 아우구스투스는 순도 100%의 금화와 은화로만 화폐를 만들어 사용했다. 아우구스투스는 집권 후 로마를 방사선형 도시로 만들었다. 새로운 도로가 건설되었고 항만과 다리가 만들어졌다. 수많은 원형경기장과 광장이 수리되었다. 벽돌로 지어졌던 로마가 대리석으로 바뀌었다. 화폐를 찍어내기 위해 스페인과 프랑스에 있던 광산에서는 금과 은의 생산을 독려했다. 처음 20년 동안 화폐량이 10배나 늘어났다. 로마의 물가는 배로 올랐다. 로마의 상업은 활발해졌고 급료도 두 배나 올라 일반 노동자들까지도 확장정책의 효과를 누리기 시작했다. 그러나 불행하게도 모든 상품과 농산물 가격이 상승하면서 인플레이션이 일어났다. 아우구스투스도 결국 문제점을 인식하고 집권 후반기에는 주조량을 급감시켰다. 뒤를 이은 티베리우스는 화폐주조를 극도로 억제했기 때문에 돈은 계속 부족했다.

티베리우스는 당시로서는 어마어마한 7억 데나리를 남기고 죽었다. 아우구스투스가 남긴 돈의 약 30배에 해당하는 큰 돈이었다. 그런데 그 뒤를 이은 미치광이 독재자 세 사람이 집권하는 동안 재물은 모두 탕진되었다. 첫 번째 폭군으로 기록된 칼리굴라와 친조카 아그리피나를 두 번째 부인으로 맞은 클라우디우스, 둘 다 헤픈 낭비벽으로 재물을 탕진하다가 금고가 바닥나면 귀족들에게 반역죄를 씌워 재산을 몰수했다. 게다가 그것도 부족해서 엄청난 양의 화폐를 찍어냈다. 티베리우스가 아우구스투스 시절 찍어냈던 화폐량의 10분의 1밖에 안 찍어냈다면, 칼리굴라와 클라우디우스는 집권하는 동안 티베리우스의 약 여덟 배에 해당하는 화폐를 찍어냈다.

한편 자신의 아들을 황제로 만들려는 욕심에 숙부와 결혼했던 아그리피나는 클라우디우스를 독살했다. 그러나 황제에 오른 네로는 집권 5년이 지나자 이상해지기 시작했다. 네로는 어머니가 정치에 간섭한다며 죽여 버렸다. 터무니 없는 데 돈이 지출되기 시작했고 재정은 완전히 고갈되었다. 서기 64년 네로는 금화 아우레우스의 금 순도를 낮춰 무게를 10% 낮추는 방식으로 평가절하를 실시했다. 기존 은화보다 12%나 가벼운 은화 데나리우스도 새로 만들었는데 동을 10%나 섞었기 때문에 가치가 25%나 떨어졌다. 악화가 양화를 구축한다는 그레샴의 법칙이 작용하기 시작했다. 변조된 화폐에 대한 기피현상이 심해졌고 순도가 높은 옛 주화는 자취를 감추기 시작했다. 원인을 알 수 없는 큰 화재가 발생했다. 네로는 기독교 신자들이 방화한 것이라며 박해를 했고, 바울과 베드로가 순교됐다.

후대 황제들도 네로식 변조화폐 발행에 차례로 가담했다. 200년 뒤 갈리에누스 황제 때는 화폐의 은 함유량이 5% 이하까지 떨어졌다.

어리석은 황제들의 통화정책

96년 원로원에 의해 추대된 네르바가 황제에 오르고 정치는 안정되었다. 그는 정치 혼란을 없애기 위해 황제 세습제를 폐지했다. 이후 트라야누스를 비롯한 마르쿠스 아우렐리우스까지 다섯 명의 황제가 통치한 80여 년을 '팍스 로마나'라고 부른다. 로마의 평화시대란 뜻이다. 트라야누스 황제(98~116)때 로마는 최대 영토를 자랑했다. 그가 오늘날 루마니아에 해당하는 다키아 지역을 점령했을 때 엄청난 양의 금화와 금광까지 몰수하게 되었다. 신규 금화가 너무 늘어나 은화에 대한 교환가치가 떨어지자 은화의 기초 금속량을 약간 늘려 균형을 회복시켰다. 황제들은 국가 경비를 충당하기 위해 충분한 화폐공급을 시도했으나 실패했고, 국고는 예외 없이 압박을 받았다. 한편 주조할 수 있는 은의 양이 부족한 탓에 뜻하지 않은 좋은 결과도 나타났다. 화폐의 평가절하 시에 반드시 생기게 마련인 인플레이션이 2세기 동안 생기지 않게 된 것이다.

이러한 상황은 3세기 들어 카라칼라가 즉위하면서 바뀌었다. 그는 기존 은화의 주조를 금지하고 새로운 은화 안토니니아누스를 발행했다. 그런데 사용이 금지된 데나리우스보다 무게가 1.5배가 늘어난 이 화폐는 값을 2배로 하여 유통시키는 바람에 시민들의 분노를 샀다. 은의 함량은 증가시키지 않고 단순히 액면가만 높인 변조화폐로 평가절하를 단행한다면 앞으로 누구라도 그럴 수 있을 것이었다. 사람들은 안토니니아누스를 데나리우스와 교환하기를 거부했다. 구매자들이 새주화로 값을 지불하려고 하자 생산자들은 물건 값을 올렸다. 경제적 무질서가 일어났고, 물가는 하늘로 치솟았다.

로마제국 역사상 장기적인 인플레이션이 시작되었다. 50년 뒤에는 주화의 은 함유량이 5%까지 줄어들었다. 서기 270년 아우렐리아누스가 즉위했을 때 인플레이션은 하늘 높은 줄 모르고 치솟았고, 통화는 주화마다 은과 구리의 함량이 서로 달랐다. 크기, 무게, 액면가도 서로 달라 혼돈을 야기했다. 고대사회는 주화의 순수성과 불변성을 대단히 중요시해 왔다. 귀금속 부족으로 화폐가 모자라는 딜레마를 벗어나기 위해서 전쟁을 불사하던 사회였던 것이다. 그러나 그 믿음이 깨지고 있었다. 통화의 혼란으로 로마사회는 물물교환이 점차 발달하고 있었다.

285년, 노예의 아들인 디오클레티아누스가 황제가 되었다. 그는 개혁을 단행했으나 화폐개혁에 실패하면서 물가통제를 위해 법전을 만들었다. 남아 있는 그의 법전에 보면 1세기 동안 밀 가격이 200배나 상승했다. 지난 100년 동안 미국의 밀 가격 상승이 5배도 되지 않았던 것과 비교될 수 있다. 그는 또 로마제국을 둘로 분할하여 서로마는 동료인 막시미아누스에게 맡기고 수도를 니코메디아로 옮겨 과거 21명의 통치자 중 20명이 암살되었던 로마를 떠났다. 그는 동·서 로마로 분할할 때의 약속대로 305년 황제의 자리를 내놓고 은퇴했다. 그의 법전은 폐지되었고 초인플레이션은 이제 고삐가 풀렸다.

이어 4세기를 통치했던 20명의 황제는 카라칼라의 방식으로 저마다 똑같은 경로를 밟았다. 주화는 점점 작아지고 액면가는 점점 높아졌다. 그런 후에는 그 주화의 구매력이 치솟는 물가에 의해 잠식되면 그 다음 발행되는 주화는 더 높은 액면가가 매겨졌다. 그 결과 물가는 하루가 다르게 뛰었다. 법전이 폐지되던 해인 305년에 1아르타바 당 330데나리 하던 밀 가격은 350년에는 50만 데나리로 올랐다. 45년 동안 무려 1,500배 이상 오른 것이었다.

로마의 황제들은 하나같이 무익한 통화정책을 펼쳤다. 새 황제들은 저마다 텅 빈 국고와 늘어나는 지출을 감당해야만 했다. 인플레의 압력과 경쟁세력 간의 적대행위는 더 많은 비용을 필요로 했다. 그래서 전임자가 했던 방식대로 돈을 찍어내서 부족한 자금을 메우려고 했다. 그러나 피비린내 나는 권력싸움으로 오른 권좌는 제대로 된 통화정책 교육을 받을 기회조차도 빼앗아가 버린 듯했다. 크기와 무게와 액면가가 다를 뿐만 아니라 은과 구리의 함량도 서로 다른 통화가 혼란을 야기했고 물가는 하늘 높은 줄 모르고 치솟았다. 로마의 황제들은 그들의 야망을 달성하기 위해서 엄청난 양의 신규화폐를 발행했다.

원래 화폐량이 늘어나면 인플레이션과 함께 임금인상과 수요창출, 고용증대, 또 새로운 구매력 창출이 순환적으로 일어난다. 그러나 로마제국에서는 이처럼 많은 화폐가 경제를 지속적이고 긍정적으로 재순환시키는 일이 일어나지 않았다. 로마경제는 주로 농업경제였다. 그리고 노예노동의 발달은 대농장 소유주로 하여금 아무 비용도 들이지 않고 생산을 할 수 있도록 함으로써 선순환 구조가 차단당했기 때문이었다.

텅 빈 국고를 채우기 위해 돈이 항상 필요했지만 불충분한 조세정책으로 세금도 제대로 거두지 못했다. 양도소득세도 상속세도 없었다. 부자에게는 세금도 면제해 주었다. 군사비도 만만치 않았다. 정복한 지역에서 공물을 징수하거나 새로운 화폐를 주조하여 충당할 수밖에 없었다. 셉티무스 세베루스가 그의 아들에게 말한 충고에 이러한 상황이 잘 요약되어 있다.

"병사들을 잘 보살펴 주고 그 나머지는 신경을 쓰지 마라. 이것이 제국을 통치하는 방법이다."

중국의 한족이 흉노족을 몰아내자 흉노족은 유럽으로 밀려갔다. 게르만족은 그들이 훈족이라고 부르는 흉노족을 피해 도나우 강을 건너기 시작했다. 이른바 게르만족의 대이동이 시작된 것이다. 375년 서코트족이 먼저 로마의 땅으로 들어갔다. 게르만족의 다른 일파인 반달족과 프랑코족도 로마 안에 자치지역을 얻는 데 성공했다. 5세기 중반에는 그 땅에 아예 국가를 세웠다. 395년 테오도시우스 황제는 동서로 나누어 통치되던 로마를 법적으로 2개의 제국으로 분리했다. 451년 발렌티니아누스 황제 때 훈족의 아틸라 왕이 직접 서로마 제국으로 쳐들어왔다. 어렸을 때 훈족에게 볼모로 잡혔던 적이 있었던 로마의 장군 아이티우스는 훈족을 잘 알았다. 그는 게르만족 용병군대를 이끌고 아틸라와 맞섰고 결국 아틸라는 물러났다. 476년 게르만 용병군대의 대장 오도아케르는 서로마 제국을 무너뜨리고 황제의 자리에 올랐다. 로마가 함락됐을 때 이탈리아를 비롯한 지역 경제는 거의 물물교환 경제로 되돌아가 있었다.

로마 몰락 전 마지막 3세기 동안 통치자들은 어리석게도 순간의 위기를 넘기려고만 했을 뿐 올바른 통화정책을 펼치려고 시도조차 하지 않았다. 그들은 아마도 최악의 사태가 지나가면 곧 정상상태로 돌아올 것이라고 믿었는지도 모른다.

로마제국 붕괴 후 서기 600년경부터 몇 세기 동안 노예제도는 거의 사라졌다. 이 시기에 주화도 말라가고 다시 신용으로 돌아가는 현상이 나타났다. 그리고 1,000여 년이 지나 16세기 말에서 17세기 후반에 걸쳐 삼각무역과 식민지건설 경쟁이 일어나면서 아메리카 농장에 사탕수수와 담배 등 플란테이션을 일구어야 했을 때 아프리카 노예를 사로잡아 파는 노예무역이 일어났다.

2장

왜 서양이 지배하는가

1 변화의 단추

꿈에 본 제국

13세기 말, 소아시아 지역에서 패권을 쥐고 있던 셀주크 투르크〔돌궐〕는 8차에 걸친 십자군 전쟁과 칭기스칸이 세운 몽골의 기세에 눌려 멸망하고 말았다. 몰락한 투르크계 민족들은 크고 작은 부족으로 분열되었다. 그중 한 부족인 오구즈의 일파 카유즈족의 족장 에르투그룰 베이(Ertugrul Bey)는 소구트 지역을 차지하고 힘을 기르고 있었다. 오스만은 에르투그룰의 셋째 아들로 아버지가 세상을 떠난 후 1281년 24세의 나이에 부족장으로 추대되었다.

오스만 1세는 매우 독실한 이슬람교 신자였다. 그는 족장이 되기 전 젊은 시절 이슬람교의 여러 성자를 찾아다니며 가르침을 받았다. 그중 그가 스승으로 모신 사람은 셰익 에데바리(Sheik Edebali)라고 하는 이슬람교의 지도자였는데, 그에게는 말 하툰(Mal Hatun)이라고 하는 아름다운 딸이 있었다. 그녀의 품성과 미모에 대한 소문은 다른 부족들에게도 퍼져나가 많은 구혼자가 구름처럼 몰려들었다. 오스만도 그녀에게 한눈에 반해 버리고 말았다. 그는 수많은 구혼자들과 싸워 이겼고 그녀에게 청혼했다. 그러나 그의 스승인 에데바리는 오스만이 하찮은 부족에 불과했던 카유즈족 사람이라는 신분의 차이를 들어 두 사람의 결혼을 반대했다.

스승에 대한 존경과 말 하툰에 대한 사랑 사이에서 갈등하던 2년여 시간 끝에 오스만은 결국 사랑의 열병에 걸리고 말았다. 상사병에 걸려 식음을 전폐하고 자리에 누운 오스만은 어느 날 친지의 집에서 잠시 잠이 들었다.

오스만은 스승 에데바리와 나무 그늘 아래에서 함께 쉬고 있었다. 그런데 갑자기 스승의 가슴에서 달이 튀어나와 오스만의 가슴으로 들어와 잠겼다. 달이 잠기고 잠시 후 오스만의 가슴에서 아름답고 커다란 나무가 자라나기 시작했다. 나무는 점점 자라나 커다란 나무 그늘이 생겼고, 그 그늘은 온 세계를 뒤덮었다. 나무 아래로 산맥이 생기고 강이 흘렀다. 사람들은 나무 그늘 아래에서 즐거워하며 행복해 했다.

잠에서 깬 오스만은 스승에게 꿈 이야기를 했다. 에데바리는 그 달이 자신의 딸 말 하툰임을 알아차렸다. 또한 오스만과 딸 말 하툰이 결혼하여 자손을 낳으면 그 후손이 대대손손 번영하여 대제국을 경영할 것을 예언하는 꿈이라고 믿었다. 그것은 오스만이 세울 나라의 미래를 알려주는 꿈이었던 것이다. 마침내 오스만은 너무나 원했던 여인과 결혼했고, 그의 꿈이 예언한 대로 1299년에 향후 600년간 이어질 오스만 제국을 건설했다.

왕국을 세운 오스만은 소아시아의 내륙으로 들어가 투르크족을 통합할 것인가, 비옥한 지중해로 향해 비잔틴의 영토를 넘볼 것인가의 기로에서 후자를 택했다. 결과적으로 그것은 탁월한 선택이 되었다. 비잔틴과 전쟁을 치르는 동안 여타 투르크족은 별다른 어려움 없이 강해진 오스만과 그를 따르는 이슬람 전사(Ghazi)들의 세력권 안으로 병합되었다. 그리고 그의 후손 메드메흐 2세는 1453년 동로마제국을 멸망시키고 지중해의 패권을 거머쥐게 되었다. 세계 대제국의 탄생이었다.

(그림2) 술레이만 1세 때의 오스만 제국의 영토

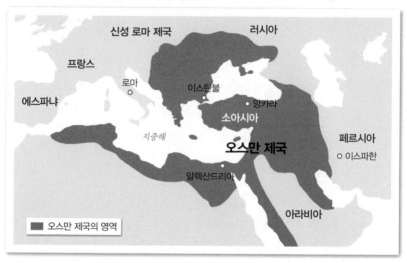

콘스탄티노플은 이스탄불로 이름이 바뀌고 오스만 제국의 수도가 되었으며, 성 소피아 성당은 이슬람 사원이 되었다. 15세기 후반 동유럽의 대부분이 오스만 제국의 영토가 되었다. 오스만 제국의 동유럽 장악으로 유럽의 중세 봉건시대는 막을 내리게 되었다. 그러나 콘스탄티노플의 함락은 그것으로 끝이 아니었다. 그로 인해 당대의 수많은 학자들이 이탈리아로 건너왔고, 지중해의 르네상스가 꽃을 피우는 계기가 되었다. 또한 오스만의 지중해 지배로 인해 동방으로 가는 육로 길이 막히자 향신료를 구하려는 유럽의 국가들이 바닷길을 찾기 시작하면서 15세기 유럽의 대항해 시대가 시작되었고, 이것이 콜럼버스의 신대륙 발견으로 이어졌다. 이로써 이후 500여 년간 서양 세력이 동양을 누르고 세계를 지배하게 되었던 것이다.

로마 교황의 친서가 가져다 준 선물

"극동지방에 네스토리우스파 기독교도(당나라 시대에 전파되어 파사교, 대진교, 경교라 불림)인 프레스터 존(Prester John)이 있는데, 성지 예루살렘을 탈환하려고 서쪽으로 와서 하마단을 점령했으나 목적을 이루지 못하고 돌아갔다."

오스트리아의 오토 주교(?~1158)가 그의 저서 『두 왕국의 연대기』를 통해 주장한 이야기다.

이것이 사실이든 아니든 수백 년에 걸친 이슬람 세력과의 실랑이에 지친 중세 유럽인들은 이로부터 프레스터 존(요한)이 아시아 동쪽에서 강력한 기독교 왕국을 통치하고 있다고 믿게 되었다. 그가 예수 탄생을 축하하기 위해 예루살렘을 방문했던 세 명의 동방박사 중 한 명의 후손이라는 믿음도 자연스럽게 생겨났다.

전설에 따르면 프레스터 존의 부유한 왕국은 청춘의 샘 같은 온갖 신기한 것들로 가득하여 에덴동산에 맞닿아 있었다고 한다. 그리하여 언젠가는 이 왕국이 유럽과 연합하여 이슬람 세력을 물리치리라는 희망을 갖고 있었다. 강력한 외부 도움의 손길을 간절히 바랐던 이들의 염원이 환상과 믿음을 더욱 증폭시킨 것이다.

이즈음 동방에서 몽골제국이 일어나 이슬람 세력을 압박한다는 소문이 들렸다. 로마 교황 인노켄티우스 4세는 몽골제국이 프레스터 존의 나라라 여겼다. 아니 그렇게 믿고 싶었다. 그러나 한편으로는 몽골의 서방 진출에 위협을 느끼고 있었다.

인노켄티우스는 러시아와 페르시아를 점령하고 헝가리와 폴란드까지 진출한 몽골 세력과 타협하여 유럽의 평화를 지키고자 했다. 그리고 가능하다면 그들에게 기독교를 전파함으로써 가톨릭 세력의 확산을 꾀하고자 했다. 그는 1245년 프란체스코 수도사인 카르피니를 몽골의 수도 카라코룸으로 보내 몽골의 3대 황제 구유크에게 친서를 전달했다. 카르피니는 답장을 받아 1247년 가을에 유럽으로 돌아왔다. 그는 여행에서 돌아와 『몽골의 역사』를 저술했는데 이 책에서 몽골인들 사이에 퍼져 있던 네스토리우스파 신앙의 존재를 알렸고, 가톨릭 선교의 가능성을 제시했다.

유럽은 일찍이 11세기에 일어난 이슬람 세력의 셀주크 투르크 (1037~1194)에 의해 예루살렘을 정복당했다. 셀주크 왕조는 이슬람권의 중심이 되었고 기독교도의 예루살렘 통행을 막았다. 1095년 교황 우르바노스 2세는 프랑스의 클레르몽에서 종교회의를 열고 성지 예루살렘을 탈환하자고 주장했다.

"야만적인 이슬람교도들이 기독교 성지를 점령하도록 내버려 두는 것은 기독교와 유럽 전체의 불명예다. 그리스도의 땅을 되찾자!"

교황의 말에 감동한 유럽인들은 성지를 찾기 위해 여덟 차례에 걸친 십자군전쟁(1096~1270)을 일으켰다. 그런데 이때 몽골이 일어나 수세기 동안 그리스도교 세계를 괴롭히던 이슬람 세력을 멸망시켰다. 이에 로마 교황은 몽골 황제에게 감사의 친서를 보냈던 것이다.

동방견문록

마르코 폴로는 1254년 베네치아의 거상 니콜로 폴로의 아들로 태어났다. 1271년에 로마교황의 사절이 된 아버지와 삼촌 마테오 폴로를 따라 여행길에 오르는데, 이들은 타클라마칸 사막을 지나 1274년 중국의 상도(네이멍구)에 도착했고 쿠빌라이 황제를 만났다. 마르코 폴로는 원나라에 머물면서 대도(베이징)는 물론 중국의 여러 지역을 여행하며 풍속과 세태를 쿠빌라이칸에게 상세하게 보고했다. 그는 17년간 원에 체류했고 쿠빌라이칸의 신임을 받아 양주에서 관리로 일하기도 했다. 그 후 페르시아의 일칸국으로 시집가는 원나라 공주 코카친의 여행 안내자로 선발되어 고향으로 돌아왔다.

마르코 폴로 일행이 베네치아로 돌아온 4년 뒤 베네치아와 제노바 사이에 동방무역로의 지배권을 둘러싼 전쟁이 일어났다. 이 전쟁에서 포로가 된 마르코 폴로는 제노바의 감옥에 갇혀 피사 출신 작가 루스티첼로에게 자신의 여행 이야기를 들려주었고, 루스티첼로는 그것을 받아 적었다. 이것이 그 유명한 『동방견문록』이었다.

그가 17년간의 여행에서 돌아와 전하게 된 중국의 이야기는 순식간에 유럽인들에게 베스트셀러가 되었다.

'중국은 도처에 황금이 널려 있고, 미녀가 구름같이 많으며, 갖가지 비단 등 없는 것이 없다... 지팡구(일본)는 거리가 온통 금으로 덮여있는 나라다.'

유럽 사람들은 처음엔 마르코 폴로를 사기꾼이라 비난하며 믿지 않았다. 1324년 임종을 앞둔 마르코 폴로에게 친구들은 영혼의 안식을 위해 『동방견문록』에 실린 거짓말들을 취소하고 회개하라고 권했다. 그러나 그는 "나는 아직도 내가 본 것들의 절반도 다 얘기하지 못했다."라고 하면서 눈을 감았다.

마르코 폴로가 전하는 동방의 막대한 풍요는 이후 유럽 사람들의 호기심과 탐험 욕구를 자극하기에 충분했다. 콜럼버스가 이 책을 품고 항해를 떠난 것은 결코 우연이 아니었다.

마르코 폴로와 루스티첼로가 『동방견문록』을 완성하던 1299년은 오스만 1세가 아나톨리아(소아시아) 지역에서 오스만제국을 세운 해였다.

정화의 남해원정과 동양의 해금정책

유럽이 대항해 시대를 시작하기 100년쯤 전인 1405년, 명나라의 3대 황제 영락제가 환관 출신 원정대장 정화에게 해상무역 원정을 지시했다. 윈난성(雲南省)의 이슬람교도인 회족 가문에서 태어난 정화는 11세 때 윈난성이 명나라 시조 주원장에게 정복되자 포로로 끌려왔다. 당시 관습에 따라 거세가 된 그는 황제의 넷째 아들 주체(燕王,영락제)의 하인이 되었다. 이때 본래의 성인 마(馬)씨를 버리고 왕에게 하사받은 정(鄭)씨 성을 얻게 된다.

영락제(연왕)는 '정난의 변'을 일으켜 4년간의 전쟁 끝에 조카인 건문제(혜제)를 제거하고 황제에 등극했다. 그때 정화는 영락제를 도와 무공을 세워 태감에 발탁되었다. 그러나 황제에 오른 뒤에도 영락제는 고민에 빠지지 않을 수가 없었다. 건문제는 남경이 함락될 때 황궁에 불을 질러 자살했다고 기록되어 있으나 황후와 태자와 검게 탄 시신만 발견했을 뿐 건문제의 시신을 찾지 못했기 때문이었다. 더구나 건문제가 머리를 깎고 승려로 변장하여 성을 빠져 나갔다는 소문이 파다했다. 영락제는 사라진 옥쇄와 함께 홀연히 자취를 감춘 조카가 죽지 않고 해상에 숨어들었다고 의심했고, 사람을 보내 건문제의 행방을 쫓았다. 정화가 7차례에 걸쳐 대선단을 지휘하여 동남아시아에서 아프리카까지 나아가게 된 이유였다.

1405년 7월 첫 항해에 나선 정화 함대는 적재 규모만 1,500~2,100톤으로, 크고 작은 함선 208척, 병사 2만 7,800명으로 구성된 대규모 선단이었다. 기함(旗艦)은 축구장보다 더 큰 길이 150m, 폭 60m의 초대형 함선이었다. 후일 콜럼버스가 신대륙을 발견할 때의 함선 규모는 3척을 다 합쳐도 400톤이 안 되고, 선원도 90~120명 수준이었다. 주함선인 산타마리아호도 길이 27m, 폭 9m에 불과했다. 지구를 한 바퀴 돈 마젤란은 5척의 함선을 거느렸다. 정화의 함선과는 비교도 안 되는 규모였던 것이다.

정화는 1405년부터 1433년까지 7회에 걸쳐 동남아시아에서 아프리카 케냐에 이르는 30여 개국을 원정했다. 중국에서 생산되는 비단과 도자기를 주고 열대지방의 보석, 상아 등을 교환해 이익을 얻었다. 그러나 무역의 목적보다는 막강한 함대의 힘을 과시하고 외국의 통치자들로 하여금 중국의 황제에게 조공을 바치게 함으로써 찬탈이라는 불명예를 탈피하여 군주로서의 위상을 세우고자 했다.

건문제가 돌아올 것이라는 소문은 수그러들지 않았다. 영락제는 난징을 벗어나 새로운 나라를 건설해야만 했다. 1420년 난징에서 885km 떨어진 베이징에 자금성을 완성하였을 때 명나라는 두말할 나위 없이 세계 최고의 문명을 자랑했다. 그러나 영락제 사후 해금(海禁)정책으로 더 이상 해양개척은 이루어지지 않았다. 무역보다는 농업을 장려하는 정책 때문이었다. 이는 정권 위협요인으로 간주되는 해상 세력을 견제하고 탄압하기 위해서였다.

조선 역시 명나라를 따라 해금정책을 썼다. 신라시대 장보고는 청해진을 기항으로 동북아의 해상무역권을 완전히 장악했다. 그러나 조선시대 500년간 한반도에 바다는 없었다. 도적들이 섬에 숨는 것을 막는다는 이유로 섬에 사람을 살지 못하게 하는 공도(空島)정책으로 다스렸다. 안정을 원한 조선은 통제하기 어려운 해양세력의 불안정성을 싫어했다. 해양세력은 다국적 성향과 자율성, 독자성이 있었기 때문이다. 그 결과 해양을 통해 문화의 다양성을 얻을 수 있는 기회도 잃었다. 또한 조선의 해금정책은 섬과 바다, 연해지역을 왜구에게 내주는 결과를 초래했다. 오죽하면 정도전이 창궐한 왜구를 피해 귀양지인 영주(榮州)에서 단양·제천·안동·원주 등지로 피난 다니면서 「도적을 피하다(避寇: 1380)」라는 시까지 지었겠는가.

2
대항해시대

수평선 너머로 나아가다

오스만 제국이 콘스탄티노플을 차지하면서부터 유럽은 지중해와 아라비아해에서 무역을 할 수 없었다. 오스만 제국이 중개무역을 허용하지 않았기 때문이다. 수송로가 막힌 후유증은 컸다. 특히 향신료의 가격 폭등은 유럽인들의 삶을 송두리째 흔들었다. 고기를 주로 먹는 유럽 사람들에게 고기의 비릿한 냄새를 없애주는 향신료는 이미 없어서는 안 될 생활의 필수품이었다.

후추가 유럽에 전해진 이후 전 유럽의 육류 소비량이 7배 이상 증가하고 후추나 향신료는 거의 금값에 비견될 만큼 높은 가격에 거래되었다. 유럽은 새로운 돌파구를 찾아야 했다. 항해비용 대비 최소 20배 이상의 이익이 보장되는 향신료를 구하기 위해 아프리카를 돌아서 인도로 가는 뱃길을 찾아 나섰다. 대항해 시대의 문을 연 나라는 포르투갈이었다. 북유럽에서 영국과 프랑스의 100년 전쟁이 끝나갈 때, 포르투갈의 함대는 '마의 북회귀선'을 통과하는 데 성공했다. 해상 수송로를 확보한 포르투갈은 유럽의 강자로 떠올랐다.

이베리아 반도는 서고트족의 영역이었으나, 8세기 이슬람 군대가 쉽게 그들을 물리쳤다. 이때부터 이베리아 반도는 이슬람 총독이 통치하는 이슬람의 영토가 되어 800여 년간 지배를 받게 되었다. 지금의 포르투갈과 스페인이 이에 대대적인 저항운동을 벌였는데 이를 '레콩키스타(Reconquista)' 즉 실지(失地)회복운동이라고 불렀다. 이 운동은 1031년까지 계속됐는데 아이러니컬하게도 이 시기에 포르투갈과 스페인은 훗날 대항해 시대의 주역으로 나설 수 있는 역량을 축적하게 되었다. 이들은 이슬람의 지배하에 있으면서 세계 상권을 장악한 이슬람의 아라비아 상인이 들여 온 문물을 받아들였다. 중국에서 발명한 화약과 나침반 등이 유럽으로 들어온 시기가 바로 이때였던 것이다.

일찍이 이슬람의 지배를 받으며 많은 선진 문물을 받아들였던 경험이 있는 이들은 왕실 차원에서 탐험의 후원자가 될 수 있었다. 그것은 오늘날의 벤처사업에 해당됐다. 바스코 다가마가 인도에서 후추 등을 싣고 다시 돌아오기까지는 2년의 세월과 출항한 170명의 선원 중 100명의 희생이 있었지만, 총 항해 비용의 60배에 이르는 막대한 이득을 볼 수 있었다.

명의 정화 사령관이 태평양과 인도양을 누비며 아프리카의 동해안까지 다다르고 있던 1418년, 포르투갈의 탐험대들도 아프리카 서해안을 탐사하고 있었다. 이 탐험대에게 돈을 대면서 전적으로 지원한 인물은 포르투갈의 엔히크 왕자(Henrique, 1394~1460)였다.

엔히크의 아버지인 주앙 1세는 이슬람교도들을 몰아낸 땅에 포르투갈을 건국했는데, 영토가 매우 척박했고 부존자원마저 거의 없었다. 주앙 1세는 장기적인 관점에서 부를 획득할 수 있는 기반을 모색했다. 독립 과정에서 새롭게 등장한 귀족 세력을 위한 분출구도 필요했다. 처음에는 그라나다를 공격하려 했지만 카스티아 왕국이 달갑게 반응하지 않았다. 그리하여 바다 건너 미지의 세계로 눈을 돌렸다. 1415년 주앙 1세를 도와 셋째 왕자인 엔히크도 지브롤터 해협의 아프리카 북단에 위치하고 있는 세우타(Ceuta:오늘날의 모로코)를 정복했다. 세우타는 당시 남아프리카의 황금과 상아, 중국과 인도에서 들어오는 말라게타 같은 향신료 등의 물품들이 집결되는 이슬람권의 북아프리카 무역 중심지였다. 엔히크는 세우타로 들어오는 물품에 이윤을 붙여 막대한 수익을 얻었다. 조그마한 어촌에 불과했던 리스본은 유럽 경제의 중심지로 떠올랐다.

엔히크 왕자가 26세 되던 해 교황에 의해 '그리스도 기사단'의 단장에 임명되었다. 교황은 포르투갈 기사단의 해외원정을 새로운 십자군 운동으로 간주했다. 당시 기독교 세계에서 교황의 지원은 대서양 진출이 무모한 사업이라고 비난하는 모든 반대세력을 물리칠 수 있는 강력한 힘이었다. 엔히크는 사하라 무역로의 번영을 보면서 아프리카를 돌아 아시아로 나가는 항해로를 개척하는 데에 큰 관심을 가졌다. 포르투갈 탐험대는 아프리카 해안을 따라 계속 남쪽으로 내려갔다. 그리고 1434년에는 '마의 북회귀선'이라 불리는 보자도르 곶까지 진출했다. 그러나 바다의 끝이 두려워 더 이상 남쪽으로는 내려가지 못했다.

이런 상황에서 로마 교황이 아프리카 서해안을 포르투갈이 가져도 좋다고 허용했다. 기독교인들 사이에 퍼져있던 프레스터 존의 전설도 한몫을 했다. 교황에게는 프레스터 존의 나라를 발견하면 그들과 동맹을 맺어 이슬람교도의 우세를 꺾으려는 정치 · 종교적 의도도 있었다. 수많은 탐사단들이 이 나라를 찾으려고 아프리카를 다녀갔고, 교황도 포르투갈에게 이를 허용했던 것이다.

당시만 해도 바다의 어느 선까지 내려가면 천 길 낭떠러지로 떨어진다고 믿던 '마의 북회귀선(23°27′)'이라 불리는 보자도르 곶이 존재하고 있었다. 엔히크는 금기로 여기고 있던 남쪽 항해의 경계선을 넘기 위해

에아네스(Eanes)를 선장으로 하여 단 몇 마일이라도 선을 넘도록 임무를 부여했다. 처음에 에아네스가 실패했을 때도 이를 처벌하지 않고 오히려 탐험에 대한 보고를 듣고 다시 두 번째 임무를 맡겼다.

1434년 5월 에아네스가 탐험대를 이끌고 사그레스를 출발하여 푸에르테벤투라 섬에 다다랐을 때 부글부글 끓는 바다에서 배가 심하게 앞뒤로 흔들렸다. 선원들은 공포감으로 몸을 떨었고 배를 돌려서 되돌아갈 것을 요구했다. 그러나 에아네스는 배를 돌리는 대신 빈 포도주병을 바다에 내려 물을 채워 끌어올렸다. 그리고 손을 그 물에 넣어 본 다음 선원들에게도 손을 넣어 보라고 했다. 손에는 아무 문제도 일어나지 않았다. 모두들 그것이 끓는 바닷물이 아니라 단지 절벽에 부딪혀 생긴 거품이 하얗게 끓어오르는 것처럼 보였을 뿐임을 알아차렸다. 밤이 지나 눈부신 태양과 함께 해안이 나타났고, 반짝이는 모래가 드넓게 펼쳐진 새로운 세계가 나타났다. 미신이 깨어지는 순간이었다.

1444년 엔히크가 보낸 범선 하나가 보자도르 곶 남쪽 480km 떨어진 곳에서 사금과 흑인을 싣고 돌아왔다. 이는 향신료 무역에 앞서 노예무역의 서곡이었고, 아프리카 항로의 적지 않은 이득이 되었다.

교황의 후원에 힘을 얻은 포르투갈 탐험대는 세네갈 강까지 남하했고, 1460년 엔히크가 세상을 떠날 무렵에는 오늘날 기니의 수도인 코나크리 부근 아프리카 서해안까지 진출했다. 아퐁소 5세(Afonso Ⅴ)는 숙부인 엔히크 왕자의 아프리카 항로 개척을 20년에 걸쳐 중단시켰지만, 1460년 엔히크 왕자가 죽고 탐험권을 페르난도에게 임대하다가 막대한 이익이 남게 되자 1474년부터 직접 실행하게 되었다. 포르투갈의 항해가 다시 시작되었고, 아프리카 서해안을 따라 가면서 무역 요새를 만들었다. 1473년에는 적도 아프리카에 도착했고, 결국 1480년 교황으로부터 '아프리카의 기니와 카보 보자도르 남쪽에서 발견되는 땅은 모두 포르투갈의 영토'라는 확인서를 받았다.

1481년 주앙 1세의 증손자이자 아퐁소 5세의 아들인 주앙 2세가 즉위하여 탐험의 열정을 이어 갔다. 그리고 1485년에는 콩고 강에 도착했다. 이렇게 일부 해안 지역에 거점들을 두고 남하하던 포르투갈은 처음에는 생각지도 않았던 인도 항해 가능성이 보이자 목적지를 인도로 돌리게 되었다.

1488년 바톨로뮤 디아스가 남아프리카 남단의 희망봉을 발견했다. 그리고 1498년 바스코 다가마가 아랍인 항해사 이븐 마지드의 도움을 받아 인도양을 거쳐 인도의 캘커타에 도착하는 데 성공했다. 오스만 제국의 위협을 받지 않는 무역항로를 찾은 것이다. 결과적으로 오스만 제국은 유럽 나라들이 세계를 제패하는 데 가장 큰 공헌을 한 나라라고 볼 수 있다. 포르투갈은 인도 향신료를 독점해 유럽에 팔았기 때문에 부자가 되었다.

엔히크 왕자가 아프리카 서해안을 탐험하던 1430년대를 니얼 퍼거슨은 서양이 향후 세계를 지배하게 된 결정적인 순간이었다고 말하고 있다. 그도 그럴 것이 유럽이 대항해 시대를 열기 100년 전쯤에 이미 대선단을 이끌고 아프리카를 누볐던 중국이 1424년 영락제가 죽자 바로 해금정책을 썼기 때문이었다. 인도양의 제후들이 조공을 중단했기 때문에 선덕제가 1431년 정화를 다시 페르시아 만으로 보냈지만, 그 뒤를 이은 정통제는 1436년 난징의 조선소에서 요청하는 기술자 충원을 거절했다. 이때 황제의 나이는 겨우 아홉 살이었다. 1477년 신하들이 보선 계획을 부활하고자 했을 때에도 해금정책에 충성스런 관리들은 아예 정화의 항해 기록을 파기해 버렸다. 1793년 영국 동인도회사의 매카트니 백작이 원정대를 이끌고 청나라의 건륭제를 찾아가 통상을 위한 문호 개방을 청했을 때가 어쩌면 마지막 기회였을지도 모른다.

신대륙의 발견

해상무역의 주도권을 빼앗긴 에스파냐의 이사벨 여왕은 새로운 무역항로를 찾으려고 했다. 그때 마침 이탈리아의 탐험가 크리스토퍼 콜럼버스(Christopher Columbus, 1451~1506)가 흥미로운 제안을 해 왔다.

"대서양을 가로질러 항해하면 아프리카 해안을 따라 빙 돌아서 가지 않고도 바로 인도에 도착할 수 있다"

콜럼버스가 처음 포르투갈에 지원을 부탁했을 때, 포르투갈의 주앙 2세는 그의 계획이 미친 소리같이 보였다. 또한 이미 희망봉을 발견한 터라 굳이 얼토당토않은 모험을 할 필요가 없어 그의 제안을 거절했다. 영국과 프랑스에서도 콜럼버스는 후원금을 받아낼 수 없었다. 그러나 포르투갈이 아프리카의 최남단인 희망봉까지 다녀온 터라, 해상무역에서 선수를 빼앗겨 마음이 상해 있던 이사벨 여왕은 콜럼버스가 제안한 계획에 모든 것을 걸 수밖에 없었다.

"1492년 8월 3일 금요일 8시. 살테스의 강어귀에서 모래톱을 가로질러 항해를 시작했다. 바다에서 불어오는 풍향이 자주 바뀌는 강한 바람을 타고 해질 무렵까지 48마일을 항해한 후 카나리 제도 쪽으로 항로를 잡고서 항해했다."

콜럼버스가 이사벨 여왕과 페르디난드 2세에게 바친 첫 번째 항해 일지다. 금과 향료의 나라 '동양'을 향해 출항하는 콜럼버스는 꿈에 부풀어 있었다. 그에게는 그의 신념을 뒷받침해 주는 소중한 책 한 권이 있었다. 13세기 말에 발간되어 당시의 전 유럽인들에게 유럽 바깥 세계에 대한 영감을 주었던 마르코 폴로의 『동방견문록』이었다. 이 책은 콜럼버스에게 새로운 땅을 꿈꾸게 했고, 실제 여정에서 힘든 일이 생길 때마다 초심을 잃지 않도록 상기시켜 주었다. 당시만 해도 '마의 북회귀선'이라고 불리는 보자도르 곶까지 진출한지 50여 년 밖에 지나지 않은 시대였다.

이탈리아의 주요 항구도시인 제노바에서 태어나고 자란 콜럼버스는 자연스럽게 바다를 보면서 꿈을 키웠고, 이곳에서 이루어지는 무역거래를 보면서 무역항로에 대한 관심을 갖게 되었다. 1474년 포르투갈로 건너간 콜럼버스는 여러 항구를 돌아다니는 뱃사람으로 출발하여 장사와 항해술을 배웠다. 뿐만 아니라 해도 제작과 판매를 하면서 서쪽 항로 개척에 대한 꿈을 키웠다. 콜럼버스는 해외에서 업적을 이뤄 귀족 지위를 얻는 것이 평생의 목표였다. 동시에 그는 구원받을 인류가 안착할 지상낙원이 아시아의 동쪽 끝에 있다고 믿고 그것을 확인하는 것을 소명으로 여겼다.

피렌체의 천문지리학자인 토스카넬리(Paolo dal Pozzo Toscanelli, 1397~1482)에게 지구구체설에 대한 이야기를 듣고 감명을 받은 콜럼버스는 대서양을 가로질러 동양으로 가겠다는 포부를 가졌다. 그의 머릿속은 하루 빨리 배를 타고 인도에 가서 좋은 향료와 황금을 얻고 가톨릭을 전파할 생각으로 가득했다.

1492년 콜럼버스는 서인도제도에 도착했고, 에스파냐는 잉카문명을 멸망시키고 금과 은을 획득함으로써 유럽의 맹주로 떠오르게 되었다. 하지만 콜럼버스가 출항할 때에는 약속된 아무것도 없었다. 오로지 콜럼버스의 과학적 신념과 이사벨라 여왕의 미래에 대한 투자, 그리고 미지의 동방에 대한 동경이 만들어낸 작품이었다.

항해를 마치고 돌아온 콜럼버스는 아메리카 항로를 개척한 자신의 무용담을 포르투갈의 주앙 2세에게 자랑했다. 그리고 엎친 데 덮친 격으로 1493년 에스파냐는 교황 알렉산더 6세에게 대서양 한가운데 〔기준은 당시 유럽인이 서쪽 끝이라고 생각했던 카보 베르데에서 서쪽으로 100레구아(당시의 거리 단위: 약 480km) 떨어진 지점〕를 남북으로 선을 그어 동쪽은 포르투갈이, 서쪽은 에스파냐가 갖는다는 확인서를 받아냈다. 1480년 교황에게 받은 확인서에 따르면 콜럼버스가 발견한 땅도 포르투갈에 속해야 했지만, 이제 와서 교황에게 따질 수도 없었고 에스파냐와 전쟁을 할 수도 없었다.

결국 1494년 6월 7일 토르데시야스(Tordesillas)에서 이사벨 여왕과 페르디난드 왕, 주앙 2세가 만나 조약을 맺었다. 카보 베르데에서 서쪽으로 370레구아(약 1,770km) 떨어진 지점을 기준으로 남북을 연결하는 새로운 선을 그었다. 지구를 둘로 쪼개는 토르데시야스 조약이 맺어진 것이다. 토르데시야스 조약에 따라 서경 46도 부근을 지나는 브라질은 포르투갈의 영토가 되었다. 오늘날 남아메리카에서 브라질만 포르투갈어를 쓰는 것은 이로부터 비롯되었다.

새롭게 경계선이 그어지고 나서 에스파냐는 서쪽에 어떤 땅이 있는지 무척 궁금해졌다. 그렇게 시작된 마젤란 일행의 세계일주는 마침내 '지구는 둥글다'는 사실을 증명하게 되었다.

한편 에스파냐가 새로운 항로를 발견했다는 소식을 들은 영국의 헨리

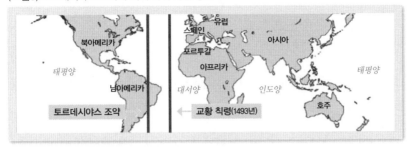

(그림3) 토르데시야스 조약에 의해 나눠 가진 영토

7세는 1497년 피렌체의 상인 조반니 카보토에게 동방으로 가는 새로운 항로를 개척하도록 했다. 카보토는 얼어붙은 뉴펀들랜드에 도달했고, 콜럼버스가 그랬던 것처럼 그곳이 칸이 지배하는 땅이라고 주장했다.

문명의 충돌

바스코다가마가 인도항로를 개척하고 콜럼버스가 신대륙을 발견했을 때 기존 사상과 질서는 뿌리째 흔들렸다. 더구나 프란시스코 피사로가 잉카제국을 멸망시켰을 때 황금의 언덕 엘도라도의 전설은 세계 경제의 중심을 리스본으로 바꿔 놓았다. 1545년 포토시를 비롯한 커다란 은맥 다섯 군데를 발견하면서 세계 경제사는 새로운 장을 열게 된 것이다.

엄청난 인구를 기반으로 하여 동서로 뻗은 유라시아 문명은 기본적으로 교역을 통해 발전하면서 살아남았다. 하지만 그렇지 못한 국가들은 도태되었다. 아메리카 문명은 교역 자체가 이루어지기 힘들었다. 남북으로 길게 뻗은 험준한 산맥과 거대한 밀림 탓에 문명 간 접촉 자체가 힘들었다. 아즈텍문명과 마야문명, 그리고 잉카문명은 그렇게 각자 우물 안의 개구리가 되어야 했다. 각기 단절된 영토에 인구는 적었고 가축으로 기를 만한 포유동물은 멸종되었다. 잉카문명이 에스파냐의 서구문명과 충돌했을 때, 이미 아메리카 원주민들의 운명은 결정되었다. 잉카의 전사들에게 철갑을 두른 채 말을 타고 화승총을 보유한 에스파냐군은 외계인이나 다름없었다. 그러나 총과 철갑과 말로 무장한 피사로의 병사 168명만으로 용맹스런 잉카제국의 8만 병력이 무너진 것은 아니었다. 가축과 생활해 보지 않았던 아메리카 원주민들에게는 기본적으로 전염병에 대한 면역력이 없었던 것이다. 아즈텍을 멸망시킨 에스파냐 군대가 멕시코로부터 합류하면서 천연두가 전염되었고, 면역력이 없었던 잉카군대는 천연두로 인해 사망자가 급증했다. 그리고 정복자들에게 학살당한 숫자보다 훨씬 많은 인구가 천연두로 희생되었고, 그 결과 잉카제국의 인구는 3분의 1로 줄어들었다.

에스파냐인들이 아즈텍 제국이나 잉카 제국을 정복했을 때 이사벨

(그림4) 페루 쿠스코 우루밤 마추픽추

여왕은 정복자들에게 주변의 땅을 분할해 주는 것을 보장했다. 이것은 이베리아 반도에서 이슬람세력을 몰아내던 레콩키스타 모델과 같은 것이었다. 이에 따라 인디언 노동력을 할당하는 체제가 만들어졌고 강제 노역으로 사금 채취 작업을 시킬 수 있었다. 강제노역자들은 몇 달 동안 가족과 떨어져 일을 했고, 스트레스와 자살 등으로 인한 사망자가 늘어만 갔으며, 출산율이 급감하게 되었다. 결과적으로 원주민 사회는 붕괴되었고 인구 절멸의 길로 들어섰다.

문명의 발전과 문명 간의 충돌 등에 관한 역사를 돌아보면 경쟁과 소통에 적극적이었던 문명은 흥했고 폐쇄적이고 중앙집권적이었던 문명은 멸망했다. 대항해 시대 이전 몇 세기 동안 중국의 기술력, 인도의 수학, 그리고 아랍의 천문학은 유럽에 비해 월등히 앞서 있었다. 16세기에 유럽인들의 해외 상업활동이 활발했을 때만 해도 동양의 제국에게 그들은 왜구나 해적과 같은 존재에 불과했다.

반면 서양은 아테네의 민주주의에서 발달한 사상이 개인주의로 발전하고, 종교개혁으로 인한 자본주의적 생활방식과 태도가 경쟁과 발전을 가져왔다. 정화의 함대가 남해원정을 했을 때 처음의 명분과 달리 그 목적은 부와 기술력의 과시였다. 그러나 유럽의 상인들은 재물을 얻기 위한 목적으로 항해를 했다. 향신료를 얻기 위해, 엘도라도의 금을 얻기 위해 그들은 스스로 목숨을 걸었던 것이다. 왕의 명령으로 전쟁에 나갔던 동양의 군인들과 자신의 끝없는 탐욕을 위해 전쟁에 나섰던 서구인들은 출발선에서부터 달랐던 것이다. 그러기에 잉카왕국은 한줌도 안 되는 병력에게 허무하게 무너져야 했으며, 중국의 막강한 국력도 아편을 팔겠다고 전쟁을 일으킨 서양의 야욕에 무릎을 꿇어야 했다.

서양에서는 정부가 과학을 지원했다. 볼테르의 친구이자 프로이센의 왕인 프리드리히 2세가 이를 잘 보여주었다. 그는 볼테르를 후원했을 뿐만 아니라 과학자들을 우대했고 '과학 및 문학 아카데미'를 설립하기도 했다. 또한 뉴턴의 물리학을 대포에 적용한 로빈스의 『새로운 포의 원리』를 독일어로 번역하도록 했다. 이렇게 프리드리히 대왕이 개혁을 단행하는 동안 오스만제국의 술탄 오스만 3세는 이스탄불에서 나태와 타락의 늪으로 빠져들고 있었다.

이스탄불에서 술탄의 수많은 아들 중 하나로 산다는 것은 위험천만한 일이었다. 술탄을 이어받는 형제 외에는 왕권 찬탈을 예방하는 차원에서 모두 죽임을 당했기 때문이었다. 또한 장자 이외의 형제는 하렘이라는 지역에 갇혀 지내야 했기 때문에 세상에 나올 때 그의 지식은 거의 백지 상태나 다름없었다. 오스만 3세도 그런 무지한 상태로 왕국을 다스렸다. 결국 뉴턴의 운동법칙도 18세기 로빈스의 탄도학 혁명도 알 수 없었고, 과거 우수했던 무기체계는 서양 유럽의 기술력에 뒤처지고 말았다. 더구나 유럽의 발전상을 둘러보고 나서도 오스만제국이 서양보다 우월하다고 생각했는데, 이것이 그들의 개혁을 가로막았다. 변화의 시도는 번번이 정치적 반대에 부딪혔다. 과학의 영역에서 종교적 개입만큼 오스만제국의 진보를 더디게 만든 것도 없었다. 이러한 상태는 제1차 세계대전 이후 케말파샤가 나타날 때까지 계속되었다.

3 유대인의 금융 DNA

콜럼버스의 꿈과 맞바꾼 유대인 엑소더스

콜럼버스가 출항하기 하루 전날인 8월 2일 세비야 근처 항구에서는 스페인에서 추방되는 유대인 무리가 마지막 배에 오르고 있었다. 이슬람 세력을 쫓아내고 스페인을 통일한 이사벨 여왕은 유대인들에게 가톨릭으로의 개종과 국외추방 중 양자택일을 하라고 윽박질렀다. 1492년 3월 31일 에스파냐 왕국은 유대인 추방령을 선포했다. 즉 콜럼버스의 출항 전날은 유대인의 이주가 허락된 기한의 마지막 날이었던 것이다.

이사벨 여왕은 어릴 때 이복 오빠인 엔히케 4세에 의해 아레발로라는 시골로 쫓겨나 비참한 생활을 했다. 그때 그녀를 견디게 해준 힘은 독실한 가톨릭 신앙이었다. 그녀는 나이가 많은 포르투갈 왕과 결혼 이야기가 오가자 아라곤의 페르디난드 왕자에게 편지를 써서 청혼을 했다. 페르디난드 역시 그녀와 결혼하려고 위험을 무릅쓰고 장사꾼으로 변장한 채 이사벨이 있는 바야돌리드에 왔다. 1469년 온갖 어려움을 물리치고 결혼을 한 두 사람이 왕위를 이어받으면서 아라곤·카스티야 연합 왕국이 만들어졌다. 그리고 1492년 1월 2일 그라나다의 마지막 왕 보압 딜로부터 알함브라 궁전의 열쇠를 넘겨받았다. 이로써 800여 년에 걸친 이슬람 세력은 이베리아 반도에서 사라졌다.

이사벨은 이슬람세력을 몰아내기 위한 국토회복전쟁에서 이반된 민심을 수습하고, 기독교로의 종교단일화를 이루어 왕실의 권위를 회복한다는 명분을 내세웠다. 그러나 속셈은 전쟁으로 바닥난 국고를 메우기 위해 이단 종교를 믿는 유대인의 재산을 몰수하려는 것이었다. 뿐만 아니라 콜럼버스 신항로 탐사에 들어갈 자금을 마련하기 위한 계산도 있었다. 다른 한편으로는 이슬람 세력을 몰아내느라 연합했던 세력들의 무장해제가 쉽지도 않았고 정부가 이를 쉽게 통제할 수도 없는 형편이었다. 신항로 탐사로 이들을 국외로 내보내는 것은 당면한 난제를 해결할 최선책이었다. 유대인의 추방은 이러한 복합적인 정치적 명분과 이유가 있었다. 그리하여 결국 유대인 17만 명이 스페인을 떠났다.

392년 기독교를 로마제국의 정식국교로 채택한 테오도시우스 황제가 '유대인은 예수를 죽게 만든 하늘의 죄인이자 기독교의 적'이라고 선포했다. 당연히 에스파냐의 유대인들에게도 토지 소유가 금지되어 있었기 때문에 그들이 담보대출을 해 줄 때 저당 잡은 것은 대부분 보석류였다. 에스파냐 당국은 유대인의 재산 처분은 허용하되 화폐와 금, 은은 가지고 나갈 수 없다고 발표했다. 유대인들은 재산을 헐값에 처분하여 몇 필의 포목이나 당나귀로 바꾸었고 그나마 저당 잡은 보석류를 들고 종교재판을 피해 스페인을 빠져나갔다.

유대인들이 이주해 간 안트워프와 암스텔담은 훗날 다이아몬드 보석시장으로 자리 잡게 되었다. 반면에 유대인의 추방으로 이베리아 반도는 생산과 유통기반이 무너져 경제에 위기가 왔다. 유대인들이 살았던 주요 상업도시의 집세가 반으로 폭락하고 은행이 파산하는 등 상업과 금융업이 큰 타격을 받았다. 이후 스페인은 신대륙에서 들여온 금과 은 등의 막대한 자원으로 외형을 넓혀 갔지만 내부적으로는 큰 타격을 입었다. 동인도제도에서 후추와 향신료를 싣고 와도 유대인들이 구축했던 유통망이 붕괴되어 북유럽의 소비자에게 판매할 판로가 없었기 때문이었다. 포르투갈 리스본 항에 들어온 향신료는 할 수 없이 유대인들이 있는 안트워프로 보내 유통시킬 수밖에 없었다. 스페인은 결국 유대인들이 떠난 지 반세기 만인 1557년 첫 파산선고를 하는 등 국운이 급격히 기울었다. 그러나 아이러니컬하게도 콜럼버스가 발견한 신대륙은 유대인들의 후손에게 피난처를 제공해 주었다.

디아스포라

디아스포라(Diaspora)는 '흩어진 사람' 곧 이산(離散)이라는 뜻이다. 고대 유대의 역사는 서기 66년과 132년 로마와의 전쟁으로 사실상 종지부를 찍었다. 남아 있던 영토마저 서기 135년 바르 코크바에 의한 봉기가 실패로 끝나면서 유대라는 나라는 지구상에서 사라지게 되었다. 이때 유대인의 3분의 2 이상이 죽었고 그나마 살아남은 사람들은 노예가 되거나 다른 나라로 피신을 해야만 했다. 18세기에 이르기까지 그들은 저주받은 민족으로서 온갖 조롱과 냉대와 혐오의 대상이었으며 가난과 절망의 대명사였다. 그럼에도 불구하고 오늘날 그들이 세계 역사의 무대 위에서 살아 움직이는 힘은 어디에서 나오는 것일까?

여진족의 금나라는 한족인 명나라를 멸망시켜 청나라를 세우고도 한족에 동화되어 지금은 흔적도 없이 사라졌다. 그런데 2천년 전에 사라졌던 유대민족은 다시금 살아나 전 세계를 움직이고 있다. 상대성이론의 과학자 아인슈타인, 닉슨과 포드 행정부의 국무장관 헨리 키신저, 연준의장 앨런 그린스펀, 헬리콥터 벤으로 통하는 연준의장 벤 버냉키, 현 연준의장 재닛 옐런, 200여 년간 세계의 금융과 막후권력을 주물러

(그림5) 유대인 디아스포라

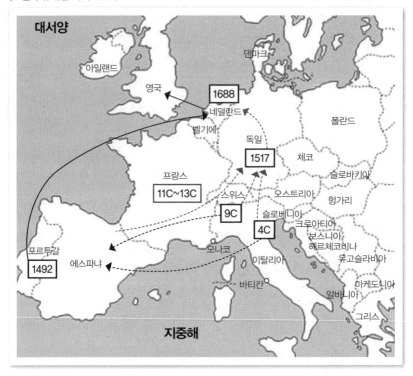

왔던 로스 차일드, 투자은행 JP모건과 골드만 삭스, 헤지펀드의 살아

있는 전설 조지 소로스에 이르기까지 유대인들이 세계 역사를 좌지우

지하고 있다. 그들의 핏속에는 분명히 다른 민족과 다른 유전자가 흐르

고 있다. 그것은 돈의 DNA일 수도 있고 명석한 두뇌일 수도 있다.

　로마와의 전쟁에 패하면서 유대인들은 북부 이탈리아와 독일 그리

고 북부 아프리카 등으로 흩어졌다. 4세기 무렵부터 유럽 여러 나라에

서 추방당하여 이베리아 반도로 몰려든 유대인들을 세파르디(Sefardi) 유

대인이라고 하는데 중세에는 세계 유대인의 약 절반을 차지했다. 서기

711년 서고트족을 몰아내고 이베리아 반도에 들어온 이슬람교도들은

유대인들을 같은 아브라함의 자손으로 인정하면서 비교적 우호적으로 대했다. 아랍인은 원래 아브라함의 큰 아들인 이스마엘의 후손들이었기 때문에 아직도「코란」은 유대교의 여러 전통과 관습을 보존하고 있다. 유대인들은 서기 800년부터 1100년 사이에 이베리아 반도에서 자유롭게 그들의 자질을 꽃 피웠던 '세파르딤 문화'를 가장 자랑스럽게 생각한다. 당시 이베리아 반도에서 이슬람문화의 중추적 핵심 인재들은 유대인들이었다. 오늘날 서구 문명은 어떻게 보면 이슬람문화 때문에 싹이 텄다고 봐도 과언이 아니다. 그 중심에 유대인이 있었다. 그들은 그리스 고전이나 철학을 아랍어로 번역했고 이를 또 다시 라틴어로 번역하여 유럽에 소개했다. 이는 고전의 세계를 부활시킨 르네상스로 이어졌다.

독일이나 프랑스 지역에 살다가 11~13세기 십자군 전쟁 때 박해와 학살에 시달리다 러시아 등 동유럽으로 피신한 유대인을 통틀어 아슈케나지(Ashkenazi) 유대인이라고 한다. 아슈케나지란 히브리어로 독일(Ashkenaz)이라는 뜻에서 유래가 되었다. 그 뒤로 15세기말 에스파냐에서 추방되고 17세기 30년 전쟁으로 더 많은 유대인들이 동유럽으로 피신했다. 지금은 미국에도 많이 가 있다. 아슈케나지 유대인은 오늘날 전 세계에 흩어져 있는 유대인의 80%를 차지해 주류를 형성하고 있다. 아슈케나지 유대인은 외모도 다른 백인들과 거의 차이가 없다. 우리가 잘 알고 있는 알베르트 아인슈타인, 스티븐 스필버그, 스칼릿 요한슨 등이 그들이다. 그들은 자신이 특별히 정체성을 드러내지 않으면 겉모습으로 구별하기는 쉽지 않다. 세파르디와 아슈케나지는 네덜란드에서 아주 다른 삶을 살았다. 17세기말 무렵 세파르디는 경제적으로나 문화적으로 상류층에 속했다. 반면에 아슈케나지는 하류층에 속했다.

유대인이 에스파냐에서 추방됐던 초기에 네덜란드는 종교적 자유를 제외하고는 저지대의 척박하고 열악한 환경에 놓여 있었다. 1516년 베네치아에서 유럽 최초로 '게토(ghetto)'가 생겼는데, 해상무역과 조선업, 금융업을 하던 베네치아 유대인들은 게토에 갇히게 되자 이를 피해 안트워프와 암스텔담으로 몰려왔다. 이들이 이베리아 반도에서 이미 추방되어 온 유대인들과 합류하면서 안트워프는 중계무역을 바탕으로 한 유통과 금융이 급속도로 성장했다. 이렇게 자본주의는 16~17세기에 지금의 벨기에, 네덜란드가 자리한 저지대 국가들에서 탄생했다. 이후 유대민족은 세계 각지에서 국가적 조직체가 아닌 랍비를 중심으로 하는 신앙 공동체로 살아갔다.

토라와 탈무드

기원전 601년 유다 왕국이 바빌로니아의 속국이 되었다. 유대 민족은 다른 민족의 지배를 받게 되자 반란을 일으켰다. 그러나 전쟁으로 인해 유다 왕국은 회복이 불가능할 정도로 파괴되었고 수많은 유대인들이 바빌론으로 끌려갔다. 이것이 이른바 바빌론 유수다. 그럼에도 불구하고 그들은 예루살렘이 포위당한 채 3년 5개월을 버티고 저항했다. 결국 기원전 582년 유다 왕국은 멸망했고 예루살렘 성전은 처참하게 초토화되었다.

예루살렘 성전의 파괴는 유대인들에게 이루 말할 수 없는 충격을 주었다. '성전은 하느님의 집인데 파괴될 수가 있는가?' '신이란 과연 존재하는 것인가?' 그때까지 유대인의 종교의식은 성전에서만 하도록 되어 있었기 때문에 예루살렘 성전의 파괴는 종교를 잃어버리는 것과 마찬가지였다. 종교의 상실은 유대 민족의 상실을 의미했다. 이때 선지자 예레미야와 에스겔이 나타났다. 그들은 성전에 가서 제물을 바치는 것보다는 믿음을 갖고 율법을 지키는 것이 하느님을 더 즐겁게 하는 길이라고 역설했다.

유대교는 이제 성전이 아닌 어디에서나 하느님을 만날 수 있는 움직이는 종교로 바뀌었다. 사제 없는 회당 시나고그(synagogue)에서 랍비를 중심으로 신자들끼리 모여 율법 낭독과 기도를 중심으로 하는 새로운 예배의식이 시작됐다. 랍비(rabbi)는 공부를 많이 한 학자였기 때문에 자연히 유대인 지역사회의 지도자 역할을 했다. 때로는 재판관의 역할도 했고 또 힘든 일이 있을 때 인생을 상담해 주는 카운슬러 역할도 했다.

성직자가 없다 보니 유대인들은 누구나 스스로 성경을 읽을 줄 알아야 했다. 그들은 열세 살이 지나면 의무적으로 성경을 읽어야 했기 때문에 일찍부터 글을 깨우쳤다. 반면에 기독교도들은 오랜 기간 동안 대부분이 문맹이었다. 가톨릭에서는 신자들이 성경을 잘못 이해할까 봐 일반 신도들은 성경을 읽지 못하도록 법으로 금했다. 그래서 글을 모르는 신자들을 위해 그림으로 표현하는 성화(聖畵)가 발달했다.

유대인들은 모세오경의 율법인 「토라」를 통해 민족의 정체성을 잃지 않고 지켜 나갔다. 새로운 유대 공동체 재건은 율법을 통해 이루어진다고 보았기 때문에 에스라에 의한 「토라」의 집대성은 의미가 컸다. 「토라」는 유대인에게 새로운 정체성을 가져다주었다. 「토라」가 완성되자 에스라는 그간 말로 전해 내려오던 율법, 전통적 습관, 축제, 민간전승, 해설 등의 구전을 모아 글로 기록하기 시작했다. 『탈무드』는 이렇게 해서 시작되었다. 그 후로도 율법학자들이 천 년에 걸쳐 잇고 덧붙여 썼다. 『탈무드』는 구전율법에 후대의 해설을 덧붙인 것이다. 유대인들은 주 2회 모세 율법을 읽어야 했고, 새해가 되면 「창세기」 1장부터 새롭게 읽어야 했다. 유대인에게 교육은 곧 신앙이었다.

예수가 나오기 전까지만 해도 하느님의 축복은 오로지 유대인에게만 유효했다. 유대인에 대한 배타적인 선민사상이었던 것이다. 사람이 병들고 어려운 것은 그가 스스로 지은 죄 때문이라고 했다. 착한 사람은 상을 받고 죄를 지은 사람은 벌을 받는다는 것이었다. 그러나 예수는 이를 뒤집었다. 사람은 모두 하느님의 자녀이고 죄 지은 사람도 진심으로 회개하면 구원받을 수 있다고 했다. 율법과 할례대로 유대인만 선택받고 구원받는 것이 아니라 율법과 할례 없이도 모든 인류가 믿음이 깊으면 하느님의 응답을 받을 수 있다고 가르쳤다. 유대인의 입장에서 「토라」를 부정하는 것은 있을 수 없는 일이었다. 유대교 신앙공동체의 정체성을 지키기 위해 그들은 예수를 배척하고 박해했다. 그리고 결국은 예수를 십자가로 내몰았다.

반전의 역사

노예의 아들로서 285년 왕위에 오른 로마의 디오클레티아누스 황제는 개혁을 하려고 했다. 제국의 자랑이었던 효율적인 정부와 번영하는 경제와 활기찬 사회는 죽어 가고 있었다. 로마제국은 이미 국경을 장군들에게 맡겨 놓기만 해도 좋을 만큼 한가한 상황이 아니었다. 그는 로마제국이 너무 광대한 탓에 반란이 계속된다고 보고 제국을 둘로 분할하여 서로마를 동료인 막시미아누스에게 맡겼다. 그 후 293년 각각의 제국에 부황제를 두어 복수 황제체제가 되었고 반란은 크게 줄었다. 그런데 또 다른 골칫거리가 있었다. 로마제국 내에 기독교가 너무 빨리 퍼지고 있었던 것이다. 원래 로마는 다신교를 믿고 있었다. 그런데 기독교는 유일신을 믿는 종교였다. 두 종교의 양립이 어려운 상황이었다. 로마의 황제들은 황제의 신성(神性)을 무시하는 기독교를 인정할 수 없었다. 디오클레티아누스 역시 303년에 기독교도들이 로마의 신에게 제물을 바치지 않았다는 이유로 기독교의 모든 집회를 금지하고 교회를 파괴하는 등 박해를 가했다.

305년 디오클레티아누스 황제가 은퇴를 하고 나자 네 명의 황제들 사이에 정치적 내분이 일었다. 콘스탄티우스 장군은 제국을 네 개로 쪼갤 때 오늘날의 프랑스·벨기에·영국에 해당하는 지역의 황제로 임명됐다. 그런데 306년 콘스탄티우스의 갑작스런 사망으로 30대 초반의 젊은 콘스탄티누스가 아버지의 뒤를 이어받아 황제가 됐다. 311년 황제들 사이에 내전이 터지자 콘스탄티누스는 동방황제 리키니우스와 손잡고 이탈리아로 진격했다. 콘스탄티누스 1세는 원래 기독교를 믿지 않았으나 전쟁 중에 신기한 영적 체험을 했다. 312년 막센티우스와의 전쟁에서 하느님의 보호 속에 승리한 콘스탄티누스는 313년에 기독교를 정식 종교로 인정하는 밀라노 칙령을 발표했다. 기독교 탄압에 종지부를 찍은 것이다. 기독교도들에게는 기쁜 일이었지만 이제 예수를 박해했던 유대인들에게는 불행이 시작됐다. 기독교가 강해질수록 로마의 종교적 관용은 사라져 갔다. 다양성은 줄었고 획일성이 강조됐다.

그로부터 80년 후 독실한 기독교도인이었던 테오도시우스 황제가 기독교를 로마제국의 국교로 선언했다. 기독교는 로마의 유일한 종교가 됐고 중세 1,000년을 지배할 준비를 마쳤다. 이로 인해 기독교 세력이 급속도로 늘어나자 그동안 기독교를 박해했던 이유에 대해서 적절한 해명이 필요하게 되었다. 유대인은 희생양이 되어야 했다.

"유대인은 예수를 죽게 만든 죄인이다. 하늘에 대역죄를 지은 유대인들은 신성한 하늘과 마주하는 거룩한 땅 위에 어떠한 씨앗을 뿌려서도 안 된다. 또한 검과 창을 쓰는 무사가 되어서도 안 된다."

유대인은 농사를 지을 수도 없고 군인이 될 수도 없었다. 이제 유대인들이 할 수 있는 일이라고는 기독교에서 금지한 돈을 빌려주고 이자를 받는 일과 전국을 떠돌아다니며 남들이 싫어하는 장사를 하는 일뿐이었다.

조선시대에도 사회적 신분은 사농공상(士農工商)의 순서였다. 양반 계급 다음이 곡식을 생산하는 농업인이었고 마지막이 상인이었다. 당시에 장사를 한다는 것은 여기 저기 떠돌아다니면서 물건을 파는 행상이었다. 보자기에 물건을 싸가지고 다니면서 팔던 보따리장수나 등짐을 메고서 물건을 살 사람을 찾아다니면서 파는 등짐장수가 그들이었다. 그러다 보니 몇 달에 한 번 집에 들어가기도 했다. 요즈음 말로 3D 업종인 셈이었다.

문명이 발달하지 않은 당시의 서양 역시 마찬가지였다. 중세 유럽의 유대인들은 이렇게 고리대금업이나 장사 등 비천한 직종의 일을 맡아서 했다. 그 시기 유럽 사회는 그들이 기피 하면서도 사회에 꼭 필요한 일들을 유대인이 하도록 묵인했던 것이다.

그럼에도 불구하고 11세기 말부터 시작되어 거의 2백 년 동안 지속된 십자군 전쟁기간 동안 유대인들은 수시로 집단 학살을 당했다. 기독교 근본주의자들에 의한 십자군에게 기독교 이외의 이단은 모두가 공격의 대상이었기 때문이었다. 1099년 팔레스타인에 도착한 십자군은 예루살렘을 함락시키던 날 모든 유대인들을 회당 안에 모아 놓고 불을 질렀다.

그날 하루에 7만 명의 유대인이 죽었다. 교황 이노센트 3세는 유대인들을 영원히 안식과 평화를 누릴 수 없는 저주받은 민족이라고 믿었다. 그는 종교재판소를 만들어 1백만 명 이상을 살해했다. 1216년에는 반유대인 칙령이 제정되어 모든 유대인은 악마의 뿔을 상징하는 노란색 모자를 쓰고 노란 마크를 가슴에 붙여야 했다. 중세에 노란색은 멸시 받는 자의 색이었다. 유대인은 신의 저주를 받은 종족으로 취급되었다.

14세기 후반에 독일의 유대인들은 게토(ghetto)라고 불리는 도시 안의 작은 거주구역에서 모여 살아야 했다. 게토는 그 자체가 감옥이었고 유대인은 늙어 죽을 때까지 평생을 게토 내에서만 살아야 했다. 낮에는 게토 밖에서 활동할 수 있어도 밤에는 무조건 게토로 돌아와야만 했다.

14세기 중엽부터 유럽은 백년전쟁(1337~1453)에 시달렸다. 게다가 1347년부터 흑사병이 전 대륙을 휩쓸고 지나갔다. 4년간의 발병으로 유럽인구의 3분의 1이 죽었다. 당시의 평균 수명이 35세에서 페스트 창궐기에는 17세까지 뚝 떨어졌다. 그런데 흑사병이 유독 유대인들만을 피해 갔다. 『탈무드』는 청결을 강조했다. 손 씻는 것은 신을 만나는 신성한 행위로 여기는 습관이 전염병의 마수에서 벗어나게 했던 것이다. 그러나 흑사병에 대한 공포는 사람들을 극심한 광기와 미신에 사로잡히게 했다. 흑사병의 창궐을 신이 분노한 결과로 여기고 예수를 못박게 한 유대인들 탓이라는 소문이 돌았다. 애꿎은 유대인들은 희생양이 되었다. 대대적인 유대인 학살이 이어졌다.

유대인은 사람 취급을 받지 못했다. 그래서 온갖 모욕을 당해도 참을 수밖에 없었다. 예수를 박해했던 유대인들이 그들의 신앙과 그들의 안위를 걱정해야 되는 처지가 된 것이다. 그야말로 역사의 반전이었다. 그러나 이것이 유대인들에게는 기가 막힌 행운을 가져다주는 시련이 될 줄은 아무도 몰랐다. 또 다른 반전이 기다리고 있었던 것이다.

돈을 빌려주고 이자를 받는 일은 오늘날의 금융업이다. 그리고 전국을 떠돌아다니며 장사를 하는 일은 오늘날의 비즈니스 사업이다. 장사를 하느라 전국을 돌아다니다 보면 각 지역의 정보를 훤히 알 수 있게된다. 정보가 있는 곳에 모든 성공의 열쇠가 있다는 것은 역사가 말해주고 있다. 칭기스칸이 세계를 제패할 수 있었던 것도 역참제를 활용하여 정보의 기동력 싸움에서 월등한 우세를 보였기 때문이었다. 더구나 유대인들은 나라를 잃고 신앙공동체로 묶여 있어 정보를 수집할 탄탄한 인적 네트워크 구축이 자연스럽게 형성된 것이다. 그것이 18세기이후 유대인들이 금융과 상업에서 두각을 드러내고 돈의 힘으로 세계의 역사를 막후에서 주무를 수 있었던 이유였다.

유대인이 떠난다는 것은 그 지역 상권이 죽고 경제가 피폐해짐을 의미했다. 로마 역시 유대인들이 탄압을 못 견디고 떠나자 경제가 몰락했다. 앞에서 살펴 본 스페인의 경우도 마찬가지였다. 유대인의 추방은 경제 분야에서 수많은 고급 인력을 잃어버리는 결과를 낳게 된 것이었다.

4 금융과 문명과 역사

천시지리인화(天時地利人和)

맹자(孟子)는 "천시는 지리만 못하고 지리는 인화만 못하다〔天時不如地利 地利不如人和〕"라고 했다. 전쟁을 할 때에는 하늘의 기회를 얻어도 지리상의 이로움만 못하고, 지리적 이로움이 있어도 사람들 사이의 정신적 협력이 없으면 성취할 수 없다는 뜻이다. 하늘의 때보다도 지리적 조건이 더 중함을 말하고 있다.

그러나 지리의 이로움은 시대에 따라 변하며 시대에 맞는 지리적 이로움을 가진 곳에서 문명은 발달했다. 1만 5000년 전 빙하기가 지나고 지구온난화가 시작된 이래 가축화와 작물화가 유리한 곳에서 사람들은 정착생활을 했고, 기원전 8000년쯤 신석기시대 농경이 시작되었다. 그리고 기원전 4000년경에는 강변유역의 메소포타미아에서 도시국가가 생겨났고 청동기문명이 일어났다. 기원전 3000년경에는 황하유역과 나일강, 인더스강 유역에서도 문명이 일어났다. 그 당시만 해도 치수(治水)를 잘하여 농사를 잘 짓는 것이 임금의 덕목이었다. 요순(堯舜)시대가 그러했다. BC 3000년경 수메르의 에리두가 홍수로 멸망한 것이나 성경에 나오는 노아의 방주도 농경시대의 홍수에 대한 두려움을 표현하고 있는 것으로 볼 수 있다. 그 시대에는 농사를 짓기에 강변유역이 지리적으로 유리하여 일찍이 문명이 발생했지만 그에 따른 홍수의 위험도 감수해야만 했다.

기원전 2000년경 그리스 남부 크레타 섬에서 서양사람들에 의해 처음으로 문명이 시작되었다. 이어서 기원전 1600년경에는 그리스 본토에서 미케네문명이 시작되었다. 이들 도시국가들은 지중해 동해안을 중심으로 저렴하고 손쉬운 운송이 가능한 지리적 이점을 갖고 있었다.

한편 동양에서는 450년경 양쯔강 유역에서 벼농사 개척지대가 급성장하기 시작했다. 중국은 5호16국 시대와 남북조 시대를 거쳐 581년 문제 양견에 의해 수나라로 재통일되었다. 지중해처럼 내해가 없는 중국은 강남의 넓은 평야에서 생산된 곡물을 북쪽의 시안(西安)과 뤄양(洛陽)으로 옮기기에 너무나 불편했다. 문제의 뒤를 이은 수양제는 6년에 걸쳐 양쯔강과 황허강을 남북으로 잇는 2,000km의 대운하 건설을 시작하여 611년에 이를 완성했다. 만리장성 축조 못지않은 대공사였다. 비록 수나라는 618년에 당의 이연에 의해 멸망하고 말았지만, 과거 지중해가 로마제국에 제공한 것과 같은 내륙수로시스템은 운송의 편리함을 가져다줌으로써 이후 중국의 경제를 비약적으로 발전시켰다. 동로마제국이 지배하는 서양에는 양쯔강 이남 같은 토지가 없었다. 이제 동양은 서양을 앞서 나갔고 이후 1,000여 년간 우위를 지켜나갔다. 이것은 불리한 지리적 조건을 근본적으로 바꿔 자기에게 유리하게 만든 경우에 해당한다.

16세기 중반 서양에서는 땔감과 각종 목재수요의 증가에 따른 무분별한 벌목으로 목재자원이 고갈되면서 심각한 에너지 위기를 겪게 되었다. 이때 석탄을 이용한 산업이 발달하면서 공업생산은 활기를 찾게 되었다. 그리고 경제성장으로 화폐부족문제가 본격화함에 따라 '금보관증' 유통이라는 새로운 금융형태가 나타났다. 한편 석탄 생산량의 증가는 탄갱의 배수문제와 석탄수송이라는 당면 과제를 제기했고, 이러한 난제를 해결하기 위한 기술혁신은 영국이 산업혁명으로 나아가는 발판을 마련하는 계기가 되었다. 서양이 우위에 서게 된 것은 15세기 대항해가 시작되고 콜럼버스가 아메리카대륙을 발견하고부터 시작된다. 아메리카대륙의 발견에 있어서 서양의 지리적 조건은 동양보다 유리했다. 중국에서 아메리카까지의 거리는 서유럽에서의 거리보다 거의 두 배나 된다. 지리는 서유럽에게 유리하게 작용했다. 유럽인들은 태평양보다 훨씬 작은 바다인 대서양을 손쉽게 건너 아메리카대륙에 식민지를 건설했다. 그들은 그곳에서 금과 은 등 자원을 약탈하여 부를 축적했다. 또한 서양 사람들은 동쪽으로 가서 지상에서 가장 풍요로운 동방의 차와 비단과 향신료 등을 가져와야 될 경제적 유인이 충분했다. 그러나 동양은 서쪽으로 갈 이유가 별로 없었다.

사실 1500년대 동양과 서양은 기본적인 차이가 별로 없었다. 중국이 자랑하는 4대 발명도 이미 서양에 전해진 터였다. 그리고 두 지역

(그림6) 동서양의 아메리카까지의 거리

자료 : 이언 모리스,『왜 서양이 지배하는가』, p.595

모두 농업을 기반으로 했으며 도시를 중심으로 발달했다. 그런데 동양과 서양은 혹독한 자연환경에 맞서 싸우는 방식이 달랐다. 동서양이 다른 결정적인 한 가지는 제도적 차이였다. 중국은 하나로 통일되어 있었고 유럽은 여러 왕국으로 나뉘어 있었다. 유럽은 끝없이 다투면서 살아남아야 했던 세계였다. 약소국은 강대국과의 무력충돌이 파멸을 의미하는 것을 잘 알았기에 충돌을 피하고 양보하며 살아남았다. 도시와 영주는 작은 세력을 이루어 외적의 침입에 대항했다.

외부적으로만 보면 통일된 사회제도가 훨씬 좋아 보였다. 그러나 문제는 바로 그것이었다. 고착화된 전제정치의 중국은 혁신을 억제했고 여러 국가로 나뉜 유럽에서는 창의적인 경쟁과 의사소통에 적극적이었다. 해상운송 조건은 북유럽 시장을 발달시켰고 기사도 정신은 합리적인 상업제도의 토대가 되었다. 그리고 계약문화는 이를 뒷받침했다.

동양의 유교 철학은 혁신을 저해했고 지도층은 해금정책으로 스스로 우물 안 개구리로 전락했다. 기독교가 중세 유럽의 사상을 신 중심으로 가두고 사회 발전을 가로막았던 것, 마르크스주의가 동유럽과 소련을 옭아맸던 것, 사림파의 성리학이 조선 후기사회를 질식시킨 역사적 사례들이 이를 증언한다.

지리적 조건은 항구적인 것이 아니다. 그것은 시대에 따라 변한다. 2000년 전에 탄광은 아무런 의미가 없었다. 그러나 와트가 증기기관을 발명했을 때 영국의 탄광지대는 국가를 발전시키는 중요한 지리적 조건으로 부상했다.

서양보다 앞섰던 동양문명

15세기 이전 동양의 문명은 확실히 서양보다 앞서 있었다. 오늘날 중국이 자랑하는 고대 중국의 4대 발명품은 종이, 나침반, 화약, 활판인쇄술인데 인류문명의 일대 변혁을 가져올 정도로 그 영향력이 컸다. 지식의 기록을 가능하게 한 종이는 105년경에 후한(後漢)의 채륜이 처음 만들었다. 이것은 793년에 바그다드에 전파되어 유럽까지 전해졌다. 화약은 당나라 때 손사막이 단약(丹藥)을 제조하면서 처음 만들었다. 나침반은 삼황오제의 황제(黃帝)가 구려족의 우두머리인 치우천황(蚩尤天皇)과 싸울 때 안개 속에서도 사방을 분별할 수 있는 지남차(指南車)를 만들어 치우를 무찔렀다는 고사가 전해진다. 나침반은 항해활동에서 가장 중요한 도구가 되었다. 신뢰성 있는 기록은 11세기 북송 때 나침반을 사용했다고 하며, 서긍의『고려도경』에도 나침반을 사용했다고 기록하고 있다. 이후 나침반은 아라비아를 거쳐 유럽에 전래되었다. 인쇄술에 관해서는 조판인쇄술과 활자인쇄술로 나뉘어 발전을 거듭했는데, 조판인쇄는 우리나라의 「무구정광대다라니경」(706~751)이 중국보다 100여 년 앞섰다. 송나라 때 필승은 점토와 아교를 섞어 구워서 훨씬 실용적으로 이를 발전시켰다. 목판활자는 중국의 원나라 때 회전자판법을 발명했으나, 우리나라의 「직지심체요절」(1377)은 세계 최초의 금속활자본으로 유네스코 세계기록유산에 등재되었다. 이는 구텐베르크의 금속활자보다 70년이나 앞선 것이다.

철광석을 녹이기 위한 용광로 역시 기원전 200년 중국에서 먼저 만들어졌다. 우리는 골프가 영국의 스코틀랜드에서 생겼다고 알고 있다. 그러나 이것도 송나라 때에 이미 '추환'이라는 유사한 게임이 있었다. 정화의 함선은 콜럼버스의 산타마리아호보다 다섯 배나 더 컸다. 이렇듯 중국을 비롯한 동양은 서양 유럽보다 과학기술 면에서도 분명 앞서 있었다. 인구 면에 있어서도 태양왕 루이 14세가 통치하던 시절의 서유럽 도시인구는 수십 만 명에 불과했지만, 동시대의 베이징, 난징, 항저우의 인구는 백만 명을 넘어섰다.

중국에서 당나라가 세워지던 7세기 초 아라비아에서는 이슬람교가 탄생했다. 그 이후 서양 유럽문명과 중동 이슬람문명의 충돌은 끊임없이 이어졌다. 아바스 왕조(750~1258)에 밀려난 옴미아드 왕조 사람들이 이베리아 반도로 도망가서 후기 옴미아드 왕조를 세우면서 유럽에 이슬람 문화가 전파되었다. 아바스 왕조 시대는 이슬람 과학의 전성기였다. 이슬람 수학자들은 그리스와 인도수학을 바탕으로 산수, 기하학과 뚜렷이 구별되는 대수학(algebra)체계를 세웠다. 일찍이 핀홀카메라의 원리나 무지개 현상의 설명을 비롯한 광학과 지도제작 등에서도 앞서 있었다.

751년 아바스 왕조는 중국의 당나라와 탈라스 전투에서 승리하여 중앙아시아의 실크로드 지배권을 빼앗았다. 이는 동양문명과 이슬람 문명의 충돌이었는데 이때 당나라의 제지기술과 인쇄기술이 이슬람에 들어왔고 다시 유럽에 전해져서 훗날 유럽의 종교개혁과 르네상스에 크게 기여하였다. 오늘날 전 세계인이 쓰는 아라비아숫자가 인도에서 영(零)의 개념을 받아들여 완성된 것도 이 시기이다. 당시 상대적으로 아시아에 비해 열등했던 유럽이 이슬람을 통해 문물을 받아들임으로써 장차 선진국으로 도약하는 계기가 되었다.

그러면 이러한 이슬람의 과학이 서양에 밀리게 된 원인은 무엇이었을까? 11세기가 끝나갈 무렵 영향력 있는 이슬람 성직자들이 그리스철학 연구가 코란의 가르침과 양립할 수 없다고 주장하기 시작했다. 신이 내린 율법의 불가분성과 이슬람교를 바탕으로 한 권력구조의 통일성을 강조한 것이다. 그 이후 이슬람권에서는 고대 철학 연구가 축소되었고 책은 불태워졌으며 자유사상가들은 박해를 받았다. 인쇄술 역시 배척되었다. 인쇄기를 사용하다 발각되면 사형에 처해졌다. 이슬람교와 과학적 진보를 조화시키지 못한 것은 재앙이 되었다.

반면에 유럽의 계몽주의와 과학혁명이 가능했던 것은 교회와 국가는 반드시 분리되어야 한다는 기독교 교리 때문이었다. 그래서 유럽의 통치자들은 로마 교황과 끊임없이 싸우기도 했다. 유럽의 계몽주의는 과학혁명의 확대에도 영향을 미쳤다. 종교개혁이 그러했듯이 인쇄술의 발달은 문맹률을 낮추게 했고 책과 잡지와 신문의 보급으로 생각과 의식에 영향을 끼쳤던 것이다.

1683년 오스만 제국의 군대가 합스부르크제국의 수도 빈을 포위하고 항복과 함께 이슬람으로의 개종을 요구했다. 그러나 빈 공성전에서 투르크의 카라 무스타파가 결단을 내리지 못하고 머뭇거리는 사이 레오폴트는 폴란드 등의 지원군을 모집할 황금 같은 시간을 벌었다. 연합군의 반격으로 빈 포위가 풀리면서 기독교세력은 오스만세력을 발칸 반도를 지나 보스포루스까지 쫓아낼 수 있었다. 빈 공성전의 의미는 기독교문명이 부상하는 결정적 계기가 되었다.

산업혁명 이전의 인류는 생계를 이어가는 것이 힘들었기 때문에 생존 자체가 최고의 목적이자 이상이었다. 돈을 벌려면 배를 타고 먼 곳으로 나가 무역을 해야 했다. 배는 왕실이나 영주 또는 대상인이 소유할 수 있었다. 산업혁명으로 방직기술이 발명되기 전에는 양모로 된 옷을 입는 것 자체가 귀족에게나 가능했던 사치스런 꿈이었다. 그런데 산업혁명으로 유럽은 공업화와 시장화의 변혁을 가져왔다. 시장은 경제활동의 토대가 되었고 인류가 생존의 질곡에서 벗어나는 계기가 되었다.

3장

세상을 뒤바꾼 사건들

1 / 금융 전쟁

십자군 은행

아바스왕조의 분열을 틈타 빠르게 세력을 확장한 셀주크 투르크는 11세기 중엽 이슬람세계의 새로운 지배자가 되었다. 1071년 중간지대에 있던 비잔틴 제국이 셀주크 투르크에 참패하고 아나톨리아 지역의 대부분을 잃어버리자 유럽인들은 셀주크 투르크족에 직접 맞서 싸우지 않으면 안 되었다. 셀주크 투르크는 예루살렘을 차지했지만 성지 순례를 제한하지는 않았다. 그렇지만 상인들의 시장개척에 대한 요구와 종교적 경제적인 측면에서의 필요성이 대두되었다. 게다가 성지를 되찾는 일은 교황의 숙원이었다.

교황청은 1096년부터 약 200년 동안 여덟 차례에 걸쳐 성지 탈환을 시도했다. 그렇지만 십자군은 대부분 농민들로 이루어졌기 때문에 전투력이 형편없었다. 10만 명의 제1차 십자군 원정대는 헝가리에 도착할 즈음 궤멸되었다. 그리하여 십자군 원정대는 새로 조직된 기사단과 비잔틴 제국의 연합군이 등장해 예루살렘을 탈환하게 된다.

이 기사단을 '템플기사단'이라고 불렀다. 그들은 하느님 앞에서 가난, 고행, 신앙심, 복종을 맹세했다. 그들은 교황 직속으로서 수십 년 뒤 핵심적인 군사력이 되었다. 템플기사단은 전쟁과정에서 많은 재물을 손에 넣었다. 그들의 자금관리 능력과 신용도 덕분에 유럽의 왕들은 십자군 원정에 나설 때마다 마음 놓고 재물을 맡겼다. 또한 교황과 왕실은 이들이 전쟁의 목표를 이룰 수 있도록 자금을 빌려주었다. 템플기사단은 그 돈을 밑천으로 새로운 십자군에게 대출을 해주었다. 십자군 원정이 수차례 진행되는 동안 십자군 군단이 있는 곳마다 분점이 설치되어 그 수가 1,000여 곳에 달했다. 분점은 지역과 국가를 초월한 거대한 국제 금융조직이 되어 있었다. 템플기사단의 금융업은 처음에는 단순한 저축으로 시작했다. 그리고 점점 나아가 송금과 신탁관리로 확대되면서 은행업을 담당하게 되었다. 13세기 후반 템플기사단은 장원과 영지가 9,000곳에 달할 정도로 유럽에서 가장 부유한 조직이 되었다.

이 강력한 조직을 초토화시킨 것은 프랑스 필리페 4세였다. 필리페 4세는 성직자 임명권을 둘러싸고 교황 보니파키우스 8세와 대립하다가 파문되었다. 1303년 보니파키우스 8세가 사망하자 클레멘스 5세를 교황으로 내세우고 아비뇽에 교황청을 세웠다. 필리페 4세는 템플기사단에 빚을 지고 있었다. 템플기사단은 그의 통제권 밖에 있었고 그는 자신의 손으로 예루살렘을 탈환하기 위해 새로운 기사단을 조직하고 있었다. 더구나 당시 프랑스에 살던 부유한 유대인의 재산을 몰수하고 다른 나라로 쫓아낸 전과도 있었다.

1307년 10월 13일 금요일, 예고 없이 각 지방의 템플기사들이 체포되었다. 그리고 교황 클레멘스 5세의 약점을 이용해 템플기사단을 처벌하는 데 동의하도록 만들었다. 기사단원들은 화형에 처해졌고 템플기사단 조직은 와해되었다. 이때부터 금융계에서 13일의 금요일은 예고 없이 갑자기 찾아오는 재난을 가리키게 되었다. 프랑스 왕이 템플기사단을 이단으로 몰아 빼앗은 재물은 자그마한 일부일 뿐 실제 많은 보물은 기사단 단장이 모처에 숨겼다고 전해져 온다. 그 숨겨진 보물에 관한 이야기가 오늘날 『다빈치코드』라는 소설의 소재가 되기도 했다.

돈이 벌인 게임, 백년전쟁

봉건제도의 몰락으로 도시가 발달하기 전까지 프랑스 땅에서 영국 왕의 영지는 프랑스 왕실의 영지보다 여섯 배나 컸다. 더구나 프랑스 왕은 자금도 병력도 없었기에 속수무책의 세월을 보내야 했다. 12세기 영국은 양모와 농산물의 수출로 은이 대량 유입되었다. 화폐량이 계속적으로 증가하면서 영국 역사상 최초로 인플레이션이 발생했다. 밀과 쇠고기의 가격이 2~3배 폭등했고 은 가격은 3분의 1로 폭락했다. 영국의 존 왕은 양모를 팔 수 있는 독점적 권리를 가졌지만 그의 사치스런 생활을 감당하기에는 턱 없이 모자랐다. 그는 1198년 한 해 동안 교회에서 61개의 은쟁반을 훔쳤다. 주교들은 존 왕을 파문시켰고 존 왕은 성직자들의 재산을 몰수했다.

수십 년 동안 도시가 크게 흥성하자 프랑스 왕실도 국고가 늘었다. 1202년 프랑스 왕 필리페 2세는 영국의 존 왕이 브르타뉴 공을 살해한 사건을 빌미 삼아 노르망디 항구를 점령하고 존 왕의 토지를 몰수했다. 존 왕은 잃어버린 땅을 되찾기 위해 전쟁을 일으켰지만 경제력에서 프랑스 왕실에 밀렸다. 프랑스에 있던 영지는 모두 몰수되었고 존 왕은 이를 회복하기 위해 세금을 크게 올렸다.

영국 귀족들은 더 이상 존 왕의 만행을 참을 수가 없었다. 1215년 귀족들은 병력을 런던으로 집결시켰다. 그리하여 왕권을 크게 제약하고 사유재산권을 명문화한 '마그나카르타'(Magna Carta, 대헌장)를 얻어냈다. 한편 프랑스는 영주들의 세력을 완전히 소멸시키기 위해 성직자 · 귀족·시민들이 참여하는 '삼부회'를 소집했다. 마그나카르타와 삼부회는 유럽을 중세 암흑시대에서 근대문명으로 안내하는 횃불이 되었다.

그러나 이것은 시작에 불과했다. 이후 영국과 프랑스는 정치경제적으로 혼돈을 거듭하게 된다. 1328년 프랑스 국왕 샤를 4세는 그의 외조카인 영국 국왕 에드워드 3세에게 왕위를 물려준다는 유언을 했다. 프랑스 귀족들은 이에 반발하여 샤를 4세의 조카인 필리페 6세를 내세워 왕위를 계승하게 했다.

당시 프랑스의 플랑드르 지방은 유럽 최대의 모직공업 도시였다. 그러나 프랑스의 영토임에도 불구하고 모직산업의 원료인 양모의 최대 공급국이 영국이었던 탓에, 경제적으로는 영국이 지배하고 있었다. 이러한 상황에서 영국과 프랑스의 왕위계승권 다툼이 벌어지자 에드워드 3세는 플랑드르에 수출해 오던 양모 공급을 중단하고 기엔지방에서의 포도주공급까지 차단해 버렸다. 선제공격을 받은 프랑스 왕실은 플랑드르 지방에 있는 영국 상인을 체포하고 상회의 특권을 빼앗아 버렸다.

1337년 드디어 에드워드 3세가 군대를 이끌고 프랑스를 침공했다. 양국의 운명을 결정짓는 크레시 전투(1346년)가 시작되었다. 그러나 전쟁의 중요성과는 달리 승패는 처음부터 결정되어 있었다. 전쟁의 승패는 돈이 결정한다. 당시 영국 왕실은 신용대부체계가 갖추어져 있었지만 프랑스는 템플기사단의 와해로 대부체계도 무너져 있었다. 백년전쟁이 일어나기 전에 프랑스는 이미 전쟁에 가장 필요한 자금을 신용으로 빌려줄 수 있는 금융업의 싹을 잘라버린 것이다. 반면에 영국 왕실은 신용을 철저히 지켰다. 영국은 비용을 지불하는 정예 용병들로 궁수들을 구성하고 있었다. 영국 부대가 사용한 장궁은 사정거리가 360m에 달했고 150m 안에서는 적의 철갑옷을 꿰뚫을 수 있었다. 그러나 프랑스는 장궁병을 고용할 돈이 없었다. 첫 번째 대결은 돈이 벌인 게임이었다.

1422년 헨리 5세와 샤를 6세가 세상을 떠나자 영국 왕 헨리 6세가 프랑스 왕위를 계승했다. 이때 갑자기 잔 다르크가 나타났다. 그리고 가장 위급한 순간에 지원군을 이끌고 오를레앙으로 쳐들어가 왕자를 옹립하여 샤를 7세로 즉위하도록 했다. 이를 계기로 프랑스인들에게는 민족의식이 고취되었다. 1438년 상인 출신 자크 쾨르가 프랑스의 재정 대신으로 임명되었다. 상인 쾨르를 믿는 지중해 길드 상인들은 돈을 빌려주었고 샤를 7세는 전력을 재정비했다. 반면에 헨리 6세는 길드 상인에게 돈을 빌려주는 대가로 양모 무역 독점권을 준다고 했지만 이를 지키지 않았다. 오히려 상인들을 죽이고 재산을 몰수했다. 1453년 전쟁은 프랑스의 승리로 끝이 났다.

플랑드르에 대한 지배권 다툼이었던 백년전쟁이었기에 플랑드르 지역에 피해가 컸다. 이에 기술자들이 전쟁을 피해 영국으로 이주했다. 영국은 전쟁에는 졌지만 오히려 모직물 공업이 발달하게 되었다. 또한 완벽한 섬나라가 된 덕분에 항해와 항로개척에 눈을 돌려 해양강국이 될 수 있었다. 반면에 프랑스는 백년전쟁의 승리로 자존감과 민족적 자부심을 가질 수 있었다. 한편으로는 신흥 귀족이 등장했고 그들로부터 세금을 걷어 관료제와 상비군을 바탕으로 한 절대왕정 시대로 들어서게 되었다. 그리고 두 나라 모두에게 전쟁을 지탱하게 해주었던 금융체계는 크게 발전했다.

르네상스 시대

베니스의 상인

고대 세계에서는 농민봉기와 사회적 혼란방지를 위해 빚을 탕감하고 토지를 재분배하는 일에 초점이 맞춰져 있었다. 그리고 이러한 사상은 중세 기독교와 이슬람교의 이자 금지로 이어졌다. 11세기에서 16세기에 이르기까지 제노바, 플로렌스, 피사, 베니스 등과 같은 이탈리아의 해안도시들이 무역의 중심지로 발달하게 되었다. 이때 이들에 의해 복식부기가 처음으로 사용됐고 금융과 보험, 회계제도가 발달하였다.

1096년에 시작된 십자군 전쟁으로 군대와 보급품을 팔레스타인 지방까지 실어 나를 배가 필요하게 되었고, 이탈리아의 해안도시들은 바로 이런 배를 지원했다. 12 ~13세기 북해 · 발트해의 브뤼즈, 뉘른베르크를 중심으로 상인조합인 한자동맹이 등장함으로써 베니스는 한번 더 발전했다. 북유럽 무역상들이 인도의 향료와 후추 같은 상품을 사려면 베니스를 통하지 않으면 안 되었기 때문이었다. 베니스와 알렉산드리아는 1498년 바스코 다가마가 희망봉을 발견할 때까지 가장 경쟁력 있는 도시였다.

14세기 조반니 피오렌티노의 『일 페코로네』에 바탕을 둔 셰익스피어(1564~1616)의 희곡 『베니스의 상인』에는 유대인 샤일록이 등장한다. 그의 고리대금 이자 때문에 발생하는 재판과정은 베니스의 이러한 배경을 잘 알려주고 있다. 샤일록이 말했듯이 상인에게 돈을 빌려주는 데에는 위험이 따랐다. 배가 항해 중에는 해적이나 태풍, 암초를 만날 위험을 무시할 수 없었다. 따라서 돈을 빌려주는 사람들은 이에 대한 보상을 요구했다. 만일 이러한 위험 부담에 대한 보상이 없었더라면 베니스의 해상무역은 생겨나지 않았을지도 모른다. 그 보상을 이자라 불렀다.

유럽에서는 고대로부터 이자가 금기시되었다. 철학자 아리스토텔레스도 '화폐란 교환하기 위한 것이지 이자를 늘리기 위한 것이 아니다'라고 하여 고리대금업으로 이자 받는 행위를 맹렬히 비난했다.

가톨릭교회는 이자를 받고 돈을 빌려주는 행위가 죄악이라고 하여 1179년에 교황청이 공식적으로 이를 금지했다. 이자는 빌려준 시간에 대해 받는 반대급부인데 시간은 신의 영역에 속하기 때문에 이를 이용해 인간이 이자를 받으면 안 된다는 것이었다.

반면에 유대교에서는 구약성경에 "이방인에게 돈을 빌려주고 이자는 받을 수 있되, 너의 형제에게는 이자를 받고 돈을 빌려주어서는 안된다"고 하여 이방인을 상대로 이자를 받을 수 있었다. 그렇지만 『탈무드』도 이자를 지나치게 많이 받는 고리대금업은 엄격히 금지했다. 그러나 당시 유대인들은 사회적으로는 무시와 홀대를 당해야만 했다. 샤일록은 천대받던 유대인이었기 때문에 살 1파운드를 담보로 요구할 정도로 극악무도하게 그려진 것이었다.

중세 교회의 이자금지는 바빌로니아 시대부터 내려온 채무자 보호를 위한 전통적 사상 때문이었지만 현실적으로는 지켜지기 어려운 일이었다. 교회의 상부조직들은 탁발수도사들을 마을마다 보내 설교토록 했다. 그리하여 고리대금업자들이 회개하고 받은 이자를 모두 내놓지 않으면 지옥에 떨어질 것이라고 경고했다. 12세기에 들어서는 교황이 모든 고리대금업자를 파문하라는 명령을 내렸다.

　사실상 유대인을 겨냥한 불공정한 정책이었다. 유대인들은 동업조합에 가입할 수도, 소매업에 진출할 수도 없었다. 지주들은 자신의 영역 안에서 유대인들이 고리대금업 외에는 할 수 없도록 만들어 놓고는 정기적으로 나쁜 인간으로 몰아붙여 그들의 돈을 챙기곤 했다. 『탈무드』에는 다음과 같은 유대인 속담이 있다.

"사람을 해치는 것이 세 가지 있다. 근심, 말다툼, 그리고 빈 지갑이다... 돈은 사람을 축복해 주는 것이다. 부는 요새고 가난은 폐허다."

　1492년 에스파냐에서 추방을 당할 때 유대인이 피난처로 찾아간 곳 중 하나가 오스만제국이었고, 그들은 콘스탄티노플 항구에서 베니스와 교역을 추진했다. 1509년에 메스트레에 살던 유대인은 전쟁을 피해 베니스로 이주하는데, 베니스 정부는 유대인에게 돈을 빌리거나 세금

(그림7) 시에나에 있는 당시 사채업자의 건물

을 부과할 수 있었기 때문에 이를 허락했다.

　오늘날의 대부업체도 마찬가지지만 이들은 신용이 아주 낮은 사람들에게 돈을 빌려주므로 돈을 떼일 위험이 높았다. 그렇기 때문에 고리대금업자들은 높은 금리를 받았고, 공갈이나 협박 같은 포악한 방법으로 채권추심을 했다.

　14세기 초기 이탈리아에서는 세 개의 피렌체 가문이 금융을 장악했으나 영국 왕 에드워드 3세와 나폴리의 로버트 왕이 채무를 갚지 못하자 망하고 말았다. 고리대금업자가 높은 위험성에 노출된다는 사실을 잘 보여주는 대목이다.

　1244년에는 재정난에 시달리던 교황 인노켄티우스 4세가 평신도라도 돈만 내면 수도원 지하에 매장할 수 있도록 허용했다. 또한 수도원과 예배당을 그림으로 장식하면 천국에 갈 수 있다고도 했다. 당대 피렌체에는 상업과 금융업으로 부자가 된 사람들이 많았다. 14~15세기 피렌체의 부유한 상인들은 가문의 영광을 뽐내기 위해 수도원 벽을 사서 그림을 그렸다. 조토의 '최후의 심판'은 아버지의 지옥행을 막기 위한 고리대금업자 아들의 효심으로 탄생된 것이었다.

환어음의 탄생

　동방무역이란 원래 고대 해상무역을 주름잡았던 페니키아인과 유대인으로부터 비롯되었다. 그러나 중세 후반에 들어 동방무역은 유럽의 기독교 세계에 살았던 유대인들과 중동의 이슬람 세계에 살고 있던 유대인들 간의 무역을 뜻했다. 당시 기독교는 십자군 전쟁 등으로 이슬람교와는 적대관계에 있었기 때문에 이슬람권과의 무역을 금지했다. 자연히 유대인들은 양쪽을 잇는 유일한 끈이 되었고 그 반사이익을 누릴 수 있었다.

유대인들은 신앙공동체로 묶여 있었고, 각 나라에 커뮤니티가 구축되어 있었기 때문에 정보에 밝았다. 유대인 랍비들은 멀리 떨어져 있는 커뮤니티 간에 종교상의 의문점을 의논하기 위해 일상적으로 편지를 교환했다. 여기에 현지의 상품과 환시세의 변동 같은 사정도 기록되었다. 따라서 상품이 지역에 따라서 가격의 차이가 나는 것을 알게 되었고, 금과 은의 교환비율 같은 환시세의 변화도 함께 알 수 있었다. 금과 은의 교환비율이 지역에 따라 달라서 이들을 서로 옮기기만 해도 그 차액을 챙길 수가 있었다.

더구나 당시 군주들은 연례처럼 주화의 순도를 낮추었기 때문에 도시에 따라 수백 종류의 금화와 은화의 가치가 달랐다. 따라서 이들 환율을 산출해 내는 데는 많은 경험과 정보가 필요했다. 그리고 커뮤니티로 네트워크를 구축한 유대인들만이 이러한 정보를 알 수 있었다.

무역을 하는 상인들에게 현금을 직접 가지고 다니는 것은 강도를 만났을 때 목숨까지 잃을 수 있는 위험한 일이었다. 그래서 유대인들은 신용거래와 어음거래를 생각해 냈다. 신용은 말할 것도 없거니와 어음은 국가가 발행하는 화폐와 달리 개인 간의 사적인 금융이다. 따라서 이러한 거래는 신뢰가 밑바탕이 되어야 가능한 일이었다. 그런데 유대인들은 신용과 계약을 목숨처럼 여기는 상도의가 투철했기 때문에 별 어려움이 없었다. 유대인들은 상거래를 촉진하기 위해 비공식 어음교환소를 차리고 그곳에서 약속어음의 유통 업무를 보았다.

11세기 베네치아에는 유대인들이 거주하는 게토가 있었다. 베네치아는 국제무역이 발달했던 곳이다. 당시 베네치아의 게토에 거주하던 유대인 존 롭(John Loeb)은 방카(Banca)라는 작은 테이블을 놓고 전당포를 운영했는데, 금화나 귀금속을 맡기면 돈을 빌려주고 이자를 챙기는 이른바 고리대금업이었다. 이것이 은행 즉 방카(Banca)의 시초가 되었다. 뱅크(Bank)는 방카의 영어권 발음이다.

유대인들은 전당포 형태의 고리대금업을 시작으로 무역 상인들을 상대로 한 환전상(換錢商)을 열기 시작했다. 공식 환율도 없던 시절이라 환전수수료도 높여 받을 수 있었다. 환전이 수익성 좋은 사업으로 알려지자 수완 좋은 롬바르드 출신들이 대거 환전상을 열고 이후 금융업에 진출했다. 상품거래가 활발해지고 시장경제의 규모가 확대되면서 금 거래를 하던 환전상에게 많은 돈을 맡기는 부자들이 나타났다. 일종의 예금 업무였다. 중세 환전상들은 이렇게 환전 업무 외에도 어음 업무와 예금 업무를 보게 되었다. 예금 업무는 초기에는 보관은행의 역할에 그쳤다. 그리고 상인들이 환전상에 금을 맡기면 보관수수료를 받고 예치한 금의 무게를 명시한 금 보관증서를 발급해주었다. 그리고 이렇게 발급받은 증서는 상인들에 의해 화폐와 동일한 수단으로 활용되었다. 무거운 금화를 힘들게 몸에 지니고 다니지 않아도 되는 편리한 제도가 생겨난 것이다. 이 증서가 환어음의 시초였다.

예금자들은 방카(banka)에 돈을 맡기면 증서를 받았다. 그런데 간혹 예금증서를 가지고 가도 환전상에 돈이 없어서 돌려받지 못하는 경우도 생겨났다. 이에 화가 난 예금주들은 탁자(banko)를 부숴 버리기도 했는데, '파산(bankruptcy)'이라는 말은 이 '부서진 탁자(banko rotto)'에서 유래한 것이다. 한편 중국의 상인길드인 '행(行)'은 원거리 무역에 '은(銀)'을 사용했는데, 이 행이 금융업의 주체가 되면서 '은행(銀行)'이라는 말이 나오게 되었다.

신용과 계약을 생명처럼 여기는 유대인들에게는 외상장사도 가능했다. 그들은 외상으로 물건을 가져가면서 다음 번 장이 열릴 때나 다른 나라에서 열리는 장에서 갚는 경우가 허다했다. 이때 물건을 가져가는 상인은 이 외상의 내용을 종이에 적어 증표로 주었는데 유대 상인들 사이에서는 이 차용증표가 돈처럼 통용되기도 했다. 이 과정에서 유대인 은행가들은 환어음을 고안했는데, 이는 일정한 기간 내에 일정한 금액을 상대방에게 지불하겠다고 약속한 증서였다. 신용장은 예금주 앞으로 작성되고, 약속어음은 발행인 자신이 지급할 것을 약속하는 것인데 반해, 환어음은 지급인이 외국은행 등 제3자가 지급을 보장하는 어음이며 주로 국제무역 거래에 쓰였다.

환어음은 본래 장거리 결제를 해결하려고 고안된 것이었지만, 모든 상인들 사이에서 가장 중요한 지불수단으로 발전했다. 은행의 국제업무가 커지자 그들은 외국에 지점망을 설치하게 되었고, 이 지점망을 통해 환어음의 유통이 증가되었다. 이러한 환어음의 급격한 증가는 당시의 금본위제 하에서는 그만큼의 화폐 발행량을 늘리는 효과를 가져오게 되어 경제를 활성화시켰다.

그런데 환어음 거래에서 환전의 이면에는 대출이 숨어 있다. 가령 피렌체의 상인이 런던의 상인에게 물건을 팔면, 피렌체 상인은 수출과 동시에 런던 상인을 지급인으로 한 환어음을 발행한 후 이를 은행에 할인판매하여 대금을 받았다. 멀리 떨어져 있는 런던 수입상이 정해진 시한까지 수입대금 결제를 해야 하는데 이 의무를 이행할지 불확실하다는 데에 문제가 있었기 때문이었다. 그래서 은행이 중간에 끼게 된 것이었다. 은행은 런던 지점에서 환어음을 제시하고 이 대금을 수령한다.

마침내 로마 교회는 환어음이 무역대금 결제수단으로서 위험을 수반하므로 고리대금업과 무관하다는 판단을 내렸다. 이후 전 유럽에서는 환어음이 활발하게 사용되었고, 은행업은 번창하게 되었다. 이러한 은행업의 중심에 메디치가가 있었다.

르네상스를 꽃 피운 메디치가(家)

메디치 가문은 고리대금업자로 출발한 환전상이었다. 그들은 베니스의 유대인들처럼 길가에 긴 탁자를 놓고 벤치(bench)에 앉아 환전을 해 주고 어음과 신용장을 취급하는 업무를 보았다. 작은 점포에 불과하던 메디치 은행은 환어음 업무 등 규모의 다각화와 신용을 바탕으로 유럽 최고의 은행으로 성장하게 된다.

메디치 가문이 두각을 나타내기 시작한 것은 조반니 디 비치 데 메디치(Giovanni di Bicci de' Medici, 1360~1429)가 은행업자로 이름을 알리면서부터이다. 조반니는 삼촌 밑에서 종업원으로 일하면서 은행의 성공을 위해서는 고객의 신뢰가 생명이라는 것과 교황청의 주거래 은행이 되어야 한다는 점을 파악했다. 어느 날 나폴리의 귀족출신 발다사레 코사가 박사학위를 사기 위해 돈을 빌리러 왔을 때 조반니는 그에게 돈을 빌려줬고, 놀랍게도 8년 후에 코사는 교황(요한네스 23세)이 되어 있었다. 그리고 메디치은행은 교황청의 주거래 은행이 되었다. 그런데 당시 로마와 아비뇽으로 분열되어 있던 가톨릭을 극복하기 위해 콘스탄츠공의회가 열렸고, 요한네스 23세는 폐위되어 구금되고 엄청난 벌금까지 부과되었다. 이때 돈을 갚을 능력이 없는 요한네스 23세에게 조반니와 그의 아들 코시모는 큰 손해를 감수하고 벌금 낼 돈을 대출해 주었다. 눈앞의 이익에 연연하지 않고 신용과 신뢰를 바탕으로 한때 최대 고객

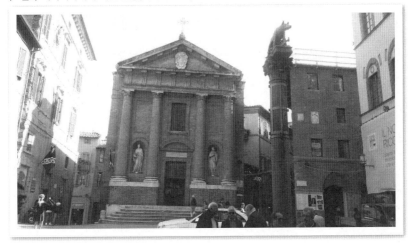

(그림8) 메디치가에서 세운 은행(시에나 소재)

이었던 요한네스 23세에게 의리를 지킨 것이다.

이 사건을 계기로 메디치은행은 신용의 상징으로 부각되면서 일류 은행으로 나아가는 확고한 영업기반을 구축했다. 몇 년 후 새 교황도 메디치은행을 교황청의 주거래 은행으로 지정했다. 이후 코시모는 유럽의 16개 도시에 은행을 세웠다.

메디치 가문은 조반니가 유언으로 남긴 '유약겸하(柔弱謙下), 여민동락(與民同樂)'의 정신을 가훈으로 삼았다. 겸손하게 자신을 낮추고 항상 사람의 마음을 얻도록 하라는 뜻이다. 당시 메디치가는 뒤늦게 출발한 가문으로서 기존 귀족들의 견제를 받고 있었기 때문에 대중들의 지지가 필요했다. 실제로 코시모 데 메디치도 처음에는 메디치가의 독주를 질시하는 피렌체 귀족들의 음모로 5년간 추방을 당하기도 했다.

메디치 가문은 여타 상인들과는 다른 행보를 취했다. 코시모는 수도사 40명을 위한 독방에 도서관까지 갖춘 대형 수도원을 만들어서 시민들이 이용할 수 있도록 했다. 거상들의 부의 과시를 못마땅하게 생각하던 시민들은 코시모의 집권을 지지했다. 피렌체의 인문학자들은 메디치의 집권을 정당화하는 이념적 근거를 찾기 위해 그리스 · 로마 시대의 고서(古書) 사냥에 나섰다. 메디치 가문은 이러한 일을 지원하여 그리스 · 로마 시대 이래 사라졌던 수많은 책을 사왔고 도서관에 보관했다. 도서관은 지식인과 예술가, 시민에게 개방되었다. 예술이 만개했고 지식이 전파됐다.

메디치 가문은 1397~1743년의 346년간 축적한 부의 대부분을 학문과 예술 발전에 쏟아 부었다. 그리하여 르네상스가 피렌체에서 꽃 피게 하는 데 결정적 역할을 했다. 코시모는 후손에게 '쾌락과 오만을 경계하라'는 교훈을 주기 위해 피렌체 시뇨리아 광장에 있는 '유디트와 홀로페르네스' 조각상을 만들기도 했다. 그래서 메디치 가문은 막대한 부와 권력을 누리면서도 군림하지 않고 시민들을 배려했다. 검소함이 돋보이는 산 로렌초 성당도 화려한 도면 대신 미켈로초라는 건축가의 소박한 도면을 선택했다.

메디치 가문의 후원은 미켈란젤로, 레오나르도 다빈치, 도나텔로, 보티첼리, 마키아벨리, 갈릴레오 갈릴레이와 아메리코 베스푸치에 이르기까지 전 분야에 걸쳐 이루어졌다. 게다가 산 마르코 수도원, 산 로렌초 성당, 베키오 궁전, 우피치 미술관 등의 건축 유산도 남겼다. 높이 106m, 지름 43m의 거대한 돔을 버팀목 없이 쌓아올려 피렌체의 상징으로 꼽히는 산타마리아 델 피오레 성당('두오모'라는 애칭으로 더 유명하다) 또한 메디치가가 인류에게 남긴 선물이다.

포조 브라촐리니는 교황청의 일자리를 잃었을 때 고대의 책을 찾아 나섰다. 1417년, 독일 남부의 울창한 숲과 계곡으로 말을 몰던 포조는 오래된 필사본의 보고로 유명한 수도원에서 '사물의 본성에 관하여'라는 장시(長詩)를 발견했다.

'우주는 원자들의 우연한 충돌로 탄생했으며, 창조자란 없다. 사후세계도 없다. 따라서 인생은 현생의 행복을 추구하는 방향으로 설계돼야 한다. 쾌락의 증진과 고통의 경감이 인생의 최고 목표가 되어야 한다.'

고대 그리스 철학자 에피쿠로스의 쾌락주의 핵심 사상을 시인 루크레티우스가 시로 엮은 것이었다. 이 필사본은 곧바로 일반에게 널리 읽혔고 르네상스 운동의 기폭제가 되었다. 1508년 몽테뉴의 『수상록』에서는 루크레티우스의 장시가 100여 행이나 인용되었다. 이 시가 전한 에피쿠로스의 원자론은 세익스피어나 뉴턴에게도 영향을 주었고, 계몽주의 사상가들에게도 영향을 미쳤다.

이 시에는 신을 중시하던 암흑의 중세시대로서는 아주 위험한 사상이 담겨 있었다. 너무 앞서 나간 사람들은 감옥에 갇히거나 화형을 당하기도 했던 시대였다. 1415년 후스(Jan Hus)는 교회의 면죄부 판매를 비난하고 성서주의를 주장하다가 화형에 처해졌다. 그보다 훨씬 뒤인 갈릴레이조차 코페르니쿠스의 지동설을 주장하다가 종교재판에 회부되고 1633년에는 감옥에 갇히기도 했다. 코페르니쿠스는 지동설을 주장했지만 난해한 책을 읽은 이가 거의 없어 종교재판을 받지 않았다. 그런데 갈릴레이는 라틴어가 아니라 읽기 쉬운 이탈리어로 「프톨레마이오스 - 코페르니쿠스 두 개의 우주 체계에 대한 대화」를 썼다가 종교재판을 받았다.

메디치가와 마키아벨리

1512년 마키아벨리는 『군주론』을 로렌초 데 메디치에게 헌정했다. 당시 이탈리아는 중소 도시국가로 분열되어 서로 세력을 다투던 중이었고, 반면에 프랑스와 독일은 절대왕권에 의한 강력한 통일국가를 형성하고 이탈리아를 침략할 기회를 노리고 있었다. 마키아벨리는 이런 분열을 통일시킬 수 있는 유능한 군주를 원했다. 그리하여 현실정치에 기반한 효율적 방법으로 권력을 잡고 나서 국민을 존중하는 시민적 공화제를 이룩하여 강한 나라를 만들고자 했다.

카테리나 데 메디치(1519~1589)는 14살(1533년)의 나이에 프랑스의 오를레앙 공(훗날 앙리 2세)에게 시집을 갔다. 친척 아저씨인 교황 클레멘투스 7세는 프랑스 왕실의 재정 적자를 메울 정도의 거액과 제노바 밀라노 나폴리에 대한 영향력 확대를 프랑스에 약속했다. 그러나 이듬해 교황이 사망하면서 그녀는 홀로 프랑스인들 틈에 내던져지고 말았다. 프랑스 사람들은 교황의 술책으로 왕족이나 귀족이 아닌 부르주아 출신의 이탈리아 여자와 결혼했다며 그녀를 노골적으로 멸시했다. 남편 앙리 2세(재위 1547~1559)도 그녀의 편이 아니었다.

카테리나와 동갑이었던 왕에게는 디안 드 프왁티에라는 20년 연상의 정부(情婦)가 있었다. 아버지 프랑수아 1세 대신 마드리드의 감옥에서 7살 때부터 4년간 감금되었다가 11살에 풀려난 둘째 왕자 오를레앙은 침울한 성격으로 변해 있었다. 그래서 궁중예법을 가르치는 가정교사로 디안이 함께 생활하게 된 것이었다. 그런데 앙리 2세로 등극하고 나서도 실권은 디안에게 있었다. 왕이 디안에게 슈농소 성을 하사했지만, 카테리나는 아무것도 할 수 없었다. 그녀는 계약에 의해 후사를 잇기 위한 정기적 합방으로 만족해야 했다. 그녀가 프랑스에서의 이러한 참담한 세월을 견딜 수 있게 해 준 것은 혼수로 가져온 마키아벨리의 『군주론』이었다. 마키아벨리는 말했다.

"군주란 민중의 사랑을 받으면서도 두려움의 대상이 되고, 엄격하면서도 즐거움을 주어야 한다"

카테리나는 이 책을 오랫동안 숙독했다. 위기의 순간마다 그녀가 보여준 자제력은 마키아벨리가 주장했던 군주의 덕목이었다.

1599년에 40세인 앙리 2세는 마상희를 즐기다가 눈에 창이 관통하는 바람에 죽고 말았다. 이후 아들이 왕위에 오르면서 30년간 카테리나의 섭정이 이어지게 되었다. 앙리 2세의 장례가 끝나고 카테리나는 디안을 조용히 불렀다. 그리고 디안이 왕에게서 받았던 슈농소 성과 자신의 쇼몽 성을 바꾸자고 제안했다. 카테리나의 마음을 잘 알고 있었던 디안은 아무 말도 없이 짐을 싸서 쇼몽 성에도 발을 들이지 않고 그녀의 전 남편이 남겨 준 아네 성으로 갔다고 한다.

카테리나의 섭정 기간은 신교도인 위그노와 기즈 가문으로 대변되는 로마 가톨릭이 증오와 암살과 테러로 충돌하던 시대였다. 그녀가 양 진영으로부터 이중인격자라는 소리를 들으면서도 이를 참으면서 이들을 중재시키기 위해 애를 썼던 것은 그녀의 가슴 속에 있던 마키아벨리적인 정치현실주의였다. 그녀가 죽고 나서도 유럽은 30년 종교전쟁 (1618~1648)을 치르고 나서야 겨우 공존의 기술을 배우게 된다.

3
금융혁명

채권의 탄생과 네덜란드의 독립

신용과 부채의 발달은 인류의 삶을 풍요롭게 하는 데에 그 어떤 기술 혁신이나 문명보다도 더욱 필수적인 역할을 했다. 지금부터 약 800년 전 북부 이탈리아 도시국가에서 근대적 의미의 채권시장이 싹텄다. 이후 채권시장은 14세기와 15세기에 이르러 이탈리아 도시국가들 간의 전쟁과 더불어 성장하게 되었다. 또한 당시 이탈리아의 은행과 채권시장은 찬란한 르네상스를 꽃피우는 데 중요한 물적 기반이 되었다. 기업금융 또한 네덜란드 제국과 영국 제국 건설에 필수적이었으며, 보험, 모기지금융, 소비자신용의 발달 또한 오늘날 초강대국 미국의 형성과 떼어 놓고 생각할 수 없는 것과 마찬가지다.

채권의 탄생은 주식, 은행의 신용창출과 더불어 오늘날 자본주의를 있게 한 세 가지 금융혁명 중 하나였다. 현대의 세계 경제를 채권이 쥐락펴락하니 그도 그럴 만하다. 정부와 대기업은 은행에서도 돈을 빌리지만 기관이나 일반 사람들에게 돈을 빌리기 위해 채권을 발행한다.

〈표2〉에서 보면 2014년 9월 현재 국제적으로 발행된 채권의 규모는 약 99조 달러에 이른다. 이 중 유럽지역이 약 30%, 미국이 약 29%를 차지한다. 주식시장 규모가 약 64조 달러 정도이니, 채권시장 규모가 주식시장 규모에 비해 약 1.5배 정도 크다.

구분	주식시장	채권시장		
		국공채	회사채	합계
세계	64,223	43,450	56,120	99,570
주요선진국	41,750	34,703	35,580	70,283
유럽연합	11,611	10,950	19,207	30,157
유로지역	6,752	8,283	14,391	22,674
북아메리카	25,581	15,461	15,693	31,154
캐나다	2,202	1,320	1,071	2,391
미국	23,379	14,141	14,622	28,763
일본	4,558	8,292	680	8,972

주 : 유럽연합은 덴마크, 스웨덴, 영국포함　　　　　　　　　　출처 : IMF, ADB

국내의 경우도 주식시장 시가총액 규모가 1,438조 원이고 채권시장 발행잔액 규모는 1,704조 원으로, 채권시장이 주식시장보다 규모가 약간 크다. 오늘날 세계경제를 운용함에 있어서 채권에 의존하는 힘이 그만큼 크다는 것이다.

채권시장에서도 가장 신뢰받는 차입자인 정부가 발행하는 국채가 전체 시장의 약 43.6%, 총 43조 달러에 이를 정도로 막강하기 때문에 채권시장은 경제 전체의 장기 이자율을 결정짓는다. 국내 채권의 경우도 국채발행 잔액이 약 519조 원으로서 전체 채권발행액의 약 31%를 차지하고 있다. 이러한 국채의 영향력 때문에 채권 가격이 떨어지면 이자율이 오르고 차입자들은 고통을 받는다.

14세기와 15세기 내내 이탈리아의 도시국가들은 끊임없이 전쟁을 치렀다. 각 도시는 용병을 고용하기 위해 많은 돈이 필요했다. 피렌체 정부는 부유한 시민들에게 재산세 납부 대신, 정부의 의무 공채를 구입하고 의무 투자에서 생기는 추정비용을 보상 받도록 했다. 그것이 이자이다. 그리고 채권 투자자가 현금이 필요하면 그 채권 증서를 다른 시민에게 팔 수 있도록 했다. 당시는 메디치가를 비롯한 소수 부유한 가문들이 도시국가의 정치와 금융을 장악했기 때문에 이러한 제도가 원활히 운영되었다.

1520년에 멕시코를, 1532년에는 페루를 정복했던 에스파냐는 1545년 볼리비아의 포토시에서 수은광산까지 발견함으로써 막대한 금과 은을 확보할 수 있었다. 이로 인해 스페인은 통화부족으로 발목이 잡혀 있던 유럽 경제의 패권을 차지할 수 있었다.

광산개발이 활기를 띠면서 젊은 인재들이 금과 은을 찾아 에스파냐를 떠났다. 그리하여 대항해시대 초기 향신료와 금은 유럽인들이 해외진출을 모색하는 중요한 동기가 되었다. 식민지에서 돌아온 사람들도 신분상승과 대지주로의 가치만 추구했을 뿐 농업이나 공업 등의 생산적 분야에 투자하지 않았다.

1568년 북부 네덜란드는 에스파냐로부터 독립을 하기 위해 반란을 일으켰다. 에스파냐를 상대로 독립전쟁을 하는 데는 전쟁 자금이 필요했다. 네덜란드는 이를 위해 이탈리아식 공공 부채제도를 개선해 도입했다. 이들은 암스텔담을 온갖 신종 채권이 거래되는 곳으로 만들어 전쟁자금을 마련했다. 돈이 되는 것이라면 해적은 물론이거니와 멀쩡한 해군도 약탈을 하던 시대였다. 그래서 이름을 명시하지 않는 무기명 채권이 개발됐다. 무기명 유가증권의 고안과 대중화는 신용대출 다음으로 중요한 금융 발명품이었다.

에스파냐 역시 네덜란드의 독립을 막기 위해 막대한 자금을 투입했고, 그래도 부족한 자금 마련을 위해 풍부한 귀금속을 담보로 제노바 금융가에서 돈을 빌렸다. 그렇지만 정부 총지출의 4분의 3이 전비나 전쟁 부채 상환으로 쓰이자 막강했던 에스파냐의 재정도 악화되어 갔다. 전쟁이 지속되자 전비는 천문학적으로 늘어났고, 16세기 후반과 17세기에 연달아 채무를 이행하지 못했다.

16세기의 에스파냐는 전 세계 금, 은 총 생산량의 83%를 차지하는 부국이었지만, 팽창주의에 따른 전쟁비용과 커다란 제국을 관리하기 위해 들어가는 막대한 재정 때문에 적자가 엄청나게 불어났다. 나중에는 식민지의 은이 거쳐 가는 단순한 경유지로 전락하고 유대인 추방의 후유증으로 산업은 급격히 침체되어 갔다. 더구나 영국 해적선들은 금·은을 싣고 돌아오는 에스파냐의 배들을 공격하여 약탈했다. 고리대금업에 반대하는 종교적 명령으로 환어음 결제가 금지됨으로써 상인들이 아메리카로 출항하는 데 필요한 자금을 융통하는 것도 힘들어졌다. 상황이 이런 지경이었으니 국력은 나날이 쇠약해져 갈 수밖에 없었다. 아메리카의 광산 운영도 수익성이 점점 떨어져 갔고, 금과 은의 생산량은 감소했다. 금융업자들은 신용도가 떨어진 에스파냐에게 단기채 방식으로, 그것도 수입원인 국유지와 광산을 담보로 잡고 겨우 돈을 빌려줬다. 이 과정에서 1576년에는 메디치가보다 돈이 많다던 독일의 푸거가와 제노바의 은행가들도 빌려준 돈을 회수하지 못해 파산하고 말았다. 결국 에스파냐는 오랫동안 계속된 전쟁으로 14배나 뛰어 버린 채무를 상환하지 못하고 1596년에 또 다시 부도가 나 버렸다.

네덜란드 독립전쟁의 직접적 원인은 에스파냐의 재정 고갈에 있었다. 1556년 카를 5세로부터 왕위를 물려받은 에스파냐의 필리페 2세는 침체된 산업을 만회하기 위해 부유층이 많이 집중되어 있는 플랑드르(지금의 북프랑스, 벨기에, 네덜란드 일대) 지역을 통제하고 높은 세금을 부과했다. 에스파냐의 가혹한 조세정책은 큰 반발을 일으켰다.

네덜란드는 1515년부터 에스파냐의 영지로서 통치를 받아왔다. 이는 당시의 선진 문명을 빈번하게 다각적으로 접촉할 수 있는 기회가 되었다. 또한 에스파냐의 종교적·인종적 박해를 피해 이주해 온 유대인 금융업자들과, 프랑스의 종교탄압을 피해 이주해 온 위그노(칼뱅파 신교도)들로 인해 금융산업이 발달했다.

신교를 믿고 상업이 발달한 네덜란드는 구교를 지원하며 중농주의 정책을 펴는 에스파냐로부터 독립전쟁을 일으켰다. 그 중심에는 오렌지 공 빌렘이 있었다. 그는 처음에 에스파냐 황제의 신임을 받았다. 그러나 황제의 폭정에 마음이 돌아섰다.

"군주가 신민을 어진 마음으로 통치하지 않는다면, 신민들은 군주의 폭압적 통치에 저항할 수 있다"

여기에 에스파냐의 독주를 견제하려는 영국이 네덜란드를 지원했고, 1581년에는 북부 17개 주가 독립을 선언했다. 에스파냐 황제는 빌렘의 모든 기득권과 재산을 몰수하고, 그의 목에 현상금을 걸었다. 빌렘은 결국 1584년 현상금을 노린 청년에게 암살당하고 말았다. 그러나 그의 죽음은 더욱 강력한 독립의 불씨가 되어 피어올랐다. 1588년에 네덜란드는 연방공화국이 되면서 해외 진출의 황금시대를 맞이했다.

절대군주체제였던 에스파냐는 패권을 유지하기 위해 1571년에 오스만제국과 레판토 해전을 벌여야 했다. 1588년에는 네덜란드 반군을 지원하는 잉글랜드를 점령하기 위해 보낸 무적함대가 칼레 해전에서 대패하고 말았으며, 프랑스와도 전쟁을 치러야 했다. 네덜란드의 독립전쟁도 1568년부터 1648년 베스트팔렌 조약까지 80여 년간 간헐적으로 지속되었다. 마침내 네덜란드는 1648년 독립했고 합스부르크가의 우월권은 깨졌다. 프랑스는 부르봉 왕가가 득세했고 스위스도 독립했다.

이후에도 네덜란드는 국가가 위기에 처해 있을 때 늘 오렌지 가문을 중심으로 뭉쳤고, 오렌지 가문은 국민 앞에서 늘 솔선수범해 왔다. 오렌지색은 네덜란드의 국가색으로 오렌지공 빌렘을 기리는 색이다. 오늘날 네덜란드 축구팀을 지칭하는 오렌지 군단은 여기에서 유래한다.

돈의 신분을 상승시킨 주식시장

네덜란드에 채권, 주식회사, 은행 등이 최초로 도입되고 발달한 것은 네덜란드 상인이 포르투갈과 에스파냐로부터 이윤 높은 아시아 향신료 무역 독점권을 빼앗는 과정에서 이루어졌다. 유럽인들은 고기를 주로 먹기 때문에 수세기 전부터 귀족사회에는 이미 향신료가 필수불가결했다. 향신료는 음식의 풍미를 더해 줄 뿐만 아니라 부패를 방지하는 역할도 했기 때문이다. 오스만제국이 동로마제국을 멸망시키고 동방으로의 무역로인 비단길과 중동을 통하는 바닷길(향료길; Spice Road)을 막아 버린 탓에, 포르투갈은 희망봉을 경유하는 바닷길을 발견했고 에스파냐는 신대륙을 발견했다. 향신료 무역에는 위험도 뒤따랐다. 이런 위험 때문에 상인들은 온갖 수단을 다 동원해야 했다. 특히 거대한 이권을 둘러싸고 일어나는 국가 간의 전쟁에도 대비해야 했다.

우리나라에 임진왜란(1592년)이 일어나 한중일 삼국이 싸우던 때, 영국은 1600년에, 네덜란드는 1602년에 동인도회사를 만들었다. 특히 네덜란드가 1602년 동인도회사를 설립할 당시는 스페인과 포르투갈이라는 강대국이 기득권을 차지하고 있는 상황에서 영국이라는 강력한 경쟁자도 존재하고 있었다.

네덜란드 입장에서는 동인도회사가 언제 수익이 날지 알 수 없었다. 동인도회사는 향신료 무역권을 확보하고 이에 따른 전쟁자금의 마련을 위해 주주들의 투자를 받아서 설립된 주식회사였다. 동인도회사는 그야말로 벤처회사였다. 막대한 자본금 조달을 고민하던 네덜란드는 주식 유통시장을 만들어 준다는 발상을 했다.

동인도회사는 주식회사로서 주주들의 투자를 받았다. 자본금 응모는 상인이든 하인이든 불문하고 네덜란드 거주자 모두에게 개방했다. 신분의 귀천을 불문하고 누구나 주주가 될 수 있었다. 모금액 상한선도 없었다. 이렇게 시작된 네덜란드의 독창적인 고안물 주식회사는 돈의 신분을 상승시킨 금융혁명이었다. 자본주의의 꽃이라 할 수 있는 근대적 의미의 주식회사는 이렇게 탄생되었다.

주식 유통시장인 증권거래소에서는 주식을 사고 팔 수 있었고 주식거래가 활성화되었다. 이는 고위험 사업인 해외무역의 위험성을 분산시키는 역할을 했다. 결과는 대성공이었다. 유상증자를 할 때마다 수익을 찾아 헤매는 돈들이 구름처럼 몰려들었고 대규모 자본조달에 성공했다. 이때부터 주식시장은 자본조달시장으로서의 기능이 활성화되었다. 자본주의가 본격적으로 시작된 것이었다.

(그림9) 암스텔담 동인도회사

네덜란드 동인도회사는 영국의 동인도회사에 비해 자본금

규모가 10배나 되었다. 식민지 개척경쟁에서 네덜란드가 패권을 차지할 수 있었던 비결이 여기에 있었다. 1602년부터 1733년 사이에 네덜란드 동인도회사의 주식은 100에서 786으로 급등했고, 이러한 자본가치의 상승은 주기적인 이익 배당으로 거액 주주들을 엄청난 자산가로 변모시켰다. 1650년에 이미 총 배당금은 원 투자금의 8배, 연 수익률은 27%가 되었다. 그렇지만 네덜란드 동인도회사는 거품현상이 전혀 없었다.

1636년에서 1637년 사이에 발생한 네덜란드의 튤립 투기 거품과 달리 동인도회사는 네덜란드 제국의 흥망과 궤를 같이했다. 1620년에서 1720년 사이 100년 동안 연평균 20%의 배당을 지급했다. 네덜란드는 동인도회사를 설립하여 세계 제일의 무역국으로 발돋움했다.

1609년에는 세계 최초의 중앙은행인 암스텔담은행을 세우고 여기에서 신뢰성 있는 은행화폐를 발행했다. 효율적인 통화제도가 있어야 주식시장이 제대로 역할을 할 수 있기 때문이었다. 은행이 네덜란드 동인도회사 주식을 담보로 받아들이기 시작하면서 둘 사이에 유대 관계가 맺어졌다. 나아가서 은행은 주식을 신용 구매할 수 있도록 대출을 해주는 데에까지 이르렀다. 주식회사와 증권거래소와 은행을 세 축으로 하는 새로운 경제형태가 나타난 것이다.

(그림10) 암스텔담 증권거래소

네덜란드는 미국의 뉴욕과 뉴저지, 인도네시아에 식민지를 개척하였고 일찍이 새로운 금융을 받아들이면서 스페인과의 전쟁자금을 풍부히 가져갔다. 결국 1648년 완전 독립을 승인 받기에 이르렀다.

네덜란드는 비록 처음에는 상인들의 자유무역을 위한 독립전쟁으로 시작된 나라였지만, 오늘날의 자본주의를 가능하게 한 채권, 주식, 은행의 세 가지 금융혁명이 일어난 곳이다. 또한 영국의 종교 박해를 피해 피신해 있던 청교도(프로테스탄트)들이 1620년 메이플라워호를 타고 대서양을 항해하여 최초의 미국 망명을 이룬 곳이기도 하다. 암스텔담은 17세기 중엽에 이르러 세계 무역의 중심지가 되었다.

네덜란드의 이러한 성공을 보고 영국에서는 남대서양주식회사 버블이 생겨났고, 프랑스에서는 미시시피주식회사 버블이 생겨났다. 반면에 네덜란드에서 버블이 생기지 않은 이유는 암스텔담은행이 보수적 태도를 견지했기 때문이었다. 또한 암스텔담은행이 주식시장의 거품과 붕괴를 피해간 배경에도 건전한 통화의 공급이 있었다.

세상의 질서를 뒤바꾼 은행의 신용창출

시장의 거래규모가 커지면서 점점 더 많은 상인들이 환전상에게 금을 맡기게 되었다. 동시에 새로운 사업을 하려는 사람들도 늘어나 돈을 빌리려는 수요가 늘어났다. 금을 맡긴 사람들이 한꺼번에 금을 다 찾아가지는 않기 때문에 환전상들은 보유하고 있는 금의 양보다도 많은 양에 해당하는 증서를 발행하기 시작했다. 증서만 발행하면 이자를 벌 수 있기 때문이었다. 결국 증서를 대출해 간 사람들은 이 돈을 시장에서 아무런 의심 없이 화폐로 사용하면서 존재하지도 않는 금에 대한 이자를 물었다. 혹시라도 예금주가 금을 인출하기를 원했을 때 환전상이 당장 가지고 있는 금으로는 모자란다면, 다른 금융업자에게 잠시 빌려오면 되었다. 시간이 지날수록 환전상들은 더 많은 보관증서를 발행했고 나중에는 왕족과 귀족들에 대한 대부로 확대되었다. 그 뒤 이러한 상업자본이 은행을 형성하게 되었다.

이탈리아의 은행제도는 이후 네덜란드와 스웨덴, 영국 등 북유럽국가의 모델이 되면서 금융의 혁신이 일어났다. 1609년에 베네치아의 지로은행을 본받아 네덜란드의 암스텔담에 비셀방크(Wisselbank)가 세워졌다. 당시 네덜란드가 교역의 중심이 되자 1천 종 이상이나 되는 유럽의 각종 주화들이 암스텔담으로 흘러들어 왔다. 이들은 무게도 함량도 제각각이었을 뿐만 아니라 위조화폐까지 범람했다. 네덜란드 정부는 상인들을 보호하기 위해 표준통화를 만들어 교환가치를 통일해야만 했다. 연합주 내에 다양한 통화가 상인들의 거래에 주는 불편함에 대한 해결책으로 외환관리 및 환어음 결제의 기능을 위해 세워진 것이 비셀방크였다. 상인들이 표준화된 암스텔담 은행화폐로만 예금계좌를 개설할 수 있게 되자, 난해한 환전의 비효율이 제거됐다. 통화가 표준화되자 환어음이 활성화되었고, 실물주화의 거래 없이도 서로 구좌간의 결제를 통해 거래를 쉽게 할 수 있었다.

1614년에는 무역금융 지원업무를 위한 여신은행들이 생겨났다. 30년 전쟁 중인 1630년대에는 암스텔담은행으로 자금이 몰려들었다. 전쟁기간 중에는 갖고 다니기에 위험한 경화보다는 은행권이 안전했기 때문이었다. 그러나 아직까지는 상업결제 목적으로 현금 범위 내에서 거래되었기 때문에 신용창조는 일어나지 않았다. 그럼에도 불구하고 네덜란드는 세계 최초로 지폐를 대량 유통시킴으로써 당대의 상업과 무역의 패권을 거머쥘 수 있었다.

비셀방크 설립으로부터 50년 후인 1659년 스톡홀름에 은행들의 대출활동을 활발히 할 목적으로 스웨덴 중앙은행인 릭스방크(Riksbank)가 들어서면서 은행의 신용창조 기능이 비로소 생겨났다. 1694년에는 런던에서 윌리엄 패터슨에 의해 잉글랜드은행이 설립되면서 금융의 대혁신이 일어났다. 당시 잉글랜드은행은 '중앙은행의 어머니'로 불렸다. 이 은행은 주로 영국의 전쟁비용 조달을 위해 창설되었는데 주식 공모를 통한 주식회사 형태로 운영되었다. 이 은행의 허가로 '부분지불준비금제도'가 법적 효력을 얻게 되었고, 민간 소유 기업이 나라 돈을 통제하게 되었다.

이러한 시기에 선진 은행제도를 흡수하지 못하고 국가의 근대화에 뒤떨어진 나라가 있었는데, 바로 막강한 무적함대를 자랑하던 스페인이었다. 당시 강대국이었던 스페인은 일찍이 대항해시대의 항로개척자로서의 권익을 누리고 있었으며, 신대륙발견과 잉카제국 점령으로 귀금속이 풍부했던 탓에 새로운 은행제도에 대한 필요성을 느끼지 못했다. 대신 풍부한 은을 담보로 돈을 빌렸다. 돈은 금속이 아니라 신용이라는 개념을 이해하지도 못했고 이해할 필요도 없었다. 페루의 포토시에 있는 금과 은의 유입량이 줄어들자 16세기 말 스페인 왕실은 여러 차례 부도 위기에 몰렸고, 결국 채무를 상환하지 못했다.

바야흐로 근대로 들어서면서 영국에는 중앙은행제도가 생겨났고, 민간 중앙은행이 화폐발행권을 가지게 되었다. 이제 세계를 움직이는 권력은 군주에게서 은행가(bankers)에게로 옮겨 간 것이다. 은행의 신용창출은 세상의 질서를 뒤바꾼 금융혁명이었다.

〈도표1〉 중세후기 르네상스 근세초기 금융의 역사

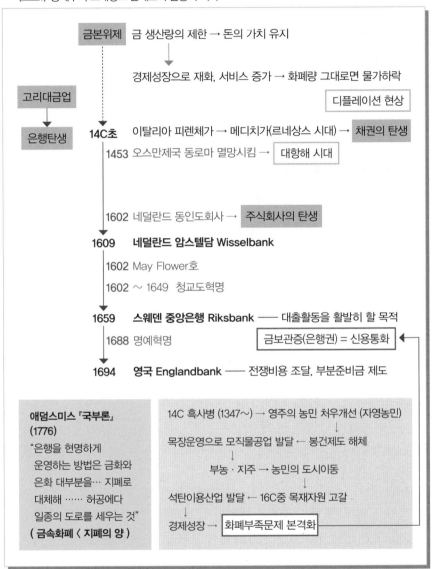

금본위제 | 금 생산량의 제한 → 돈의 가치 유지

경제성장으로 재화, 서비스 증가 → 화폐량 그대로면 물가하락

디플레이션 현상

고리대금업

은행탄생

14C초 | 이탈리아 피렌체가 → 메디치가(르네상스 시대) → 채권의 탄생

1453 오스만제국 동로마 멸망시킴 → 대항해 시대

1602 네덜란드 동인도회사 → 주식회사의 탄생

1609 네덜란드 암스텔담 Wisselbank

1602 May Flower호

1602 ~ 1649 청교도혁명

1659 스웨덴 중앙은행 Riksbank ── 대출활동을 활발히 할 목적

1688 명예혁명

금보관증(은행권) = 신용통화

1694 영국 Englandbank ── 전쟁비용 조달, 부분준비금 제도

애덤스미스 『국부론』
(1776)
"은행을 현명하게
운영하는 방법은 금화와
은화 대부분을… 지폐로
대체해 …… 허공에다
일종의 도로를 세우는 것"
(금속화폐 〈 지폐의 양)

14C 흑사병 (1347~) → 영주의 농민 처우개선 (자영농민)

목장운영으로 모직물공업 발달 ← 봉건제도 해체

부농 · 지주 → 농민의 도시이동

석탄이용산업 발달 ← 16C중 목재자원 고갈

경제성장 → 화폐부족문제 본격화

봉건사회의 붕괴와 중상주의

종교개혁과 자본주의

16세기가 끝날 무렵 봉건제와 기독교로 대표되는 유럽의 중세시대
는 막을 내리기 시작했다. 황제가 교황에게 무릎을 꿇고 용서를 구할
만큼 세력이 컸던 로마 가톨릭은 점차 타락했고, 중세는 썩은 물처럼
부패하기 시작했다.

1506년 교황청은 로마에 성베드로 성당을 짓는 데 필요한 자금을
마련하기 위해 면죄부(indulgence)를 발행했다. 로마 교황청은 독일의 푸
거 가문과 협약을 맺고 푸거 가문이 '면죄부'를 팔면 그 수익금의 30%
를 가져가기로 했다. 당시 푸거 가문의 재산은 르네상스 시대 메디치
가문의 5배가 넘었다. 푸거 가문은 면죄부를 사야 지옥에 떨어지지 않
는다고 선전했다. 살기 어려운 민중들은 그 말을 믿었고 면죄부는 날개
돋친 듯 팔려 나갔다. 그러나 민중들은 여전히 고통스러웠고 교황청만
부자가 됐다. 또한 교황청은 독일의 알브레히트에게 면죄부 판매를 위
임하면서 교황청이 푸거 가문에서 차용한 융자금을 상환하는 데 사용
할 수 있도록 했다. 알브레히트는 열정적인 설교자 테첼을 통해 면죄부
를 팔았다. 변설에 능한 테첼은 설교했다.

"금화를 면죄부 헌금함에 넣어 딸랑하는 소리가 나면, 죽은 자의 영혼은 천국으로 향한다"

마르틴 루터(Martin Luther, 1483~1546)는 어린 시절에 벼락을 만났다가 자신을 살려주면 수도사가 되겠다고 맹세한 뒤 그 약속을 지키기 위해 신학교에 들어갔다. 면죄부 판매가 비텐베르크 근방까지 이르렀던 1517년 10월 31일 34세의 마르틴 루터가 면죄부 판매를 비난하는 95 개조의 반박문을 독일 비텐베르크 교회 정문에 붙였다. 그러나 이때까지만 해도 수도사 마르틴 루터가 무슨 특별한 일을 한 것은 아니었다. 일종의 신학적 논쟁을 하는 전통적 방식이었다. 루터는 당시 합스부르크 왕가의 카를 5세가 자신을 지지해 주기를 바랐다. 그런데 카를 5세는 기독교권을 인도하기 위해서는 분열되지 않은 하나의 교회가 필요하다고 믿었다.

1520년 루터는 파문됐다. 루터는 파문장을 찢어서 불태웠다. 루터의 목숨이 위협받게 되자 작센공국의 제후 프리드리히 3세가 루터를 납치하는 것처럼 꾸며 바르텐부르크성에 숨겨 줬다. 프리드리히 3세의 보호 아래 루터는 기사복을 입고 숨어 지내는 동안 교황과 사제들이 독점했던 라틴어 성경을 쉬운 독일어로 번역했다.

면죄부 판매를 반박하는 마르틴 루터의 호소문은 인쇄물로 독일 전역에 뿌려졌다. 독일 민중은 독일어로 씌인 호소문을 읽고 루터를 지지하게 되었다. 종교 개혁의 시작이었다.

만일 1447년 구텐베르크가 금속활자판을 사용하는 인쇄기술을 발명하지 못했다면 유럽의 종교개혁은 실패하고 말았을 것이다. 새 기술은 늘 의외의 변수를 가져온다. 구텐베르크의 인쇄술이 그랬다. 처음

구텐베르크가 인쇄기를 발명했을 때 사람들은 자신의 생각이 다른 사람들에게 널리 퍼지고 영구히 기록되는 것에 대해 두려워했다. 그런데 타락한 가톨릭교회는 처음에 면죄부를 팔아먹기 위해서 대량생산이 가능한 구텐베르크의 인쇄기술을 지원했다. 그렇지만 이 인쇄술이 나중에 성경을 찍어냈다. 농부들은 이제 신부를 거치지 않고 직접 하느님의 말씀을 접하게 되었고, 차츰 교회에 대한 불신이 일어났다. 마르틴 루터의 종교개혁 선언문 인쇄도 그 덕을 보았다.

낙담한 카를 5세는 1556년 사촌 페르디난트 1세에게 오스트리아와 신성로마제국을, 아들 필리페 2세에게는 에스파냐와 네덜란드 영토를 물려주고 왕위에서 물러났다.

독일에서 시작된 종교개혁은 전 유럽으로 퍼져 나갔다. 그리고 종교개혁가들에게는 '저항'이라는 뜻의 '프로테스탄트'라는 이름이 붙었다. 1536년 칼뱅(Jean Calvin, 1509~1564)은 『그리스도의 강요』라는 책을 냈다. 그는 이 책에서 '성서지상주의'와 '구원예정설'을 주장했다.

"성서에 나와 있지 않은 교리는 따를 필요가 없고, 신의 선택을 받은 사람만이 구원을 얻을 수 있다. 신에게 선택이 되었는지는 알 수 없고, 구원을 위해 인간은 정해져 있는 운명의 길을 홀로 갈 수밖에 없다. 면죄부 수백 장을 사더라도 신이 선택하지 않으면 구원을 얻을 수 없기 때문에 면죄부는 살 필요가 없다. 자기 확신에 도달하기 위한 가장 확실한 수단은 부단한 직업노동이며 사람들은 정직하고 충실하게 사는 방법밖에 없다."

직업노동으로 충실하게 살다 보면 예상치 않았던 재물까지 모을 수 있었고, 근검절약은 새로운 신앙의 표현이라 여겨졌다. 만일 직업이 상인이라면 성실하게 물건을 팔아서 돈을 많이 버는 것이 신의 축복을 받을 것이라고 생각하면 된다고 했다. 칼뱅은 선택받았다는 믿음을 갖고 열심히 일을 하라고 강조했다. 도시에 살면서 생업에 열중하던 상인이나 수공업자들의 지지를 받는 것은 당연한 일이었다. 그의 노동과 절약 윤리에 관한 설파는 청교도(puritanism)의 이론적 배경이 되었다. 그것이 막스 베버를 통해 '자본주의 정신'으로 명명된 셈이다.

르네상스와 종교개혁

르네상스와 종교개혁은 본질적으로 성격이 달랐다. 르네상스는 근대로 가는 길의 서곡이라고 할 수 있었으나 예술적이고 귀족적이란 한계 때문에 역사를 변혁할 힘을 갖지 못했다. 반면에 종교개혁은 출발부터 민중의 마음을 깊이 포착하여 역사를 움직였다.

14~16세기에 진행된 이탈리아의 르네상스 시대엔 개방성과 다양성을 갖추고 세계무역을 이끌던 베네치아가 있었다. 그리고 천재들의 창조성을 인정한 메디치 가문이란 후원자도 있었다. 레오나르도 다빈치, 미켈란젤로 등 100년 만에 한 번 나올까 말까 한 천재들이 4~5년 단위로 줄줄이 나와서 문학, 예술과 과학의 패러다임을 바꾸면서 역사의 전환점을 만들었다.

그러나 역사의 줄기를 바꾼 결정적인 사건은 종교개혁이었다. 종교개혁에 의한 교회의 혁신운동으로 중세 기독교적 세계관은 점차 쇠퇴하여 갔다. 그리고 영국, 프랑스 등 유럽 각국은 근대적 국가로의 길을 걷기 시작했다. 왕위를 물려줄 아들을 원하던 영국의 헨리 8세가 교황에게 이혼을 요청했지만 에스파냐의 눈치를 보던 교황은 이혼을 허락하지 않았다. 그러자 헨리 8세는 수장령(首長令)을 통해 영국왕은 영국 교회의 우두머리이며 교황으로부터 독립한다고 선언했다. 이것이 바로 영국 국교회(성공회)였다. 종교개혁은 교회의 혁신운동이었지만 근대국가의 성립이라는 정치적 변혁과 밀접한 함수관계에 있었다.

1543년 폴란드의 천문학자 코페르니쿠스(Nicolaus Copernicus, 1473~1543)가 지동설을 주장했을 때 세상은 발칵 뒤집혔다. 당시는 2세기경 프톨레마이오스가 주장한 천동설이 진리로 받아들여지고 있었고, 인간이 우주의 전지전능한 신의 사랑을 독차지하는 것으로 되어 있었다. 그런데 우주의 중심은 태양이고 지구를 비롯한 나머지 행성들은 태양 주변을 돌고 있다는 주장은 많은 신자들로 하여금 신으로부터 등을 돌리게 할 수 있는 엄청난 파괴력을 지닌 것이었다.

코페르니쿠스의 주장은 이후 혹성은 태양을 초점으로 하는 타원 궤도를 돈다고 했던 케플러(Johannes Kepler, 1571~1630)나 망원경으로 달과 목성을 관찰한 갈릴레오 갈릴레이(Galileo Galilei, 1564~1642), 만유인력을 발견한 아이작 뉴턴(Isaac Newton, 1642~1727)과 같은 과학자들에 의해 입증되면서 종교에 갇힌 과학과 사회를 해방시키는 데에 크게 기여했다. 이후 유럽의 국가들은 종교개혁으로 야기된 신교와 구교의 갈등으로 30년 간의 종교전쟁(1618~1648)에 휘말렸다.

시장경제의 탄생

중세 봉건제도는 프랑크 왕국의 분열에 따른 혼란과 마자르나 노르만, 이슬람 세력 등 외세의 침략에 대항하는 과정에서 성립되었다. 직업적 군사체계가 갖추어지면서 기사가 등장했고, 왕과 귀족, 기사들 순으로 주종

관계가 형성되었다. 최종적인 주군으로는 영주가 있었고, 그 밑에는 농노가 농사를 지었다. 농노는 노예와는 달리 결혼도 가능했고 재산 소유도 인정되었다. 그러나 거주 이전이나 직업 선택의 자유는 없었다.

봉건 장원경제는 농노와 황소, 말의 노동력과 구전문화의 공간적 제약 아래 있었다. 소작농들은 농지를 집단적으로 경작했으나 엄밀한 의미에서는 신탁된 토지의 사용권을 가지는 것에 불과했다. 봉건경제는 700년 이상 존속되었다. 10세기와 11세기에 유럽에서는 수력을 이용한 수력 방아가 새로운 기술로 등장했다. 초기 수력 방아는 장원 영주들의 영지를 가로지르는 강이나 내에 설치되었다. 물이 부족한 지역에서는 땅에 얽매이지도 않고 어디에서나 공짜인 바람을 이용한 풍차가 세워졌다. 수력 방아와 풍차는 곡물을 빻고 빨래를 하고 올리브를 으깨는 등 다양한 경제활동에 이용되었다. 이러한 동력원은 도시의 장인과 상인의 힘이 되었고 봉건 영주의 힘에 필적하거나 초월하기까지 했다.

한편으로 구텐베르크의 인쇄기 발명은 커뮤니케이션의 혁명을 가져왔다. 인쇄는 장거리 교역을 활발하게 하였고 구두계약에 의존하던 봉건경제에서 서면에 의한 상업적 계약이 가능하도록 해 주었다.

전염병은 때로는 역사를 엄청나게 뒤바꾸어 놓곤 했다. 1347년에서 1351년까지 유럽에서는 흑사병이 휩쓸고 지나갔다. 흑사병은 크림반도 남부 해안지방에서 먼저 시작하여 시칠리아의 메시나항에 도착한 상인들에 의해 이탈리아 반도로 전염되었고 이후 전 유럽으로 퍼져 나갔다. 이로 인해 그 당시 유럽인구의 약 30%가 희생될 만큼 피해가 심했다. 흑사병은 절대권력 중세 교회를 무너뜨렸다. 시대의 절대 진리였던 교회도 어쩔 수가 없었다. 교황청의 추기경도 절반이나 쓰러졌다. 교회 종소리는 구원의 메시지가 아니라 절망의 소리였다. 당시 이탈리아의 지오반니 보카치오가 쓴 『데카메론』은 흑사병이 플로렌스에 닥쳤을 때의 끔찍한 상황을 생생하게 전하고 있다.

흑사병으로 인구가 급격히 감소하자 사회에 새로운 변화가 일어났다. 장원을 소유하며 농노를 지배하던 영주들은 심각한 일손 부족에 직면해야 했다. 살아남은 농노들에게 이전처럼 일을 시키려면 농노를 잘 대접하지 않으면 안 되었다. 그리하여 세금을 줄여주거나 돈을 받고 신분을 해방시켜 주기도 했다. 흑사병의 공포에서 살아남은 사람들은 농노의 신분에서 벗어나 자유를 얻었다. 이렇게 중세 유럽사회를 지배하던 장원제도는 서서히 붕괴되었다. 중세 유럽을 지탱해 주던 영주와 농노의 관계가 깨지면서 유럽은 새로운 사회로 나아가기 시작했다.

1500년대에 들어서면서 공동소유 경작지에 울타리가 쳐지고 사유재산화가 되면서 시장에서 거래가 일어나기 시작했다. 도시인구 증가에 따른 물가 상승과 섬유산업의 태동으로 양모가격이 올라가면서 지주들은 공동경작지를 양을 키우는 방목장으로 전환시켰다. 이제 땅은 양도하고 교환할 수 있는 부동산이 되었다.

자영농민들의 독립적인 목장운영으로 모직물공업이 발달하게 되면서 부농과 지주가 생겨나게 되었고 농민들은 도시로 몰려들었다. 반면에 삶의 터전을 잃은 농민들은 풀을 뜯는 양들의 모습을 바라보면서 기아에 허덕여야 했다. 토지를 잃은 농민들은 농토를 떠나 도시로 유입되었다. 이를 인클로저 운동(enclosure movement)이라고 부르는데, 16세기에서 19세기 초에 걸쳐 진행되었다. 인클로저 운동은 시장에서의 사유재산 개념을 발생시켰을 뿐만 아니라 계약의무를 유지토록 강제하는 법적 체계의 확립에도 기여했다.

처음 장원을 도망치기 시작한 농노는 수공업자였다. 수공업자는 땅이 없어도 생계를 도모할 수 있었기에 농부와 달리 쉽게 장원을 도망칠 수 있었다. 중세 말기 유럽 전역에는 어느덧 천여 곳의 도시가 생겨났다. 쾨른, 스트라스부르, 프랑크푸르트, 뉘른베르크 등은 각 지역에서 도망쳐 온 각양각색의 장인들이 모이는 장소가 되었다. 이들 도시 거주민들에게는 '시민'이라는 칭호가 생겼다. 새로운 도시 관할구역은 지역 영주의 손길이 미치지 않았기 때문에 자유도시라 불렸다. 당시는 농노가 장원을 탈출하여 일 년하고도 하루 이상만 더 피해 다녔다면 자유인으로 여기는 것이 관례였다. 도시와 상공업이 발달하면서 화폐가 널리 사용되고 농노의 이탈이 늘어나면서 장원의 붕괴가 시작되었다.

도시에는 상업 활동으로 많은 돈이 몰려들었다. 돈은 곧 힘이었다. 도시는 영주에 대항하기 위해 돈으로 용병을 고용할 수 있었다. 바이킹족이 서유럽을 휩쓸면서 자리 잡게 된 봉건제도 때문에 허수아비로 전락한 국왕은 도시가 영주에 대적하는 것을 적극적으로 지지했다. 새로운 도시의 장인들은 직업별로 길드를 조직했다. 길드는 정가를 정하고 생산량을 조절하기 위한 동업자 조합이었다. 그리고 비조합원에게 배타적이었으며 경쟁방지를 목적으로 했다. 중세 도시에서 상인길드와 수공업길드는 차츰 정치·경제적으로 실권을 쥐게 되었다.

로마 제국이 멸망한 이래 1,000년간 물가의 상승이 거의 없었다. 그런데 신대륙의 발견으로 대량의 금과 은이 유입되면서 스페인의 구매력이 큰 폭으로 상승했다. 이는 통화의 팽창으로 나타나 물가가 4~5배가 뛰었다. 이러한 현상은 1510년부터 16세기 후반까지 이어졌다. 이는 도제제도로 임금이 고정된 수공업자와 농노의 임금을 올려줘야 하는 봉건영주에게는 커다란 재앙이 되었다. 그러나 신흥 상인들은 엄청난 돈을 벌었다. 시민들의 관심사는 돈을 버는 것이었다. 돈을 벌기 위해서는 누구나 자신의 능력을 발휘할 수 있는 '자유'가 필요했다. 영주는 더 이상 무력으로 도시를 제압할 수 없었다. 도시로 도망친 농노를 잡으러 온 기사가 농노가 부유하게 사는 것을 보고 딸을 농노에게 시집보내기도 했다. 봉건영주가 자신의 딸을 부유한 자영농민에게 시집보내기 시작하면서 장원은 무너져 갔다. 장원의 해체와 화약과 대포의 보급으로 인한 기사계급의 몰락으로 중세 봉건사회는 막을 내리게 된다.

봉건 공유사회의 와해와 저임금 노동력 증가, 인쇄기의 발달, 수력과 풍력의 융합은 17세기 초부터 길드시스템을 밀어내기 시작했다. 상인들은 지방의 싼 노동력을 이용했고, 소규모 제조업자가 새로운 세력으로 나타났다. 그들은 보다 값이 싼 상품을 판매하기 위해 길드와 싸웠다. 새로운 제조업자들과 상인들은 국내시장의 자유화에는 서로 힘을 합쳐 싸웠지만, 수출 정책에는 의견을 달리했다. 상인들은 대외 교역을 장려하는 왕실의 식민지 정책에는 같은 입장을 취했다. 국내 생산을 엄격히 규제하여 높은 품질의 상품을 싼 가격에 확보해서 해외에 비싸게 팔 수 있기 때문이었다. 또한 해외 식민지에는 완제품 생산을 금지하고 값싼 원자재만 생산하게 하면 그것을 수입해서 완제품을 만들어 식민지에 비싸게 되팔아 일거양득의 이득을 얻을 수 있었기 때문이었다.

경제사에서 중상주의는 16세기에서 18세기 중반까지 대략 3백 년간으로 보고 있다. 그러나 본격적으로는 봉건제가 붕괴하고 절대왕정이 성립하여 산업자본이 국정을 지배했던 시기로 보아야 한다.

중상주의자들은 생산과정이 아닌 유통과정에서 이윤이 발생한다고 보았다. 그래서 한 나라가 부강하려면 무역을 통해 국부, 즉 당시의 화폐인 금과 은을 늘려야 한다고 여겼다. 이를 위해서는 수출을 늘리고 수입을 억제해야 했다. 따라서 값싼 원료 수급과 수출 확대를 위한 해외 식민지 개척이 정부의 중요한 역할이었다. 이러한 중상주의 정책은 식민지는 물론이고 국내 제조업자에게 불이익을 안겨주었다. 뿐만 아니라 도시의 가난한 노동자와 중산층에게도 국내 제품을 비싸게 사야 하는 고충을 겪게 만들었다.

결국 중상주의에 대한 반감은 1776년 미국의 독립선언으로 나타났고, 다시 1789년 프랑스 혁명으로 이어졌다. 이 사건은 정치적 자유와 민주적 대표권을 얻으려는 노력이었지만 그 본질은 시장에서의 자유 거래를 통해 사유재산을 확보하려는 투쟁이었다.

중상주의는 국가를 강력하게 만들려는 시스템이었다. 반면 자본주의는 능력 있는 개인을 부유하게 만드는 시스템이다. 중상주의가 무역수지 흑자를 통한 국부를 중시했지만, 한편으로는 정책 개입을 통해 생산성 높은 경제 활동을 증진시키는 데에도 관심이 있었다. 이러한 지적 흐름은 실용적이고 절충적인 개발주의에 영향을 끼침으로써 18세기의 영국이나 19세기의 독일, 미국의 경제발전이 이루어지게 하는 원동력이 되었다. 어찌 되었든 중상주의 시대에 자본주의가 본격적으로 태동하였고, 이때 경제의 중심지는 브뤼헤, 안트워프, 암스텔담을 거쳐 런던으로 이동했다.

〈도표2〉 종교개혁의 전개와 자본주의 형성

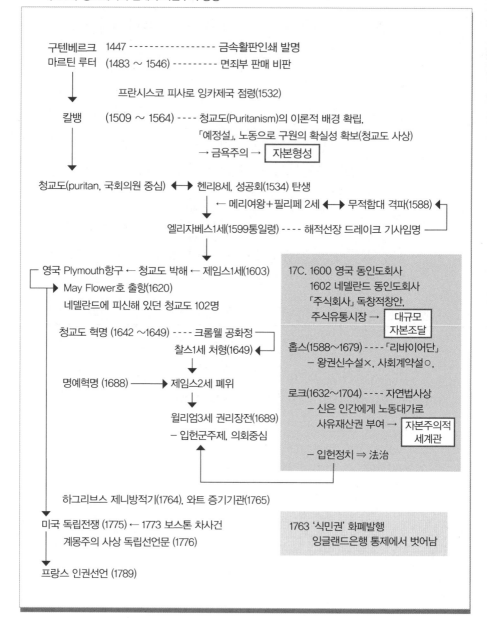

구텐베르크   1447 ---------------- 금속활판인쇄 발명
마르틴 루터   (1483 ~ 1546) -------- 면죄부 판매 비판

          프란시스코 피사로 잉카제국 점령(1532)

칼뱅   (1509 ~ 1564) ---- 청교도(Puritanism)의 이론적 배경 확립,
                      「예정설」, 노동으로 구원의 확실성 확보(청교도 사상)
                      → 금욕주의 → 자본형성

청교도(puritan, 국회의원 중심) ◀─▶ 헨리8세, 성공회(1534) 탄생
                 │ ← 메리여왕+필리페 2세 ◀─▶ 무적함대 격파(1588) ◀
          엘리자베스1세(1599통일령) ---- 해적선장 드레이크 기사임명 ─

─ 영국 Plymouth항구 ← 청교도 박해 ← 제임스1세(1603)   │ 17C. 1600 영국 동인도회사
 └▶ May Flower호 출항(1620)   │ 1602 네델란드 동인도회사
      네델란드에 피신해 있던 청교도 102명   │ 「주식회사」 독창적창안,
                                                │ 주식유통시장 → 대규모
      청교도 혁명 (1642 ~1649) ---- 크롬웰 공화정 ─   │   자본조달
              찰스1세 처형(1649) ◀   │ 홉스(1588~1679) ----「리바이어단」,
                   │   │ – 왕권신수설×, 사회계약설○,
      명예혁명 (1688) ───▶ 제임스2세 폐위   │
                   │   │ 로크(1632~1704) ---- 자연법사상
              윌리엄3세 권리장전(1689)   │ – 신은 인간에게 노동대가로
                   – 입헌군주제, 의회중심   │   사유재산권 부여 → 자본주의적
                        ▲   │   세계관
                        │   │ – 입헌정치 ⇒ 法治
                        └──────────────────────┘

─ 하그리브스 제니방적기(1764), 와트 증기기관(1765)

미국 독립전쟁 (1775) ← 1773 보스톤 차사건   1763 '식민권' 화폐발행
 │ 계몽주의 사상 독립선언문 (1776)   잉글랜드은행 통제에서 벗어남
 │
▼ 프랑스 인권선언 (1789)

청어와 길드

북해는 청어의 황금어장이었다. 14세기 중엽 한 어민이 청어를 소금에 절여 통에 보관하는 염장법을 고안해 냈다. 냉장고가 없던 시절이라 소금에 절인 청어는 불티나게 팔렸다.

브뤼헤와 안트워프의 유대인들은 청어를 절일 때 필요한 대량의 소금에 착안했다. 그들은 한자동맹으로부터 공급받던 암염 대신 이베리아반도의 천일염을 수입했다. 그리고 천일염을 다시 끓여 불순물을 제거한 순도 높은 정제염을 만들었다. 바다를 통해서 오는 정제 천일염은 육지로 오는 암염보다 싸고 품질이 좋았다. 가격과 품질의 경쟁력에서 이미 승부는 결정 났다. 이로써 독일 북부를 중심으로 한 한자동맹 도시들의 북해 주도권은 역사 속으로 사라지고, 발트해 지역이 중계무역 중심지로 떠올랐다. 수산업에서 비롯된 경제의 활황은 조선업의 발전으로 이어졌다. 그리고 목재, 무역, 금융의 발전을 낳았다.

표준화된 네덜란드의 조선 건조기술은 당대 유럽 최고의 수준이었다. 러시아의 피요트르 대제가 부국강병의 꿈을 실현하기 위해 한때 신분을 숨기고 사절단에 끼어 목수로 일한 적이 있을 정도였다.

16세기 후반 안트워프는 에스파냐의 침공을 막기 위해 용병을 끌어들였는데 이들이 툭하면 약탈을 하고 폭동을 일으켰다. 1576년에는 6천여 명이 살해되기도 했다. 이때 많은 유대인들은 암스텔담으로 옮겨갔고, 안트워프는 쇠락하기 시작했다.

1579년 네덜란드는 종교의 자유를 선언했다. 그러자 유럽 전역의 종교난민들이 네덜란드로 몰려들었다. 영국의 성공회에 대항한 칼뱅주의자들도 박해를 피해 네덜란드로 이주해 왔다. 암스텔담은 에스파냐의 영향력이 미치지 못하는 안전한 곳이었다.

유대인의 상업력이 더해지자, 암스텔담은 소금보다 비싼 설탕산업으로 최대의 상업도시가 되었다. 사탕수수에서 만들어지는 설탕은 벌이 만든 꿀이 아니면서도 꿀처럼 달았다. 그 무렵 설탕은 양이 적고 귀했기 때문에 왕이나 귀족들만 애용하는 고급 물품으로 권위의 상징이었다. 당시 설탕 1kg의 가격은 소 한두 마리 가격과 같았다.

그런데 문제가 생겼다. 1580년 포르투갈이 에스파냐에 합병이 되어버린 것이다. 그동안 포르투갈이 동인도에서 가져온 상품을 유럽에 유통시켰던 유대인의 중계무역이 타격을 받게 되었다. 에스파냐가 네덜란드를 배제하고 독일의 푸거가와 거래를 하였던 것이다. 자연스럽게 유통 거점이 암스텔담에서 함부르크로 바뀌었다.

애초에 네덜란드의 유대인들은 인도로 가는 바닷길을 몰랐었다. 이제 그들은 인도로 가는 새로운 길을 찾아야 했다. 1598년 네덜란드인들도 향료가 생산되는 동남아에 무역을 하기 위한 탐험대를 파견했다. 그렇게 시작된 직접교역은 중계무역보다 이윤이 엄청났다.

한편 유대인들이 급격히 성장하자 네덜란드 정부는 이를 견제할 필요를 느꼈다. 그래서 1632년 유대인의 길드 가입을 금지시켰다. 당시 길드는 상업 및 수공업의 독점적 배타적 동업조합으로서 공평한 가격과 이익체계를 추구했다. 길드에 속하지 않은 사람은 물건을 만들지도 팔지도 못했다. 유대인에게는 조합이 없었던 직물업과 다이아몬드 세공업, 그리고 네덜란드인과 경쟁할 우려가 적은 대외무역과 금융 분야, 약사나 의사, 히브리서 출판만이 허용되었다. 그러나 역사는 항상 유대인의 편이었다. 대단한 반전이 또 다시 일어난 것이다.

상업에서 배제된 유대인들은 실물경제를 뒷받침할 금융산업에 힘을 쏟게 되었다. 금융산업이 실물경제를 선도하게 되면서 유대인의 자본

축적이 급속도로 진행되었다. 결국 막강했던 길드가 와해되고 말았다. 이것의 근본적인 원인은 자본주의의 힘이었다. 길드가 생산과 이익과 분배를 일정하게 정하고 규제를 한 반면에, 유대인들은 제약을 받지 않고 오로지 고객이 만족할 때까지 상품과 서비스의 질을 높였던 것이다. 유대인들의 이러한 초기 금융산업은 고객을 왕으로 생각하게 하는 현대 자본주의의 씨앗이 되었다. 청어를 천연의 정제소금으로 절일 줄 알았던 상인적 감각은 역경을 맞아도 좌절하지 않고 자본주의의 씨앗을 찾아내는 지혜를 발휘하게 했던 것이다.

삼각무역

15세기에 시작된 대항해는 16세기에 이르러 팽창정책으로 바뀌었다. 유럽의 나라들은 점점 날을 세워 새로운 세계를 공격하기 시작했다. 아시아의 향신료를 구하기 위해 시작된 대항해는 인도에 도착하면서 마무리되었지만, 이것이 끝이 아니었다. 유럽 사람들은 아시아와 아프리카, 아메리카에서 무자비한 착취를 일삼으며, 무역을 통해 큰돈을 벌어 더 큰 부자가 되었다. 그리고 번 돈을 다시 무역과 제조업에 투자했다. 돈이 돈을 벌게 되었고, 이 사람들이 훗날 거대자본가가 되었다.

포르투갈은 아프리카 곳곳에 해양기지를 건설했다. 긴 항해에 필요한 연료와 음식 공급을 위해서였다. 상인들은 영국산 제품을 서아프리카에 싣고 가 노예와 교환한 다음, 이 노예를 아메리카에 내다 팔았다. 그리고 그 돈으로 카브리해의 농장에서 설탕과 담배를 샀다. 상인들은 이것을 유럽으로 가져다가 비싼 값에 팔았다. 이른바 삼각무역이었다.

16세기 초반에는 에스파냐가 대항해 시대를 주도했다. 1519년 마르

(그림11) 삼각무역

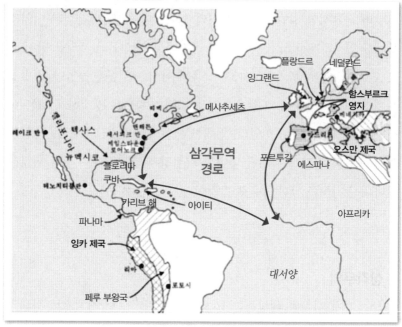

자료 : 이언 모리스, 『왜 서양이 지배하는가』, p.638

틴 루터의 종교개혁이 일어나고 2년 뒤, 페르디난트 마젤란은 에스파
냐의 지원을 받아 세계일주에 나섰다. 1522년 마젤란은 필리핀에 도착
했고 원주민과 싸우다 죽고 말았지만, 살아남은 그의 부하들이 아프리
카 남단 희망봉을 거쳐 에스파냐에 도착했다. 지구가 둥글다는 사실이
입증되는 순간이었다.

자본주의 이전 시대에 투자의 대표적인 형태는 전쟁과 정복행위였
다. 이는 오늘날 신규 설비투자를 하거나 경쟁 기업을 인수·합병하여
생산력과 수익을 높이는 것과 마찬가지였다. 당시 구대륙의 상황은 신
세계에서 약탈한 황금으로 부와 신분상승을 동시에 이룰 수 있었다. 에
스파냐의 헤르난도 코르테스는 1520년 멕시코의 아즈텍문명을 멸망

시켰고, 1532년 프란시스코 피사로 역시 페루의 잉카제국을 점령했다. 그로부터 10년 뒤 오늘날 볼리비아의 해발 4,090m 고원도시인 포토시의 은광개발로 세계 경제는 새 장을 열게 되었다. 포토시의 은광은 16세기 당시 세계 전체 은 생산량의 대부분을 차지했다. 에스파냐는 포토시에서 순은 45,000여 톤을 캐내 본국으로 가져갔다. 잉카인들은 은을 '달이 흘린 눈물'이라며 귀하게 여겼지만, 점령자 피사로에게 은이란 단순히 장식용 귀금속이 아니라 그 이상이라는 사실을 이해하지 못했다. 은으로 화폐를 만들 수 있으며, 이는 곧 원하는 대상을 모두 가져다주는 힘의 원천이라는 사실도 알지 못했다. 피사로 일행은 단순한 군인이 아니라 '무기를 손에 든 투자자'였다. 그들은 에스파냐 왕조에 그들의 탐욕을 넘어서는 부를 안겨주었다. 1535년에서 1560년 사이에는 엄청난 양의 금과 은이 들어와 놀라운 경제 성장을 이루었다. 그러나 금과 은의 유입량이 줄어들기 시작하자 경제 붐은 식어 버렸고, 16세기 말 에스파냐 왕실은 여러 차례 부도 위기에 몰렸다. 그렇지만 신대륙의 발견은 세계 경제 지형을 혁명적으로 바꾸어 놓았다.

영웅이 된 해적

영국의 헨리 8세는 왕비 캐서린과 이혼을 하려고 했다. 캐서린은 신성로마 제국 카를 5세의 조카였다. 카를 5세는 개신교를 탄압하고 로마 가톨릭을 지원했다. 제국의 지원이 필요한 교황은 이혼을 허락하지 않았다. 화가 난 헨리 8세는 로마 교황청과의 인연을 끊어버리고, '영국 국교회(성공회)'를 만들었다. 그 뒤를 이은 딸 메리 1세는 가톨릭의 나라인 에스파냐 필리페 2세와 결혼 후 개신교를 탄압하기 시작했다. 그녀의 개신교 탄압은 '피에 젖은 메리(Bloody Mary)'라는 끔찍한 별명을 선사할 정도로 무자비했다. 1571년 필리페 2세는 레판토 해전에서 오스만 제국의 함대를 격파했고, 이때부터 에스파냐 함대는 무적함대라 불렸다.

영국 경제는 모직물이 단일 수출상품으로 안트워프에 목을 매고 있었다. 그런데 네덜란드 독립전쟁으로 안트워프 시장이 몰락했다. 이에 경제가 어려워진 영국은 아프리카 노예무역과 해적질을 묵인하고 있었다. 심지어 1568년 에스파냐의 화물선이 해적을 피해 영국의 항구에 피항했을 때 오히려 그들의 황금을 빼앗아 버린 일조차 있었다. 에스파냐와 영국의 정치 기류가 심상치 않던 1570년 필리페 2세는 메리 1세 여왕의 뒤를 이은 엘리자베스 1세에게 청혼했으나 거절당했다.(그는 공식적으로 4번의 결혼을 했다)

1579년 영국인 선장 프란시스 드레이크가 남아메리카 남단을 돌아 페루지역에서 에스파냐로 가는 호송선단으로부터 역사상 가장 많은 약 25톤의 금을 노획했다. 이로써 드레이크의 투자자들은 4,700%의 배당금을 받았는데, 배당금의 4분의 3으로 잉글랜드의 외채를 다 갚았다. 영국 왕실은 해적들에게 배에 함포를 적재할 수 있도록 하고 해군을 대신해서 에스파냐 함대들과 해상교전을 할 수 있도록 면허를 내주었다. 이들은 사략선 업자로서 정부와 계약을 맺고 전시에 적선을 공격할 수 있는 권리를 받았다. 당시 신대륙을 지배하고 다른 나라의 진출을 무력으로 막고 있던 에스파냐의 독점무역을 타파하기 위한 전략적 견제였다. 또한 해적질의 용인은 재정이 어려웠던 영국이 적은 돈으로 전쟁을 수행할 수 있는 방법이기도 했다. 물론 당시만 해도 국가가 모든 바다를 통제하는 것은 불가능했다.

영국의 가난한 집안에서 태어난 드레이크는 13세에 선원생활을 시작했다. 그는 아메리카와 유럽을 오가며 노예를 사고팔아 돈을 벌었다. 그러던 어느 날 멕시코 앞바다에서 에스파냐 배들의 습격을 받아 물건과 배를 몽땅 빼앗기고 말았다. 목숨만 겨우 건진 그는 복수를 다짐했다. 1572년부터 에스파냐 함대를 향한 그의 해적질은 대담하게 이루어졌다. 에스파냐의 함대가 있는 곳이면 어디든 찾아다녔다. 에스파냐의 상선들이 해적들에게 계속해서 약탈을 당하자 필리페 2세는 영국의 해적들이 에스파냐의 무역선들을 공격하지 못하도록 영국에 요청했다. 그러나 엘리자베스 1세는 오히려 1581년 해적 선장 프란시스 드레이크를 기사로 임명하고 에스파냐 배들을 약탈하도록 내버려 두었다. 이른바 '캐리비언의 해적'이다.

　더구나 영국은 독립하려는 네덜란드를 공공연히 지원하고 있었다. 필리페 2세는 구혼 실패에 이은 모욕을 더 이상 견딜 수 없었고, 마침내 영국과의 전쟁을 선포했다. 도버 해협만 건너면, 그래서 육군만 상륙한다면 승리할 수 있으리라 확신했다. 전함 130척, 해군 8,000명, 육군 1만 9,000명이 동원되었다. 이에 비해 영국은 전함 80척, 병력 8,000명으로 맞섰다.

　드디어 1588년 두 나라의 함대가 맞붙었다. 다른 산업은 다 뒤져 있는 영국이 대포제작 기술만은 월등했다. 더구나 좁은 영불해협에 익숙한 영국 해군은 바람과 조류를 등지고 싸웠다. 스페인 대포의 짧은 사거리는 영국 전함에 도달하지 못한 채 물고기들만 떼죽음을 시켰다. 기회를 엿보던 드레이크는 화약을 가득 실은 배를 에스파냐의 무적함대를 향해 돌진시켰다. 놀란 에스파냐 함대는 화염을 피하기 위해 뿔뿔이 흩어졌고, 때마침 불어닥친 폭풍우로 처참하게 격파되고 말았다. 1596년 해적 선장 드레이크가 사망했을 때 그는 영국의 국민 영웅이 되어 있었다.

　엘리자베스는 메리 1세로부터 재정 파탄과 극렬한 종교적 대립으로 분열된 나라를 물려받았다. 그러나 그녀는 종교를 초월해서 지혜로운 사람을 등용했다. 세계 경제권력이 이동하고 있었다. 영국은 새롭게 해상강국으로 떠올랐으며, 미국과 인도 항구에서도 에스파냐 상선을 내쫓고 중상주의 날개를 활짝 펼 수 있게 되었다.

자본주의적 세계관

막스 베버(1864.4~1920.6)는 근대 자본주의를 탄생시킨 것이 바로 직업윤리라고 주장했다. 서양의 경제적 활기는 종교개혁의 뜻하지 않은 결과였다. 종교개혁 이후 경제권력은 이탈리아, 포르투갈, 스페인, 오스트리아 같은 남부의 정통 가톨릭 국가들에서 영국, 프랑스, 프로이센 같은 북부의 신교도 국가들로 대폭 이동했다.

헨리 8세로부터 시작된 절대왕정체제는 민주주의와는 거리가 멀었지만, 귀족들을 견제하기 위해 돈 많은 사람들을 가까이했다. 덕분에 절대왕정체제 아래 종교개혁과 더불어 부유한 시민층이 성장했다. 이 사람들은 훗날의 자본주의를 발전시킨 자본가들이 되었다.

17세기 들어 유럽은 빠른 속도로 과학이 발전하고 있었다. 과학의 발전은 사람들의 생활수준을 향상시켜 주었을 뿐만 아니라 사고방식까지 송두리째 바꿔 놓았다. 이 근대적 세계관에 따라 사람들은 시민계급이 사회를 변화시켜야 한다고 생각했다. 1620년 영국의 경험주의 학파에 속한 프란시스 베이컨은 경험과 관찰을 통해 법칙을 이끌어 내는 귀납법을 선보였다. 1637년에는 르네 데카르트가 진리를 먼저 알고 그 진리에서 구체적인 방법을 찾아내는 연역법을 내놓았다.

토마스 홉스(Thomas Hobbes, 1588~1679)는 1661년 『리바이어던』이란

저작에서, 국가는 어쩔 수 없이 있어야 하는 필요악이라고 주장했다. 만약 국가가 없다면 인간들은 자신의 이익을 위해 싸우게 되고, 그렇게 되면 곧 무정부상태가 될 수 있다는 것이다. 이런 상태를 '만인의 만인에 대한 투쟁'이라고 불렀다. 그리고 제임스 1세의 왕권신수설을 부정했으나 전제군주제를 이상적인 국가형태라고 생각했다. 그는 군주의 권한은 피지배자의 권리 보호에서 유래되었다고 하는 사회계약설을 주장했다. 또한 인간의 자유와 권리는 생명보호권(생존권)에서 파생되었다는 생각을 전파했다. 그의 계약론은 18세기 계몽주의에 큰 영향을 미쳤다.

계몽철학자 존 로크(John Locke, 1632~1704)는 삼권분립을 바탕으로 한 의회제를 주장했다. 그에 따르면 태초에 인간은 평등하기 때문에 자연적으로 주어진 권리를 가지고 있으며, 이를 조건적 권한 위임으로 단순히 정부에 위탁했다고 했다. 홉스는 사회계약을 통해 모든 권리를 정부에 양도했다고 주장했지만, 로크는 이 권리는 결코 양도할 수 없는 것이라고 반박했다. 그 가운데 중요한 것은 생명 자유 재산에 대한 권리이며, 따라서 절대군주가 아니라 제한된 정부로서 법치에 의한 입헌정치를 요구했다. 또한 신은 인간에게 노동의 대가인 재산을 소유할 수 있는 사유재산권(property)을 주었다고 하여, 자본주의적 세계관을 이론적으로 제공했다. 로크가 저술한 『정부론』은 1688년 명예혁명의 이론적 토대가 되었고, 그의 자연법사상은 미국 독립혁명과 프랑스 혁명에 큰 영향을 끼쳤다.

청교도 혁명

일찍이 1215년 잉글랜드의 존 왕은 귀족들의 권리를 재확인한 대헌장(Magna Carta)에 서명했다. 이후 귀족과 성직자의 힘이 강해져 의회가 탄생했는데, 이 의회는 귀족과 지방 엘리트들에 의해 왕권 견제기구로 활용되는 등 일찌감치 왕권 남용을 견제하는 역할을 수행해 왔다.

당초 스코틀랜드의 영웅 윌리엄 월리스(?~1305)가 잉글랜드 왕 에드워드 1세와 싸우고 있을 때 로버트 브루스(1274~1329)는 적인 잉글랜드군에 가담하고 있었다. 그의 운명을 바꾼 것은 잉글랜드 장수들의 험담이었다. 전투가 끝나고 피 묻은 손을 미처 씻지도 않은 채로 저녁을 먹으려고 식탁에 앉았을 때, 그는 자신을 향해 수군대는 소리를 들었다.

"자신의 피를 빨아먹는 저 스코트인을 보시오."

충격과 혐오감에 방을 박차고 나온 그는 교회당으로 가서 죄를 용서해 달라고 울면서 하느님께 빌었다.

1298년 폴커스 전투에서 패한 월리스가 그를 질시한 스코틀랜드 귀족의 밀고로 붙잡혀 죽었다. 이에 브루스는 침체에 빠진 스코틀랜드군을 규합했다. 그렇지만 싸움에서 번번이 지기만 했다. 그는 초라한 침상에 누워 결국 군대를 해산시켜야만 하는지 고민하고 있었다. 그때 천장에서 거미 한 마리가 집을 지으려고 안간힘을 쓰고 있었다. 거미는 여섯 번째 실패를 하고 있었다. 브루스의 패전 횟수도 여섯 번이었다. 그는 거미에게 운명을 걸었다. '네가 이번에 성공하면 나도 조국의 독립에 명운을 걸겠노라.' 그때 거미가 줄을 치는데 성공했다.

영화 〈브레이브 하트〉의 배경이었던 배넉번 전투(1314년)에서 브루스는 에드워드 2세의 잉글랜드 군대에 압승을 거두었고, 이후 잉글랜드는 스코틀랜드의 독립을 인정하게 되었다. 승리의 주인공 브루스는 스코틀랜드의 새로운 왕 로버트 1세가 되었고, 이후 이 가문의 후손들은 절대로 거미를 죽이는 일이 없었다고 한다.

그런데 1603년 튜더왕조의 엘리자베스 1세가 죽은 후 그녀의 먼 친척이자 스코틀랜드 국왕이었던 제임스 6세가 영국 스튜어트왕조의 제임스 1세로 즉위하면서 다시 연합국가가 됐다. 1707년 웨일즈와 함께 합병된 이후 영국은 '대영제국(Great Britain)'을 이루게 되었다. 미혼의 여왕이 후손을 남기지 않아 역설적으로 대영제국 탄생의 씨앗을 뿌린 셈이었다. 이후 스코틀랜드는 독립국 지위를 누린 적이 없다.

스튜어트왕조에서는 제임스 1세 다음으로 찰스 1세가 왕위에 올랐다. 이들은 스코틀랜드와는 다른 잉글랜드 의회를 이해하지 못했다. 그들은 왕권신수설의 신봉자로 의회와 대립했다. 의회의 힘이 날로 강해지자 찰스 1세는 무력으로 의회를 억누르려 했다. 찰스 1세는 마음대로 세금을 징수할 수 없었지만, 의회를 장악한 올리버 크롬웰은 자신이 원하는 대로 세금을 거둬 용병을 확보할 수 있었다. 찰스 1세는 스코틀랜드 땅을 저당 잡아 돈을 빌리려고까지 했지만 그러한 황당한 생각이 통할 리 없었다.

왕실과 의회의 첨예한 갈등은 군사적 충돌로까지 이어졌고, 1688년 명예혁명에 이르러서야 둘 사이의 싸움은 막을 내렸다. 그렇지만 명예혁명으로 왕위에서 물러난 제임스 2세와 그 직계 후손을 복위시키려는 '재커바이트(Jacobite)' 운동으로 스코틀랜드와 잉글랜드의 갈등은 쉽게 가라앉지 않았다. 오늘날 스코틀랜드의 분리 독립 투표에 관한 논란은 이러한 뿌리 깊은 갈등의 역사에 기인한다.

1642년에는 의회파와 국왕파 간에 내전이 일어나 1645년 크롬웰이 이끄는 의회군이 승리했다. 이른바 청교도 혁명이었다. 4년 후인 1649년 찰스 1세가 처형당하고 공화제가 수립되었다. 이어서 1951년 크롬웰은 '항해조례'를 발표했는데, 영국 및 영국의 식민지와 무역을 하려면 반드시 영국 배나 영국 식민지 선박만을 사용해야 한다는 내용이었다. 이것은 해운과 무역에서 네덜란드를 배제시키려는 의도였다. 에스파냐를 견제하기 위해서 네덜란드의 독립을 지원했던 영국이 이제는 네덜란드를 견제한 것이다. 그 무렵 네덜란드의 서인도회사는 서인도 제도의 설탕무역으로 많은 부를 축적하고 있었다. 결국 1652년 영국과 네덜란드 간에 전쟁이 일어났고, 여기에서 영국이 승리하여 1655년부터는 네덜란드의 설탕무역 종주권을 빼앗아오게 되었다.

한편 청교도들은 제임스 1세와 찰스 1세 때 심한 박해를 받고 네덜란드로 피신했는데, 이들 중 일부가 메이플라워호를 타고 신대륙으로 떠났다. 청교도의 교리는 「구약성경」을 중시하고 근면에 의한 부를 인정했으며 이자도 허용했다. 유대교와 통하는 것이 있었다. 청교도 혁명 당시 네덜란드 유대인들은 크롬웰에게 많은 전쟁비용을 지원했는데, 전쟁에서 승리한 크롬웰은 그 대가로 유대 상인들에게 경제자유구역을 지정하여 특혜를 베풀었다.

크롬웰이 죽자 사람들은 프랑스로 망명해 있던 찰스 1세의 아들 찰스 2세를 다시 왕위에 앉혔고, 이로써 1660년 왕정이 복고되었다. 영국은 제2차 항해조례를 발표하여 설탕, 담배, 목화 등 중요 상품을 영국식민지에서 영국과 영국령으로만 수출할 수 있도록 했다. 그리고 1663년에는 영국식민지로 향하는 모든 화물에 영국관세를 부과하는 3차 항해조례를 발표했다. 네덜란드의 목을 완전히 조르자는 의도였다.

그로부터 2년 후 영국과 네덜란드는 다시 전쟁을 시작했는데, 이번에는 프랑스가 네덜란드를 지원하여 영국이 패하고 말았다. 그리하여 1667년 영국이 뉴욕을 얻는 대신, 네덜란드에게는 사탕수수 산지인 수리남과 육두구 산지인 반다제도를 양보했다. 당시 기준으로는 사탕수수와 육두구를 얻은 네덜란드가 이익을 본 셈이었지만, 세월이 지나 결과적으로는 뉴욕을 얻은 영국이 남는 장사를 한 셈이 되었다.

17세기 유럽에서 가장 중요한 산업은 설탕산업이었다. 정제시설에 많은 자본이 투입되긴 하지만 수익성이 매우 높았다. 18세기 후반 면직물산업이 발전하기 전까지 이 산업은 유럽 최초의 자본주의적 산업이었다. 설탕은 유럽인의 식생활에 커다란 변화를 가져왔고 커피나 홍차 같은 음료 문화의 발전에도 기여를 했다. 이러한 설탕의 대중화를 가능하게 해준 것이 흑인노예였다. 노예무역은 16세기에 본격화해서 19세기 중반까지 3백여 년간 유지되었다. 그동안 흑인노예들은 아메리카로 팔려가 혹독한 노동에 시달리며 혹사당해야만 했다.

정부화폐발행권의 상실

이번에는 유럽을 지배하려는 야망을 가진 프랑스의 루이 14세가 1672년 네덜란드로 쳐들어왔다. 네덜란드 오렌지 가문의 빌렘 3세는 프랑스에 대항하기 위해 영국 제임스 2세의 딸이자 자기 사촌인 메리 스튜어트와 결혼했다. 그는 빌렘 2세와 찰스 1세의 딸 메리 사이의 아들이다. 그의 할아버지 빌렘 1세는 1578년 네덜란드 북부 7주의 독립을 선포하고 초대 총독에 취임한 네덜란드의 영웅이었다.

그런데 영국은 네덜란드 편을 드는 에스파냐에 대항하기 위해 프랑스와 동맹을 맺었다. 결국 영국, 프랑스, 독일의 동맹국과 네덜란드, 에스파냐, 신성로마제국 연합군 간에 전쟁이 벌어졌다. 6년에 걸친 전쟁 끝에 헤이그 유대인들의 경제적 지원을 받은 빌렘 3세는 루이 14세의 야망을 저지하고 1678년 프랑스와 평화조약을 맺었다.

한편 영국에서는 왕정복고로 왕위에 오른 제임스 2세가 폭정을 일삼으며 가톨릭을 강요했다. 더구나 1688년 제임스 2세에게 아들이 태어나 가톨릭교도의 왕위 계승 가능성이 현실로 부각되었다. 왕자가 자라서 왕이 된다면 계속 이렇게 차별받고 살아야 할 것 같아 백성들의 불만은 극에 달했다. 그러자 제임스 2세의 가톨릭정책에 반대하는 의회에 의해 1688년 명예혁명이 일어났다. 그리고 왕당파인 토리당과 의회파인 휘그당의 협의에 의해 제임스 2세의 딸로 네덜란드에 있던 메리 공주와 네덜란드의 프로테스탄트 지도자인 남편 오렌지 공(公) 빌렘 3세가 공동으로 왕에 추대되었다.

빌렘 3세는 곧 윌리엄 3세가 되었다. 윌리엄은 네덜란드의 암스텔담 비셀방크(Wisselbank)를 비롯한 은행가들의 지원을 받고 있었는데, 그가 왕으로 추대되면서 8천여 명의 유대인과 네덜란드의 많은 금융업자들이 그를 따라 영국으로 이주했다. 금융업이 뒤떨어진 영국에서 더 큰 이익을 얻을 기회가 있을 것이라고 기대했기 때문이었다. 이로 인해 여러 가지 새로운 제도가 영국으로 전파되었다. 영국을 괴롭혔던 재정적 문제도 금융업의 발달로 해결이 되었다. 선진 금융의 토대는 제조업 발달도 촉진시켰다. 17세기 후반 영국의 산업혁명 이면에는 네덜란드 출신 금융인이 많은 역할을 했던 것이다.

윌리엄 3세가 왕위에 올랐을 때 영국은 50여 년에 걸친 오랜 전쟁으로 국고가 이미 바닥난 상태였다. 윌리엄 3세는 제임스 2세의 왕위 탈환 움직임을 공공연히 지원하는 프랑스의 루이 14세를 그냥 두고 바라만 볼 수는 없었다. 그렇다고 세금을 올려서 전비를 조달하는 것은 한계가 있었다. 당장 눈앞에 닥친 전쟁을 위해서는 금 120만 파운드라는 막대한 돈을 빌릴 수밖에 없었다. 윌리엄은 네덜란드에서 자신을 따라온 금융인들에게 국가부도를 막기 위한 긴급 협조를 요청했다.

금융가들은 윌리엄 3세에게 돈을 빌려준 뒤 거금을 돌려받을 가능성이 희박하다고 판단했다. 그들은 왕에게 돈을 빌려주는 대가로 '은행권을 발행할 수 있는 민간은행' 설립 허가를 제안했다. 120만 파운드의 자본금을 모아 민간은행을 세우고 이 자본금을 모두 왕에게 대부하겠다는 것이었다. 그 대신 120만 파운드만큼 은행권으로 교부받아 지불수단으로 통용할 수 있게 해 달라고 한 것이다. 금괴를 담보로 은행권을 발행하여 마음대로 쓸 수 있으니 밑질 게 없는 장사였다. 그러나 그보다 더 중요한 것은 발권력을 쥐게 된다는 점이었다.

월리엄 3세는 세금을 걷으려 해도 의회의 승인을 받아야 했다. 명예혁명으로 의회활동과 투표권이 법적으로 보장됐고, 사유재산권 보장의 길이 열리게 되었다. 의회도 국왕이 조세권에 접근하는 것을 견제하기 위해서는 차라리 차입을 지원하는 편이 나았다. 게다가 담보된 금의 양만큼 은행권을 가져가기 때문에 빚을 갚지 않아도 되었다. 우선 당장은 서로의 이해가 맞아떨어졌다.

협상이 합의되면서 국가가 필요한 돈은 새로운 방식으로 조달이 됐다. 그것은 대출자가 영구 대출을 해주면서 이자만 물고 원금은 갚지 않는 영구채(永久債) 방식이었다. 이 영구 대출에는 아래와 같은 조건이 붙어 있었다.

- 대출자들에게 잉글랜드은행 설립 인가를 내준다. 이 은행은 국가 지폐로 유통될 은행권을 발행한다.
- 은행은 특별한 근거 없이 은행권을 발행하며 극히 일부만 주화로 뒷받침된다. 발행해 정부에 빌려주는 은행권은 주로 정부 IOU에 의해 뒷받침되며, 그것은 민간 수요에 대한 추가 대출금을 발행하는 데 '준비금' 역할을 한다.

영구채(永久債)

영국 정부가 일반인들에게 채권을 모집하되 따로 상환기간을 정하지 않아서 무기한 이자를 지불하도록 되어 있었다. 정부는 돈은 빌리되 갚지 않아도 되었다. 이때 정부에 돈을 빌려준 채권구입자가 빌려준 돈을 되찾고자 할 경우에는 정부로부터 이를 상환받는 것이 아니라 채권시장에서 채권을 매각하면 되었다. 정부는 단지 세금으로 이자를 지불하면 됐고, 이자부담의 누적이 부담일 경우에는 재정여건이 좋을 때마다 시장에서 이전에 발행한 채권을 구입하여 소각하면 관리가 가능했다. 이는 장기채의 안정적 발행을 통해 재정 문제를 혁신적으로 해결한 재정혁명이었다.

국가 채무와 세금

영국 정부는 대출에 대해 8%의 이자를 물어야 했다. 이것이 국가채무의 발생이었다. 국민들에 대한 직접과세로 대여자들은 국가채무의 지불을 보장받았다. 1692년 새로운 국채발행제도가 시작된 것이다. 이렇게 해서 1694년 중앙은행이자 발권은행인 잉글랜드은행이 주식회사 형태로 설립되었다. 또한 은행에 내야 할 이자를 물기 위해 모든 물건에 대해 즉각 세금이 부여되었다. 이로써 몇 백 년 동안 왕의 독점적 권한이었던 화폐발행권이 민간의 손에 넘어가게 되었다. 이때부터 신규로 화폐를 발행하면 국가의 국채가 늘어나면서 민간 금융자본가에게 채무를 지게 되는 이상한 구조가 형성되었다. 그렇다고 국채를 상환하면 화폐를 폐기하는 것이 되어 시중의 유통화폐가 없어지게 되니 그럴 수도 없었다. 국가의 경제가 발전하면 화폐수요는 늘어날 수밖에 없고 화폐는 민간 중앙은행에서 빌려와야 한다. 이 채무에 대한 이자수입은 고스란히 은행가들에게 돌아갔다. 그리고 정부는 이에 대한 이자를 갚기 위해 국민에게 세금을 걷어야 했다.

이는 후일 그린백시스템을 비롯하여 화폐발행권을 둘러싼 정부와 민간 금융자본가들 사이의 보이지 않는 화폐전쟁의 발단이 되었다. 그리고 오늘날 자본주의 구조를 형성하는 하나의 틀이 되었다. 잉글랜드 은행의 설립으로 영국에서는 금융혁명이 일어났고, 금융산업이 비약적으로 발전하는 밑거름이 되었다.

　　월리엄 3세는 권리장전으로 입헌군주제를 채택했다. 영국 의회는 왕실 재정을 통제할 만큼 막강해졌고, 채무불이행은 이때부터 더 이상 발생하지 않았다. 1717년 금본위제를 채택한 이래 더 이상 주조 화폐의 가치도 떨어지지 않았다. 1720년대에는 모든 정부 차입의 90% 이상이 부절이 아닌 은행권으로 바뀌었다. 화폐발행권이 정부에서 민간 은행가들에게로 넘어가는 금융혁명이 일어난 것이었다. 그러나 18세기 중반 무렵 정부가 신뢰도 높은 국채를 발행하자 런던 채권시장은 번

(그림12) 1694년 설립된 잉글랜드은행

성했고, 이곳에서는 콘솔 공채가 압도적으로 많이 거래되었다.

네덜란드에서는 1602년 동인도회사가 설립될 당시 자본금 조달을 위해 주식회사를 세우고 주식유통시장을 만들었다. 그 결과 대규모 자본조달에 성공하고 열강들 간의 식민지 경쟁에서 패권을 차지할 수 있게 되었다. 이것은 역사상 최초의 자본주의라 할 수 있는 것이었다. 그러나 17세기 말에 접어들면서 네덜란드 금융인들이 윌리엄 3세를 따라 대거 영국으로 이동하면서 네덜란드 동인도회사는 쇠락하기 시작했고, 그 와중에 기회는 영국에게로 돌아갔다.

19세기 초 나폴레옹이 영국에 패했을 때 네덜란드는 자신의 해외 식민지와 무역거점들을 영국에게 모두 빼앗겼다. 이후 네덜란드는 세계적인 경제패권을 다시 되찾지 못했다. 한편 영국은 18세기 후반 제임스 와트의 증기기관 발명으로 산업혁명을 꽃피우면서 인류 발전을 주도했다. 네덜란드의 경우와 같이 주식시장만으로는 산업화에 필요한 막대한 자본을 조달하기는 어렵다. 그러한 자금은 결국 은행이 제공하는 신용공여 자금인데 이는 영국의 예에서 보듯이 은행이 신용창조 기능을 통해 만들어 낸 것이었다.

5 / 돈의 선지자 로스차일드가(家)

붉은색 방패

2010년 2월 10일 영국 파이낸셜타임즈(FT)는 로스차일드 그룹이 로스차일드 가문의 투자은행인 NM로스차일드&선스의 최고경영자(CEO) 자리에 가문과 관련이 없는 전문경영인 나이젤 히긴스(Higgins)를 임명한다고 보도했다.

"가족은행의 경영자, 이사장 등의 중요한 직책은 로스차일드 가문의 직계 남성이 담당한다."고 1812년 9월 12일 로스차일드 가문의 창시자인 마이어 암셀 로스차일드가 남긴 유언이 200여 년 만에 깨지는 순간이었다.

일각에서는 이를 전통적 투자은행에서 골드먼 삭스 같은 트레이드 전문 투자은행으로 바뀌는 신호로 보고 있다. 로스차일드&선스의 자산은 2009년 말 기준 58억 834만 달러였다. 이 액수라면 골드먼 삭스의 140분의 1밖에 되지 않는다. 그러나 아무도 로스차일드가(家)의 재산이 정확히 얼마나 되는지는 모른다. 『화폐전쟁』의 저자 쑹훙빙은 어림잡아 50조 달러나 된다고 하였다. 로스차일드 가문은 워털루 전쟁이 끝난 후부터 유럽 최대의 금융세력으로 등극하여 지난 200년 동안 전 세계 금융과 정치의 전면과 배후에서, 그리고 거대한 전쟁의 소용돌이 속에서 지구촌 경제를 주물러온 세력이다.

로스차일드 일가는 19세기 내내 유럽 왕실들의 금고를 관리했고, 20
세기 초에는 유대민족의 꿈인 이스라엘 건국의 주춧돌을 놓았다. 로스
차일드는 금융계의 나폴레옹과 같은 존재였다. 로스차일드 가문이 이
렇게 오랫동안 국제금융에서 변함없이 활약하며 금융제국을 세울 수
있었던 것은 가족의 엄격한 통제, 은밀한 물밑 작업, 기계처럼 정확한
협조, 빠른 시장 정보수집 능력, 냉철한 이성, 그리고 이 모든 것에 기
반을 둔 재산에 대한 깊은 통찰력과 천재적인 예지능력 덕분이었다.

　　마이어 암셸 로스차일드(Mayer Amschel Rothschild, 1744-1812)는 1744년
프랑크푸르트의 유대인 격리지역인 '게토(getto)'에서 태어났다. 게토는
그 자체가 감옥이었고 유대인은 늙어 죽을 때까지 평생을 게토 내에서
만 살아야 했다. 사람 취급을 받지 못했던 유대인은 온갖 모욕을 당해
도 참아야만 했다.

　　당시 유대인은 성이 없었다. 로스차일드라는 이름은 집 대문에 걸어
놓은 붉은색(Rot) 방패(Schild)에서 따온 것이었다. 유럽의 유대인은 성
경시대 이래, 예수를 십자가에 못 박혀 죽게 한 원죄를 이유로 기독교
인들로부터 박해를 받아왔다. 기독교인의 아이들은 대부분 어렸을 때
부터 유대인을 원수로 생각하며 자랐다. 반유대주의의 확산에는 유명
한 문학작품도 한몫했다. 종교의식을 목적으로 기독교 아이들을 학살
하는 살인자로서 유대인을 묘사한 영국작가 초서(Geoffrey Chaucer)의『캔
터베리 이야기』와, 샤일록을 돈만 아는 잔인한 고리대금업자로 묘사한
세익스피어의『베니스의 상인』이 대표적이다. 또한 유럽 사회는 유대인
의 농업 종사를 금했다. 유대인들은 자연히 장사와 고리대금업 밖에 할
수 있는 일이 없었다.

　　로스차일드의 아버지는 가난한 보따리장수로 유럽의 골목을 누비며

장사를 했다. 그가 열 살도 안 되어 아버지를 따라 물건 파는 일을 시작했을 때, 여러 도시들을 돌며 볼 수 있었던 수많은 풍경들은 어린 로스차일드를 흥분시키기에 충분했다. 그러나 그가 열한 살 되던 해 독일에 천연두가 돌아 부모님 모두 세상을 떠나게 되었다. 홀로 남게 된 그는 하노버에 사는 외삼촌을 찾아갔고, 오펜하이머의 사환으로 일을 시작했다. 어린 시절 산전수전 다 겪으며 강한 인내심을 기른 그는 은행에 드나드는 거상의 사업수완을 관찰하며 때를 기다렸다. 이곳에서 성실히 일한 덕분에 열다섯 살이 되어서는 사무원이 될 수 있었지만 여기에 안주하지 않고 프랑크푸르트로 돌아왔다. 그는 넝마주이를 하며 쓰레기 더미에서 당시 귀족들의 수집 취미였던 옛날 훈장과 화폐를 모았다. 얼마 후 그는 골동품상으로 변신하여 주화 수집광인 당시의 수석 재정관 부르데스를 통해 헤센 왕국의 왕세자 윌리엄과 친분을 쌓게 되었다. 진귀한 주화를 윌리엄에게 갖다 바치며 공을 들인 결과, 그는 1769년 드디어 왕실 공급상이라는 직함을 받기에 이르렀다.

프랑스 대혁명은 로스차일드 가문이 부흥하게 되는 시발점이 되었다. 나폴레옹은 유럽의 봉건제도를 타파한 인물이자 프랑스 대혁명의 '자유, 평등, 박애' 사상의 주창자이기도 했다. 그리고 그는 유럽 국가의 반 유대법령 폐지를 명령하기도 했다. 그러나 금융가로서 사회 안정을 중시했던 로스차일드는 대혁명이 보여준 무자비함 때문에 나폴레옹을 적대시했다. 그 부분도 윌리엄 왕세자와 소통이 되는 부분이었다. 윌리엄은 영국의 막강한 해군력이 육군 강국인 프랑스를 이길 것이라고 보았다. 하지만 윌리엄은 나폴레옹 군대에 쫓겨 망명을 떠나게 되었고, 로스차일드는 일생 동안 모은 그의 재산을 다 뺏기면서까지 목숨을 걸고 윌리엄의 대외 차관장부를 지켜냈다. 다시 돌아온 윌리엄 왕세자는 로스차일드에게 유럽 각국에서 돈을 수금할 수 있는 권리를 주었다. 가난한 유대인 골동품상이 왕실 재정 대리인으로 거듭나는 순간이었다.

그는 다섯 아이들에게 자신을 대리해 유럽 각국에서 수금하는 일을 맡겼다. 덕분에 그의 아들들은 유럽의 지리와 정보를 훤히 꿰뚫게 되었다. 이 일은 머지않아 로스차일드 가문이 다국적 금융기업으로 거듭날 수 있는 밑거름이 되었다.

세계 금융시장의 뿌리

유대인의 역사는 그동안 스페인계 세파르디 유대인이 주도해 왔다. 그러나 로스차일드가 이후로는 독일계 아슈케나지가 주도했다. 유럽에서 처음으로 국제적인 대규모 금융산업을 일으킨 로스차일드 가문을 모르고서는 오늘날 세계 금융시장의 뿌리를 이해하기는 어렵다. 당시 산업혁명이 진행되는 과정에서 영국 내에서는 대자본이 필요해졌고, 국제적으로는 무역증가에 따른 대금결제가 증대되던 시기였다. 더구나 나폴레옹전쟁(1797~1815)이 유럽을 휩쓸던 시기였다.

전쟁으로 급변하는 가격 때문에 마이어 암셀 로스차일드는 영국의 섬유도매상과 매일 싸웠다. 그러던 1798년 당시 21세였던 셋째 아들 네이선을 영국 맨체스터로 보냈다. 네이선은 수출 길이 막혀 값이 떨어진 면직물을 싸게 사서 게토의 상점들로 직접 보냈다. 그는 영국에 발을 디딘 후 10년간 북부 신흥 산업지대에서 구입한 직물을 직접 독일로 실어 보내는 일을 하며 지냈다. 그러면서 면화, 양모, 담배, 설탕 등으로 점차 사업 영역을 넓혀 갔다. 그러나 경쟁이 심해지면서 직물보다 금융업이 더 많은 안정된 이윤을 제공한다는 사실을 알게 되었다. 네이선은 맨체스터와 런던을 오가며 영국 정부의 공채사업에 참여하기 위한 준비에 들어갔다.

그러던 어느 날 1806년 11월 나폴레옹이 대륙봉쇄령을 내려 영국과의 통상을 전면 중단시켰다. 총명한 사람은 절망 속에서 기회를 보는 법이다. 네이선은 대륙봉쇄령 때문에 유럽으로 수출되지 못해 떨이로 판매되는 상품들을 닥치는 대로 무엇이든 사들였다. 그리곤 강력한 영국함대를 이용한 밀수를 통해 공급과잉과 공급부족 사이에 다리를 놓았다. 한편으로는 영국의 국채를 매입하도록 윌리엄을 부추겨 자금이 영국으로 건너오면 그가 이를 몇 달간 밀수사업자금으로 유용해서 막대한 돈을 벌었다. 1810년 네이선은 영국의 동인도회사가 금괴를 매각한다는 소식을 듣고 돈을 한 푼도 깎지 않고 즉시 이를 매입했다. 그리고 웰링턴 장군이 유럽의 전쟁터에서 동맹군에게 전비를 지급하기 위해 많은 금을 필요로 했을 때 비싼 값에 영국 정부에 팔아 넘겼다. 그러나 문제는 위험한 전쟁 상황 속에서 안전하게 피레네 산맥을 넘어 프랑스에 있는 웰링턴 장군에게 금화를 보내는 일이었다. 네이선의 금 밀수 경험이 빛을 발하는 순간이었다. 정부의 금을 무사히 웰링턴에게 전달하면서 로스차일드가는 영국 정부의 신뢰까지 쌓게 되었다.

워털루 전투는 단순히 영국과 프랑스 군대가 치르는 전쟁이 아니었다. 이는 나폴레옹 영향력 아래 정복지에서 거둔 약탈세금에 기반한 프랑스 금융과 채무에 바탕을 둔 영국 금융 사이의 대결이었다. 전쟁 자금을 모으기 위해 영국에서는 역사상 가장 많은 채권이 발행되었다.

로스차일드에 관한 많은 책들은 네이선이 워털루 전투 결과에 따라 움직이는 영국 콘솔채권 가격을 투기에 악용해서 돈을 벌었다고 적고 있다. 네이선이 그 가문의 신속한 정보를 역이용해서 사람들이 채권을 팔아치우게 한 다음 헐값에 이를 사서 비싼 값에 팔았다는 것이다. 그러나 니얼 퍼거슨은 그의 저서 『금융의 지배』에서 로스차일드 가문은 웰링턴의 승리로 돈을 번 것이 아니라 오히려 파산을 간신히 모면했다고 말한다. 앞의 이야기는 유대인을 싫어한 나치가 윤색한 일화일 뿐이라고 말이다.

니얼 퍼거슨에 의하면 1814년 4월에 나폴레옹이 엘바섬으로 유배된 후 1815년 3월 다시 프랑스로 돌아왔을 때, 로스차일드 가문의 다섯 형제는 손에 넣을 수 있는 모든 금괴와 금화를 사들였다. 과거의 전쟁처럼 이번에도 장기전이 되리라 예측했던 것이었다. 이는 치명적 오산이었다. 막판 프러시아의 등장으로 워털루 전투는 너무 일찍 싱겁게 끝나버린 것이었다. 병사의 봉급도, 영국의 전시 동맹군에게 지급할 군자금도 더 이상 필요가 없었다. 전쟁기간 동안 치솟았던 금 가격은 뚝 떨어질 운명이었다. 네이선은 영국이 워털루 전쟁에서 승리했으니 정부차입이 감소하여 영국 채권 가격이 치솟을 것이라는 데 모험을 걸었다.

(그림13) 1812~1822년 영국 콘솔채 가격

자료 : 니얼 퍼거슨, 『금융의 지배』P. 90

영국이 워털루 전투에서 승리를 거둔 지 한 달이 지난 1815년 7월 18일, 네이선은 콘솔 공채를 다량 매입했다. 그리고 때마침 콘솔채 가격이 오르기 시작하자 매입을 계속했다. 그의 다른 형제들은 팔아서 이윤을 남기라고 아우성이었지만 끄떡 않고 1년을 버텼다. 1817년 말쯤 채권 가격이 40% 이상 오르자 그제야 채권을 팔았다.

로스차일드가의 식객이었던 독일의 시인 하인리히 하이네는 이렇게 말했다. "돈은 우리 시대의 신이며, 로스차일드는 그 선지자다."

네이선의 지휘 아래 워털루 전투에서 엄청난 자본을 증식시킨 형제는 유럽 주요 도시에 은행을 하나씩 세워 나갔다. 다섯째 제임스가 파리에, 둘째 살로몬이 오스트리아의 빈에, 넷째 칼이 이탈리아의 나폴리에, 그리고 장남 암셀은 고향인 프랑크푸르트에 자리를 잡았다. 그리고 메디치가 이후 최대의 다국적 은행으로서 국가간 어음결제 금융거래를 주도했다.

로스차일드가 이룬 가장 중요한 금융개혁은 채권의 발행을 자국화폐가 아니라 스털링화 표시 채권으로 했으며, 런던이 아닌 유럽의 로스차일드 지점 어느 곳에서라도 이자를 지급했다는 점이다.

과거 유럽의 귀족 엘리트들은 부동산으로 부를 축적했지만, 이제 로스차일드가가 창출한 혁명적인 금융시스템은 부동산보다도 수익성과 유동성이 높은 새로운 부로 등장했다.

정보가 돈을 낳는다

로스차일드 가문의 문장에는 다섯 개의 화살이 리본에 묶여 있는 그림이 있다. 이 다섯 개의 화살이 5형제를 뜻한다. 다섯개가 하나로 묶여 있어 어느 누구도 부러뜨릴 수 없는 강한 힘을 지닌 형제라는 의미

(그림14) 문장의 화살

자료 : 리롱쉬, 『로스차일드 신화』

이다. 로스차일드가는 가문의 단합과 재산의 분산을 막기 위해 사촌끼리 혹은 삼촌과 조카끼리 근친혼을 맺었다.

"설령 지나가는 바람이라 할지라도 그 냄새를 맡아봐야 한다. 그러면 그 바람이 어디에서 왔는지 알 수 있다." 『탈무드』에 나오는 말이다.

나라를 잃은 유대인들은 신앙공동체로 묶여 있어 정보의 인적 네트워크가 구축되어 있었다. 나라가 없는 그들은 각처에 흩어져 있는 유대인 커뮤니티를 통해 정보를 긴밀히 교환하고 기회를 서로 제공하면서 도우며 살아야만 했다. 중세 유럽은 교황이 이슬람권과의 무역을 금지했기 때문에 유대인은 양쪽을 잇는 유일한 끈이었다. 따라서 네트워크와 정보를 갖고 있는 유대인들은 당시의 통상을 주도할 수밖에 없었다.

로스차일드 형제들은 이와는 별도로 초특급 통신과 수송 네트워크를 만들었다. 통신은 주로 비둘기를 이용했다. 그리고 날씨가 나쁠 때는 자가용 쾌속선을 띄웠다. 육로에서는 전용 파발마를 두고 마부와 말을 바꿔 가며 밤새도록 달렸다. 마치 칭기스칸의 몽골군이 역참제를 두고 말을 바꿔 가며 달려서 군사정보를 전달했던 방식과 같았다. 그들은 정보전달을 맡은 사람에게도 수고비를 두둑하게 주었다. 어떤 비바람이나 폭풍우가 몰아쳐도 한결같이 정보가 전달될 수 있었던 이유였다.

네이선은 로스차일드 은행을 세우면서 현대 금융업의 급소라 할 수 있는 정보를 움켜쥐었다. 로스차일드 가문의 정보네트워크는 유럽 각국 정부의 역참과 특공망보다 훨씬 뛰어난 정확성과 전달력을 자랑하며 밤낮없이 가동되었다. 비록 인편과 원시적인 우편에 의존했지만 히브리 문자의 이디시어를 사용한 그들의 정보망은 워털루 전쟁 결과를 영국 왕보다 먼저 감지할 정도로 위력을 발휘했다.

이러한 정보·수송 네트워크는 오늘날의 인터넷만큼이나 획기적인 시스템이었다. 전쟁이 끊이지 않았던 당시의 유럽에서 이중 삼중의 정보에 의한 정세분석 또한 생존의 관건이었다. 로스차일드 가문의 정보분석 시스템은 타의 추종을 불허했다.

1844년 5월 사무엘 모르스(Samuel Morse)가 전기를 이용해서 정보를 전달하는 전신을 창안했을 때, 정보통신의 혁명적 변화가 왔다. 전신을 이용해서 사람들은 과거에는 상상도 하지 못하던 속도로 멀리 떨어져 있는 곳의 주식변동, 시장가격, 정치적 사건, 전쟁 등에 관한 소식을 받을 수 있게 되었다. 당시 전신소는 철도 역사에 있었기 때문에 통신망은 철도와 불가분의 관계에 있었다. 은행이 철도를 장악하면 전신망은 자연히 따라왔다. 빠른 정보는 곧 돈을 의미했다. 1866년에는 해저 케이블 공사로 대서양 건너편과도 소통이 가능해졌다. 제이피 모건은 1869년 영국 런던으로 건너가 로스차일드 가문과 협력방안을 논의했다. 모건은 로스차일드 상사의 미국 지부회사인 노던증권을 설립했다. 로스차일드가 공식적으로 미국 산업과 금융에 투자하는 길이 열린 것이었다. 그 뒤 로스차일드는 제이피 모건을 통해 철강의 카네기, 철도의 해리먼, 석유의 록펠러에게 자금을 댔다.

로스차일드는 제국주의와 함께 19세기 세계사의 흐름을 좌우했다. 19세기 국가들은 전쟁을 치르기 위해서 군비충당을 위한 채권이 필요했다. 그 당시 로스차일드는 그들에게 채권을 빌려줄 수 있는 유일한 가문이었다. 나폴레옹전쟁으로 사방에 빚이 깔려 있던 프랑스의 루이 18세는 왕실의 자존심을 버리고 제임스에게 손을 내밀어야 했다. 살로몬의 대규모 자금지원을 등에 업은 메테르니히는 1814년부터 1848년의 기간동안 유럽 경제를 좌지우지했다. 1862년에 프로이센의 철혈재상이 된 비스마르크도 젊었을 때부터 자식이 없던 암셀의 전폭적인 신임을 받았다. 암셀이 죽은 후에도 그는 로스차일드 가문과 대대로 긴밀한 관계를 유지했다.

1862년 미국의 남북전쟁 때 전략의 요충지 뉴올리언스를 차지하려는 싸움에서 남부 주는 막대한 피해를 입었다. 중앙집중식 세금제도가 없었던 남부동맹은 부족한 현금을 타개해 보고자 로스차일드에게 도움을 요청했다. 전쟁 전에 살로몬은 남부 주를 지지한다고 말했었지만, 로스차일드는 남부를 지원하지 않았다. 남부동맹의 신용도가 그리 높지 않을 것을 미리 파악한 것이었다.

1875년 네이선의 아들 라이오넬은 이집트의 통치자 이스마일이 스웨즈운하 주식 지분을 판다는 소식을 듣자 바로 디즈레일리 영국 총리에게 정보를 전달했다. 총리는 라이오넬에게 400만 파운드를 빌려 주식을 사들였다. 이 거래를 통해 라이오넬은 10만 파운드의 수수료를 챙기게 되었고, 동시에 영국정부에 막대한 이익을 선사하게 되었던 것이다.

그로부터 10년 후 라이오넬의 장남 내티는 영국여왕으로부터 상원의원에 임명됐다. 역사상 첫 유대인 세습 귀족이 탄생한 것이다. 1911년 유명한 '타이타닉' 호가 건조될 당시 로스차일드 가문의 로열&선 보험사만은 타이타닉호의 보험가입을 거절했다. 신중한 내티는 암암리에 일류 선박전문가를 찾아 타이타닉호의 구조를 연구했고, 안전성에 다소 취약하다고 평가를 내렸던 것이다.

양털 깎기의 원조

1815년 나폴레옹전쟁이 끝나자 네이션은 잉글랜드은행 주식의 대부분을 사들였다. 이때부터 화폐발행과 금 가격을 포함한 모든 중요한 결정은 로스차일드 가문의 수중으로 들어갔다. 대영제국의 경제와 금융이 통째로 로스차일드 가문에 맡겨진 것이다.

흔히 '양털 깎기(fleecing of the flock)'란 은어는 은행가들 사이에 통하는 전문용어로 경제가 번영과 쇠퇴를 거듭하는 과정에서 어느 기회에 정상가격의 몇 분의 1밖에 안 되는 금액으로 타인의 재산을 가로채는 행위를 말한다. 양의 털이 자랄 때까지 놔뒀다가 어느 날 한꺼번에 털을 깎아 가져가서 수익을 챙기는 것에 비유해서 생겨난 말이다. 종종 국제 투기자본가들이 충격과 공포를 이용해 자본을 수탈하는 경우가 이에 해당한다. 화폐발행권을 통제하게 된 은행가들이 경제의 번영과 쇠퇴를 마음대로 조절할 수 있게 됨으로써 은행가가 마치 유목 단계의 양을 다루듯이 금융을 주무르는 것을 빗댄 것이다.

워털루싸움에서 로스차일드 형제가 목숨을 걸고 웰링턴 장군에게 금괴를 운송, 전달해 줌으로써 반프랑스 동맹이 승리를 했다. 그런데 전쟁이 끝나자 마음속으로 로스차일드 형제를 무시하던 유럽의 귀족 출신 정치가들은 더 이상 그의 사업을 돌봐주려 하지 않았다. 전쟁에서 패한 프랑스는 패전국으로서 10억 프랑의 전쟁배상금을 지불해야 했다. 그러나 프랑스는 이 거금을 만들 방도가 없었다. 그래서 비엔나 회의에서는 우선 유럽 각국의 은행가들이 돈을 먼저 마련해주고 프랑스가 분기별로 이자와 함께 이를 상환하도록 했다. 이것이 프랑스에 대한 대차관이었고, 금융가들은 이 커다란 거래에 모두 군침을 흘렸다.

1817년 프랑스의 은행가 우브라르는 영국의 베어링스은행과 신디

케이트를 조성해 1차 대프랑스 차관거래를 따냈다. 제임스에 질투를 느끼고 있던 그는 차관에 참여토록 해달라는 로스차일드 형제의 부탁을 딱 잘라 거절했다. 그의 배후에는 프랑스 귀족 명문 리슐리외 공작이 버티고 있었다. 차관의 액수는 3억 5천만 프랑으로 종전의 기록을 깬 금액이었다. 우브라르는 처음에 채권이 팔리지 않을까 봐 노심초사했다. 그런데 걱정과 달리 며칠이 지나지 않아 다 팔려나갔다. 그는 유럽 각국의 시장에서 이 채권을 구입한 주요 투자자가 로스차일드 형제일 줄은 꿈에도 생각하지 못했다. 1818년 10월 엑스라샤펠 회의가 개최되었을 때 2차, 3차 프랑스 대출채권을 발행할 준비가 한창이었다. 그런데 연회에서는 어느 누구도 로스차일드 형제를 거들떠보지도 않았다. 10월 한 달 동안 로스차일드는 철저히 외면당했다. 그런데 11월이 되자 이상한 일이 벌어졌다. 1차 채권가격이 하락세를 보이기 시작한 것이다. 그동안 꾸준히 상승하여 74프랑까지 갔던 채권가격이 급격히 떨어지더니 결국에는 발행가격인 53프랑도 안 되는 가격까지 떨어졌다. 이미 2차 채권가격은 70프랑으로 공표한 뒤였다. 폭락의 낌새가 보이자 잘못하면 국채시장이 붕괴될지도 모른다는 공포가 엄습해 왔다. 증권시장마저 덩달아 흔들렸다. 귀족들과 정치가들 역시 자기의 투자금을 날릴까 봐 전전긍긍했다. 어느 날 메테르니히 총리의 측근인 겐츠는 살로몬 로스차일드와 마주쳤고, 순간 그의 얼굴에 냉소가 번지는 것을 보고 말았다. 이제 유럽 각국은 국고로써 채권발행의 손실을 만회할 수밖에 없게 된 것이다.

　베어링스은행은 이번에는 적극적으로 중재에 나섰다. 우브라르는 고개를 숙였고 오만한 리슐리외 공작은 할 말을 잃었다. 메테르니히는 로스차일드가 앞으로 모든 프랑스 대출채권 발행에 참여하도록 했다.

통화를 지배하는 자

1825년 영국에서 스티븐슨이 증기기관을 발명했을 때만 해도 사람들은 철도사업을 미친 짓이라고 생각했다. 오스트리아에 있던 살로몬이 철도건설 계획을 발표하자 예상대로 반대가 극심했다. 심지어 철도건설에 반대하는 일부 의사들은 인간의 육체는 시속 24km 이상에서는 견딜 수가 없어서 코와 눈, 입과 귀에서 피가 터져 나올 것이라고 했다. 그러나 막상 철도건설 자금을 충당하기 위해 주식을 발행한다고 하니까 이에 반대하던 사람들이 앞을 다투는 바람에 발행하기로 했던 주식 수의 여덟 배나 신청이 쇄도했다.

"금화가 소리를 내면 욕설은 조용해진다."라고 한 로스차일드의 유훈이 딱 들어맞았다.

1830년대부터 본격화된 프랑스의 산업혁명은 태반이 제임스 로스차일드의 자금력으로 이루어진 것이라고 해도 과언이 아니다. 그도 철도사업에 반대가 심하자 살로몬 형이 했던 대로 철도노선에 황제 이름을 붙여 아무도 반대하지 못하게 했다. 그는 나중에 유럽의 철도왕이 되었다.

영국인 세실 로즈는 1888년에 남아공 촌부였던 드비어스 형제로부터 다이아몬드 농장을 사들여 농장 밑에 묻혀 있던 엄청난 다이아몬드 원석으로 큰돈을 벌었다. 이때 제임스는 세실 로즈에게 자금을 지원해서 금광과 다이아몬드광산의 개발권을 획득했다. 로즈는 총독으로 부임하여 남아프리카 일대에 제국을 건설했는데 그 지역을 '로디지아'라고 불렀다. 이 지역이 1980년 독립한 짐바브웨다. 이어 제임스는 록펠러와 손잡고 석유산업에 진출했다. 러시아의 바쿠 유전 이권도 획득했다.

유럽의 국왕들은 전쟁을 하려면 로스차일드에게 물어보고 해야만 한다는 말이 나올 정도로 로스차일드가의 영향력은 엄청났다. 전쟁자금 지원과 군수품 조달은 늘 그들의 몫이었다. 그렇지만 나폴레옹의 반대편에 섰던 것을 빼고는 항상 어느 한 쪽에 치우친 적은 없었다.

1차 세계대전이 끝나고, 전후 혼란한 와중에 오스트리아 채권시장의 투기가 카스틸리오네와 의기투합한 투기꾼들이 승전국의 화폐를 팔아치우기 시작했다. 프랑화의 가치하락은 전 세계를 공포의 도가니로 몰아넣었다. 프랑스 로스차일드가는 미국 모건재단(J.P.Morgan)과 전략적 제휴를 맺어 프랑을 사들였다. 카스틸리오네는 하루아침에 파산하고 말았다. 모건을 비롯한 미국 자본가들은 프랑이 무너지면 달러 가치가 하락할 것이고 그러면 그들이 전쟁으로 벌어들인 재산이 모두 물거품이 될 것이란 사실을 잘 알고 있었던 것이다.

제임스의 막내아들인 에드먼드는 팔레스타인에 유대인이 거주할 수 있는 땅을 사서 유대인을 이주시킴으로써 이스라엘을 세우는 데 기여했다. 1905년 러시아 혁명이 실패하고 대학살이 일어나자 많은 유대인들이 팔레스타인으로 이주했다. 1914년경에 팔레스타인으로 이주한 유대인은 모두 9만 명에 이르렀다.

내티의 손자인 빅터는 제2차 세계대전 때 전쟁터에서 폭탄 해체 전문가로 활동하기도 했다. 그 능력을 인정받아 처칠 총리의 신변보호 임무를 맡았다.

하지만 철옹성 같던 로스차일드 가문의 부와 명성도 시들기 시작했다. 1863년 나폴리 은행이 시칠리아 황실의 몰락과 함께 사라졌고, 후계자가 없었던 프랑크푸르트 은행도 1901년 문을 닫았다. 살로몬의 손자 루이가 지키던 빈 은행은 1938년 나치에 몰수됐다. 2차 세계대전 이후 세계사의 주도권이 유럽에서 미국으로 넘어가면서 로스차일드의 전성기는 지나갔다. 그래도 로스차일드 가문은 PLM이라는 최고급 호텔

체인을 설립했고, 막대한 손실을 입으면서도 고집스럽게 광산자원을 포기하지 않았다. 21세기에 들어서면서 자원에 대한 로스차일드 가문의 전략적 투자는 막대한 수익을 거둬들이며 빛을 보기 시작하고 있다.

이 로스차일드 가문을 말할 때 빼놓을 수 없는 것이 바로 와인이다. 네이선에겐 나다니엘이라는 아들이 있었다. 1850년 파리로 건너간 그는 귀족들과 친해지기 위해 매일 밤 파티를 열었다. 그는 프랑스 여느 귀족들처럼 자신의 와인으로 손님들을 대접하고 싶었다. 나다니엘은 1853년 프랑스 보르도 지역의 샤토 무통을 매입하여 '샤토 무통 로칠드'로 이름을 바꿨다. 로스차일드는 프랑스어로 로칠드다. 나다니엘의 삼촌 제임스는 아예 프랑스 1등급으로 분류된 '샤토 라피트'를 매입해 '샤토 라피트 로칠드'라고 이름을 붙였다.

네이선 로스차일드가 1820년 영국의 잉글랜드은행을 지배한 이래 거의 200여 년간 로스차일드 가문은 세계의 금융과 경제를 주물러 왔다. 네이선은 말했다.

"나는 어떤 꼭두각시가 영국 군주 위에 자리 잡고, 이 해가 지지 않는 제국을 지배하는지 신경 쓰지 않는다. 영국의 통화를 지배하는 자가 대영제국을 지배하는 것이고, 나는 영국의 통화를 지배한다."

1868년부터 1880년까지 영국 총리를 지낸 벤저민 디즈레일리도 이렇게 말했다.

"세상은 막후에 있지 않은 사람들이 생각하는 것과는 전혀 다른 인물이 통치한다."

4장

인플레이션과 역사에 숨겨진 비밀

신용을 창출한 존 로

현자의 돌이 가진 비밀

오늘날 아담 스미스 이전의 경제학자들 가운데 가장 중요한 인물 중 하나로 꼽히고 있는 존 로(John Law, 1671~1729). 그러나 그는 한 때 살인자로, 도박사로, 사기꾼으로, 미시시피 버블과 프랑스 경제를 망친 주범으로 알려져 있었다.

존 로는 스코틀랜드의 에든버러에서 금세공업자의 아들이자 포스만(灣)이 내려다보이는 라우리스톤 성의 상속자로 태어났다. 14살 때부터 아버지를 도와 집안 사업에 참여하면서 은행업을 배웠는데 비범한 수학적 재능을 보였다. 부친의 사망 후 스코틀랜드를 떠나 런던으로 건너간 그는 숫자에 대한 자신의 재능을 실제로 활용하기 위해 도박장을 드나들었고, 얼마 지나지 않아 상당히 많은 돈을 모을 수 있었다. 그러다 점점 더 도박에 빠져들게 되었고 명문가의 자제 존 윌슨의 여자 친구를 장난삼아 희롱했다가 그의 결투 신청을 받아들이게 되었다.

윌슨의 칼이 뽑히는 순간 로의 칼날이 단 한 번 먼저 움직였고 윌슨은 땅에 거꾸러졌다. 로는 고의적 살인에 의한 교수형을 선고받는다. 형량은 나중에 과실치사에 의한 벌금형으로 감형되었는데, 이에 분개한 윌슨의 형이 항소를 제기했고 존 로는 감옥에 수감되었다. 하지만 항소심 전에 존 로는 감옥을 탈출한 후, 수년간 유럽을 여행하면서 각

나라의 금융과 무역, 통화, 은행업에 대한 연구를 했다.

프랑스의 사보이 공작을 만난 자리에서 존 로가 말했다.

"나는 현자의 돌이 가진 비밀을 알았습니다. 다름 아닌 종이로 금을 만드는 것입니다."

이에 사보이 공작은 난색을 표하며 말했다.

"난 내 신세를 망칠 정도로 부유하지는 않다네."

1700년, 29살의 나이로 고향 에든버러로 돌아온 존 로는 국가경제의 번영을 이루기 위해서는 국가에 대한 신뢰를 바탕으로 은행이 주화를 대체할 '종이화폐'를 발행해야 한다고 주장했다. 공공 신용의 토대는 '신뢰' 그 자체이므로 국가지폐를 만들자고 제안했는데, 이는 금화나 은화와 같은 형태의 경화(硬貨)로 바꿀 수 있는 은행권을 화폐로 공인하자는 것이었다. 그는 지폐가 전통적인 금화나 은화보다도 상거래를 훨씬 더 용이하게 해 줄 것이라고 믿었다.

1705년 존 로는 『화폐와 무역에 관한 견해』라는 경제학 책을 냈다. 이 저서에서 그는 경제성장에 따라 금화와 은화의 수요가 많아지지만 국가가 추가로 필요한 귀금속을 무한정 확보할 수 없기 때문에 공급량이 부족하고, 공급이 부족하기 때문에 화폐에 대한 이자율이 높아진다고 하였다. 따라서 그 해결책으로 화폐공급량 확대를 주장했다. 경제가 악화될 때 화폐공급량을 늘리면 이자율이 낮아지기 때문에 물가는 오르지 않고 생산량이 늘어날 것이었다. 정부가 화폐발행권을 가진 은행을 설립하게 되면 국가가 손쉽게 충분한 신용대출과 통화량을 관리할 수 있게 되어 수요변동에 대처할 수 있다고 했다.

그는 또한 스코틀랜드에 '토지은행'의 설립을 제안했다. 국유지를 대상으로 어음을 발행하고 어음 매입자에게 이자를 지급하되 원하면 다시 토지로 선환할 수 있게 하자는 것이었다. 그러나 잉글랜드은행 허가를 받은 윌리엄 패터슨은 스코틀랜드 의회에서 이 계획을 중지시켰다. 로는 자신의 제안이 의회에서 거부되자 다시 유럽으로 건너갔고, 이후 14년간 도박사 생활을 하면서 상당한 부자가 되었다. 거기서도 로는 유부녀인 캐서린을 만나 정을 통하여 함께 이탈리아로 도망가서 자식까지 얻었다.

당시는 나는 새도 떨어뜨린다는 태양왕 루이 14세(재위 1643~1715)가 통치하던 시대였다. 왕권신수설의 신봉자였던 루이 14세는 '한 사람의 왕, 하나의 법, 하나의 신앙'이라는 슬로건으로 종교전쟁 이후 분열된 프랑스 국민을 하나로 묶었다. 태양을 중심으로 천체가 돈다는 지동설은 천문학을 넘어 군주에 대한 적절한 비유로 여겨지던 때였다. 화려한 옷을 입은 귀족들은 잘 씻지 않았고, 악취를 가리기 위해 향수를 뿌릴 수밖에 없는 사치를 즐겼다. 국익보다 자존심을 지키기 위해 치른 전쟁 비용도 엄청났다. 만성화되는 재정적자를 콜베르 같은 유능한 관료를 발굴하여 그럭저럭 버텨 나갔을 뿐이었다. 성직자와 귀족은 면세특권을 누렸고, 이 비용을 감당하는 사람은 가난한 백성들뿐이었다.

1715년 루이 14세가 죽자, 5세밖에 안 된 루이 15세의 삼촌인 오를레앙 공작이 섭정을 맡게 되었다. 당시 프랑스는 전쟁을 치르던 루이 14세가 남긴 국가 채무가 20억 리브르에 달했다. 이는 연간 세수의 14배나 될 정도였고 연간 채무이자 상환액만도 9,000만 리브르에 이르렀다. 오를레앙 공작은 부패공무원의 재산몰수를 단행했고 금화와 은화의 순도를 줄이는 '주화 깎아내기'까지 시도했다. 그러나 결국 2년간의 이자 상환액에도 못 미치는 1억 5,000만 리브르를 거둬들이는 데 그쳤다.

1716년 오를레앙 공작은 존 로에게 자문을 구했다. 존 로의 나이 44

세가 되던 해였다. 그는 또 한 번 자신
의 생각을 되풀이해서 말했다.

(그림15) 존 로의 초상화

"번영을 위해서는 지폐가 필요하고
이 지폐는 경화(硬貨)이어야 하며 가치
하락이나 깎아내기도 없어야 합니다."

곧이어 '로&컴퍼니'라는 은행이 설
립되었다. 모든 세금은 이 은행이 발행
한 지폐로 납부해야 한다는 법령도 선포
됐다. 프랑스에 지폐가 도입되고 있었던

자료 : 니얼 퍼거슨, 『금융의 지배』

것이었다.(중국은 105년 후한의 채륜이 종이를 발명한 이래, 8세기 말에서 9세기 초에 '비전'
이라고 하는 어음이 지폐로서의 역할을 하였고, 1023년에는 송나라에서 정부 지폐를 발행했다.)

은행의 자본금은 600만 리브르였으나 이중 75%는 루이 14세가 발
행한 토지채권으로 채웠다. 이 채권은 정크 본드로 당시 21.5%에 거래
되고 있었다. 만일 낮은 시가로 정크 본드를 다 사들일 수 있다면 정부는
실제 채무를 4억 3,000만 리브르로 줄일 수 있었다. 그러면 연간 이자도
1,900만 리브르로 줄어들 것이었다. 로&컴퍼니의 은행권인 지폐는 언
제든 전액을 주화로 교환이 가능했고, 세금도 납부할 수 있었다. 그 결과
새로운 종이화폐는 경화로 받아들여졌다. 1718년 방크 제너랄로 바뀌었
던 은행이름은 왕실의 인가를 받아 중앙은행인 방크 로열로 승격되었다.

오를레앙 공작은 지폐가 신뢰할 만한 교환수단으로서 거래에 활기를
띠는 것을 보고, 전에 발행한 양의 약 16배에 해당하는 10억 리브르의
은행권을 인쇄하도록 했다. 재무장관 아게소가 반대하자 그를 해고하
고 아르장송으로 교체했다. 시스템 설계자 존 로 또한 적극적 반대의사
를 던졌다.

무리한 정책이었음에도 불구하고 불경기였던 프랑스 경제는 사실상의 정부권인 은행권으로 통화 공급을 늘리자 경기 자극이 되기 시작했다. 그러나 이러한 무책임한 지폐의 남발은 국민들로 하여금 방크 로얄에 대한 신뢰를 저버리게 했고, 후일 로마시대 이래의 초인플레이션과 금융시스템 붕괴라는 심각한 결과를 가져왔다. 오를레앙 공작은 그린 백시스템(4장 216페이지 참조)이 가져온 마법과 같은 경기침체 탈출과 재정문제 해결에 도취하여 필요한 지점에서 자제하지 못했던 것이다.

미시시피 버블

한편 존 로는 미시시피 삼각주부터 미 중서부 지방을 가로지르는 루이지애나 지역(오늘날의 루이지애나 주와는 다름)을 개발해 프랑스 무역을 꽃피우고자 했다. 당시 루이지애나는 오늘날 미국 면적의 25%에 해당하는 넓이였지만, 아직 미개발 지역이었다. 더구나 미시시피 지역은 금이 많은 곳으로 소문이 나 있었다. 1717년 존 로는 '웨스트 컴퍼니'를 설립하여 25년간 루이지애나 상업 독점권을 부여 받았다. 웨스트 컴퍼니는 1719년 5월 동인도회사와 중국회사를 인수해 인도회사(미시시피회사)를 세웠다. 이어서 9년간 조폐 주조권을 독점했고, 직접세 징수 대행권도 맡았다.

로는 주가를 높이기 위해서라도 루이지애나에서 얻을 장래 수익전망을 좋게 만들어야 했다. 그는 미시시피 강변에 뉴올리언스라는 화려한 신도시를 세웠다. 그리고 식민지 개척자 수천 명을 모집했다. 공모를 할 때마다 청약이 초과됐고 예상대로 주가도 치솟았다. 1719년 여름부터 이 회사 주식에 대한 투기 열풍이 몰아치면서 1720년 초에는 주가가 30배로 불어났다. 프랑스 전국이 불과 4년 만에 기쁨과 행복으로 들끓기 시작했다. 사치품 가격을 시작으로 물가가 요동을 쳤고 숙련 공의 임금이 4배나 올랐으며 실업률도 떨어졌다. 얼마 전까지 불경기로 심하게 쪼들렸던 부유층이 미시시피 주식에 대한 투기로 형편이 풀렸다. 단기간에 엄청나게 많은 갑부들이 쏟아져 나오면서 신흥갑부를 가리키는 '백만장자(millionaire)'라는 단어도 등장했다. 1720년 1월 존로는 재무장관이 되었다. 존 로의 집 주변은 그를 만나기 위해 오는 사람들로 숙박비가 10배 이상 폭등하기도 했다.

미시시피회사의 주가는 최초 가격인 150리브르에서 8,000리브르까지 올라갔다. 당시 한 투자자의 에피소드가 전해진다. 그는 주식 가격이 오른 소식을 듣고 하인에게 250주를 팔아오라고 시켰다. 하인이 시장에 나갔더니 그 사이에 주가가 올라서 무려 1만 리브르에 거래되고 있었다. 처음 가격의 무려 67배에 달하는 금액이었다. 하인은 집에 돌아와 주인이 기대했던 200만 리브르를 준 후에 짐을 꾸려서 나머지 50만 리브르를 가지고 도망치듯 프랑스를 떠났다는 흥미로운 이야기다.

그러던 어느 날 루이 15세의 조카인 콩티 왕자가 새로 나온 미시시피 주식을 싸게 매입하는 동시에 경영에 참여시켜 줄 것을 요구했다. 존 로는 그의 무리한 청탁을 일축해 버렸다. 화가 난 콩티는 두 대의 마차에 지폐를 가득 싣고 와서 주화로 바꿔 갔다. 시민들은 콩티의 비이성적인 행동을 비난했지만, 그 사건은 사람들의 마음에 작은 의심의 씨앗을 뿌렸고, 사람들은 조금씩 은행권을 주화로 바꿔가기 시작했다.

1720년 5월이 되자 총 통화공급량은 주화를 사용한 시기보다 4배이상 많았다. 당연히 은행권의 가치하락을 예상해 다시 금과 은으로 교환하려는 사람들이 나타났다. 점점 주화는 사람들의 장롱 속에 감춰지거나 나라 밖으로 빠져나갔다. 프랑스의 화폐유통은 점점 둔화되고 있

있다. 정부는 금과 은의 수출을 금지했고 주화 사용을 전면 금지시켰다. 볼테르는 이에 대해 "지금까지 시행된 칙령 중 가장 불합리하며 전제주의의 부조리성을 보여주는 극치"라고 비난했다. 주가는 빠지기 시작했고 로는 대폭락을 막고자 유통중인 은행권을 절반으로 줄였다. 그러자 이번에는 경기 침체를 걱정하는 대중들이 들고 일어섰다. 정부는 존 로의 조치를 다시 취소했지만 체제에 대한 불신은 돌이킬 수 없었다. 경제는 위축되기 시작했고 두려움이 팽배해져 갔다. 존 로의 집 앞은 분노한 수많은 사람들로 다시 문전성시를 이루었다.

사람들의 금화 축적과 자본도피, 지폐불신과 주화비축에 따른 화폐유통속도 감소, 1천 리브르에서 1만 리브르 사이의 모든 은행권으로는 채권구입과 미시시피 주식구매, 은행계좌 유치만을 허용하는 포고령에 따른 실질통화량 감소, 그리고 이로부터 빚어진 은행신용의 저하라는 전방위적 문제 속에서 1720년 프랑스의 통화는 급속하게 감소했다.

한편 루이지애나 이주민에게도 문제가 발생했다. 꿈에 부푼 이주민들을 맞이한 것은 벌레가 들끓는 늪지대와 무더위, 그리고 인디언들뿐이었다. 이주자 중 80%가 기아와 열대병으로 사망했다. 만일 그들이 금을 발견할 수 있었다면 미시시피회사는 정상적으로 굴러갈 수 있었고 상황이 바뀌었을지도 몰랐다.

얼마 후 미시시피 버블이 터지면서 프랑스 재정은 파멸상태에 빠졌다. 로가 만든 거품경제와 그 붕괴는 프랑스의 금융발전에 치명타를 입혔다. 네덜란드의 동인도회사는 향신료나 금과 은 등 실제 상품을 교역했지만, 로의 미시시피회사는 바람을 거래한 것과 다를 바 없었다. 존로가 자신의 적인 인플레이션과 그로 인해 그가 그토록 주장했던 지폐의 신뢰성이 추락되었다는 사실을 깨달았을 때는 이미 모든 것이 너무 늦어 버렸다. 로가 만든 금융시스템은 붕괴됐고, 그는 마침내 프랑스를 떠나 도망자 신세가 되었다. 이후 80년 동안 프랑스에서는 주화만 통용되었고, 은행권을 바탕으로 하는 은행시스템이 구축되지 않았다.

존 로에 대해 사람들은 최초로 자산가격 거품과 붕괴를 만들어 냈다고 말한다. 뿐만 아니라 결과적으로 프랑스 혁명을 유발한 인물이라고 평가하기도 한다. 흔히 존 로는 미시시피 버블을 일으킨 재정책략가로만 기억되지만, 그는 단순한 재정관리 수준을 넘어선 인물이었다. 그는 경제를 튼튼하게 하려면 기술이 중요하다는 사실을 알고 있었다. 때문에 은행과 미시시피회사 사업을 추진하면서도 프랑스 기술 향상을 위해 영국의 숙련노동자 수백 명을 데려오기도 했다. 당시에는 숙련노동자의 확보야말로 선진 기술을 확보할 수 있는 지름길이었다. 그러나 영국으로서는 당연히 세계의 선도적인 공업강국의 지위를 견지하려고 했고, 선진 기술을 나누어주는 것을 꺼렸다. 사정이 이렇다 보니 18세

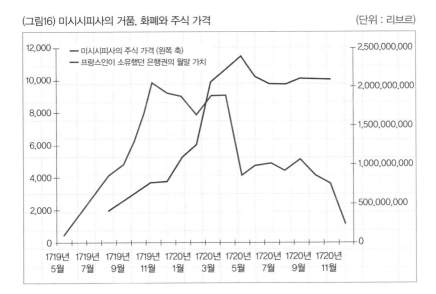

(그림16) 미시시피사의 거품, 화폐와 주식 가격   (단위 : 리브르)

기 내내 숙련노동자 빼내오기, 기계 밀수입, 산업스파이를 이용한 기술과 군비 경쟁이 치열하게 전개되었던 것이다.

무엇보다도 존 로의 발상 자체가 시대를 앞선 것이었다. 대부분의 사람들이 금이나 은 같이 그 자체로 가치를 가진 물건만이 돈이 될 수 있다고 생각하던 당시에, 신뢰성 있는 정부의 중앙은행이 보장하면 종이로도 돈을 만들 수 있다는 생각은 획기적인 것이었다. 로는 국민경제 능력이 금과 은의 존재에 의해 결정되는 것은 어리석다고 생각했다. 그는 네덜란드가 가장 부유한 나라가 된 것은 바로 돈이 넘쳐나기 때문, 즉 풍부한 유동성 때문이라고 주장했다.

이런 중앙은행제도는 현대 금융시스템의 바탕이 되었다. 국가의 은행으로 허가 받은 민간 중앙은행이 정부에 은행권을 빌려주고, 정부는 그것을 채권을 발행하여 교환한다. 그런 다음 은행권을 국가 통화로 유통시킨다. 그러나 정부의 부채는 절대로 상환되지 않고 해마다 차환될 뿐이다. 그것이 국가 통화의 기반이 되는 것이다.

일반적으로는 12~13세기를 인류가 처음으로 신용수단을 사용한 자본주의가 나타난 시기로 분석하고 있지만, 경제발전의 이론에서 '창조적 파괴'라는 용어를 처음 사용했던 조지프 슘페터(Joseph Schumpeter)는 존 로를 포함하는 최근의 300년을 실질적인 자본주의 시기로 보았다. 슘페터는 존 로를 시대를 관통하는 일류 화폐경제학자이자 스스로의 신용을 창출해낸 기업가로 간주하고 있다. 케인즈도 존 로의 사상을 바탕으로 그 유명한 『고용, 이자 및 화폐의 일반이론』을 저술했다.

미시시피 붐이 한창일 때 이를 비판하던 사람도 있었다. 영국의 주 프랑스 대사 스테어 백작은 미시시피 계획은 결국 프랑스를 망칠 것이라고 주장했다. 그는 영국 내에서 폭넓게 존경을 받는 인물이었지만 존 로와의 반목을 난처하게 생각한 영국은 그를 소환했다. 또 아일랜드 출신의 프랑스 은행가이자 경제학자인 리처드 캉티용은 로의 체제가 무너질 것을 확신했다. 그는 주가가 정점이었을 때 주식을 모두 팔아치운 뒤 1719년 8월 파리를 떠나 네덜란드로 이사함으로써 재산을 보존할 수 있었다. 『로빈슨 크루소』를 저술한 영국의 작가 다니엘 디포도 "프랑스가 단지 정교하게 만든 허공에 뛰어든 꼴"이라고 일갈했다.

존 로는 언젠가 다시 프랑스로 돌아가 재기하기를 바랐지만, 1723년 오를레앙 공작의 죽음으로 그 꿈도 사라졌다. 그는 브뤼셀에서 도박으로 생계를 이어가며 남은 생을 가난하게 살다가 1729년 이탈리아 베네치아에서 58세의 나이로 빈곤한 최후를 맞았다.

남해주식회사 버블

네덜란드 동인도회사의 성공과 존 로의 프랑스 경제가 꿈틀거리던 시절, 영국 또한 가만히 앉아 있을 수가 없었다. 이제 국가와 시민사회와 국민 전체가 하나의 기업처럼 혼연일체로 움직이고 있었다. 당시 영국은 타자기나 기계 피아노 같은 발명품이 나오던 벤처창업의 전성시대였다. 1711년 할리 백작과 존 블런트 등은 위기에 빠진 영국 재정을 살리고자 남해주식회사(The South Sea Company)를 세웠다.

남해회사는 정부 채무를 인수하면서 정부 증권을 자기회사 주식으로 교환해 주었다. 그리하여 부실상태에 있던 많은 채권과 증권이 남해회사 주식으로 전환되었다. 1713년 스페인 왕위 계승전쟁에서 영국은 프랑스를 제압하고 스페인령 서인도제도의 포트르베로와 베라크루즈에 대한 노예수출 독점권인 '아시엔토(Asiento)'를 얻었다. 영국 정부는 이

특권을 남해회사에게 양도했다. 남해회사는 전쟁의 여파로 엄청나게 불어난 영국 정부의 국채상환 책임을 떠안는 대신 브라질을 제외한 남미지역의 무역을 독점할 권리를 갖고, 또 주식을 발행하여 자금을 모집할 수 있는 특권을 정부로부터 얻어냈다. 그리하여 남해회사는 정부가 후원하고 고관대작들이 대거 주주로 참여하여 날로 주가가 치솟았다.

남해주식회사가 얻은 남해무역권은 아시엔토 무역독점을 통해 이윤을 창출하자는 것이었다. 그러나 이 무역은 생각처럼 잘 되지 않았다. 스페인이 인정한 무역량은 영국이 필요한 양만큼 충족될 수가 없었다. 더구나 1718년에는 스페인과 전쟁이 시작되어 무역이 이루어지지도 않았다.

그런데 조금만 생각해 보면 이 회사의 사업계획이 현실적이지 못하다는 것을 금방 알 수가 있었다. 미시시피주식과 달리 남해회사는 애초부터 사기성이 짙었다. 당시 남미 대륙은 스페인이 실질적으로 지배하고 있었기 때문에 영국이 그 지역의 무역독점권을 남해회사에 주어 봤자 아무 소용이 없었던 것이다. 하지만 갈브레이스의 표현대로 "이것저것 따질 때가 아니었다." 많은 투자자들은 주식을 사기 위해 은행의 차입금을 이용했고, 주가가 폭락하자 많은 금융기관들이 신용하락을 겪으면서 채무불이행의 길로 들어섰다.

다행히도 존 로와 달리 존 블런트는 주식 가격을 유지하기 위해 통화공급을 늘릴 권한이 없었다. 존 블런트는 주식을 사고자 하는 사람들에게 대출을 해주고 주식매수대금의 10%만 우선 내도록 했다. 그러나 정부가 마지막 순간에 구제금융 방침을 뒤집고 손을 떼버리는 바람에 결국 회사는 청산되었다. 주주들은 한 주당 1,000파운드씩 팔리던 주식을 33파운드씩 돌려받았다. 아치볼드 허치슨 하원의원이 경고한 것처럼 실질적인 사업내용이 없는 남해회사의 주식을 사는 것은 상식과

이성을 상실한 행위로
판명되고 말았다.

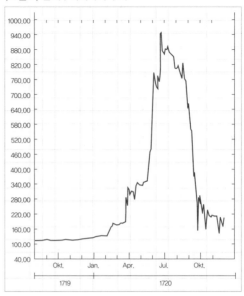

(그림17) 남해주식회사의 주가

자료 : 라스 트비드, 「비즈니스 사이클」 p.50

1720년에 일어난 남
해버블과 그 뒤 이어진
붕괴는 노년의 대과학자
아이작 뉴턴(Isaac Newton,
1642~1727)을 충격에 빠
뜨렸다.

중력(重力)의 개념은
뉴턴이 사색에 잠겨 있을
때 사과가 떨어지면서 탄
생되었다. 중세의 아리스
토텔레스 신봉자들은 무지개에서 3가지 색만 보았지만 뉴턴은 프리즘
으로 7가지 색을 찾아냈다. 뉴턴은 신을 추구하기 위해 자연계뿐만 아
니라 연금술과 성서까지 연구했다. 그는 혜성의 움직임을 수학적으로
규명했지만 여느 점성술사처럼 혜성을 신의 중개자로 생각했다.

1699년 뉴턴은 왕립 조폐국의 조폐국장이 되었다. 그 당시는 금화와
은화의 가장자리를 깎아내는 행위가 흔해서 동전을 교환할 때 항상 무
게를 달아서 정량을 확인해야 하는 불편함이 있었다. 뉴턴은 주화의 가
장자리에 톱니바퀴 장식을 도입했다. 그러자 톱니바퀴 장식이 없는 주
화는 사람들에게 소외를 당했고 주화 깎아내기 현상은 사라졌다. 오늘
날 우리가 사용하는 동전의 둘레에도 톱니바퀴모양의 장식은 남아 있
다. 뉴턴은 만유인력과 미적분(微積分) 계산법 발견, 망원경 발명 등으로
과학에 기여했을 뿐만 아니라 우리 실생활에도 큰 기여를 한 셈이다.

그러한 그도 잘할 수 없는 것이 있었다. 1720년 남해주식회사의 주가가 한참 오르고 있을 때 뉴턴은 7,000파운드를 투자하여 100% 수익률을 올렸다. 그런데 뉴턴이 주식을 팔고 나서도 주가는 계속해서 올라갔고, 조만간 영국 정부가 지브롤터 해협의 식민지를 스페인에 반환하고 그 대가로 남해주식회사는 당시 스페인이 차지하고 있던 남미지역과의 무역기득권을 넘겨받게 된다는 정보가 돌았다. 주식을 팔고 나서 주가가 계속 올라 배가 아픈 차에, 눈앞에서 일생일대의 기회를 그냥 날려 버릴 수가 없었다. 뉴턴은 재차 투자에 나섰다. 그러나 거기까지였다. 1월에 128파운드였던 주가는 8배나 올라 7월에 1,000파운드가 되었지만 그것을 정점으로 대폭락이 시작되어 12월에는 124파운드로 되돌아오고 말았다. 뉴턴은 2만 파운드의 손실을 입었다. 너무나 충격을 받은 뉴턴은 다음과 같은 유명한 말을 남겼다.

"나는 천체의 운동은 계산할 수 있지만, 인간의 광기는 계산할 수 없다."

하지만, 그 덕택에 영국은 대규모 자본 동원에 성공했고 식민지 경쟁에서 승리할 수 있는 발판을 마련했다고 할 수 있다. 18세기 후반의 운하 버블, 19세기 중반의 철도 버블 역시 경제 발전에 일정한 역할을 했다. 산업화 진전과 더불어 막대한 자본이 소요되는 인프라 투자에서 주식에 대한 버블이 생겨나면서 주식발행을 통한 자본조달이 가능했던 것이다.

미국 역시 영국보다 한 템포 늦게 19세기 초반에 운하 버블이, 그리고 19세기 중후반에 철도 버블이 일어났다. 당시 미국은 신흥 독립국이어서 축적된 자본이 매우 부족한 상태였다. 미국이 유럽의 선진국을 따라잡기 위해서는 투자자금이 긴요했고, 운하 버블과 철도 버블 덕분에 물류 인프라 건설에 필요한 막대한 자본을 조달할 수 있었다.

프랑스혁명과 아시냐 지폐

재정위기가 불러온 프랑스대혁명

영국의 중앙은행제도는 전쟁으로 나라가 빚더미 위에 올라 있을 때 채권발행을 위해서 만들어진 것이다. 프랑스가 지폐를 발명한 계기 역시 재정위기였다. 프랑스혁명 후 국가부채를 갚기 위해 찍어낸 것이 아시냐 지폐였고, 이것이 오늘날 프랑스 지폐의 출발점이다.

윌리엄 3세가 영국 왕으로 추대된 1689년부터 프랑스와 영국은 끊임없이 전쟁을 치렀다. 영국과 프랑스의 앞바다에서, 카리브해의 플랜테이션 농장에서, 아프리카의 정글에서, 아메리카의 식민지에서 크고 작은 충돌이 있었다. 유럽 핵심부의 지배권을 놓고 다툰 전쟁이었다. 1776년 북아메리카에서 독립전쟁이 일어났을 때에도 프랑스는 미국의 독립이 영국을 이기는 데에 유리했기 때문에 식민지 미국에게 많은 돈을 지원했고, 루이 16세는 자신이 갚을 수도 없는 빚을 져야만 했다. 프랑스 국고는 이미 로마제국의 국고처럼 막중한 군사비와 왕실의 과도한 지출로 텅텅 비어 있었다. 더구나 존 로의 지폐가 가져왔던 인플레이션 파멸로 인해, 그 이후에는 철저히 금속본위제를 고수하고 있었다.

루이 16세는 영특했고 개혁이 불가피하다는 것을 알았다. 그는 과세 평등을 실현하기 위해 제네바 출신의 자크 네케르(Jacques Necker, 1732~1804)를 재무총감에 임명했다. 네케르는 성직자와 귀족의 수입을 제한하고 궁정과 관료에 대한 지출을 줄였다. 이 외에도 특권층으로부터 세금을 걷기 위해 여러 방법을 동원했지만 소용이 없었다. 재정 고갈이 한계에 이르자 루이 16세는 악화된 재정을 메우기 위해 1789년 5월 베르사유에서 성직자, 귀족, 평민을 각각 대표하는 삼부회를 소집해서 세금을 요구했다. 그때까지 유일하게 납세의무를 지고 있었던 평민 대표들은 전체 농지의 40% 이상을 차지하고 있으면서도 세금을 한푼도 내지 않는 귀족과 성직자들의 횡포에 저항하며 거수기 역할을 거부했다. 파리에서 평민계급을 지지하는 데모가 일어났다. 마침 성직자와 귀족에 대한 세금징수를 바라던 루이 16세의 비호 아래 평민만으로 국민의회가 구성되었다.

그러나 국민의회는 국왕의 통제를 벗어나 오히려 국왕의 권력을 제한하는 입법을 요구했다. 위기를 느낀 루이 16세는 파리 시민에 대항하여 5만 명의 방위군으로 하여금 파리를 방어하게 했다. 삼부회는 방위군의 배치를 의회에 대한 도전으로 생각했고, 4만 5,000명의 시민으로 구성된 민병대를 조직하여 국왕에게 대항했다. 1789년 7월 14일 파리 시민의 공격으로 바스티유 감옥이 함락되었다. 루이 16세는 혁명을 인정하고 국민의회가 헌법 제정에 착수하도록 했다. 그해 8월 26일 국민의회는 〈인권선언〉을 발표했고 루이 16세는 이를 승인했다.

"인간은 태어날 때부터 자유롭고 평등한 권리를 갖는다. 모든 주권의 권리는 국민에게 있다. 사상과 의견의 자유로운 소통은 귀중한 권리이지만, 권리의 남용은 책임을 져야 한다."

프랑스혁명에서 빠질 수 없는 인물이 장 자크 루소(Jean Jacques Rousseau,

1712~1778)다. 17세기 후반 유럽은 자연철학과 정치이론에서 커다란 변화가 나타났다. 고대 그리스에서 자연을 기본 주제로 하는 자연철학이 발달했다면, 중세 유럽은 우주 존재의 근거로 신을 내세웠다. 르네상스는 바로 이러한 신의 속박으로부터 인간을 정신적으로 해방시키기 위한 운동이었다. 그리하여 갈릴레이를 비롯한 과학자들이 이룩한 과학의 발전은 인간의 이성을 깨우는 빛이 되어 후일 계몽주의로 발전하게 되었다. 계몽주의 사상가들의 관심사는 자연이 아니라 사회과학이었다.

18세기 계몽사상가 장 자크 루소는 출생 후 얼마 되지 않아 어머니가 죽고 시계공인 아버지에 의해 양육되었다. 공장에서 심부름을 하며 소년기를 보냈고 청년기를 방랑생활로 지냈다. 얼마 후엔 부르주아 지주계급의 가정교사와 비서 일을 했는데, 루소가 사회적 불평등을 정확하게 볼 수 있었던 것은 이러한 현실적인 경험들이 뒷받침되었기 때문이었다. 루소는 『인간불평등 기원론』에서 "사유재산제도가 인간 사이에 불평등을 초래했고, 기존의 법과 정치제도는 이러한 기득권을 보호하도록 만들어졌기 때문에 변혁이 이루어져야 한다. 악의 근원은 불평등이다. 평등한 곳에는 부자도 가난한 자도 없을 것이다."라고 했다.

시민이 주인이 되는 현대 국가는 프랑스대혁명 즈음에야 비로소 잉태되었다. 시민계급이 등장하면서 국가권력과 개인의 자유에 대한 상호관계가 새로운 문제로 떠올랐다. 시기적으로도 자본주의의 초기였기 때문에 당시의 시민권은 '법 앞의 평등'이라는 계몽주의의 슬로건으로 표출되었다. 이러한 시대적 상황 속에서, 새롭고 바람직한 사회건설을 모색하던 루소는 『사회계약론』을 세상에 내놓게 되었다.

1762년 출간된 『사회계약론』에서 루소는 "인간은 자유롭게 태어났지만 지금은 어디서나 쇠사슬에 묶여 있다."라고 말했다. 그는 당시의 철학자들이 이상적인 정치모델로 제시하는 계몽군주제에 반대하고 자유와 평등을 모토로 삼는 급진적인 공화정을 주장했다. 그는 계몽사상가인 볼테르와도 불편한 관계를 유지했으며 전제정치에 호의적인 기독교를 비판했다. 그의 사상은 너무나 급진적이어서 당대의 왕과 귀족, 성직자들과 대립했다. 프랑스는 자유보다 평등을 우선시했다. 그러한 사회적 분위기 속에서 프랑스 민중들은 로크보다 루소를 지지했다. 미국이 법을 중시한 반면에, 프랑스인들은 일반의지를 중요시한 것이다.

이러한 루소의 자유민권적 지향은 자유와 평등을 이상으로 삼았던 프랑스대혁명의 사상적 기반을 제공했다. 급진 공화정을 추구하던 프랑스혁명의 지도자들은 루소를 혁명의 스승으로 모셨다. 그가 죽은 지 11년 후인 1789년 바스티유 감옥의 습격으로 시작된 프랑스대혁명은, 서양문명이 창조한 책 중 가장 위험한 것으로 꼽히는 『사회계약론』이 나온 지 27년이 지난 뒤였다.

자유 · 평등 · 박애를 내걸고 부르봉 왕조를 타도한 프랑스혁명은 너무 급진적이고 파괴적이었다. 또한 경제의 근간이 되는 화폐정책을 잘못 운용함으로써 결국 실패하고 말았다. 프랑스 왕정체제는 다시 복구되었고 민주주의는 표류하고 말았다.

그 외에도 프랑스혁명이 실패한 것은 무책임한 지식인들에게 너무나 많은 권력을 허용했기 때문이었다. 프랑스 혁명가들은 종교와 교회를 공격함으로써 세속적 권력가로부터 스스로를 보호할 방패를 잃어버렸다. 프랑스혁명을 일으킨 집단은 프롤레타리아가 아니라 엘리트, 부르주아, 귀족이 뒤섞인 집단이었다.

반면 프랑스혁명은 독일과 이탈리아 등 주변국들의 민족주의를 자극했다. 19세기 독일과 이탈리아는 군소국들로 분열되어 있었는데, 단일문화를 근거로 통일을 추구하게 되었다. 이렇게 통일 민족주의가 발전하자 이번엔 통일국가 안에 복속된 소수 민족에 대한 차별이 생겨났다. 그러자 이 소수 민족들이 독립을 외쳤고, 이들이 뒤엉켜 살고 있는 발칸반도는 유럽의 화약고가 되었다. 결과적으로 프랑스혁명 정신으로 시작된 유럽의 19세기는 다른 세계를 침략하는 제국주의의 발흥으로 귀결되었다.

한편 새로 탄생한 프랑스 혁명정부도 정상적인 재정 수입원이 없어 난관에 봉착했다. 그리하여 바닥난 재정 때문에 재정위원회는 정부가 보증 이자를 지불하는 지폐, 즉 아시냐의 발행 문제에 전념하게 되었다. 의회의 이론가들은 교회 토지를 국유화하여 매각하고 그것을 구매하는 사람들이 대금을 아시냐 지폐로, 그것도 할부로 납부하게 하면 지폐발행이 성공할 것으로 보았다. 그러면 정부는 많은 돈을 얻게 되어 파산을 모면할 수 있을 것이었다. 원래 아시냐 지폐는 몰수재산 매입에만 사용하고 통상적인 상거래의 법화로는 사용하지 않을 생각이었다. 사실 자산가치를 초과하여 발행하지만 않는다면 아시냐는 좋은 방법이었다. 그러나 국내외 연합군의 파리 협공에 대비하여 군대를 조직하기 위해서는 아시냐의 초과발행은 불가피했다. 한편 재무총감 네케르는 새로운 지폐가 가져올 인플레이션의 위험성에 대해 통렬하게 비판했다. 지폐 발행을 반대하던 그는 신변의 위협을 느끼고 사직서를 제출한 후 영원히 프랑스를 떠났다.

법정화폐 아시냐 지폐

프랑스대혁명이 끝난 지 1년 후인 1790년 9월, 8억 리브르의 아시냐 지폐가 발행되었다. 그것은 이자가 가산되지 않는 것이었으며, 순식간에 통화량을 50%나 증가시켰다. 기대했던 대로 초기에는 좋은 효과가 나타났다. 임금노동자에 의해서 생산되는 상품은 풍부해지고 구매도 활발해졌으며 수출도 늘었다. 정부 역시 아시냐로 공무원 봉급을 주었고 부채에 대한 원리금상환도 아시냐로 결제되었다. 그런데 1791년 아시냐의 3차 발행이 발표되자 처음으로 가치하락이 나타났다. 은화 1리브르와 1:1로 교환되던 아시냐 가치가 10% 하락했다.

입법의회가 지롱드당과 자코뱅당의 실질적 지배하에 들어가고, 오스트리아와의 전쟁기운이 감돌자 아시냐 지폐를 은화나 귀금속으로 바꾸어 프랑스를 탈출하는 망명객이 늘어났다. 1792년 3월 아시냐의 가치는 은화에 비해 47%로 급락했고, 빵 값은 50%나 올랐다. 지폐를 재화로 바꾸려는 경쟁이 일어났다. 초인플레이션이 시작될 때 나타나는 현상이었다.

결국 프러시아와의 전쟁이 벌어졌고 그 와중에 새로운 선거가 실시되었다. 1792년 9월 오스트리아군이 퇴각하고 국민의회 대표들은 군주제 폐지와 공화국 수립을 선포했다. 자코뱅당의 로베스피에르는 점차 독재정치를 펴며 혁명을 무력화시켰고, 정국은 공포정치로 바뀌어 갔다. 1793년 1월에는 루이 16세가 처형됐고 10월에는 마리 앙투아네트가 기요틴의 이슬로 사라졌다.

그러는 사이 1793년 4월 들어 아시냐의 가치는 22%로 떨어졌고 빵 값은 보통 때의 다섯 배나 올랐다. 빵 값이 1790년 당시 가격의 여섯 배까지 오르자 폭동이 빈번하게 일어났다. 국민의회는 곡물에 대한 가격통제를 실시했고, 그러자 생필품이 시장에서 사라졌다. 대부분의 상거래는 암시장에서 지정가보다 높은 가격으로 거래되었다.

1794년 7월 테르미도르파에 의해 로베스피에르파가 기요틴으로 끌려 나옴으로써 공포정치는 끝을 맺었다. 가격통제도 철폐되었다. 가격에 고삐가 풀리자마자 로마제국 몰락 당시의 인플레이션을 방불케 하는 초인플레이션이 진행되었다. 1795년 1월에 은화에 대한 아시냐의 가치는 22%였으나 12월에는 1.25%까지 하락했다. 1790년에 1:1의 가치였던 것이 이로써 은화 1리브르에 아시냐 125리브르가 있어야 했다.

1790년의 기본생필품 가격을 1이라고 했을 때, 1795년 4월에는 9배, 10월에는 42배, 1796년 1월에는 114배, 그리고 3월에는 388배까지 뛰었다. 1795년 말 기본생필품 가격은 매일 두 배로 뛰었다. 빵은 품절되어 줄을 서서 기다려도 얻을 수가 없었다. 농부들은 가격이 더 오를 때까지 농산물 출하를 거부했고 품귀현상은 더욱 악화되어 갔다. 은화 1리브르에 아시냐 570리브르에 교환될 정도까지 하락하자 결국 발행이 중지됐고, 대신 새로운 법화 망다가 30:1의 비율로 인준되었다. 그러나 그것도 반 년 뒤에는 명목가치의 3%로 떨어졌다.

1790년 이전의 정부지출에 대한 조세수입 비율은 50%였으나, 1790년에는 30%, 1791년에는 16%, 1793년에는 9.5%로 떨어졌다. 그리고 1795년 초인플레이션 때에는 8%까지 이르렀다. 초인플레이션이 진행되는 동안에도 권력유지에 눈이 먼 혁명세력들은 번거롭고 인기도 없는 조세징수를 대신해 과도한 지폐발행이라는 편법을 선택했다. 한편으로 권력자들과 소수의 특권집단 구성원들은 대부자금 등을 이용해서 자산가치가 높은 고가품목을 구입하거나 국가재산을 매입했다. 초인플레이션으로 수백만의 일반시민들이 궁핍해지는 동안 그들은 엄청난 재산을 축적했던 것이다.

이런 상황 속에서 1799년 11월 11일 나폴레옹이 쿠데타로 집권했다. 금속화폐제도가 다시 도입됐고, 아시냐 인플레이션은 마침내 사라졌다. 아시냐 지폐는 정부가 화폐발행권을 갖는 법정화폐의 대표적인 실패 사례였다.

　아시냐 지폐가 역사에 남긴 또 하나의 기록이 있다. 프랑스대혁명 〈인권선언〉이 "모든 주권은 본질적으로 국민에게 있다."라고 했을 때, 루이 16세는 자신의 귀를 의심했다. 바스티유 감옥이 함락됐을 때에도 그는 "이것은 반란이다."고 말한 자였다. 혁명 2년 후, 신변의 위협을 느낀 루이 16세는 마부로 변장하여 야밤에 가족과 함께 마차를 타고 칠흑 같은 거리를 지나 국경 근처의 바렌이란 마을에 도착했다. 여기에서 그는 갈아타려고 미리 수배해 둔 말을 기다리고 있었는데, 마침 그때 집으로 돌아가던 한 노동자가 루이 16세를 알아보고 신고를 했다. 아시냐 지폐에 그려진 초상화 때문이었다. 루이 16세는 가족과 함께 체포되었고, 형장의 이슬로 사라지게 되었다.

재정 전쟁

　영국과 프랑스의 기나긴 싸움은 재정전쟁, 더 정확하게 말해서 화폐 발행권을 둘러싼 싸움이라고도 볼 수 있었다. 영국에서는 윌리엄 3세가 은행권을 발행할 수 있는 잉글랜드은행 설립을 민간에게 허가하여 채권을 발행하고 신용을 끊임없이 창출함으로써 군대와 함대를 보충했다. 그러나 프랑스는 정부화폐발행권인 아시냐 지폐가 실패함으로써 더 이상 비용청구서에 대해 지불할 수가 없었다.

　1803년 프랑스는 루이지애나(오늘날의 루이지애나 주와는 다름)로 불리던 거대한 영토를 1,500만 달러의 헐값으로 미국에 팔아야 했다. 루이지애나 매입 당시 북서부 지방의 개척민들은 농업을 중심으로 발전하고 있었다. 농작물을 미국의 북부지방으로 운반해 매매해야 했던 개척인들

(그림18) 당시의 루이지애나 영토(진회색 부분)

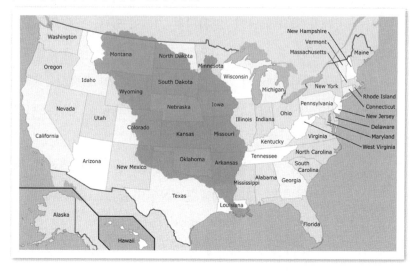

은 열악한 교통상황과 약탈의 위험 때문에 육로가 아닌 미시시피강을 통해 동부의 보스턴, 뉴욕과 같은 도시로 상품들을 운반했다. 하지만 미시시피강을 통과하기 위해서는 강 입구에 있는 뉴올리언즈를 통과해야 했는데, 당시 프랑스 영토였던 이 땅을 지나기 위해서는 통행료를 지불해야 했다. 이에 대한 주민들의 불만이 쌓여가자 미국의 3대 대통령 토머스 제퍼슨은 의회를 설득하고, 의회에서는 1,000만 달러를 상한으로 프랑스에게서 뉴올리언즈를 매입하라는 허가를 내주었다. 토머스 제퍼슨은 사절단으로 로버트 리빙스턴과 제임스 먼로를 프랑스로 보내 나폴레옹 보나파르트와 '뉴올리언즈 매입'에 관해 협상을 하도록 했다.

나폴레옹은 루이지애나를 기반으로 강력한 프랑스를 재건할 꿈을 꾸고 있었지만, 카리브해의 아이티에서 일어난 반란을 진압하는 데 골머리를 앓고 있던 참이었고, 또한 미국의 성장으로 인해 그 꿈이 실현될 가능성은 점점 사라지고 있었다. 그러던 차에 미국에서 온 먼로와 리빙스턴을 맞이하게 된 나폴레옹은 쓸데없는 땅을 팔아버리고 군비를 확보하자는 생각으로 뉴올리언즈뿐 아니라 루이지애나 전체를 1,500만 달러에 매각하겠다는 놀랄 만한 제안을 하게 되었다. 사실 그 누구도 전체 루이지애나의 넓이가 얼마나 되는지 정확히 알지 못했지만, 당시 미국 영토의 두 배나 되는 광대한 땅이었다. 의회 승인 없이 영토를 매입하는 일을 두고 고민하던 먼로와 리빙스턴은 결국 영토를 구입하기로 결심했고, 국내에서의 많은 논쟁이 있었지만 루이지애나 매입은 의회로부터 승인되었다.

당시의 루이지애나는 212만㎢로 한반도의 10배에 달할 정도였다. 1,500만 달러가 전체 땅의 매입을 위한 가격이었으니, 1㎢당 단돈 7달러에 불과했다. 루이지애나 매각으로 전쟁자금을 확보한 프랑스는 승전을 기대하고 있었다. 중상주의자였던 나폴레옹은 유럽대륙과 영국의 무역을 금지함으로써 영국의 경제적 지위를 약화시키려 했다. 그러나 영국은 뱃길을 지배하고 있던 자국의 해군 덕분에 더 먼 해외로 거래처를 옮길 수 있었다. 더구나 프랑스는 해상봉쇄 때 네이선 로스차일드가 영국의 금을 대륙으로 옮길 때에도 짐짓 이를 눈감아 주었다. 영국에서의 금 유출이 영국의 재정을 약화시킬 것으로 보았기 때문이었다. 그 금이 웰링턴 군사들의 사기를 돋우는 봉급으로 둔갑할 줄은 몰랐던 것이다. 여러 시도에도 불구하고 전쟁은 영국의 승리로 끝이 났다. 영국이 승리할 수 있었던 것은 무역과 재정 덕분이었다.

그래도 나폴레옹이 유럽의 질서에 변화를 가져다준 것은 새로운 법전의 도입이었다. 그것은 그 동안의 귀족과 성직자, 길드 등 소수의 특권층을 보호하던 특권을 없애버린 것이었다. 비로소 만민이 법 앞에 평등해졌다. 그리고 이것은 실질적인 근대의 등장이었다.

링컨의 그린백과 통화시스템

법정통화 식민권

존 로크의 정치적 대의제와 재산소유권 사상은 혁명적 의지가 담겨 있었다. 로크는 정치적 자유주의의 기본 틀을 세웠고 미국의 독립과 사회·정치 분야의 발전에 지대한 영향을 미쳤다.

처음 미 대륙에 정착해 살았던 이민자들은 대부분 몹시 가난했다. 당시 식민 이주지에서는 금광이나 은광이 발견되기 전이었으므로 시중에 유통되는 화폐 또한 극히 부족했다. 게다가 수출보다 수입이 많았기 때문에 주화는 계속해서 영국 등의 나라로 빠져 나갔다. 따라서 그들은 동물의 모피나 쌀, 보리, 옥수수 등의 대체화폐를 사용하여 상품거래를 해야만 했다. 이러한 금속화폐의 부족현상을 타개하기 위해 메사추세츠 의회는 '정부신용화폐'를 고안해냈다. 그것은 금과 은의 총량에 기준한 것이 아니었다. 금이 교환수단일 때에는 생산이 통화량을 결정하는 것이 아니라 금의 양이 생산을 결정했다. 금의 양이 풍족하면 물건을 만들었고, 금이 부족하면 사람들은 일자리를 잃었다. 그런데 정부가 보증하는 지폐를 발행하여 통일된 표준 '법정통화'로 삼고 세금도 받는다면, 시장에서 물건과 서비스의 생산을 가능하게 할 것이었다. 그들은 '식민권'이라는 종이화폐를 발행했다.

정부화폐인 이 통화는 이자도 없었고 배수구 없는 목욕통처럼 본래 나온 곳으로 환류시킬 방법이 없이 계속 늘기만 했다. 이런 모순을 해결하기 위해 '토지은행'이라는 정부의 금융사무소를 통해 지폐를 발행하고, 이를 농민들에게 싼 이자로 빌려주는 새로운 구조를 만들어 냈다. 이렇게 해서 정부가 발행한 대출금에 대해 원금과 이자라는 형태로 돈을 다시 정부로 환류시킬 수 있었다. 이 방법은 교역과 산업의 수요에 적당한 정도로 지폐를 발행할 수 있게 해 주었다. 법정통화 식민권은 기업에 활력을 제공했고 이민자의 정착을 촉진시켰다.

새로운 지폐의 출현은 미 식민지로 하여금 영국 잉글랜드은행에 대한 종속과 통제로부터 벗어나게 해 주었다. 이는 세금을 거두려는 총독에게 맞설 수 있는 방법이기도 했다.

1751년 영국왕 조지 2세는 이주지의 새 지폐 발행을 금지했다. 금지 조치는 뒤를 이은 조지 3세 치하에서도 이어졌다. 식민지를 갖는 목적은 식민지 경제를 살리는 것이 아니라 식민지에서 나는 원료를 적당한 가격에 모국으로 보내는 것이었다. 1764년 영국의회는 '통화조례'를 만들어 식민지 자체 지폐발행을 불법화시켰다. 또한 이주자들은 세금도 반드시 금이나 은으로 납부하도록 강요했다.

통화량이 주화로 제한되어 갑자기 줄어들자 거래에 필요한 돈이 절대적으로 부족하게 되고 경기는 불황에 빠졌다. 그것은 이주민들의 빈곤으로 이어졌다. 더구나 지폐가 더 이상 통용되지 않고 빚은 영국이 정한대로 '경화'로 갚아야 했기 때문에 일부 농민들은 땅을 빼앗겼다. 자연스레 영국에 대한 반감이 생겨났다.

1770년대 미국 이주민들은 자신들이 누구 때문에 곤궁한지 알고 있었다. 그들은 다시 '대륙폐'라 부르는 지폐발행을 강행했다. 영국인들은 위조지폐를 대량 유통시켜 그 가치를 떨어뜨렸다(요즈음 나타나는 공매

두(空賣渡, short sale)라는 형태로 증권가격을 떨어뜨리는 경우와 같다. 종종 증권 가격을 조작하는 경우도 허다하다). 대륙의회는 이에 대항할 법원도, 경찰도, 세금을 거두거나 통화량을 줄일 권한도 없었다. 결국 대륙폐는 휴지값이 되고 말았다.

화폐발행권 박탈은 후일 미국 독립전쟁이 일어나게 된 가장 중요한 요인이 되었다. 프랭클린은 이것이 독립전쟁의 진짜 원인이라고 말했다. 물론 미국 독립전쟁의 직접적 원인은 영국 동인도회사에 차 독점권을 부여하는 관세법에 반발한 1773년의 보스턴 차(茶)사건이었다.

이제 막 독립한 신생국의 입장에서는 토마스 홉스와 존 로크의 자연법사상에서 애덤 스미스의 '보이지 않는 손'으로 이어지는 시장자유주의는 그 귀결이 불 보듯 뻔한 것이었다. 경제를 자유시장에 맡기면 거대 독점기업이 작은 기업들을 집어삼키고 외국 은행가와 제조업자들이 신생국의 노동과 자원을 착취할 것이었다. 결국 영국 제국주의에 종속될 것이 분명했다. 새로운 미국의 꿈은 이러한 시장에서의 경쟁이 아니라 각 주정부가 '공영(共榮, Common Wealth)'하여 함께 번영하는 것이었다.

벤저민 프랭클린은 정부가 발행권을 갖는 지폐를 새 교환수단으로 삼고자 했다. 헨리 클레이 상원의원은 생산성을 유지해 주는 강력한 보호주의 정책과 자금의 국내 조달을 지지했다. 그는 '자기 안방에서' 성장할 수 있고 외국의 경제적 공격을 피할 수 있는 이러한 방식을 '미국식 시스템'이라 불렀다. '자유무역'을 중시하는 '영국식 시스템'과 구별되는 말이었다.

건국 초기, 미국의 전쟁 부채는 4,200만 달러에 달했다. 그러나 그것을 지불할 금화나 은화가 없었다. 초대 재무부 장관 해밀턴은 정부 부채를 국채라 명시된 증권으로 만들어 물건과 서비스를 살 수 있는 '화폐'로 전환했다. 또한 통화시스템이 외국 지배자의 손에서 벗어나려면 독자적인 연방준비은행이 필요하다고 주장했다. 중앙집권화된 연방 금융시스템에 기초한 강력한 중앙정부의 틀이 만들어졌고, 1791년 제 1차 연방은행법이 발효되었다. 해밀턴 장관은 국가의 신용을 회복함으로써 중앙은행의 통일된 화폐를 발행하여 신생 국가의 경제를 안정화시켰다.

그는 은행시스템을 안정적으로 유지하기 위해 영국의 잉글랜드은행 설립 방식을 따랐다. 그리하여 연방중앙은행에 정부의 채권자인 잉글랜드은행과 네이선 로스차일드 등의 은행가들이 주요 주주로 참여함으로써 금융권력을 민간의 손에 넘기게 되었다. 제퍼슨은 민간에게 은행의 지배권을 주면 사익으로 흐를 것을 우려했지만, 독립전쟁 후 심각한 경제난과 전쟁 부채로 취약한 정부로서는 장기적 앞날에 대한 걱정보다는 우선 발등에 떨어진 불을 먼저 꺼야만 했던 것이다. 이로써 당초 그들이 추구했던 '미국식 시스템'은 더 이상 추진할 수 없게 되고 말았다. 그렇지만 1791년 7월 중앙은행 주식이 상장되어 거래가 시작되면서 미국 증권시장의 탄생을 촉구하게 된다. 제1은행의 주가는 한 달만에 25달러에서 325달러로 폭등하면서 모든 사람들이 앞 다퉈 주식에 몰리게 만들었다.

제3대 대통령 토머스 제퍼슨은 남부를 지지했는데, 남부의 농장주들 대부분은 은행에 빚을 진 채무자들로서 채권추심의 고통을 받고 있었기 때문에 처음부터 중앙은행 설립을 반대했다. 그에게는 제1은행이 그저 탐욕과 광기의 혼란을 야기하는 존재로만 보였다. 주립은행들은 제1은행이 불공정행위를 하고 있으므로 그 특권을 철회해 줄 것을 요구했다. 제퍼슨은 연임하는 동안(1801~1809) 중앙은행을 폐지하기 위해

백방으로 애를 썼다. 그리하여 1811년 제1차 연방은행의 허가 갱신을 의회가 거부하는 데 한몫을 했다. 당시 제1은행의 주식은 유럽 투자자들이 80%를 소유하고 있었는데, 제1은행이 문을 닫게 됨으로써 당시로서는 천문학적 숫자인 800만 달러가 미국에서 빠져나갔다. 이보다 더 불행한 일은 1812년부터 3년간 영국과의 전쟁이 계속됐고, 또다시 미국 정부는 빚더미에 앉게 되었다는 것이다. 결국 1816년 두 번째 연방은행을 허가할 수밖에 없었다.

전쟁영웅 앤드류 잭슨은 미국의 제7대 대통령이 되었다. 그는 연방의 중앙은행을 '서민의 살점을 뜯어먹는 괴물'이라고 불렀고, 은행가들이 그들의 이익을 위해 국민들을 희생시키는 것으로 생각했다. 그는 재무부 장관에게 정부의 예금을 연방중앙은행에서 주립은행으로 옮기라고 명령했고, 이 말을 듣지 않자 그를 해임하고 다른 사람을 임명했다. 연임 중이던 1835년 1월, 잭슨은 국가 부채의 마지막 대금을 상환했고, 이듬해 제2차 중앙은행의 허가가 만료되었다.

이제 국가 통화는 없어졌고, 은행들은 제각기 은행권을 찍었다. 그런데 제2은행이 없어지자 시장의 화폐도 사라졌다. 기존 대출은 회수되고 신규 대출은 거절당했다. 긴축통화는 그렇게 시작되었고, 1836년 11월 36달러였던 면화가격이 1842년에는 6센트에 불과하게 되었다. 화폐가 줄어들자 이자율이 상승했고, 1837년 3월 뉴욕 증권시장의 주가가 곤두박질치기 시작했다. 미국 역사상 최초의 대공황이 일어났다. 그는 생전에 누구도 할 수 없었던 전무후무한 일을 했지만, 암살시도의 표적이 되었다. 다행히 두 발의 총알은 그를 비껴 나갔다. 잭슨의 묘비명에는 다음과 같은 말이 새겨져 있다.

'I killed the bank!'

링컨의 그린백

1861년 링컨이 대통령에 취임하면서 자신의 정적이자 공화당 내에 영향력을 가진 샐먼 포틀랜드 체이스를 재무장관에 임명했다. 체이스에게 전쟁 초기 3년간 쓰일 20억 달러의 경비를 조달해야 하는 과제가 떨어졌다. 그는 공채발행을 시도했으나 액면가 이하 발행을 거부했으므로 결과는 시원치 않았다. 뉴욕 갤러틴 은행의 제임스 갤러틴 총재가 액면가의 87% 공모를 하면 500만 달러 이상은 소화될 수 있을 것이라고 충고를 했으나 이것도 거절했다. 그렇다고 과중한 세금을 걷어서 국민들의 불만을 폭발시키는 것도 원하지 않았다. 체이스는 재정관리자로서의 충실한 헌신보다는 정치가로서 언젠가 백악관에 들어갈 욕망이 더 중요했다. 거만하고 청렴결백하고 정의에 엄격한 그러나 금융계에는 이방인인 체이스는 재무성 증권의 판매에 대해 은행가들과 항상 의견을 달리 했다. 결국 모든 전쟁비용은 인플레이션을 유발하더라도 차입금으로 충당해야 했다.

금융재벌들은 링컨 대통령에게 포괄적인 융자방안을 제시했는데 24~36%의 높은 금리를 요구했다. 터무니없는 금리에 기가 막힌 링컨은 금융가들의 제안을 거부하고 친구 딕 테일러가 내놓은 아이디어인 '정부가 발행하는 화폐'를 채택했다. 이 지폐의 뒷면이 녹색으로 인쇄되어 있어 '그린백(greenback)'이라고 불렀다.

1861년 남부의 면화를 독점하다시피 했던 영국과의 전쟁 가능성이 유포되면서 금 태환이 봇물처럼 이루어졌다. 그해 12월 28일 은행들은 금 태환을 정지하기로 결정했다. 은행들이 금 태환을 정지한 바로 그날 정부는 불태환 법정지폐를 발행하는 법안을 의회에 제출했다. 버팔로 출신의 은행가이며 뉴욕주 재무장관을 지낸 엘브리지 스폴딩이 하원

세입위원회 소위위원회를 소집했는데, 이 위원회가 법정지폐 발행에 대한 입법 기초 작업을 위임 받았다. 법안은 1862년 1월 하원세입위원회를 통과했다. 갤러틴 총재는 지폐의 홍수가 몰고 올 파괴적인 결과에 대해 경고했다. 그는 중과세와 장기공채를 현행시세대로 판매할 것을 건의했다. 훗날 갤러틴은 상당히 많은 공채를 액면가의 75% 이상으로 팔 수 있었으리라고 평가했다.

갤러틴의 충고를 들은 스폴딩은 훈계조로 말했다. "월스트리트의 증권회사나 은행가들이 정부공채를 액면가 이하로 사서 폭리를 취하는 여러 가지 방식에 반대하며, 고리대금업자의 힘을 빌려야 할 정도로 전쟁비용을 증가시킬 어떤 책략에도 동의할 수 없다."

신문 사설은 인플레이션의 위험성이 있는 법정통화를 무제한 발행하는 것보다는 적절한 증세를 통한 재정문제 해결이 옳다고 충고했다. 그러나 의회 의원들은 선거구민 앞에 중과세 법안을 들이미는 대신, 월스트리트가 폭리를 취하려 한다고 비난했다. 의회에서는 프랑스 아시냐 지폐의 비참한 결과가 상기되었고, 남부연맹의 지폐남발과 인플레이션이 거론되었다. 그러나 텅 빈 국고는 전쟁경비 조달을 위해 법정화폐를 발행하는 것 외에 다른 방법이 없음을 말해주고 있었다. 경제문제의 전문가이며 후에 재무장관이 된 페센덴도 반대 입장에 앞장서 왔으나 법정화폐 발행의 필요성이라는 압력에 굴복하고 말았다.

링컨 정부는 법정화폐의 발행을 통해 전쟁 초기의 심각한 돈 부족현상을 해결하고 남북전쟁을 승리로 이끌기 위한 기초를 다질 수 있었다. 남북전쟁 기간 동안 링컨 정부는 4억 5,000만 달러의 그린백 지폐를 발행했다. 4년 동안 북부의 물가지수는 100에서 216으로 116% 올라 전시상황에 비해서는 상당히 양호한 안정세를 유지했다. 같은 기간 남부지역의 물가지수는 100에서 2,776까지 치솟았다. 같은 지폐 유통방식이었으나 그 효과는 엄청난 차이가 있었다. 여기에는 그럴 만한 이유가 있었다.

링컨 정부는 그린백만으로 전쟁비용을 조달한 것은 아니었다. 당시 미국에는 제이 쿡이라는 '슈퍼 세일즈맨'이 등장한다. 제이 쿡은 미국 최초로 공채를 직접 국민에게 파는 시스템을 도입했다. 그는 매우 성공적으로 전쟁 경비의 상당부분을 이 공채매각으로 조달했다.

제이 쿡은 민간 금융회사에서 경력을 쌓은 뒤 1861년 39세의 나이에 금융회사를 설립했다. 쿡은 체이스가 재무장관이 됐을 때부터 그의 비위를 맞추기 위해 노력했고, 체이스가 공채를 발행했을 때부터 상당부분을 그의 방식대로 판매하는 데 성공했다. 그리고 마침내 1862년 10월 연리 6%, 5~20년 공채를 판매하는 정부의 독점대리인으로 지정되었다. 공채를 1,000만 달러 판매하면 그 금액의 0.375%를 수수료로 받았다. 거기에서 모든 경비를 제하고 나면 0.125%가 제이 쿡 회사의 수입이 되었다.

그는 세계에서 유래가 없을 정도로 공격적인 판매운동을 전개했다. 안내책자와 포스터를 철도역, 극장, 교회, 광산, 공장, 학교에까지 홍수같이 뿌렸다. 신문마다 "6%의 이자를 금으로 지급 받습니다."라는 광고를 실었고 판매촉진을 위해 문필가들에게 돈을 주고 글을 쓰게 하기도 했다. 또 그가 고용한 25,000명의 부대리인에게 주문장을 쥐어주고 전국 방방곡곡으로 보냈다. 그러자 사방에서 공채주문이 쇄도했다. 그 대부분은 일반 대중에게서 온 것이었다. 이러한 방법은 체이스가 물러나고 페센덴이나 휴 맥클로치가 뒤를 이었을 때에도 다시 한 번 위력을 발휘했다. 전쟁이 끝나 금값이 떨어지고 지폐가치가 올라가자 투자자들은 수익성이 높은 증권을 사려고 몰려들었다. 실제로 제이 쿡은 사실상 '남북전쟁의 재정가'였다는 호칭을 얻었다.

제이 쿡의 활약이 없었다면 링컨 정부는 그린백을 더 많이 발행했을 것이다. 그랬다면 전쟁의 양상도 달라질 수 있었다. 당시 그린백 발행을 둘러싸고 치열한 논쟁이 벌어져서 발행이 억제된 점도 있었다. 또한 그린백이 본격적으로 유통된 기간이 4년으로 매우 짧았다. 이러한 요소들이 링컨의 그린백으로 하여금 비교적 큰 인플레이션 없이 남북전쟁을 승리로 이끌 수 있는 기반을 다져주었다.

남북전쟁과 초인플레이션

일반적으로 미국의 남북전쟁이 일어난 원인을 노예제도의 폐지에 있다고 이야기한다. 그러나 근본 원인은 경제적 기반의 차이에서 오는 이해관계에 있었다. 당시 남부의 경제는 목화산업과 노예제도에 의해 뒷받침되고 있었다. 일종의 구식 장원제도였다. 반면에 북부는 제조업, 운수업, 판매업, 금융업 등의 상업이 기반을 이루고 있었다. 또한 팽창해가는 서부의 자유지역 농민들은 새로운 토지에 밀과 옥수수 같은 수익성 높은 작물을 스스로의 힘으로 경작하고 있었다. 그런데 남부의 농장주와 노예들이 면화재배로 자신들의 영역을 침투하는 데 분개하고 있었다.

1861년 4월에 일어난 남북전쟁은 자유지역 농민을 아우른 북부 자본가세력 대 남부의 노예소유주간의 경제적 이익을 둘러싼 힘겨루기 싸움이었다. 쑹훙빙의 『화폐전쟁』에 의하면, 국제 금융재벌이 남북 갈등을 전략적이고 치밀하게 부추겼다고 주장하고 있다. 어느 쪽이 승리하든 상관없이 거액의 전쟁경비를 지출하기 위해서 정부는 국채를 발행해 금융재벌로부터 돈을 빌려야 하기 때문이었다. 금융재벌에게 전쟁은 산해진미로 가득한 밥상이라는 얘기다. 니얼 퍼거슨도 "전쟁이 아니었다면 19세기 국가들에게 채권이 필요하지 않았을 것"이라고 그의 저서에서 언급하고 있다.

남부 노예주들에겐 노동인력만큼이나 전쟁에 필요한 현금이 부족했다. 전쟁 초기에 중앙집중식 세금제도가 없었던 남부동맹은 시민에게 채권을 팔아 대출형태로 군비를 마련했다. 그러나 자급형 농장의 유동자산은 제한적이었다. 남부동맹이 워털루 전투 때를 생각하고 로스차일드에게 도움을 요청했다. 과거 로스차일드는 영국의 배후에서 금융지원으로 나폴레옹전쟁에 깊은 영향을 끼쳤었다. 그러나 로스차일드는 방관자적 태도를 취할 뿐 남부를 지원하지 않았다. 남부동맹 의장 제퍼슨 데이비스는 상원의원 시절 공공연하게 채무의 지불 거부를 옹호했던 사람이었고, 로스차일드는 남부동맹의 신용도가 높지 않은 점을 주목했던 것이다.

남부에 대한 불신은 유럽에도 널리 퍼져 있었다. 남부동맹은 최대 수출품인 면화를 담보로 채권을 발행했다. 1860년 빅토리아 시대 영국의 중심산업인 섬유산업에서 필요로 했던 면화의 80% 이상은 미국 남부에서 들여왔다. 남부동맹은 이 점을 이용해 영국의 리버풀 항구로 가는 모든 면화에 수출 금지령을 내렸다. 그렇게 압박하면 영국이 남부 편을 들어줄 것으로 판단했다. 면화부족으로 할 일이 없어진 노동자들은 해고되었고 면화가격은 폭등했다. 면화공채 가치도 상승했다.

이러던 와중에 1862년 4월 뉴올리언즈의 함락은 남북전쟁의 전환점이 되었다. 남부의 주요 항구가 북부연방의 손에 들어가면서, 남부동맹이 이자를 지급하지 못할 경우 투자자들이 확보해야 될 담보인 면화에 대한 접근이 어려워지자 면화공채의 신뢰가 떨어졌다. 엎친 데 덮친 격으로 1863년 무렵 랭카셔 방적공장은 중국, 이집트, 인도에서 새로운 면화 공급처를 찾아냈다.

남부동맹 경제는 파국을 맞이했다. 만일 남부동맹이 뉴올리언즈를 지켜내고 면화를 유럽에 공급했더라면 면화공채를 팔 수 있었을 것이다. 또한 위험을 극도로 기피했던 로스차일드의 마음도 돌려놓았을지 모른다.

남부동맹은 전비마련을 위해 170억 달러의 불환지폐를 찍어내야 했다. 지폐량은 갈수록 증가했고 인플레이션이 폭발했다. 남북전쟁기간 동안 남부의 물가는 2,700%나 올랐다. 1865년 4월부터 남부경제는 초인플레이션으로 서서히 무너지면서 명백한 패배 조짐을 드러냈다. 승리한 북부에서는 남부의 채무를 이행하지 않겠다고 선언했다. 로스차일드의 판단은 옳았다. 남부동맹은 법정통화가 아니라 단지 전쟁 뒤 지불하겠다는 채권 또는 약속으로서 통화를 발행했던 것이다. 이것이 실수였다.

남북전쟁 기간 동안 북부의 링컨 정부도 4억 5,000만 달러의 그린백 지폐를 발행했다. 그러나 북부의 물가는 116% 올라 남부에 비해서는 절대적인 안정세를 유지했다. 통화발행 방법의 차이가 가져온 결과였다.

그린백시스템

금본위 시절의 지폐는 금을 보관하는 증서 개념이었다. 금이나 금화를 멀리 가지고 다니는 것이 불편했기 때문에 은행에 보관해 놓고 영수증을 받는 개념이어서, '금보관증'은 그 자체가 돈은 아니고 채무증서였다.

금본위제도는 기본적으로 금보관증을 가지고 은행에 가서 금과의 교환을 요청했을 때 이를 교환해 줘야 하기 때문에 통화량 팽창을 막을 수가 있다. 본원통화 창출이 자연조건에 제약되는 것이며 통화의 무한 팽창 또한 불가능하다. 금이 채굴되는 양을 넘어설 수 없기 때문이다.

그렇지만 지폐인 은행권이 도입되고 시중의 부분지불준비금제도가 합법화되고 신용창조가 허용되면 경제시스템 내에 신용이 생겨나게 된다. 순수한 금본위제도는 100% 완전지불준비금제도여야 한다. 18세기경 금본위제도에 부분지불준비금제도가 결합된 순간부터 금본위제도는 신용시스템의 절반은 도입한 셈이 되었다. 금본위제도 하에서 초기에는 모든 시중은행들이 금을 보관하고 은행권을 발행했다. 그러다가 중앙은행이 출현하면서 중앙은행권과 시중은행권들이 병존하는 시기를 거쳐 최종적으로는 금본위제도 하에서도 중앙은행만이 은행권을 발행할 수 있는 형태로 변했다. 1914년 이전의 영국과 대공황 이전의 미국이 금본위제도를 채택했다.

금본위제도 아래서는 정부가 세입을 넘어서는 비용집행을 위해서는 누구한테라도 어떻게든 돈을 빌려와야 한다. 당시에는 주로 은행가나 부유한 상인에게서 돈을 빌렸다. 국가가 은행으로부터 돈을 빌려오게 되면 나중에 상환할 때는 국민이 낸 세금으로 원리금을 갚아야 했다. 여기에서 국민들의 반발이 일어날 수 있었다.

"은행은 금도 없으면서 금보관증을 빌려 주고 이자를 받고 있다. 정부가 그냥 돈을 찍어 내면 이자를 물지 않아도 되고 그러면 세금을 내지 않아도 되는데 왜 은행의 배만 불려주고 있느냐?"는 주장이 대두되었다. 그래서 이에 기반한 통화시스템이 시도되었는데, 이를 그린백시스템이라 한다.

(그림19) 링컨 정부가 발행한 법정화폐, 링컨의 그린백

자료 : 쑹훙빙, 『화폐전쟁』 p. 84

그린백(Greenback)이란 미국 링컨 대통령 시절에 남북전쟁의 전비를 조달할 목적으로 발행했던 법정통화 지폐다. 이 지폐는 은행권이 아니라 재무부가 발행한 '정부권'이었다. 다시 말해서 은행으로부터 빌린 돈이 아니라 정부가 그냥 찍어낸 돈이었다.

그렇기 때문에 그린백은 채무증서의 성격이 전혀 없는 '빚을 수반하지 않은 돈'이었다. 빚을 수반하지 않기 때문에 이자를 발생시키지도 않았다. 정부는 이자부담을 느낄 필요가 없기 때문에 필요한 만큼 얼마든지 돈을 찍어내어 넉넉하게 재정지출을 할 수가 있었다. 따라서 정부는 국채를 발행할 필요도 없었다.

그린백은 이 점에서, 신용시스템 아래에서 정부가 세수를 넘어서는 재원조달이 필요할 경우 국채를 발행해야 하고 또 그 이자를 지불해야한다는 것과 대비된다. 그린백시스템은 이렇게 통화의 무한팽창이 가능하기 때문에 자칫 잘못하면 초인플레이션을 유발할 수 있다. 그러므로 그린백시스템 하에서 본원통화를 창출할 경우, 일정한 절차에 따라 신중한 접근이 요구된다. 18세기 초 미시시피 버블 당시의 프랑스, 대

혁명 후의 아시냐 지폐, 독일 바이마르공화국, 히틀러 당시의 독일 제
3제국, 짐바브웨, 그리고 오늘날의 중국(사실상 그렇다는 의미이다.)이 이에
해당할 것이다.

신용통화시스템

신용통화시스템에서는 부분지불준비금제도가 그 본질을 이룬다. 즉
부분지불준비금제도로 인해서 신용창조가 일어나고 경제시스템 내에
신용이 생겨나게 되는 것이다. 은행권은 독립적인 중앙은행이 발행주
체가 된다. 신용시스템에서는 지폐 자체가 곧 돈이고 빚이다. 시중은
행에 의해 만들어진 신용만 빚이 아니라 본원통화인 현찰도 빚이다. 지
폐는 채무화폐인 것이다. 평상시에 본원통화의 공급은 원칙적으로 공
개시장 조작에 의해서 일어난다. 중앙은행이 공개시장에서 국채를 매
입하고 그 매입대금으로 본원통화를 내어줌으로써 시장에 본원통화인
돈이 풀리는 것이다.

중앙은행은 국채 등 건전한 자산을 담보로 제공받고 은행권을 내어
준다. 그래서 아무리 금융위기라 해도 부도 우려가 있는 은행채나 회사
채 같은 부적격 증권을 담보로 잡고 구제금융을 해줄 수는 없다.

예를 들어 FRB가 양적 팽창정책을 위해 시장에서 국채를 매입하고
있지만 미국정부가 발행하는 국채를 직접 인수하지는 않는다. 왜냐하면
직접 인수하면 정부가 발권력을 행사하는 것과 같고, 이는 그린백시스
템이 되기 때문이다. 이렇게 되면 외환시장에서 그 나라의 통화가치는
폭락하게 되고 말 것이기 때문에 어느 나라든 국채를 시장에서 소화시
키기 위해 온갖 애를 다 쓰는 것이다. 2011년 유럽 재정위기에서 이탈리

아나 스페인이 국채발행으로 전 세계를 긴장시켰던 이유도 마찬가지다.

금융위기 상황에서 정부가 국채를 마구 발행하게 되면 국채금리가 급상승한다. 금리가 급상승하는 상황에서는 시중에서 국채가 소화되기 어렵다. 따라서 신용시스템에서 통화의 무한팽창은 불가능하다. 신용시스템의 장점은 통화의 무한창출이 불가능한 구조이기 때문에 하이퍼인플레이션으로 시스템 자체가 파괴되는 일은 방지된다.

산업혁명 시기에 유럽 각국은 대규모의 자본 동원이 필요했다. 순수 금본위제 하에서는 여기에 필요한 자본을 적시에 공급하는 것이 어려웠다. 실제로 영국은 국채와 중앙은행을 일찍 도입했기 때문에 이곳에서 산업혁명이 일어나는 데 유리했던 것이었다. 그전까지는 영국이 대륙으로부터 산업기술도, 금융도 배워와야만 했었다.

그린백시스템과 신용시스템은 도입 초기 프랑스와 영국의 금융제도 측면에서의 경쟁이었다. 존 로와 미시시피 버블은 금융사에서 그린백시스템의 시초라고 할 수 있다. 당시 실권자인 오를레앙 공작은 시스템 설계자인 존 로의 반대를 무릅쓰고 발권은행으로 설립한 방크 로얄에서 원하는 대로 지폐를 찍어냈다. 그리고 결국은 금융시스템의 붕괴를 가져왔다. 그린백시스템이 가져온 마법 같은 결과에 취해 적당한 곳에서 멈출 줄을 몰랐던 것이다. 프랑스는 대혁명 이후 혁명정부가 부족한 재원조달을 위해 아시냐 지폐를 발행하였는데 결과는 마찬가지로 실패로 끝나고 말았다. 반면에 금본위제이면서도 신용시스템을 절반 정도는 도입한 영국은 순수금본위제에 머물고 있던 대륙국가들보다 한 발 앞서 나갈 수 있었다.

4 독일 바이마르공화국의 초인플레이션

황혼녘의 노을

독일은 나폴레옹전쟁을 거치면서 정치적으로 하나의 권력으로 묶여졌다. 이후 1834년 제후국들 사이에 관세동맹이 성립됨으로써 경제적으로도 단일 시장이 형성되었다. 그리고 1848년 3월 혁명으로 봉건제도가 해체되면서 자본주의 경제체제를 도입할 수 있는 조건이 마련되었다.

1862년 철혈재상 비스마르크가 취임하여 프로이센 중심의 소독일주의 통일정책을 추진했다. 그리고 1866년 북독일 연방을 발족하고 관세동맹으로 남부 독일 국가들을 끌어들였다. 그런데 프랑스는 독일의 통일을 원치 않았다. 비스마르크는 스페인 왕위 계승 문제를 교묘하게 왜곡해서 1870년 나폴레옹 3세의 프랑스와 전쟁을 일으켰다. 보불전쟁에서 승리한 독일은 1871년 1월 18일 프랑스의 베르사유 궁전에서 프로이센을 중심으로 통일 독일제국을 선포했다. 그리고 프랑스로부터 받은 배상금 50억 프랑을 바탕으로 독일의 은행은 크게 성장했다. 이를 계기로 독일은 철강, 석탄, 기계, 화학 등 중화학공업 분야에서, 1873년의 디플레이션공황으로 오랜 침체에 빠져 있던 영국을 따라잡았다. 영국의 독보적 위치가 위협을 받게 된 것이다.

1898년 빌헬름 2세는 베를린에서 바그다드까지의 철도부설권을 획득하고 베를린·비잔티움·바그다드를 연결하는 3B정책을 추진했다.

독일은 1905년에 이미 전 유럽을 침공할 쉴리이펜 계획을 갖고 있었다.

세기의 전환기인 1900년대 초, 오스트리아 빈은 황혼녘의 아름다운 노을처럼 문화가 살아 있는 매력적인 도시였다. 철학자 루드비히 비트겐슈타인, 정신분석학자 지그문트 프로이트, 음악가 구스타프 말러, 화가 구스타프 크림트 등이 빈의 문화를 만들어 내고 있었다. 빈은 국제적 도시였고 다양성은 오스트리아의 문화적 힘이었다. 그러나 시민혁명을 통해 새로운 세기를 준비하는 이웃들과 달리 600여 년 역사의 합스부르크 왕조는 문화적 에너지를 생산적으로 사용하지 못하고 근친결혼에 의한 폐쇄적인 통치로 서서히 종말에 이르고 있었다.

1854년 23세의 프란츠 요제프 황제는 16세의 엘리자베트에게 반해 모후의 반대를 무릅쓰고 결혼했다. 그런데 이 아름다운 황후는 여행을 너무나 좋아해서 1898년 국제정치적 긴장 속에서도 요양차 제네바에 갔고, 그곳에서 이탈리아 무정부주의자(루이지 루케니)에게 살해당하고 말았다.

아버지와 달리 친프랑스적인 개혁주의자이자 자유주의자로 자란 아들 루돌프 황태자는 친독일적이고 보수적인 황제와 정치적으로 대립했다. 황제는 이윽고 아들을 국사에서 배제해버렸고, 절망에 빠진 루돌프 황태자는 1889년 별장에서 권총으로 자살하고 말았다.

그 뒤를 이은 조카 프란츠 페르디난트 황태자도 신분이 낮은 여성과 결혼을 고집하였기 때문에 황제와 사이가 틀어졌다. 때마침 대륙에는 민족주의 바람이 거세게 불었다. 다민족 국가인 오스트리아·헝가리 제국에도 어떤 변화와 대응책이 필요했지만 황제는 요지부동이었다. 그는 변화를 싫어했고 화려했던 과거의 전통을 고집했다. 시대는 눈부시게 변하는데 그는 홀로 구중궁궐 안에서만 머물렀다. 반면에 황태자는 체코, 슬로바키아, 크로아티아 등 인근 남부 슬라브계 여러 민족을 적극적으로 포용하여 오스트리아 합중국을 만들고자 했다.

한편 사라예보에선 가브릴로 프린치프와 그의 동창생 다섯 명이 황태자 부부를 살해할 계획을 세우고 부두 곳곳에 숨어 자리를 잡고 있었다. 이들은 남부 슬라브족의 독립을 주장하는 '검은 손'이라는 테러 조직 소속의 세르비아 민족주의자였다. 마침내 기회가 오자 그중 하나가 황태자를 향해 수류탄을 던졌다. 그러나 뒤를 따르던 차 아래에서 터지고 말았다. 암살 실패에 실망한 프린치프는 커피를 마시러 갔다.

페르디난트는 노발대발했고 소피 황태자비의 제안으로 병원을 방문해 부상자들을 위로해 주기로 했다. 그런데 황태자의 운전기사는 변경된 일정을 통보받지 못했다. 차량이 부두로 되돌아온 뒤 모퉁이를 꺾어 거리에 들어섰을 때, 동승한 총독이 "이 길이 아니야!"라고 소리쳤다. 운전기사는 방향을 바꾸기 위해 차를 멈춰 세웠다. 운명의 장난이란 바로 이런 경우를 말하는 것이리라. 우연히도 기사가 차를 멈춘 곳이 마침 프린치프가 커피를 마시던 곳이었다. 프린치프는 재빨리 황태자를 향해 총을 쏘았고, 총알은 황태자의 목 동맥을 정확히 관통했다. 그리고 두 번째 총성이 울리고 나자, 황태자비 소피도 남편 위로 쓰러졌다. 그날은 기이하게도 황태자 부부의 열네 번째 결혼기념일이었다.

그로부터 한 달 뒤인 1914년 7월, 발칸반도로 진출을 꾀하던 오스트리아는 사라예보 사건을 계기로 세르비아에 전쟁을 선포했다. 전쟁은 4년 3개월 동안 계속되었다. 전쟁 중에 제국은 결국 오스트리아, 헝가리, 체코슬로바키아, 유고슬라비아, 폴란드 등 여러 나라로 분할되었다. 부지런하고 근면하게 제국을 다스렸지만, 변화를 싫어했고 화려했던 과거의 오랜 전통을 고집했던 프란츠 요제프 황제는 합스부르크 가문의 마지막 노을 같은 존재였다.

베르사이유조약과 전쟁배상금

제1차 세계대전의 이면에는 영국과 독일 간의 치열한 금융전쟁이 숨어있다. 참전국은 무력 충돌에 앞서 금융 방면에서 상대국의 경제를 무너뜨리려고 시도했다. 영국의 잉글랜드은행은 어음할인율을 3%에서 10%로 올렸다. 독일 제국은행에는 인출사태가 벌어졌고 예금이 20%나 줄어들어 패닉상태가 되었다. 독일은 금 태환을 중단했다. 이는 금 본위제 시대에 외국에서 대출 지원을 받을 수 있는 길을 끊는 것과 같았다. 결과적으로 이 조치는 독일이 전쟁에서 패한 가장 큰 요인 중의 하나가 되었다. 전쟁은 돈을 필요로 한다. 독일은 국내에서 전쟁비용을 조달했고, 영국과 프랑스는 농산품을 포함한 미국 상품을 구매한다는 조건으로 J.P.모건 재단 같은 재벌그룹으로부터 도움을 받았다.

1918년 11월 11일 제1차 세계대전이 끝났다. 베르사이유조약은 독일에 엄청난 배상금 지불을 강요했다. 모든 참전국들의 전쟁 비용을 독일인들이 변상해야만 했다. 굴욕적인 패배를 당한 독일은 영토의 13%를 잃고 320억 달러의 전쟁배상금을 내놓아야 했다. 매년 5억 달러의 이자도 붙었다. 모든 해외 식민지도 잃었다. 국가는 부도위기에 몰렸고 세계대전이 일어나기 1년 전인 1913년만 해도 4마르크면 1달러로 환전이 되었던 환율이 1920년 2월에는 전쟁 전의 25배로 뛰어 100마르크 대 1달러가 되었다.

영국의 로이드 조지 총리는 사석에서, "이런 조건을 독일 국민에게 강요한다면 독일인으로 하여금 조약을 파기하고 전쟁을 책동하는 결과만 가져올 뿐이다."라고 말했다. 영국의 외무장관 커즌 경도 같은 우려를 나타냈다. "이 조약은 평화를 가져오지 못할 것이다. 이것은 20년 기한의 휴전문서에 불과하다."

1913년부터 전쟁이 끝난 1918년까지는 지폐통화량이 약 35억 마르크에서 330억 마르크로 약 9배 증가했다. 이 기간 동안 영국은 약 7배, 프랑스는 약 4배 정도 증가했다. 그래도 도매물가는 독일보다 영국이나 프랑스에서 훨씬 더 상승했다. 베를린의 소비자물가지수도 전쟁 전보다 2.3배 높았다. 그렇지만 런던의 경우도 2.1배로 크게 다르지 않았다. 이때까지만 해도 마르크화의 가치는 달러에 비해 겨우 50% 정도 인하되는 데 그쳤다.

그러나 패전 이후 혁명으로 탄생된 신생 바이마르공화국(1919~1933)의 금융위기는 베르사이유조약으로 이미 시작되고 있었다. 1921년 4월 배상금위원회에서 명목가치 1,320억 금화 마르크(gold marks)의 배상금 총액이 확정됐다. 연합국은 독일에게 가치가 하락된 지폐로 배상하지 못하게 하고 금화나 상대국의 화폐로 지불할 것을 명시했다. 외환시장에서 배상금으로 지불해야 할 외국화폐를 산다는 것은 마르크화의 가치를 더욱 하락시키게 된다는 의미이다. 마르크화가 하락하면 할수록 더 많은 마르크화를 찍어내야 하고 그것은 또 다시 외환시장에서 마르크화의 시세를 낮추는 결과를 초래할 것이기 때문이다.

독일의 도매물가지수가 1921년 6월에는 13.7이었는데, 6개월 동안 과중한 배상금 지불을 하게 되자 12월에는 34.9로 거의 21 이상이 올랐다. 독일 국민들은 배상금 지불이 가져온 인플레이션 효과를 체감해야만 했다. 독일 중앙은행은 배상금을 갚기 위해 재무성증권을 사들여 제국은행으로 하여금 마르크 지폐를 계속 찍어내게 하는 수밖에 없었다. 그들은 장기채권을 발행하는 정책을 쓰지 않았는데, 여기에는 이유가 있었다. 전쟁기간 동안 영국이나 프랑스 등 연합국은 미국이나 자본이 풍부한 영국제국을 통해 채권판매가 가능했지만, 독일은 국제 채권시장에로의 접근이 차단됐기 때문에 자체적으로 해결해야만 했고, 게다가 독일과 동맹국들은 금융시장이 활발하지 못했기 때문에 국내 투자자들 또한 채권에 별 반응을 보이지 않았다.

한편으론 통화가치가 급락하면 독일 상품의 수출이 잘 되어 연합국들이 배상금문제를 다시 완화할 것이라는 생각이 지배적이었다. 그러나 당시 영국과 미국도 전후 불황에 빠진 상태라 수출 증가로 인한 경제적 압력이 작용하리라는 기대는 실현되기 어려운 일이었다. 도리어 프랑스는 1923년 1월에 무력으로라도 배상금을 받아내겠다고 공언하며 접경 공업지역인 루르 지방을 점령했다. 독일 정부는 국민들에게 소극적 저항을 호소했고, 루르의 노동자들은 파업과 태업으로 프랑스에 대항했다. 독일의 생산은 격감했다. 그러지 않아도 악화되던 인플레이션은 생산감소로 급속히 격화되어 역사적인 독일의 초인플레이션을 불러오게 된다.

바이마르공화국의 금융위기

재무부증권의 증가는 대중을 상대로 한 채권 판매와 다르게, 채권을 맡기고 은행권을 가져가기 때문에 통화공급의 증가를 가져오게 되고 이는 곧 인플레이션으로 이어진다. 인플레이션은 은행에 저축한 사람들에게는 재난이나 다름없었지만 초기에는 좋은 점도 있었다. 1920년 봄에는 실업률이 1% 미만에 이르더니 여름에는 실업자를 거의 찾아볼 수 없을 정도가 되었다. 그러나 미국의 경제학자 어빙 피셔가 말한 부정적 효과들이 모습을 드러내는 데는 그리 오랜 시간이 걸리지 않았다.

1921년에는 1918년에 비해 통화량이 다섯 배가 늘었으며, 1922년에는 1921년에 비해 열 배가 늘었다. 그리고 1923년에는 1922년보다 7,253만 배가 늘었다. 불과 6개월 만에 달러에 대한 마르크의 환율이 1만 8,000마르크에서 100만 마르크로 바뀌었다. 1923년 말에는 연간 인플레이션율이 1,820억%나 되었다. 달걀 값은 1918년 전쟁이 끝났을 때에 비해 5억 배까지 올랐다. 한창 때는 손수레에 1,000억 마르크를 가득 싣고 가도 빵 한 조각을 살 수 없는 경우도 많았다. 평균 물가는 1913년에 비해 1조 2,600억 배나 뛰었다.

이제 대부분의 농민과 상인은 마르크화를 받고는 아무 물건도 팔려고 하지 않았다. 어떤 사람은 항구에서 주운 비누 한 개를 팔아 몇 달 동안 차를 타고 다니며 왕 같은 생활을 했다고 한다. 외국인들에게는 독일의 모든 것이 너무나 쌌다. 술집, 유흥장, 카바레가 독버섯처럼 생겨났다. 모든 가치가 변했고 국가의 법은 있으나 마나 했다. 베를린은 세계의 바빌론이 되었다.

독일은 전쟁 기간에 세금을 전쟁 경비의 12%밖에 걷지 못했는데 이는 특권층의 부를 보존하려는 목적도 있었고, 당시의 조세 징수체계가 각 주에 나뉘어져 있었기 때문이기도 했다. 그런데 전쟁 후에도 세금보다는 필요한 돈의 90% 이상을 재무단기채권을 통해 조달했다.

공화국 통화 책임자였던 히알마르 샤흐트가 후일 밝힌 바에 따르면, 경제에 새 통화를 퍼부은 것은 독일 정부가 아니라 민간이 소유한 라이히스방크(Reichsbank)였다고 한다. 라이히스방크는 금융위기 시에는 영리기업에게도 여신을 제공할 수 있다는 제도를 통해 대기업들의 회사채를 인수하고 유동성을 공급했다. 문제는 인플레이션 때문에 시중금리가 50%일 때에도 대기업에게는 5%의 이자를 받았다는 것이다. 하이퍼인플레이션이 되면서 회사채를 18%의 금리로 인수하기도 했지만 그때의 시중금리는 300%였다. 중앙은행의 독립성이 무너진 사례라고 볼 수 있다. 라이히스방크의 이러한 행위는 대기업들이 다른 기업이나 자산을 사들일 수 있도록 그들에게 돈을 대주는 범죄행위 그 자체였다. 실제로 이러한 살인적인 인플레 시기에 휴고 스티네스, 티센, 크루프 같은 기업가들은 대다수 국민이 굶주리고 있을 때 가격을 올리고 달러를 비축하고 부동산에 투자하여 엄청난 부를 축적했다. 그러나 스티네스는 전선에 투입되었던 400만 명의 인력이 실업상태로 남아 있을 경우 독일은 볼셰비즘에 의해 장악될 것이 뻔했기 때문에 국가 생존을 위해서 할 수 없이 인플레라는 무기를 사용했다고 주장했다.

어찌 되었든 하이퍼인플레이션으로 은행가들과 기업가들이 중산층의 저축을 모두 빼앗은 셈이 되었고, 중산층은 극빈자로 전락했다. 이러한 구도는 나중에 나치즘이 등장하게 되는 군중의 기초를 다져 주었다. 바이마르시대는 본래 신용시스템이던 통화제도가 제1차 세계대전의 패전국이라는 상황에서 중앙은행의 독립성이 심각하게 훼손됨으로써 그린백시스템처럼 운용된 시대였다.

한편 18세기 초 역설적이게도 남해회사 버블이 많은 피해를 주었지만 영국이 대규모 자본동원에 성공하고 식민지 경쟁에서 승리할 수 있는 발판을 마련했던 것처럼, 바이마르의 하이퍼인플레이션 또한 독일의 산업경쟁력을 키워주는 역할을 했다. 하이퍼인플레이션을 겪으면서 고통을 당한 독일 시민들은 아무도 돈을 들고 있으려고 하지 않았다. 그들은 가지고 있는 돈은 모두 실물에 투자했다. 결과적으로 독일의 산업은 모두 최신의 공장과 생산설비를 갖추게 되었던 것이다.

렌텐마르크의 기적과 페더화

1923년 10월 독일의 화폐개혁이 공포되었다. 그리고 정부가 렌텐마르크를 한정된 양으로 발행하겠다고 한 약속이 지켜지면서 물가는 단기간에 안정되었다. '렌텐마르크의 기적'이라고 묘사된 말처럼 화폐개혁 이후 기적적으로 생산이 늘어나고 소비가 회복되었다. 이로써 독일의 하이퍼인플레이션은 막을 내렸다. 1924년 10월 1조의 구지폐는 1제국마르크 비율로 대체되면서 독일의 유일한 화폐단위가 되었다.

1924년 강력한 경기회복에 이어 1925년에는 운전자본 부족으로 인한 안정화 시기의 위기가 왔다. 그러나 금리상승으로 산업구조가 합리화되면서 외국인 투자유입이 활발해졌다. 경기팽창이 이어졌고 1929년 대공황 이전까지는 호황기조가 유지되었다.

한 미국 은행가가 당시 독일 중앙은행 총재였던 히알마르 샤흐트에게 말했다. "샤흐트 박사, 미국에 와 보시오. 여기에는 돈이 많아요. 이게 진정한 금융이라오." 그러자 샤흐트가 대답했다. "당신이 베를린에 와 보시오. 여기에는 돈이 없어요. 그러나 이게 진정한 금융 같소."

1929년의 대공황은 이제 겨우 경기회복으로 나아지고 있던 독일에게 다시금 시련을 안겨주었다. 1933년 독일인들은 매우 절망적인 상황 속에서 나치스의 아돌프 히틀러에게 나라를 맡겼다. 히틀러의 독재적 권위는 경제를 완전히 통제했다. 그는 공공사업 계획을 실행했고, 인플레이션을 일으키지 않는 환어음 형태의 명령화폐인 노동국고증서를 발행했다. 이 증서는 MEFO(Metallurgische Forschungsgesellschaft; 히틀러가 이 사업을 위해 만든 회사) 어음 또는 페더화로 불렸다. 페더화는 채권으로 발행됐고 정부가 이자를 지불했다. 이 채권은 돈으로 유통됐으며 무한정 갱신할 수 있었다. 정부는 이제 국제 대출기관에서 돈을 빌릴 이유도 없었다. 돈을 빌리지 않으니 빚을 갚을 필요도 없었다. 실업문제도 해결되고 나라는 안정적인 통화도 갖게 되었다. 인플레이션도 일어나지 않았다.

대외무역은 해외에서 경제봉쇄를 당하고 있어서 물물교환 무역을 해야만 했다. 히틀러의 제3제국은 정부가 발행한 MEFO어음으로 나라를 소생시켰다. 제3제국이 그린백시스템을 운용했지만 우려할 만큼 인플레이션은 일어나지 않았다. 그렇지만 이 경제실험 역시 운용기간이 짧아서 링컨의 경우와 마찬가지로 통화시스템으로서의 안정성을 충분히 검증하지 못했다는 아쉬움은 남는다. 그러나 페더화가 그린백과 다른 점은 국민들을 노예화한 금융업자와 당시 거물 은행가들의 민족집단을 동일시했고, 그 결과 반유대주의를 부추겨 반인륜적 인권침해 행태를 보였다는 점이다. 그린백시스템은 민족집단이 아니라 금융구조에 대한 새로운 변화의 시도였으며, 그것은 통화발행권에 관한 것이었다.

5 / 짐바브웨 소극(笑劇)

아프리카의 곡식창고 로디지아

1920년대 독일은 100조 마르크짜리 지폐를 발행한 적이 있었다. 1946년 헝가리에서는 4,200조%에 달하는 사상 최악의 슈퍼인플레이션이 발생했었다. 터키는 1990년대 모든 국민이 백만장자라는 소리를 들어야만 했다. 택시 기본요금이 100만 터키리라였던 데서 유래한 풍자다. 2001년 터키는 7,000%라는 역사상 가장 높은 금리를 기록한 적이 있었다. 1980년대 멕시코 브라질 아르헨티나도 정부의 포퓰리즘 정책으로 하이퍼인플레이션과 외채위기를 겪어야 했던 나라들이다.

짐바브웨는 19세기 식민주의가 남긴 폐해를 아직까지 고스란히 떠안고 있는 나라. 영국의 자치식민지로 지배를 받다가 1980년에 독립하면서 로디지아란 이름을 현재의 이름으로 바꾸었다. 짐바브웨는 독립하던 30년 전만 하더라도 '아프리카의 곡식창고'라 불리며 아프리카 대륙은 물론 전 세계로 식량을 수출하던 아프리카의 부국이었다. 그러나 지금은 1,300만 명 인구의 90%가 실업자로 1인당 GDP가 374달러에 불과한 빈곤한 나라다. 독립 이후 32년째 집권하고 있는 로버트 무가베(91세) 대통령은 워싱턴 포스트지가 선정한 세계 최악의 독재자 순위 1위에 오른 인물이다.

<표3>역사상 월별 가장 높은 인플레이션율

국가	인플레이션률이 가장 높았던 달	월 최고 인플레이션률	일 인플레이션률	2배가격상승까지 걸린 시간
헝가리	1946. 07	1.30×10^{16} %	195%	15.6 시간
짐바브웨	2008. 11 중순	79,600,000,000%	98.0%	24.7 시간
유고슬라비아	1994. 01	313,000,000%	64.6%	1.4 일
독일	1923. 10	29,500%	20.9%	3.7 일
그리스	1944. 11	11,300%	17.1%	4.5 일
중국	1949. 05	4,210%	13.4%	5.6 일

자료 : Prof. Steve. Hanke, 2009.2.5

무가베는 정치보복을 하지 않겠다는 약속을 처음에는 잘 지켰으나 국민의 1%도 안 되는 백인들이 농지의 75% 이상을 소유한 데 대한 반발로 2000년 들어 외국인의 토지몰수를 단행했다. 그리고 더 나아가 외국인이 보유한 주식의 절반을 국가에 양도하라는 명령도 내렸다. 이런 조치들이 이어지자 서방세계의 지원이 끊어지고 경제제재가 이어지면서 상업 영농체제의 붕괴가 이어졌다.

시장에서 물건이 사라지자 무가베는 물자를 보유하고 있는 사람은 모든 것을 시장에 내다 팔라는 명령을 내렸다. 물건 가격이 치솟자 이번에는 물건을 아주 싸게 팔도록 했다. 그 결과 기업이 줄도산을 하면서 그 나마의 공급마저 끊어졌다. 짐바브웨 정부는 2006년 8월 1,000%의 살인적인 초인플레이션을 시작으로 2008년에는 한 해 12억%의 하이퍼인플레이션에 시달려야 했다. 1,000억 달러짜리 화폐로 달걀 3개 사기도 어려워졌다. 가히 굶주리는 억만장자의 나라가 되었다.

짐바브웨 정부는 인플레이션을 해결하기 위해 2006년에 이어 2008년에 두 번째 화폐개혁(100억 Z$→1 Z$), 2009년 3차 개혁(1조 Z$→1 Z$)을 단행했으나 물가를 안정시키는 데 실패하자, 자국화폐를 공식적으

(그림20) 1,000억 짐바브웨 달러와 달걀 3개

자료 : hmkim@kdi.re.kr

로 포기하고 달러 등 외국화폐를 공식 통화로 통용시키면서 물가가 잡혔다. 여기에는 2008년 치러진 대선 1차 투표에서 47.9%의 득표율로 무가베를 앞섰던 모건 창기라이 총리가 후보직을 사퇴하고, 무가베와 통합정부를 구성하면서 기대 이상의 안정을 유지한 데에도 그 원인이 있었다. 또한 통화과잉으로부터 탈출하여 경제가 어느 정도 돌아간 것도 미국 달러가 유통되는 암시장이 백업시스템으로 잘 작동했기 때문이었다.

　무가베 대통령은 2013년 선거에서 단독정부를 구성한 이후 짐바브웨 달러를 도입할 것이라는 의지를 보였다. 그러나 최근 미국 달러를 공식 통화로 사용할 필요가 있음을 인정하고, 자국 화폐 포기를 선언했다. 이에 따라 35경 5000조 짐바브웨 달러를 미화 1달러로 교환해주었다.

금과 화폐전쟁

화폐원료로서의 금

달러는 과연 무너질 것인가. 그리고 금값은 계속 더 오를 것인가. 화폐의 역사가 시작된 이래 금은 교환의 척도이자 가치저장 수단으로서의 역할을 해 왔다. 그리고 나중에는 은행권과 교환할 수 있는 역할을 함으로써 지폐에 신뢰성을 부여했다.

중세 사람들은 금을 만들기 위해 연금술에 목숨을 걸기까지 했고, 토머스 모어의 '유토피아' 세상도 금이 넘쳐났다. 1530년 스페인의 피사로 군대가 잉카제국을 점령했을 때, 잉카 황제의 아들 아타우알파는 자신을 풀어주면 자신이 감금된 방 가득히 금과 은을 채워주겠다고 약속했다. 이후 여러 달에 걸쳐 잉카인들은 22캐럿짜리 황금 6,087kg과 순은 11,793kg을 모아서 주었다. 그러나 불쌍한 황제의 아들은 결국 피사로에 의해 공개 교수형에 처해지고 말았다. 유럽의 정복자들에게 금과 은은 장식용 귀금속 그 이상이었다. '엘도라도라는 이름의 인디언 족장이 축제기간에 온몸에 황금가루를 발랐다.'고 전해지는 전설만으로도 금을 찾으려는 정복자들을 고무하기에 충분했다. 미국 서부가 개척된 원인도, 남아프리카의 요하네스버그라는 도시가 형성된 까닭도 모두 금을 찾는 인간의 갈망 때문이었다.

기원전 600년경 리디아 왕국에서 금과 은의 합금으로 역사상 최초의

자료 : KirkLindstrom.com/ Historical Chart/2011

주화가 만들어진 이래, 금은 수천 년 동안 이상적인 화폐원료로 자리매김해 왔다. 그럼에도 불구하고 역사상 금값이 가장 비쌌던 것은 15세기 말이었다. 지금 시세로 환산하면 1온스(28.35g)에 2,400달러까지 치솟았다고 한다. 그러다가 아메리카 신대륙이 발견된 이후 금 공급이 늘면서 점차 떨어졌다. 나폴레옹전쟁 시기 등 특별한 상황을 제외하곤 1883년부터 1914년까지 금값은 대체로 18달러 선에서 움직였다. 그러나 1929년 대공황이 일어나면서 오르기 시작했다. 국제 금값은 1971년 닉슨의 금과 달러 교환 정지와 1·2차 오일쇼크를 거치면서 1980년에는 (그림21)에서 보는 바와 같이 1온스(Oz) 당 825.5달러까지 치솟았다.

  그 뒤 금값은 안정을 되찾아 온스 당 300달러 선에서 움직이다가 1998년부터 200달러 대로 조금 하락했고, 2002년 들어 다시 300달러 대로 올라섰고 2005년도에는 1온스 당 500달러 수준에 이르렀으며, 2007년 서브프라임 사태가 나던 해에 800달러로 올랐다. 그러나 2008년 글로벌 금융위기를 거치면서 1,000달러를 넘어섰고 바야흐로 2011년 8월에는 1온스 당 1,900달러를 넘는 등 가파른 오름세를 탔으

<표4> 국제 금 가격 변동추이(1883~현재)　　　　　　(단위 : U$/Oz, 기준:연평균)

기준년도	가격	기준년도	가격	기준년도	가격
1883	18.93	1979	306.00	2009/12/31	1,096.50
1914	18.99	1980	615.00	2010/12/31	1,421.60
1930	20.65	1982	376.00	2011/09/06	1,921.15
1931	17.06	2000	279.11	2011/12/30	1,566.40
1933	26.33	2003	363.38	2012/12/31	1,644.00
1934	34.69	2005	444.74	2013/12/30	1,208.05
1971	40.62	2007	695.39	2014/11/05	1,140.50
1973	97.39	2008	871.96	2015/04/15	1,202.05

자료 : 1883– 1994, World Gold Council, 1995– 2014, Kitco.com

나 2013년 들어 3차 양적완화의 축소 조짐이 보이면서 다시 하락했다. 2014년 10월 양적완화 종료를 눈앞에 두면서 달러화가 강세로 돌아서고 금값은 2010년 6월 이후 가장 낮게 하락했다.

이는 물론 미국의 가공할 만한 달러 유동성 공급과 부동산 시장 붕괴, 제로 금리에 가까운 초저금리 기조하에서 인플레이션에 대한 우려감 등에 따른 수급 불균형의 영향이 크다.

이처럼 금이 가치를 인정받는 이유는 시간이 지나도 훼손되거나 녹슬지 않고 영원하며 그 가치가 변하지 않고 순수하다는 것 때문이다. 금으로는 사물의 가격을 정확히 측정할 수가 있다. 그래서 금을 화폐로 쓰면 편리하다. 그러나 금은 희귀하다. 사회의 경제가 발달하는 규모에 맞추어 금이 제대로 공급되지 못하면 경제는 위축이 되고 만다. 역사가 시작된 이래 전 세계적으로 생산된 금의 양은 대략 17만 톤가량 된다. 세계 주요 금 생산국들의 금 매장량 총계가 약 4만 톤, 잠재매장량은 약 10만 톤가량으로 추정된다. 요즈음은 1년에 대략 금 2,000톤 이상을 소비하니 매장량은 20년이면 바닥이 날 것이고 잠재매장량까지 치더라도 50년을 넘기지 못할 것이다.

금이 이렇게 중요한 역할을 해 왔음에도 19세기가 한창일 때까지도 또 다른 귀금속인 은은 유럽과 미국에서 가장 중요한 화폐의 자리를 고수하고 있었다. 아메리카에서 수입된 금의 영향으로 영국에서 은이 입지를 잃기 시작한 것은 아이작 뉴턴이 살던 1717년경이었고, 영국 의회가 1816년 최초로 금본위제를 채택하기까지에는 100년이 더 걸렸다. 실제로 전 세계 경제가 급성장하기 시작한 18세기 중엽의 산업혁명 이후 수많은 화폐들이 금을 대신하기 위해 경쟁을 벌여왔다. 미국도 남북전쟁 이후 은의 산출량이 많아지면서 금본위제를 채택했다. 하지만 경제규모는 커지는 반면 금 보유량은 한정되어 있어 금의 가치는 폭등하는데 물가는 폭락하는 디플레이션 현상이 나타났다.

금본위체제 아래에서는 통화팽창이 발생하지 않기 때문에 화폐가치가 높아질수록 채권자에게 유리하다. 반면에 농장주들과 상인 같이 은행의 채무자 입장에서는 금은 부자의 화폐였다. 그들은 금본위제를 폐지하고 은화 주조로 화폐량을 늘려야 한다고 주장했다. 1896년 미국 대통령 선거는 이를 둘러싼 치열한 공방전이었다. 금 가격이 보여주는 궤적 속에는 이 같은 화폐전쟁이 녹아 있다.

기축통화 패권

산업혁명이 시작되던 시대에 영국의 중앙은행이 가장 먼저 파운드화를 금으로 바꿔주는 금본위제도를 채택했고, 파운드 통화의 지위도 격상되었다. 더구나 이후 신대륙에서 은이 대규모로 발견되자 은의 가치가 폭락하면서 금의 위상이 더욱 높아져 독일(1872년) · 프랑스(1878년) ·

미국(1879년) 등이 영국의 뒤를 따라 금본위제를 채택했다. 1848년 캘리포니아에서, 그리고 1851년 호주에서 대규모 금광이 발견되면서 골드러시가 이어졌고 전 세계 금 유통량이 비약적으로 증가하기 시작했다.

그중에서도 영국의 파운드화는 세계 무역의 60%를 장악했고, 런던의 금융시장은 전 세계 투자의 절반을 소화했다. 당시에는 파운드화만이 국제적으로 금을 대체할 유일한 수단이었다. 이는 파운드화가 역사상 처음으로 통화패권을 잡은 것을 의미했다. 통화패권을 장악한 나라는 중앙은행을 통해 이자율을 조절함으로써 단기자본 유입, 국내 총지출의 감소와 가격하락 등을 유도해 자국 경제에 일방적으로 유리한 조건을 이끌어 낼 수가 있다.

그러나 1890년부터 미국과 독일에서 시작된 대량생산 방식 도입과 중화학공업의 등장으로 영국의 국력은 쇠퇴하기 시작했다. 1913년 세계 경제에서 영국이 차지하는 비중은 14%로 미국의 47%에 비해 거의 3분의 1 수준으로 추락해 있었다.

1914년 제1차 세계대전이 벌어지면서 각국은 전쟁비용을 마련하느라 돈을 많이 찍을 수밖에 없었고, 찍어낸 돈에 상응해야 할 금은 부족하기만 했다. 또한 독일 잠수함이 대서양에 빈번하게 출몰해 습격하는 바람에 영국에서 황금을 운반하는 배가 출항할 수 없었다. 잉글랜드은행은 할 수 없이 1914년에 금본위제를 잠시 중지한다고 선언하기에 이르렀다. 파운드화 통화패권시대가 사라지는 순간이었다. 이때부터 파운드화의 금본위제도는 유명무실하게 되었다. 1925년에 다시 '금본위법안'을 통과시켰으나 이미 약화된 경제력은 신흥국가인 미국에 한참 못 미치는 수준이었고, 유럽에서조차 그 지위가 흔들리고 있었다. 금본위제를 부활시키면 파운드화의 강세를 초래해 영국의 수출이 타격을 입고 물가하락, 임금삭감, 실업률 상승이 나타날 것이 불을 보듯 뻔했다.

이때 존 메이너드 케인즈가 혜성같이 등장했다. 그는 독일에 대한 과도한 전쟁배상금 조치를 반대했고 금본위제 폐지를 강력하게 주장했다. 실제로 금본위제를 부활하자마자 영국 경제는 급전직하했다. 실업률은 1920년 3%에서 1926년 18%로 치솟았다. 1931년에는 "더 이상 파운드화를 가져와도 바꿔줄 금이 없다."며 금을 지급하지 않기 시작했다. 1929년 대공황이 심각한 경제위기를 가져오면서 1933년 미국도 금본위제를 포기했다.

한편 제1차 세계대전을 거치면서 명실공히 강력한 경제대국이 된 미국 또한 통화패권을 가지려 하지 않았다. 유럽의 부실한 경제권에 관련되는 것을 꺼렸고, 1823년 먼로독트린 이후 지속되어 온 '유럽에 관여하지 않는다'는 고립주의 노선 영향도 컸다.

금본위제가 사라지자 평화의 이해를 대변하던 국제연맹과 로스차일드가 및 모건가가 정치에서 자취를 감추었다. 국제 통화시스템은 파운드, 금, 달러로 사분오열되었다. 글로벌 경제를 묶고 있던 황금 줄이 끊어졌다는 것은 무언가 새로운 변화를 예고하는 신호였다. 통화패권 공백상태에서 전 세계 경제가 점점 밀접하게 연관되어 가자 혼돈도 커져갔다. 1929년 대공황은 이런 상황에서 발생했다. 제1차 세계대전 기간 동안 영국과 프랑스에 군수물자를 공급하면서 막대한 금을 확보했던 미국은 서서히 통화패권 카드를 만지기 시작했다.

브레턴우즈 체제

1944년 7월 미국 뉴햄프셔주의 브레턴우즈에 연합국 44개국의 재무부 관리들이 모여 제2차 세계대전 이후 새로운 세계 경제질서를 위한 국제통화제도를 결정하기로 했다. 이때 영국의 존 메이나드 케인즈는 독립적인 세계중앙은행을 창설하여 새로운 국제화폐 '방코(Bancor)'를 발행해 관리하자고 제안했다. 그러나 미국의 화이트는 세계무역과 경제에서 가장 강력한 나라인 미국의 달러를 국제화폐로 해야 한다고 주장했다. 당시 세력관계상 미국의 주장이 채택될 수밖에 없었다. 그렇지만 반발도 만만치 않았다. 미국이 자기 마음대로 달러를 발행하면 세계경제가 큰 위험에 빠질 수 있다고 이의를 제기한 것이다. 그래서 미국은 각국 정부가 35달러를 가져오면 금 1온스로 바꾸어 주겠다고 약속했다. 이렇게 하여 국제통화기금(IMF)을 중심으로 한 브레턴우즈 체제가 탄생하게 되었다.

미국은 브레턴우즈 체제를 통해 파운드화보다 강력한 통화패권을 추구했다. 금 1온스는 35달러의 안정적 기축통화로 표명됐고, 국제 교역에 있어 달러만이 유일한 국제 결제 통화(금환본위제: gold exchange standard)가 되었다. 다시 말해서 달러만 금과 고정 비율로 태환할 수 있는 반면에 다른 통화들은 금 태환 대신에 달러와 고정 환율로 교환할 수 있게 한 것이다. 이런 강력한 통화패권의 등장은 한편으로 국제 무역에 있어 결제의 장벽을 사라지게 함으로써 활발한 자본이동을 통해 세계 경제호황을 견인한 측면이 있었다. 동시에 전 세계의 통화거래가 달러화의 가치와 달러화의 발권량에 좌우되었다. 브레턴우즈 체제는 달러와 금을 고정환율로 정했기 때문에 불황이나 금융위기를 화폐정책만으로 해결할 수 있었다. 따라서 미국은 대출, 증여, 원조 등 다양한 방법으로 국제무역을 확대시킬 수 있었다. 그 결과 금본위체제일 때 기대할 수 없었던 경제적 번영을 이룩했다. 미국은 당시 전 세계 금의 70%를 독점하고 있었으며, 유일한 금본위 국가였다.

달러패권 시대

제2차 세계대전 이후 유럽에는 심각한 인플레이션이 발생했다. 이때 미국이 마셜플랜을 통해서 유럽에 대량의 달러를 공급했다. 여유로워진 달러로 유럽 국가들이 무역대금을 결제하게 되면서 달러는 자연스럽게 기축통화로 자리 잡았다.

그러나 이 체제는 1960년대 들어 미국이 베트남전쟁 등으로 막대한 비용을 지출하면서 흔들리기 시작했다. 전쟁으로 미국의 국제수지 적자가 발생했고 금을 중앙은행에 쌓지도 않은 채 전비조달을 위해 달러를 마구 찍어내다 보니 인플레이션까지 생겨났다. 물가는 상승하는데 경기는 둔화되는 스태그플레이션이 나타난 것이다. 해외에서의 군수품 조달로 서방 국가에는 달러가 쌓인 반면 미국은 점차 금이 바닥을 드러냈다. 프랑스는 달러화의 남발을 공개 비난했고 1971년 상반기에 영국은 30억 달러를 금으로 바꾸어 달라고 미국 정부에 요구했다. 그러나 그해 8월 닉슨 대통령은 "더 이상 바꾸어 줄 금이 없다."고 선언했다.

이렇게 브레턴우즈 체제의 근간인 금태환이 포기되면서 달러를 기초로 한 금본위제는 무너졌다. 금태환 정지로 국제통화의 질서가 혼란에 휩싸이자 각국은 1971년 12월 워싱턴의 스미소니언 박물관에 모여서 고정환율제도를 재건하기로 합의했다. 여기에서 채택된 협정에는 서유럽 국가의 화폐를 일제히 평가절상하여 금 1온스당 35달러에서 38

달러로 평가절하하고, 환율변동폭을 기준율의 상하 각각 2.25%로 확대했다. 그러나 외환시장에서의 달러투매 등으로 통화불안 현상이 빚어지자, 1973년 2월 달러화를 다시 금 1온스당 42.22달러로 10% 평가절하했다. 그럼에도 불구하고 투기적인 달러투매현상은 재연되었고, 3월에는 공동변동환율제를 채택함으로써 스미소니언 체제도 무너졌다.

이후 국제 통화체제는 혼미를 거듭하다가 1976년 1월 자메이카의 킹스턴에서 SDR(특별인출권)본위제와 각국에 환율제도의 재량권을 인정하는 변동환율제를 양 축으로 하는 킹스턴 체제가 탄생되었다. 변동환율제는 경제를 조정하는 효과도 있었지만 이로 인해 멕시코나 아시아 나라들은 외환위기를 겪기도 했다.

이후 달러는 '트리핀의 딜레마(Triffin's Dilemma)'로 압축되는 태생적 모순을 떠안은 채 통화패권을 지키게 되었다. 트리핀의 딜레마는 미국이 적자재정을 우려해 달러 공급을 중단하면 세계 경제가 위축되고, 그렇다고 달러 공급 과잉을 지속하면 달러 가치의 폭락 위험성이 나타나는 현상을 말한다.

1973년과 1979년 두 차례 발생한 오일쇼크로 달러가치는 더 떨어졌다. 달러가치 하락을 막기 위해 폴 볼커 미 연방준비제도이사회(FRB) 의장이 강력한 긴축정책을 펴면서 금리를 두 자릿수 수준으로 올리자 세계의 자금은 다시 미국으로 집중되는 듯했다. 그러나 고금리정책으로 달러가치가 높아지면서 막대한 무역수지 적자가 심각한 양상을 띠게 되었다. 여기에 레이건 행정부의 개인 소득세 대폭 삭감과 재정지출 유지로 대규모 재정적자가 나타나게 됨으로써 이른바 '쌍둥이 적자'를 야기했다. 달러가치 폭락을 막기 위해서는 무역흑자국이 벌어들인 달러 잉여자금을 미국 채권매입 등의 형태로 역수출해야 했다. 이 과정에서 일본이 제조업 발전으로 미국 GDP의 3분의 2 수준까지 따라붙었고 미국 달러는 다시 매력을 잃어갔다. 금값은 온스 당 300달러에서 450달러로 올라갔고 달러위기의 재발을 두려워한 선진국이 달러 안정화를 주장했다. 이로써 1985년 뉴욕 플라자호텔에서 엔화의 가치를 급등시켜 환율을 달러당 250엔에서 120엔까지 떨어지게 하는 이른바 '플라자 합의'가 이루어졌다.

플라자 합의로 한숨 돌린 달러패권은 1990년대 들어 미국의 효율성 강화를 요체로 한 신경제(New Economy)와 정보기술(IT)산업 육성을 추진하면서 경제를 부활시켰다. 그로 인해 시간당 생산성 성장률이 1% 정도에서 1995년부터 2.65%로 급등하기 시작했다. 특히 소련 붕괴 후 1991년부터 공산주의 진영이 자본주의에 대거 편입되자 글로벌 자본주의의 네트워크가 만들어졌다. 또 중국, 인도 등 신흥국가의 고속 성장 덕분에 미국은 저가 상품을 소비하며 실제 경제력보다 더 잘살 수 있게 되었다. 경제학자 로버트 고든은 이 상황을 '골디락스(높은 성장이 이루어지고 있음에도 물가가 상승하지 않는 상태)'라고 표현했다.

하지만 미국의 과잉소비와 다른 국가들의 과잉저축이란 글로벌 불균형 심화는 그 무게를 이기지 못한 채 서브프라임 사태와 맞물리면서 터지고 말았다. 이른바 서브프라임 모기지 부실이 리먼브러더스 파산으로 이어져 글로벌 경제위기가 닥치면서 달러값은 떨어지고 금값은 오르기 시작해서 온스 당 1,900달러까지 치솟은 것이다.

위기 극복 과정에서 시장에 공급되는 달러양은 많아질 수밖에 없었고 당분간 달러가치 약세는 불가피했다. 그 틈에 파운드화나 유로화, 엔화, 위안화가 국제통화로서 인정을 받는 듯했다. 그러나 이런 통화들 사이의 환율은 금본위제에서처럼 각국 화폐의 금 함유량에 의거할 수 없으므로 매우 심하게 변동할 수가 있다.

　현재의 상황에서 달러의 위상이 흔들리고 있지만 아직까지 달러를 대체할 수단은 마땅치 않다. 미국은 GDP기준으로 중국에 두 배나 앞서 있고 일본에 세 배나 앞서 있다. 중국이 위안화를 기축통화로 만들겠다고 하고 있지만, 변동환율제로 바꿔 기축통화 경쟁에 나서려면 10년도 더 걸려야 할 것이라고 사카키바라 에이스케 일본 와세다대 교수는 말한다. 달러패권이 종식된다는 것은 국제안보의 많은 부담이 미국 이외의 국가들에게 이전된다는 뜻이다. 달러의 몰락을 국제사회가 방치할 수 없는 또 다른 이유다. 이렇게 많은 국가들의 이해관계가 얽혀 있어 기존 질서가 쉽게 변하기는 어렵다. 그러나 역사는 말해 주고 있다. 파운드도, 달러도 금만큼 영원하지는 않다고.

〈도표3〉 통화 패권과 글로벌 경기 흐름

파운드패권 시대 (1870 ~ 1914년) 〈금본위제〉

1819　영국 금본위제 도입 ⟶ 영국 파운드화가 최초의 통화패권으로 등장
　└⟶ 독일(1872)　　　　※ 금과 파운드가 주요 국제거래 수단으로 통용됨
　　　프랑스(1878),
　　　미국(1879)

공백과 혼돈의 시대 (1914 ~ 1945)　1차 세계대전 발발

1914　영국 금본위제 포기 ⟶ 1914년 파운드화 패권 종식
　　　유럽의 금본위제 붕괴
1929　대공황
1931　영국 금태환 정지 ⟶ 1933 미국 금본위제 포기
　　　　　　　　　　　　　1939　2차 세계대전 발발

브레턴우즈 체제 (1945 ~ 1971)　〈금환본위제〉

1945　브레턴우즈 체제 출범 ⟶ 달러패권 등장
　　　　　　　　　　　※달러가 국제무역의 안정적 경제수단으로
　　　　　　　　　　　　정착되면서 세계경제 호황

달러패권 시대 (1971 ~ 현재)　〈관리통화체제〉

1971　브레턴우즈 체제 포기 ⟶ 달러화 금태환 포기
　　　　　　　　　　　　　　　(냉전비용 과다지출로 인한 금 부족이 원인)
1973　제1차 석유파동 ---⟶ 오일쇼크로 인플레이션 심화
1979　제2차 석유파동　　미국 무역수지 적자로 달러가치 하락 시작
1985　 플라자합의 　(글로벌 불균형의 인위적 조정) ⟶ 엔화 절상
1999　 유로화 출범 　2001 ----- 9.11 테러
　　　　　　　　　　 2003 ---- 이라크전쟁
2002~2004　초 저금리 시대 (1%대) ──────────┐
　　　　　　　　　　　　　　　　　　　　　　　　　　　↓

> '미국 대규모적자 – 신흥국 대규모 흑자'
> 글로벌 불균형 심화
> 부동산 주식 등 전세계 자산 버블 초래

2007.3　 서브프라임 모기지 사태 시작 ⟶ 2008.9 리먼브러더스 파산보호신청
　　　　　　　　　　※ 글로벌 금융위기 및 실물경기 침체 본격화
2011.8　 유럽재정위기 ----- PIIGS 국가들

5장

세기의 공황

1
카를 마르크스의 꿈

청년헤겔학파의 이상

부처나 예수, 마호메트 같은 종교가들은 현생을 살아가는 사람들의 마음을 다스리고 위안을 주는 안식처 역할을 해 왔다. 한편 알렉산더 대왕이나 칭기스칸은 역사의 전면에서 세계사의 흐름을 바꿔 놓았다. 그러나 카를 마르크스는 역사의 뒤편에 서서 공황이 일어날 때마다 나타나 현세의 사람들을 향해 주먹 쥔 손을 들고 외치는 사람 같다.

1811년 영국의 중·북부 섬유공업 지대에서 네드 너드의 주도하에 기계를 파괴하는 러다이트 운동이 일어났다. 그리고 몇 년 후인 1818년 5월 마르크스는 독일의 트리어에서 유대교 랍비의 후예인 법률가의 아들로 태어났다. 마르크스는 헤겔 철학에 비판적이던 청년헤겔학파의 영향을 받으며 철학공부를 했다.

1840년에 그리스 철학에 관한 연구로 철학박사 학위를 받은 마르크스는 독일의 대학에서 교수직을 구했다. 그런데 헤겔에 비판적인 청년헤겔학파에 경도된 그의 혁명적 민주사상을 싫어한 프러시아 왕정이 그에게 교수자리를 허락할 리 없었다. 고향으로 돌아온 마르크스는 청년좌파들과 함께 반체제적 언론인 《라인신문》을 창간하고 편집인이 되었다. 그러나 1년이 되지 않아 신문이 왕정타도를 선동한다는 이유로 프러시아 정부로부터 폐쇄명령이 내려졌다. 마르크스는 비통한 심정이 되었고 자본주의 사회에 대한 과격한 비판자가 되었다. 1844년 독일에서 급진좌파운동에 대한 탄압이 심해지자 그는 파리로 갔다.

마르크스가 엥겔스를 처음 만난 것은 그해 8월 레장스 카페에서였다. 엥겔스는 영국 맨체스터 방적공장 사장의 아들로서 부친의 강요로 일찍부터 공장운영에 참여했고 현실을 관찰하는 눈을 키웠다. 그는 마르크스보다 두 살이 어렸으나 어려운 개념과 이론을 쉽게 풀어내는 재주가 있어 마르크스의 추상적인 이론을 구체화하는 데 크게 공헌했다.

엥겔스는 마르크스에게 프롤레타리아 개념을 소개했고 마르크스는 이에 즉각 공감했다. 마르크스가 생각하는 프롤레타리아란 애초에 귀족이었든 파산한 사업가였든 자연발생적이거나 인위적이거나 사회의 급격한 해체로 야기되었거나 간에 빈곤층으로 전락한 계급이었다. 파리에서 그들은 꼬박 열흘 동안 대화하고 논쟁하고 술을 마시면서 서로의 생각이 똑같다는 것을 발견했다. 엥겔스는 마르크스에게 영국에서는 사회문제나 윤리문제가 경제문제로 재정의되고 있으므로 사회비평가라 할지라도 경제적 현실과 씨름하는 일이 불가피하다고 말했다. 그래서 자기들도 정치경제학의 원칙들을 이용해서 돈에 매몰된 영국 사회를 바꾸어야 한다고 했다. 그렇게 마르크스는 스스로 경제학자가 되어 갔다.

그 당시 영국은 산업혁명의 영향으로 인구가 엄청나게 불어났으며 소득 또한 세계에서 가장 높았다. 1750년에서 1850년 사이에 GDP는 네 배나 증가했다. 100년간의 증가분이 그 이전 1,000년간의 증가분보다 높았다. 그러나 빅토리아 여왕시대의 런던은 돈벌이를 위해 몰려오는 사람들과 극단적인 빈부격차로 몸살을 앓고 있었다. 런던은 시골에서의 굶주림과는 다른 형태의, 인간의 손으로 만들어진 빈곤의 현장이었다. 부가 증가하는 다른 한 쪽에선 빈곤이 어마어마하게 증가하고 있었다. 자유경쟁에서 탈락하는 소외계층이 급속하게 늘어난 것이었다.

마르크스와 엥겔스는 영국의 생산력이 계속해서 증가하리란 것을 의심하지는 않았다. 그러나 자유경쟁과 '보이지 않는 손'에 의한 자본주의의 분배 매커니즘의 치명적 결함이 체제 전체를 붕괴시키리라고 확신했다. 공장 노동자를 포함한 비숙련공의 임금은 미미하게 상승하는데 그쳤고, 그것은 식구 수의 증가로 상쇄되고 말았다. 거기에다 경기에 따라 제조업이나 건설업은 변동이 심했다. 고용은 전보다 불안정해졌다.

아일랜드에 감자기근이 두 해째 이어지던 1848년 그들은 『공산당 선언』을 발표했다. "부르주아 계급은 더 이상 사회의 지배 계급이 될 자격이 없다. 프롤레타리아들이 잃을 것은 족쇄밖에 없다. 프롤레타리아들이 얻을 것은 온 세계다. 만국의 노동자여, 단결하라!"

이것은 급진적 비밀결사를 선호하던 블랑키파와의 차별을 선언하면서 비밀결사에서 공개선언으로 탈바꿈하려는 변화였다. 이러한 변화가 가능했던 것은 산업혁명으로 인한 산업자본가와 노동자 세력의 확대, 사회주의사상의 보급, 시민과 노동자 그리고 사회주의자들이 일으킨 1848년 2월 혁명 덕분이었다.

『공산당 선언』은 공산주의자 연맹의 선언문으로서, 생산기술의 급속한 향상, 생산물의 대량생산, 세계적인 교류확대 등 자본주의의 역사적 성과를 찬양하고, 반면에 심화하는 경제위기와 공황 그리고 임금노예로 전락한 노동자 계급이 단결함으로써 자본이 극소수에게만 집중된 자본주의는 붕괴할 것이라고 예측했다. 그러나 마르크스가 고대하던 혁명은 일어나지 않았다. 2월 혁명은 사회주의로 귀결되지도 않았고 오히려 나폴레옹 3세가 집권하게 되었다.

더구나 유럽에서는 농업생산성이 높아지고 산업 고용률이 상승하면서, 프롤레타리아는 기술을 갖춘 노동귀족 계급과 부도덕한 악습에 빠진 룸펜 프롤레타리아로 나뉜 것이었다. 그리하여 노동귀족 계급은 혁명보다는 파업과 단체교섭으로 더 높은 실질임금을 선호하였고 룸펜 계급은 술에 취해 버렸다. 『공산당 선언』이 내린 처방은 산업노동자들에게는 전혀 와 닿지 않는 이상에 불과했다. 더구나 자본가들은, 마르크스가 놓치는 바람에 이론상 오류를 범했던 부분, 즉 노동자가 곧 소비자라는 사실을 이해하고 있었기 때문에 임금을 딱 생계만 유지할 정도로만 준 것은 아니었다.

마르크스는 또다시 추방당하는 신세가 되었다. 1849년 8월 마르크스는 무수한 정치 망명자들이 둥지를 트는 런던으로 이주했다.

대영박물관 도서열람실 G7 좌석

마르크스가 살았던 시대에는 여러 번의 크고 작은 경제위기가 찾아왔다. 그중에서도 1837년의 경제위기는 세계 최초의 국제적 공황이었고, 1857년의 공황도 전 세계의 경제 성과를 심각하게 무너뜨렸다. 19세기는 산업혁명 이후 발전하던 자본주의의 폐해가 그 본래 모습을 드러내고 있던 때였다.

마르크스도 그 피해자의 한 사람으로서 자본주의 사회에서는 왜 빈곤문제가 생기는지를 밝히고, 자본주의의 운동법칙을 발견하여 그 결함부분의 대척점에 있는 보다 나은 대안을 제시하고자 했다. 마르크스는 경제위기의 요인을 구매력이 극도로 위축된 상태로 보았다. 케인즈가 말하는 유효수요 부족이다. 그는 자본주의 경제가 시작된 때로부터 경기가 주기적으로 상승하고 하강하는 과정에서 필연적으로 공황이 되풀이된다는 사실을 알았다. 마르크스는 그러한 경제위기와 공황이 반복되는 원인이 자본주의 경제의 작동원리 자체에 문제가 있기 때문이라고 생각했다.

1847년에는 유럽 전역에서 공산주의 봉기가 여러 차례 일어났다. 모두 진압은 되었지만 마르크스에게는 의미심장하게 느껴졌다. 그는 시장경제에서 왜 정기적으로 경제위기가 발생하는지 분석하기로 결심했다. 그가 이 문제로 고심하는 동안 1848년 미 캘리포니아에서 금광이 발견되면서 1850년대 들어서는 호황국면을 맞이하고 있었다. 그렇지만 1854년 크림전쟁이 일어나고 1857년 부동산과 철도 선물에 집중하던 오하이오 생명보험 신탁회사가 파산하면서 연쇄반응이 일어났고, 1400여 개의 은행과 철도 관련 회사들이 파산했다.

이 사태는 마르크스로 하여금 엄청난 에너지를 쏟게 한 계기가 되었다. 이 시기에 마르크스는 경제적으로 많은 어려움을 겪었으나 영국의 정치경제를 완전히 습득하여 그의 정치경제학이 성숙되는 시기이기도 했다. 먼 친척으로부터 물려받은 의외의 유산 6,000프랑을 이미 소진한 후였다. 그는 친구들에게 생활비까지 빌려야 하는 처지가 되었다. 다행히 엥겔스는 회사에서 경영자 수업을 받기로 부친과 약속하고, 마르크스가 저술에 전념할 수 있도록 연간 375파운드를 보내주었다.

이때 마르크스는 『자본론』의 초고를 정리하고 있었다. 그는 대영박물관 도서열람실 G7 좌석으로 매일 출근하다시피 찾아가서 역사의 물줄기를 바꾼 원고를 써내려 갔다. 여섯 아이들 가운데 셋이 죽었고 부인과 큰 딸이 병에 걸려 신음했으나 그는 『자본론』 저술을 멈추지 않았다.

한때 너무 돈에 쪼들렸던 마르크스가 처음이자 마지막으로 철도 사무원으로 일자리를 구하려고 했을 때는 영어도 잘 못하고 필체가 너무 형편이 없어서 채용이 거부되고 말았다. 그는 거의 평생 엥겔스가 주는 돈에 의존해야 했다. 마르크스가 엥겔스에게 보낸 편지들을 보면 그가 얼마나 힘든 생활을 보냈는지 알 수 있다.

"나의 아내와 어린 예니 모두가 아프네. 그런데 돈이 없어 의사를 부를 수가 없네. 지난 8~10일 동안 나는 가족들에게 빵과 감자만 먹였는데 오늘은 그것마저도 먹일 수 있을지 걱정이네. 어떻게 하면 이런 경제적 곤란으로부터 벗어날지."(1852.9.8)

"나는 방금 지방세 징수관으로부터 세 번째의 마지막 경고편지를 받았네. 월요일까지 세금을 내지 않으면 월요일 오후에 재산압류인을 보낸다고 하네. 가능하다면 몇 파운드라도 보내주게."(1857.12.18)

당시 시대의 질문은 "사유재산제 경쟁체제에서 생활수준이 과연 얼마나 향상될 수 있는가? 자본주의는 제대로 작동될 수 있는가? 그리고 이 자유시장경제 체제는 지속이 가능한가?"였다. 마르크스는 공황과 불황이 경제체제에 의해서 발생하기 때문에 당연히 이 체제가 파괴될 수밖에 없다고 생각했다. 따라서 혁명이 불가피하다는 것을 수학적으로 증명하려고 했다.

엥겔스에게 『정치경제학 비판』이라는 걸작을 쓰겠다고 약속한 지 거의 15년이 지나고 있었다. 각고의 인고 속에 1867년 드디어 그는 『자본론(Das Kapital)』 제1권을 독일어로 출간했다. 『자본론』 제2권과 제3권은 1883년 마르크스가 죽은 뒤, 그가 남긴 원고를 엥겔스가 정리해서 1885년과 1894년에 각각 출판했다.

잉여가치와 자본의 일반공식

『자본론』은 자본주의 원리를 비판적으로 분석하고 전망했다. 그만의 독특한 역사유물론을 바탕으로 노동자 계급이 어떻게 자본가 계급에 의해 착취되는지, 그리고 자본주의 구조와 변동법칙이 무엇인지 설명하고 있다. 그래서 『자본론』은 자본주의의 착취문제를 분석한 저작이라고도 하며, 노동자 계급의 성경으로 불리기도 한다. 그러나 난해한 문장, 추상적 개념, 그리고 복잡한 숫자로 가득한 책을 노동자들이 읽어내기란 쉽지 않다.

노예제사회의 노예나 중세 봉건사회의 농노는 인격적으로 자유롭지 않았다. 따라서 그들은 자기 노동력을 시장에 상품으로 내놓을 수 없었다. 그러나 인격적 속박에서 벗어났다고는 하더라도 재산이 없는 프롤레타리아 무산대중은 자기 노동력을 팔아야만 먹고 살 수 있는 것이다.

노동력이 시장에서 상품으로 매매되려면 노동력의 소유자인 노동자가 자기 노동력을 마음대로 처분할 수 있어야 한다. 그런데 노동자가 노동력을 한꺼번에 몽땅 판다면 그는 자기 자신을 파는 것이 되고 만다. 결국 그 자신이 상품 자체가 되는 것이다. 마르크스는 노동자가 자신의 노동력을 일정 시간 동안만 판매해야 한다고 말했다. 그리고 그것은 1일 8시간, 1주일 40시간 근로 등의 형태로 나타났다.

자본주의 사회에서 생산의 목적은 돈을 버는 것이다. 자본주의 사회에서는 돈을 벌기 위해 시장에서 다른 자본가와 경쟁해야 한다. 따라서 '이윤'을 더 많이 남겨 새로운 기술이나 설비에 투자하지 못하면 경쟁에 뒤처져 회사가 망할 수도 있다. 자본주의 사회를 움직이는 동력은 결국 '이윤추구'이다. 또한 자본가가 노동을 사주지 않으면 노동자는 생존할 수가 없다. 이것이 자본주의 시장을 지배하는 '게임의 법칙'이다.

『자본론』의 핵심은 잉여가치론이다. 노동자는 자신의 '노동력의 대가'로 받는 임금보다 더 많은 가치를 창출할 수 있다. 이를 '잉여가치'라 한다. 이윤추구를 위해서는 자본가가 노동자의 '잉여노동'에 의해 형성되는 '잉여가치'를 가져가야 한다.

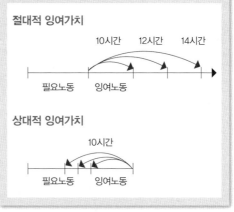

(그림22) 잉여가치의 생산

자료 : 김수행, 『청소년을 위한 자본론』, p.181

여기에는 잉여노동시간의 연장을 통해 잉여가치의 '절대량'을 늘려 이윤을 추구하는 방법이 있다. 한마디로 노동자에게 일을 더 오래 시켜서 이윤을 뽑아내는 방법이다. 이를 '절대적 잉여가치 창출'이라 한다. 또한 새로운 생산기술을 도입함으로써 상품을 만드는 데에 '사회적으로 필요한 노동시간'을 단축하여 생산력을 높이는 방법이 있다. 다시 말해서 생산력을 높여서 노동자의 몫을 줄여 나가는 방식이다. 이를 '상대적 잉여가치 창출'이라 한다.

그런데 이렇게 더 많은 이윤을 뽑아내는 방법 중에서 노동자들이 자발적으로 더욱 착취당하도록 만들 수 있는 방법이 있다. 바로 '성과급제'이다. 마르크스는 이것이 바로 자본주의 사회의 은폐된 '착취' 구조라고 했다.

수레를 만드는 사람은 사람들이 부귀해지기를 바라며, 관 짜는 사람은 사람들이 일찍 죽기를 바란다고 한다. "사람은 뱀을 보면 놀라지만 어부는 장어를 손으로 움켜쥐고, 누에는 애벌레와 비슷하지만 아낙

네는 누에를 손으로 주워 담는다. 이익이 있는 곳에서는 누구나 용감한 장수로 변한다."고 일찍이 한비자는 말했다. 애덤 스미스도 "우리가 저녁 식사를 기대할 수 있는 것은 빵집 주인의 자비심 때문이 아니라 이익을 추구하는 개인들의 생각 덕분이다."라고 말했다.

1770년 4월 영국의 선장 제임스 쿡이 호주 대륙을 본격적으로 탐험한 이래, 영국의 죄수 폭증과 미국의 독립전쟁으로 영국 정부는 이곳 호주에 새로운 유배 식민지를 건설하기로 하고 1788년 1월 아서 필립을 초대 총독으로 파견했다. 죄수들은 형기를 마치면 자유인이 되는 조건으로 호주행을 선택하도록 했다. 그런데 죄수 상당수가 오랜 항해 도중 사망했다. 1790년부터 3년간 죄수 4,082명 중 498명이 죽었고, 한번은 424명 중 158명이 죽는 경우도 있었다. 영국 정부는 갖가지 대책을 다 내놓았지만 효과가 별로 없었다. 결국 영국 정부는 성과급제를 도입했다.

선장에게 주는 죄수 호송비의 지급기준을 기존의 '죄수 1인당 지급'에서 '살아서 도착한 죄수 1인당 지급'으로 바꾸었다. 그러자 1793년 배 세 척이 죄수 422명을 이송했는데 사망자는 한 명뿐이었다. 평소 사망자가 많았던 원인은 항해시 전통적으로 제공하던 소금에 절인 쇠고기로 인한 괴혈병 때문이기도 했다. 그런데 성과급제를 도입하자 선장들은 죄수들의 건강에 신경을 썼고 식량도 쇠고기 대신 소금에 절인 양배추와 홍당무 잼으로 바꾸었다. 이후 영국은 죄수 약 16만 명을 비교적 안전하게 호주로 보냈다. 이타심이 아닌 돈을 벌려는 이기심이 죄수들의 목숨을 구한 것이다.

유통과정에서의 잉여가치

마르크스에 따르면, 인류의 역사는 원시 공산사회, 노예사회, 봉건사회, 자본주의 사회로 발전해 왔으며, 앞으로 사회주의(공산주의) 사회로 발전할 것이라고 하였다. 그리하여 새로운 사회는 착취가 소멸되고, 생산수단이 공유되며, 계획경제에 의할 것이라고 했다. 마르크스가 계획경제를 주장하는 이유는 확실하다.

그는 상품의 유통과정에서는 잉여가치가 발생하지 않는다고 보았다. 따라서 가치가 자본으로 전환될 수 없다고 했다. 다시 말해서 유통과정이나 교환과정에서는 상품이 화폐로 전환하고 또 화폐가 상품으로 전환하는 형태상의 변화만 있을 뿐, 가치의 양에는 변화가 없다는 것이다.

우리는 일반적으로 운송을 유통으로 분류하는데, 마르크스는 운송과정을 기계(차량)와 재료(연료)를 가지고 노동자의 노동(운전, 배달)을 통해 가치를 창출하는 생산과정으로 분류했다. 마르크스가 유통과정이라고 생각한 것은 그야말로 순수하게 물건이 교환되는 과정에 얽힌 일들이다. 따라서 마르크스에 의한 사회주의 계획경제가 실시된다고 가정하면, 공장에서 생산된 상품들은 창고를 거쳐 계획에 따라 직접 소비자에게 배송된다. 그러니 시장에서 여러 가지 물건을 진열해놓고 서로 물건을 팔려고 경쟁을 벌이는 유통업은 존재하지 않는다. 따라서 계획경제에서는 당연히 물건을 팔기 위한 광고도 필요 없게 된다. 반면에 자본주의 시장경제 체제에서 물건을 팔기 위해서는 유통부문이 필요하다. 이 '유통부문'의 필요성 여부가 서로 확연히 다른 점이다.

1917년 10월 레닌이 주도한 볼셰비키혁명에 성공한 구소련에서는 마르크스의 이론에 따라 계획경제를 실시했다. 그래서 2,400만 가지의 재화와 서비스의 가격과 생산량을 사람이 직접 정했다. 그중 중요한 50

만 가지는 중앙계획당국이 정했고 나머지는 지방계획당국에 맡겼다. 이렇게 한번 결정된 가격은 7~10년 동안 재검토되지 않아 거의 변하지 않았다. 그렇게 70년이 흐르고 난 뒤, 1991년 12월 25일 소비에트 연방 사회주의 공화국은 해체되고 말았다.

자본주의가 사회 전체의 최적화를 달성해 나가는 과정에서 구조적으로 비극적인 요소가 생겨나긴 하지만 자원배분에 있어서는 공산주의보다는 효율적이라는 점이 사실로 판명된 듯하다. 본래 지구상에는 인간이 필요한 만큼의 자원이 무한정 존재하지는 않는다. 이 희소한 자원을 어떻게 최대한 효율적으로 배분할 것인가에 대하여, 자본주의는 '가격'이라는 도구에 맡겼고, 공산주의는 '인간'에게 맡겼다. 잉여가치의 유무와 '유통부문'의 필요성 인정 여부가 자원의 배분방식으로 나타난 것이다. 그리고 자원배분을 '인간'이 직접 하느냐 '가격'에 맡기느냐의 여부가 이렇게 공산주의의 대부 소련의 해체라는 커다란 결과를 가져왔다.

마르크스 경제학

마르크스 경제학파는 고전주의학파의 많은 요소를 계승했다. 마르크스학파는 고전주의학파의 노동가치론을 채택했고 생산에 초점을 두었다. 또한 경제체제가 개인보다는 계급으로 이루어졌다고 주장했다. 이는 신고전주의학파와는 정반대의 주장이다.

마르크스는 고전주의학파의 생산에 기초한 경제관에서 한 걸음 더 나아가, 모든 사회는 경제를 하부구조(base)로 하고 그 위에 건설된다고 하였다. 생산력과 생산관계로 이루어지는 이 하부구조의 기반 위에 문화, 정치, 생활 등의 상부구조(substructure)가 세워진다고 했다. 그런데 이 상부구조는 하부구조인 경제가 운영되는 방식에 영향을 미친다.

(그림23) 카를 마르크스

마르크스는 계급에 기초해서 사회를 보는 고전주의학파의 견해를 한 단계 발전시켰다. 고전주의학파는 노동자 계급을 단순한 수동적 존재로 보았다. 그러나 마르크스에게 노동자는 힘없는 군중이 아니라 사회 변화를 가져오는 능동적인 존재였다. 당시는 노동자들의 열악한 환경 때문에 개혁을 요구하는 사회주의적 선동이 빈발하던 때였다. 그렇다고 마르크스가 아무 때나 자본주의를 무너뜨릴 수 있다고는 믿는 것은 아니었다. 그에게는 시기가 무르익는 것이 중요했다.

마르크스는 자본주의 경제에서의 기업은, 시장이라는 무질서한 바다에 떠 있는 합리적 계획의 섬과 같다고 했다. 또한 유한회사, 파산법, 중앙은행, 노동법 등이 등장하자 앞으로는 유한책임을 가진 다수의 주주가 소유하는 대규모 기업이 자본주의를 이끄는 주체가 될 것이라고 내다보았다. 그는 이 제도를 자본주의적 생산의 가장 발달한 형태라고 불렀다. 1849년 영국이 파산법을 개정하기 전까지만 해도 사업을 하다가 망하면 최악의 경우 채무자는 감옥에 가야 하던 때였다.

마르크스는 비즈니스 사이클 이론에 공헌한 사람 중 하나이다. 그는 자본주의 경제에서 위기와 불황이 어떻게 발생하는지에 대해 체계적인 이론을 제시했으며, 이 문제에 대한 접근방식에 있어서 기여를 했다고 라스 트비드는 말했다.

마르크스는 당시 토머스 칼라일을 비롯하여 산업사회를 비판한 수

많은 사람들 중에서 유일하게 사회질서를 위한 대안을 제시했다는 점에서 분명 평가를 받아 마땅하다. 그러나 그의 이론은 거의 한 세기 반 동안 세계문명의 분열을 가져왔다. 그러면 그의 이론적 바탕과 줄기는 어떻게 형성되었는가?

마르크스의 이론은 역사과정을 변증법적으로 풀었던 헤겔의 철학에 바탕을 두고 있다. 그리고 자본주의적 생산물의 가치를 결정하는 궁극적인 요소는 그것을 생산하는 데 투입된 노동의 양이며, 투하 노동력 외에 임금의 등락이 상품의 상대가치의 변동을 일으킨다고 주장한 데이비드 리카도의 노동가치설이 마르크스 경제학의 기초를 이루었다.

또한 산업경제의 치명적인 오류를 가장 먼저 깨닫고 이에 대해 극도의 혐오감을 나타낸 스코틀랜드의 작가 토머스 칼라일에게서 자본주의에 대한 혐오감을 취하였으며, 과거에 대한 향수 대신 유토피아를 선택했다. 그러나 로버트 오웬이 공동으로 일하고 거주하는 유토피아적 사회를 건설하려고 했던 반면에, 새로운 사회는 자본주의의 성과를 부인하는 것이 아니라 자본주의적 성과 위에 건설되어야 한다고 하는 과학적 사회주의를 주장했다.

마르크스는 자본주의의 모순에 대한 대안을 제시하려고 15년간 각고의 노력 끝에 하나의 이론을 완성했다. 그러나 우리는 마르크스가 아쉽게도 놓친 중대한 사실을 이미 살펴 보았다. 그리고 그것은 마르크스의 성격에서 온 면이 크다고 할 수 있다. 마르크스는 행정적 경험이나 다른 사람과의 사업적 접촉이 전혀 없었다. 그는 평소에도 쉽게 흥분하는 과격한 성격이었다. 런던에 살면서도 영어를 제대로 배우려고 한 적도 없었다. 그는 책상을 박차고 나와 현장의 상황과 직접 부딪치려고 하지 않았다. 당대 경제학자들의 생각을 무너뜨리려고 했지만 그들과 교류가 전혀 없었다. 마르크스가 살고 있던 곳에서 불과 1∼2마일 떨어진 거리에 존 스튜어트 밀이나 찰스 다윈, 허버트 스펜서, 조지 엘리엇 등이 살고 있었지만 그들과 만난 적도 학술적 토론을 한 적도 없었다. 가장 친한 친구이자 후원자인 엥겔스가 공장주였는데도 불구하고 노동자들의 참상을 보기 위해서 공장에 가본 적도 없었고 오로지 자기와 생각이 비슷한 소수의 망명자들과만 어울렸다.

마르크스는 『자본론』에서 자본주의의 경제적 운동법칙을 과학적으로 발견하여 그 문제점을 분석하고 논리적으로 비판하고 있다. 그는 자본주의는 인류 역사의 발전단계 중 하나일 뿐이며, 자본가 계급과 노동자 계급의 대립적 생산관계의 변화를 통해 자본주의를 뛰어넘는 새로운 사회가 찾아올 것이라고 말하고 있다. 아마도 마르크스는 인간에 의한 인간의 착취가 없으며 인류가 자유롭고 평등하게 살아가는 유토피아 사회를 꿈꾼 것인지도 모른다. 비록 그것이 이루어질 수 없는 이상에 불과했을지라도 말이다.

자본의 일반공식

초기 자본금 100원(M)으로 상품(C)를 구입하여 이를 110원(M')에 팔았다면, 이 순환의 형태는 'M − C − M'(= M+m)' 이다. 여기에서 최초의 화폐 100원은 m(10원)만큼 증식되었는데, 이 m(10원)을 '잉여가치(surplus value)'라고 부른다.

이러한 순환운동에서 가치는 화폐와 상품의 형태를 끊임없이 번갈아 취하면서 증식하기 때문에, 이 순환운동에 들어와 있는 화폐나 상품은 모두 자본이라고 말한다.

자본주의 사회에서의 상업자본이나 산업자본 또는 금융자본도 앞의 순환운동을 통해 가치를 증식시키기 때문에, 이 순환운동을 '자본의 일반공식'이라고 부른다. 여기에서 보면 각 자본 분파가 가져갈 수 있는 이윤은 노동자가 생산과정에서 창출한 '잉여가치'뿐이다. 그래서 자본가들은 '잉여가치'라는 파이 하나를 두고 서로 큰 몫을 갖겠다고 싸우고 있다.

문제가 있는 자본의 일반공식

판매자가 100원짜리 상품을 110원에 팔았다고 하면, 판매자는 10원의 잉여가치를 얻게 된다. 그러나 그가 다시 그 상품을 구매하고자 한다면 110원에 사야 하기 때문에 구매자의 입장에서는 10원을 잃은 꼴이 된다. 따라서 전체적으로는 잉여가치를 얻지 못하게 된다.

이와 같이 마르크스 『자본론』에서 자본의 일반공식(M − C − M')은, 상품 간의 교환을 나타내는 유통과정만을 표시한다. 그렇기 때문에 처음의 M보다 M'의 교환가치가 증가한 이유를 설명하지 못하는 문제가 있다.

가치가 창출되는 생산과정

마르크스에 의하면 물건의 위치가 바뀌기만 하는 유통부문에서는 잉여가치가 창출될 수 없다. 마르크스는 상품을 소비자가 있는 곳으로 운반하는 운송과정을 유통이 아닌 생산과정으로 분류했다. 화폐 소유자가 유통시장에서 어떤 상품을 구매하더라도 그 상품을 소비하거나 사용하는 과정에서 자기의 본래 가치보다 더 큰 가치를 창조해야만 한다는 것이다. 이를 위해서는 인간이 재화와 서비스를 생산할 때마다 노동력을 지출하는데, 이 '노동'이 가치를 창조하게 된다고 한다. 그리고 상품으로서의 '노동력'의 교환가치는 노동자가 받는 '임금'이 된다.

M − C − M'에서 가치가 증식되는 비밀, 즉 자본이 어떻게 가치를 늘리고 이윤을 창출하는지는 '생산과정'을 들여다봐야 한다.

이 과정을 들여다보기 위해 자본의 일반공식을 M − C(LP, MP) − P − C' − M'로

변형했다. 여기서 C(LP, MP)는 화폐와 상품을 교환하는 과정인데, LP는 노동력(Labor Power: LP)을 나타내고 MP는 생산수단(Means of Production: MP)을 나타낸다. 자본가가 노동력(LP)과 생산수단(MP)의 형태로 소유하고 있던 '자본'은 생산과정(P)를 통해서 새로운 상품 C′로 형태를 바꿨다. 이렇게 노동력(LP)과 생산수단(MP)은 생산과정(P)을 거쳐 새로운 상품(C′)을 낳고 상품은 다시 화폐(M′)로 교환된다.

산업예비군

자본의 집적과 집중으로 다른 기업들을 압도할 만큼 덩치를 키우면 이들은 시장에서 독점적 지위를 얻게 된다. 이렇게 형성된 독점자본들은 더 많은 이윤을 얻기 위해 풍부한 자금력으로 노동절약적 기술혁신을 끊임없이 개발하기 때문에, 자본주의 사회에서는 자본축적 과정에서 잉여가치를 창조하는 노동자가 기계로 대체되고 생산과정에서 해고되어 실업자로 될 가능성이 점점 더 높아진다. 더구나 생산의 무정부성 때문에 과잉생산에 따른 공황이 발생한다.

그러면 산업예비군이 넘쳐나게 된다. 결국 실업자가 증가하면 노동자 계급의 힘도 약화되어 지리멸렬해지고 자본가 계급의 독재가 더욱 강화될 수 있다.

자본의 집적	확대재생산을 통해서 자본의 크기를 불려나가는 과정
자본의 집중	경영이 어려워지거나 도산하는 기업을 인수합병을 통해 자본이 덩치를 불려나가는 것
생산의 무정부성	기업이 전체 사회의 필요에 따라 생산을 계획하지 않고, 자본가의 사적 이윤추구 욕망에 따라 움직이는 것
산업예비군	구조조정이라는 명목으로 해고되어 일자리를 찾지 못하는 수 많은 실업자

2
1800년대의 공황

세계 최초의 국제적 공황

1835년 존 스튜어트 밀(John Stuart Mill, 1806~1873)이 그의 친구인 토머스 칼라일(Thomas Carlyle, 1975~1881)로부터 프랑스 혁명을 다룬 800쪽짜리 초안 원고 검토를 부탁 받았다. 그런데 원고를 검토하던 밀이 어느 날 저녁 깜박 잠이 들었다. 마침 그때 가정부가 들어와 벽난로에 불을 지폈다. 그리고 유감스럽게도 칼라일의 원고는 불쏘시개가 되고 말았다. 할 수 없이 칼라일은 원고를 다시 써야 했고 그렇게 『프랑스혁명사』는 1837년에야 출간될 수 있었다.

공교롭게도 그 해는 인류 역사상 최초의 국제적인 공황이 발생된 해였다. 1830년대 초 면화가격 강세로 미국 경기는 전반적으로 호황을 누렸다. 그러나 1837년부터 면화가격이 떨어지기 시작하여 70%까지 폭락했다. 그 결과 남부지역의 수입이 격감하면서 소비위축으로 이어졌고, 북동부의 제조업에 치명적 타격을 주었다.

한편 1820년부터 1836년 사이 미국에 운하건설의 붐이 일어나 신흥시장 투자자들의 관심을 끌었다. 일리노이·미시간 운하 계획은 시카고의 땅값을 100배까지 뛰게 만들었다. 미국 시중에 유통되던 총 통화량도 1832년부터 1836년의 4년 사이에 5,900만 달러에서 1억 4,000만 달러로 137%나 늘어났다. 더구나 이 유동자산 대부분은 자본준비금이 거의 없는 신설 은행에서 발행된 것이었다. 그리고 이 돈들은 투기꾼들에게 자금을 제공함으로써 부동산 투기를 부추겼다. 운하관련 주식과 채권은 불티나게 팔려나갔고, 영국 등 유럽에서 자금이 밀려 들어왔다. 이러한 투자 열풍으로 1836년 영국의 금 보유액은 절반으로 줄어들었다. 그러자 영국에 금융공황이 일어나 여러 은행들이 문을 닫아야 했다.

이에 영국은 증가하는 금 유출을 방지하기 위해 금리인상을 단행했다. 1837년 콜금리가 15%까지 치솟자 미국의 증권에 대한 수요는 하루아침에 사라졌다. 때마침 미국의 중앙은행이 폐지되었다. 또한 모든 토지 교역에는 금화와 은화만 사용하도록 했다. 그러자 시장에서 화폐가 사라졌고 긴축통화가 시작되었다. 미국은 자금고갈로 순식간에 경기가 침체되었다. 은행들은 금태환을 중지해야 했고 1,500개 이상의 은행들이 파산했다. 같은 시기에 면화 가격도 폭락하여 농장주와 면화 투자자들도 파산했고, 동부지역 공장의 90%가 문을 닫았다. 시카고의 땅값도 10분의 1로 추락했다. 미국에 투자된 영국 자본도 모두 휴지조각이 되어 버렸다.

이때의 위기는 면화가격 폭락과 영국의 금리인상에 따른 미국 투자자금 회수로 일어났다. 마치 1997년 아시아 금융위기가 외국인 투자자들이 투자했던 돈을 일시에 빼나감으로써 촉발됐던 상황과 비슷했다. 공황은 1842년까지 5년간이나 계속되었고 미 대륙 대부분 지역의 부동산 가격이 바닥을 쳤다.

미국의 운하건설로 인한 붐이 가져온 최초의 국제적 공황은 1848년 캘리포니아에서 거대한 금광 '샌프란시스코'가 발견되면서 상황이 호전됐다. 1851년에는 호주에서도 금광이 발견됨으로써 세계 금 공급량은 1851년 1억 4,400만 실링에서 1861년 3억 7,700만 실링으로 급증했다. 그동안 금 공급량을 통제함으로써 국제 금융을 주무르던 유럽 금융재벌들의 절대적 지배가 금광의 발견으로 힘을 잃게 되었다. 화폐공급량에 경제의 발목이 잡혀 있던 미국 정부는 비로소 한숨을 돌릴 수 있게 되었다.

1857년의 금융공황

1846년 멕시코와의 전쟁은 미국에게 캘리포니아 땅속의 금광을 안겨주었다. 2년 전에 발명된 전보 덕택에 이 소식은 즉각 전 세계에 알려졌고 수많은 이민자들이 일확천금의 꿈을 안고 물밀 듯이 몰려왔다. 캘리포니아 골드러시는 새로운 철도건설의 촉진제가 되었다. 철도건설과 금광산업은 쌍두마차가 되어 경기회복의 윤활유가 되었다. 1850년대 들어 미국의 철도 건설은 본격적인 붐을 맞이했다.

조면기(繰綿機)의 발명으로 남부지역이 면화산업에 주력하던 시기였고, 때마침 면화가격도 반등했고 철도산업 발달 덕분에 캘리포니아 금광개발산업도 융성할 수 있었다. 금 생산은 부족한 화폐를 공급했고 경기가 회복되어 활발하게 돌아갔다. 철도 건설은 1856년까지 더욱 확대되었다.

그런데 자본이 필요한 시점에서 러시아와 러시아의 남하를 막기 위한 영국, 프랑스, 터키 연합군 사이에 크림전쟁(1853~1856)이 벌어졌다. 전쟁이 일어나자 외국인 투자가 줄어들었다. 투자심리가 크게 위축되었고 1857년에는 다시 공황이 왔다. 1,415개의 은행들과 철도관련 회사들이 파산했다.

(그림24) 미국의 철도 건설

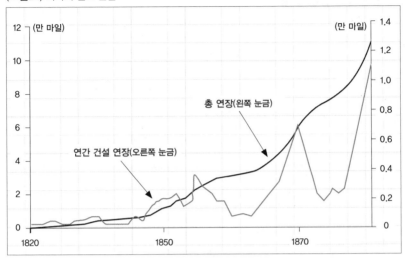

자료 : 마크 파버, 「내일의 금맥」 p. 92

　이때는 특히 철도와 부동산, 그리고 1차상품 선물에 투자하던 오하이오 생명신탁회사가 파산함으로써 위기의 도화선이 되었다. 게다가 센트럴 아메리카호가 160만 달러어치의 캘리포니아산 금을 운반하다 침몰했다. 그 금은 동부지역 은행들에게 유동성을 공급해주는 것이었는데 침몰로 인해 투자심리가 크게 위축되었던 것이다.

　그러나 이때의 공황은 금융부문에 국한된 것이었다. 다른 산업 특히 남부지역의 면화산업에는 거의 영향이 없었다. 오히려 면화산업은 더 활성화되었고, 1860년경에 이르러서는 전세계 면화의 6분의 5를 공급하게 되었다. 남부지역에서는 적대관계에 있는 북동부 지역의 경제가 붕괴할 수도 있다는 기대를 가졌다. 그러나 남북전쟁은 그들의 희망과 다르게 진행되었다.

1873년의 대공황

미국은 남북전쟁(1861~1865)이 끝나면서 일기 시작한 철도·건설 산업의 붐으로 경제는 호황을 구가했다. 1873년에는 대륙횡단 철도가 완성되었고 서부 개척은 놀랄 만큼 짧은 시간에 이루어졌다. 1860년부터 1873년까지 철도 부설거리는 2배로 증가했다.

1870년에는 프로이센을 중심으로 독일통일을 이루려는 비스마르크와 그것을 저지하려는 나폴레옹 3세의 정책이 충돌해서 보불전쟁이 일어났다. 그리고 독일은 1871년 이 전쟁에서 승리하여 프랑스로부터 막대한 전쟁배상금을 받았다. 풍부한 자금을 바탕으로 독일에서는 주식회사 설립 붐이 일어났고, 철도산업도 발달하여 루르 중공업지역의 호황이 이어졌다. 영국도 이런 철도산업의 붐에 자극 받아 세계 금융의 중심지가 된 런던의 자본시장을 통해 급속도로 해외 투자를 늘려 나갔다.

미국의 철도산업에 대한 외국인 투자자들의 투자 또한 이어졌다. 영국을 비롯한 유럽자본이 11억 달러나 투자되었다. 이러한 철도투자 열풍은 미국과 영국에만 국한되지 않았다. 러시아와 오스트리아, 그리고 아르헨티나를 비롯한 남미 국가들까지 철도건설 사업을 위해 런던과 파리에서 자본조달이 시도됐다.

1869년에는 수에즈운하가 완공되어 해상운송에 대한 관심도 높아졌다. 더구나 산업혁명으로 인한 새로운 변화가 많은 시기였기 때문에 누구나 큰돈을 벌 다양한 기회가 많았다. 예나 지금이나 새로운 상황에 대한 기대는 사람들의 이성을 마비시키는지도 모른다. 이러한 때에는 위험관리보다는 맹목적 신뢰와 무모한 낙관이 눈을 가리게 되어 있다.

당시의 호황은 철도, 석탄, 철강으로 이어졌다. 그러나 수요의 급증에 맞추어 제철소가 금방 지어질 수는 없었다. 석탄광이 발견되어 선철과 석탄이 즉각적으로 공급될 수 없는 상황은 결국 원가 폭등을 불러왔고 철도 산업의 수익성이 악화되었다. 무분별한 철도의 확장과 투기는 이미 언제 터질지 모르는 거품을 안고 있었다. 뉴욕 금융시장의 금리가 오르고 금 수요가 대량 발생했다. 잉글랜드은행은 대규모 금 유출을 막기 위해 공정할인율을 인상함으로써 해외투자가 급감했다. 세계적으로 무역량이 줄어들었고 수출 붐도 식었다.

1873년 5월, 비엔나에서 세계박람회가 열리고 있었다. 그러나 박람회가 열리는 동안 비엔나 증권거래소에서 거의 모든 은행주들이 절반 가격으로 폭락하면서 전 세계가 공포에 휩싸였다. 9월에는 위기가 뉴욕으로 파급됐다. 남북전쟁 때 슈퍼 세일즈맨 재정가로 2천만 달러의 큰돈을 모았던 제이 쿡의 노던 퍼시픽 철도회사와 증권회사도 문을 닫고 말았다. 놀란 유럽 자본이 삽시간에 빠져나갔다. 대부분의 철도건설 프로젝트는 파산했고, 미국에서만 2만개 이상의 기업이 망하고 말았다. 1873년의 경제붕괴는 철도건설 붐이 자본을 무리하게 흡수함으로써 자본시장을 왜곡시킨 데서 일어났다. 철광산업도 지나치게 팽창해 있었다. 여기에 증권의 버블과 부동산 투기까지 복합적으로 작용하면서 위기가 심화되었다. 이 공황은 1929년의 대공황에 비견될 만큼 19세기 최대의 공황이었다. 공황은 1879년까지 6년간 이어졌지만, 영국에서의 불황은 1896년까지 23년간의 오랜 디플레이션 시대를 만들어냈다. 이 기간 동안 물가가 46%까지 서서히 떨어졌다.

이런 배경 하에서 아프리카에 대한 영국의 침략은 어쩌면 당연한 귀결이었다. 1875년 영국 정부가 수에즈운하의 주식을 매입한 것은 식민 제국주의로 나가는 첫 번째 단계였다. 1882년 이집트가 경제적 혼미 상태로 외채 지불정지를 하자 영국은 이집트를 점령하고 실질적인 통치를 시작했다. 영국은 그로부터 20년 사이에 아프리카 종단을 완료했다. 영국은 세계 전역에 식민지를 갖고 파운드화를 국제 결제통화로 만들었다. 그리고 금융자본으로 전 세계를 지배했기 때문에 언제나 자유주의 정책을 고수했다. 영국은 명실상부한 팍스 브리태니카 시대를 열고 있었다. 한편 영국의 근 20년간의 대불황 기간에 독일은 철강, 석탄, 기계, 화학 등 중화학 공업에서 거의 영국을 따라잡고 있었다. 영국의 독보적 위치가 흔들리고 있었던 것이다.

1893년의 철도공황

1790년 미국의 인구는 393만 명에 불과했으나 영국에서 시작된 산업혁명의 물결이 미국으로 밀려들면서 1885년에 이르러 인구가 6,000만 명으로 늘어났다. 그리고 1890년 중반까지 석탄, 철강 등을 비롯한 세계 산업생산의 28.9%를 차지하는 세계 최대 공업국으로 변신했다.

미국 산업화시대의 본격적인 시작은 서부개척과 광활한 국토를 연결하는 철도건설에서 시작되었다. 미국에 있어 19세기는 철도의 시대였다. 1828년부터 시작된 철도 건설은 1850년에 12,000km, 1860년에 48,000km로 늘어났다. 그럼에도 1861년 남북전쟁이 일어났을 때는 군대수송과 물자보급을 위해 철도의 연장이 필요했다. 더구나 전쟁기간 중에 자영농지법이 도입되어 서부개척에 종사했던 사람에게 약 20만평의 토지를 무상으로 주기로 했고 서부개척이 촉진되었다. 군대의 교신을 위해 수천 마일의 전신도 가설되었다. 전신소는 철도망에 연결된 전국의 철도역에 있었다.

전쟁이 끝난 뒤 1865년부터 다시 철도의 건설이 본격적으로 재개되었다. 철도산업은 그 자체가 어마어마한 사업이었지만 그에 따른 각종 부가가치 또한 엄청났다. 대륙횡단철도를 비롯한 철도의 건설은 광활한 미국대륙을 하나로 통합하고 황무지를 개척한 일등공신이었다.

문제는 철도산업이 50년간 무계획적으로 발전해 왔다는 것이었다. 널려 있는 지선망과 간선망은 중복됐고 난삽했다. 철도회사의 수익성은 요금경쟁과 중복투자, 부실경영으로 악화되고 있었다. 미국의 철도 길이는 1880년 15만km에서 10년 후 26만km로 늘어났다. 철도회사는 200여 개나 난립하고 있었다. 이러한 환경에서 투자와 관련된 간행물이 쏟아져 나왔고, 투자자들은 중립적인 기관의 투자정보를 원했다. 그리고 그것은 긴 문장으로 된 설명보다는 간편한 평가등급이 더 효과적이었다. 훗날 존 무디(John Moody)가 철도채권의 등급을 문자로 표시했다(1909년). 이것이 미국 최초의 평가등급이었고, 그렇게 신용평가회사는 탄생했다.

1873년의 공황으로 인한 부실기업의 도산은 도리어 미국 공업의 경쟁력을 강화시켰다. 한편으론 공황 이후 각국에서 카르텔, 트러스트 등 불공정거래를 통한 독점자본의 성립이 촉진됐다. 존 록펠러가 1870년 설립한 '스탠더드 오일'은 철도업체와 결합해서 석유수송망을 장악한 후 차별적 운송요금 적용으로 경쟁업체들을 무너뜨렸다. 그리하여 미국 석유시장의 90%를 장악하고 가격횡포를 부렸다. 1890년 오하이오주 상원의원인 존 셔먼이 "정치체제로서 군주를 원하지 않듯이 경제체제로서 독점을 원하지 않는다"라고 하면서 셔먼 반트러스트법(Sherman Antitrust Act)을 제정했다.

1873년의 공황으로부터 야기된 영국의 오랜 불황은 자금수요가 줄어들게 만들었고 국채금리는 급락할 수밖에 없었다. 지주나 은행 등의 투자자들은 고금리를 찾아 해외증권투자에 나섰다. 주된 투자 대상은 미국이나 라틴아메리카로, 특히 아르헨티나의 은행이 발행한 토지담보채권이 고금리로 인기가 높았다. 당시 영국의 로스차일드와 베어링브러더스는 투자자와 신흥국가를 연결해주면서 재미를 단단히 보았다. 그런데 아르헨티나는 거액의 자금유입으로 버블이 일어났다. 그리고 거품이 꺼지면서 아르헨티나 채권발행에 실패한 베어링브라더스는 유동성 위기에 빠졌다. 영국 채권시장은 패닉상태에 빠져들었다. 결국 1890년 영국 중앙은행인 잉글랜드은행이 긴급 구제금융을 실시하면서 상황을 진정시킬 수 있었다.

1893년 5월 5일, 전 종목의 주가가 한꺼번에 폭락했다. 유통물량이 최대로 많았던 내셔날코디지(NC)의 도산 때문이었다. 그해 2월 최우량 종목으로 꼽히던 필라델피아&리딩 철도회사가 이미 파산한 후였다. 투자자들은 투매에 나섰다. 영국의 투자가들도 자본을 철수하기 시작했다. 500여 개의 은행과 15,000개의 기업이 문을 닫았다. 단기금리는 125%까지 치솟았다.

베어링브라더스의 파산위기로 금값이 뛰었다. 은행은 보수적으로 움츠러들었고 자금경색으로 이어졌다. 1892년까지 3%에 머물던 실업률도 1894년에는 18%까지 뛰었다. 미국의 금 비축량은 마지노선을 넘어섰고 1895년에는 5,800만 달러로 줄어들었다. 정부의 태환용 금 준비금이 급감함으로써 국가재정이 파산 직전까지 내몰렸다. 그러자 클리블랜드 대통령과 제이피 모건이 만났다. 모건은 어거스트 벨몬트와 로스차일드가의 3자 제휴를 통해 신디케이트 론을 구성하여 6,500만 달러의 금을 미 재무부에 공급함으로써 위기를 넘겼다. 제이피모건은행이 신디케이트를 구성해서 정부공채를 인수하여 중앙은행의 역할을 한 것이다.

기업들은 생존을 위해 합병을 서둘렀다. 초대형 트러스트 US스틸 등 미국의 대기업이 이때 생겨났다. 거대 기업의 출현과 함께 사회주의 이념이 확산됐다. 일찍이 마르크스는 예언했다.

"자본주의는 주기적으로 불황을 겪을 수밖에 없다."

1907년의 금융공황

미국의 남북전쟁이 면화기근을 야기하면서 이집트 통치자 이스마일 파샤는 온 나라를 국유 면화 플랜테이션으로 바꾸어 놓았다. 그는 사이드 파샤 왕 때인 1859년 시작된 수에즈운하 건설을 이어받아 1869년 이를 완공했다. 그동안 엄청난 외국자본이 융자형태로 이집트로 몰려왔다. 그러나 오스만 투르크의 지배하에 크림전쟁(1853-1856) 때문에 타격을 입기 시작한 왕실 재정은 운하건설로 인한 막대한 부채를 견디지 못하고 6년 만에 왕실 지분 전량을 400만 파운드에 영국에 팔아야 했다.

어쨌든 1883년 사실상의 영국 통치시대가 시작되고 카이로는 비약적인 발전을 보여주었다. 1902년에는 아스완 댐이 완공되었고 1907년에 이르러서는 목화의 조면과 면실유, 제당, 비누제조 등의 노동자가 38만 명에 이르렀다. 그런데 1905년 중반쯤에 이미 전 세계적으로 자금조달 및 융자제도들에 무리가 생기기 시작했다.

사건은 지구 반대편의 엉뚱한 곳에서 터졌다. 1906년 샌프란시스코에서 대지진과 화재가 일어났다. 도시는 완전히 망가져 버렸고 런던의 보험사들은 엄청난 액수의 보험금을 지불해야 했다. 보험금 지급을 위한 달러 매입은 파운드 매각과 함께 파운드 하락으로 이어졌다. 잉글랜드은행은 금 유출을 막기 위해 파운드 할인율을 6%로 인상했다. 그리고 이는 채무자들에 대한 신용압박으로 나타났다.

　당시만 해도 금본위제의 파운드 패권시대로 영국이 재채기를 하면 미국이 감기에 걸리던 시절이었다. 1907년 3월이 되자 뉴욕 증시가 급락했다. 경제활동이 위축되기 시작했고 신용경색은 금융공황을 몰고 왔다. 수천 개의 은행과 기업이 파산했다. 경기는 1910년까지 회복되지 못했다. 영국과 유럽의 불황은 더 심각하고 더 오래 갔다.

　유일하게 독일만이 중화학공업과 금융업에서 독점체제를 이루어냈기 때문에 공황의 피해를 상당히 줄일 수 있었다. 그러나 비독점화된 산업에서는 많은 기업들이 도산했고 공황의 피해도 심각했다.

〈도표4〉 대항해 시대 이후의 산업 붐과 공황

1520	헤르난도 코르테스 ──▶ 멕시코 아즈텍문명 멸망
1532	프란시스코 피사로 ──▶ 페루 잉카문명 멸망 ──▶ 포토시 은광개발
1535 ~ 1560	스페인 경제 붐 ──▶ 금·은 수입 ◀─────────────┘
1636 ~ 1637	네델란드 튤립선물 버블 ↳ 16C말 금·은 유입량 감소 ┐
1720	South Sea 주식회사 버블 (영국, 존 블런트) 스페인 부도위기
	미시시피주식회사 버블 (프랑스, 존 로)
1820 ~ 1836	미국 운하건설 붐 ──▶ 미 증권투자 열풍 --▶ 영국 금 보유 절반으로 줌 ┐
	시카고 부동산 100배 상승 ┌ 영국 금리인상 ◀─┘
	└▶ 증권수요 소멸 ┐
1837 ~ 1842	최초의 국제적 공황 ◀ ┌ 미국 내 자금고갈로 경제 황폐 ◀───┘
	└ 면화가격 폭락 ──▶ 소비위축, 공장90% 가동중단
1848	캘리포니아 금광 발견 --- ▶ 1850년대 철도건설 붐 ──▶ 골드러시 ┐
1853 ~ 1856	크림전쟁 --- ▶ 철도건설자금 필요시점에 외국인 투자 급감 ─────┘
1857	금융공황으로 철도회사 파산 ----- 금융부문에 국한, 면화산업 타격 없음 ◀
1861 ~ 1864	남북전쟁 1869 스웨즈운하 완성 ──▶ 영국투자자 과다 채권보유 ┐
1860 ~ 1873	대륙횡단 철도 완성, 1870 보불전쟁 ──▶ 독일 막대한 전쟁배상금 받음
1873 ~ 1879	디플레이션 불황 ◀─ 철도건설 붐이 자본을 무리하게 흡수 ◀─────┘
	자본시장왜곡, 철광산업 과잉팽창
	비엔나증시붕괴 뉴욕으로 파급 (국제적인 증시붕괴)
	제이 쿡의 노던퍼시픽 철도회사 파산후 부활
1893 ~ 1896	철도공황 ──▶ 철도회사 90% 이상이 유동성 위기
	노던퍼시픽 철도회사, 이리호 철도회사 등 30% 이상 파산
1910년대	미국 자동차 붐
1920년대	가전, 라디오, 영화, 유틸리티 붐
1950년대	독일 주식시장 붐
1980년대	일본 주식시장 붐 ----- ▶ **1980년대** 중남미 위기
1990년대	하이테크 붐 -------- ▶ 1990년대 일본의 장기침체
	1990년대 말 아시아 경제위기

1787 ~ 1842	산업혁명, 운하, 도로, 교량 건설, 신용창조에 의한 금융산업 확산
1842 ~ 1896	미국 철도부설, 증기기관, 철강
1896 ~ 1949	전기, 화학, 통신, 자동차산업 발달
1949 ~ 2004	전자, 우주항공, 보건의료, 레저, 서비스산업 발달
2004 ~ 현재	전자통신, 정보기술, 인터넷, 바이오 산업

3
1929년의 대공황

1927년의 여름

1927년 5월 21일 파리의 풀밭 활주로에 은색 비행기 한 대가 내려앉았다. 조종석에서 호리호리한 젊은 청년이 내리자 군중들은 그 청년을 약탈한 전리품처럼 떠메고 거리를 활보했다. 그는 세계 최초로 대서양을 단독으로 횡단한 항공 우편기 조종사 찰스 린드버그 (Charles Lindbergh,1902~1974)였다. 혼자서 '세인트루이스의 정신(The Spirit of St. Louis)'을 타고 뉴욕의 루스벨트 비행장을 이륙해 논스톱으로 5,815km(33시간 32분)을 날아 이튿날 오후 파리의 루브르제 비행장에 착륙한 것이었다. 당시의 비행기는 고도계도 계기판도 없는 것은 물론 추위나 안개, 비 등의 악천후에도 속수무책인 비행기였다.

1915년 호텔 경영자인 레이먼드 오티그가 뉴욕 파리간 무착륙 비행을 성공한 조종사에게 25,000달러의 상금을 주겠다고 했을 때만 해도 도전자가 없었다. 1924년까지 도전자가 없자 오티스는 기간을 5년 더 연장했다. 1926년 9월 르네 퐁크가 시도한 비행은 이륙하지도 못하고 폭발하면서 끝났다. 퐁크는 제1차 세계대전 때 적기를 75대나 격추한 최정예 비행사였다. 린드버그가 도전하기 전까지 11명의 젊은이가 목숨을 내놓아야 했다. 린드버그는 추락하는 비행기에서 낙하산으로 탈출해 네 번이나 목숨을 건진 것 말고는 이렇다 할 비행 경력이 없었다.

그는 뉴욕 파리간 최단 직선거리도 알지 못해 도서관에서 지구본 위의 거리를 줄자로 쟀을 만큼 성공을 기대하기 이려운 도전자였다. 그러나 그는 비행기가 오래 날기 위해서는 충분한 연료와 불필요한 무게를 줄이는 것이 중요하다는 것을 알고 있었다. 린드버그는 샌드위치 5개와 물 0.95L만 실었고 휴대용 지도도 여백을 잘라내고 구명장비도 생략한 채로 목숨을 버릴 각오를 한 채 비행기를 사준 세인트루이스 사업가들의 뜻을 기리는 이름의 '세인트루이스의 정신'에 올라 바다를 건넜다.

린드버그의 성공 이후 항공기와 비행술은 비약적으로 발전하게 된다. 1927년 봄 뉴욕은 런던으로부터 세계 최대 도시의 자리를 빼앗았다. 미국 중산층 가정은 웬만하면 자동차, 냉장고, 라디오, 전화기, 선풍기 등을 가지고 있었다. 다른 나라들은 한 세대 이상이 지나서야 이런 생활수준에 도달할 수 있었다. 세계의 물자 총생산량의 42%를 미국이 담당했다. 미국은 세계 영화의 80%, 자동차의 85%를 생산했고, 세계 금 공급량의 절반을 담당했다. 이미 호황을 누리던 증시는 그해 주가가 30%나 올랐으나 아무도 걱정하지 않았다. 시장이 계속 상승하는 가운데 미국 30대 대통령 캘빈 쿨리지가 한 일이라고는 간섭을 자제하는 것뿐이었다. 경제 호황기에 그것을 방해하는 어떤 조치도 취하지 않은 것은 월터 리프만의 말마따나 어쩌면 단호하고 굳은 결의에 따라 행동의 자제에 빈틈없이 전념한 것인지도 모른다. 경제의 성공이 쿨리지의 인기에 기적을 일으킨 것은 놀라운 일이 아니었다. 쿨리지는 하루 4시간만 일하며 나머지 대부분은 낮잠으로 보냈다. 쿨리지 대통령의 정치적 천재성은 효과적으로 아무 일도 하지 않는 재능에 있었다. 그의 무위(inactivity)의 과묵함은 백악관의 전설이 될 정도였다.

1923년 8월 워런 D. 하딩 대통령의 갑작스런 죽음으로 대통령이 된

캘빈 쿨리지는 집에서 자다가 이 사실을 알았다. 그의 머리털은 붉었고 얼굴은 주근깨투성이에다 소심했기 때문에 학창시절에 그를 회원으로 받아들이려는 사교클럽은 하나도 없었다. 다른 사람들과 있을 때 그는 거의 말을 하지 않았다. 그런 쿨리지가 정치에 입문한 것은 외향적인 아내 덕분이었다. 그는 승승장구했다. 1919년 보스톤시에서 경찰의 파업이 일어났고 폭도들이 시내를 활보했다. 이때 주지사인 쿨리지가 의외로 주방위군을 동원하여 파업자들을 해산시키고 강력한 권한을 행사했다. 이 조치 덕분에 그는 전국적인 인물이 되었고 다음해 하딩의 부통령 후보로 지명을 받았었다.

쿨리지 대통령은 대부분의 사람들을 싫어했지만 당시 상무장관이던 허버트 후버를 유독 싫어했다. 그러나 최악의 대홍수가 미시시피 제방을 무너뜨리자 허버트 후버를 해결사로 투입해 후버댐을 만들게 했다. 쿨리지는 홍수 피해지역 방문을 거부했고 대국민 라디오 연설도 거부했다. 대통령이 거부한 정치행사는 후버가 대신했고, 후버는 지치지 않고 자기선전에 몰두했다. 미시시피 홍수는 허버트 후버의 명성을 굳혀 다음 선거의 공화당 대통령 후보 지명을 거의 기정사실로 만들었다. 마침내 허버트 후버는 미국의 31대 대통령이 됐고 1929년 3월 성대한 취임식을 치렀다. 그러나 운명의 장난처럼 그해 10월 증권시장이 무너졌다. 그는 증권시장 붕괴의 타격에서 회복하지 못했다. 실업률은 3%에서 25%까지 치솟았고 증시 가격은 90% 폭락했다. 후버는 경제부양을 위해서 많은 노력을 했다. 금문교 같은 공공사업도 이때 건설되었다. 루스벨트 대통령의 보좌관이 실토했듯이 뉴딜정책 전부가 사실상 후버가 시작한 사업계획을 바탕으로 수립되었다. 1931년 월드시리즈에 참석한 그는 요란한 야유를 받아야 했다.

대공황이 미국을 덮쳤을 때 쿨리지는 이미 은퇴한 뒤였다. 1933년 1월 눈을 감기 전 그는 오랜 친구에게 자신의 심정을 이렇게 털어놓았다. "나는 요즘 시대와는 더 이상 맞지 않는 것 같네."

당시는 갱단의 두목 알 카포네가 시카고를 지배하고 있었고, 러시모어 산에 위인 4명의 거대한 두상을 새긴다는 엉뚱한 사업도 추진되었다. 린드버그가 양키즈 스타디움에 오기로 한 날, 베이브 루스는 1.53kg의 배트로 홈런을 치겠다는 약속을 지켰다. 빌 브라이슨의 말처럼 1927년 여름은 굉장히 이정표적인 계절이었고, 지구의 무게 중심이 유럽에서 미국으로 이동한 시기였다.

암흑의 목요일

1927년 초 영국, 프랑스, 독일의 중앙은행장이 미국을 방문했다. 미연방준비은행에 화폐량을 늘려 금리를 낮춰 달라고 설득하기 위해서였다. 당시 그들 국가는 불경기여서 경기회복을 위해서는 금이 미국으로 유출되는 것을 막아야 했다. 이 시기 미국의 산업성장은 투기꾼들이 장밋빛 청사진을 그리기에 충분했다. 1928년은 주식시장이 호황을 이루는 날들의 연속이었다. 1929년 들어서 월스트리트는 거의 광기에 사로잡히고 있었다. 연방준비은행은 이 상태를 그대로 방치할 수 없었다. 긴축통화가 단행되었고 은행들은 서둘러 대출금을 거둬들이기 시작했다.

1929년 10월 16일 어빙 피셔(Irving Fisher)는 미국의 주식가격이 "영원히 하락하지 않는 고원에 도달했다."고 말했다. 그러나 일주일 뒤인 10월 24일 출렁거리던 미국의 주식시장이 대폭락을 했다. 이른바 '암흑의 목요일(Black Thursday)'이었다. 순식간에 주식시장은 요동을 쳤고,

(그림25) 1920년대 다우지수

자료 : 세일러, 『불편한 경제학』, p.222

다음 화요일인 10월 29일 주식시장은 붕괴되었다. 그로부터 2주 동안 폭락으로 소멸된 주식가치는 당시 돈으로 300억 달러에 달했는데, 이는 미국이 제1차 세계대전에 지출한 전비에 해당하는 금액이었다. 주가지수는 1954년 11월까지 1929년 당시의 최고치를 회복하지 못했다.

주가가 고점이었던 1929년의 주가는 저점이었던 1921년에 비해 무려 4배나 상승했었다. 당시 미국은 넘쳐나는 유동성 하에서 과소비가 만연했고, 민간부문은 신용을 기반으로 주식과 부동산투기가 절정을 이루었다.

미국은 제1차 세계대전을 치르는 동안 농산물, 무기, 군수품 등을 유럽에 판매하면서 경제가 비약적으로 발전했다. 더구나 영국에 제해권을 빼앗긴 독일이 무제한 잠수함 작전을 펴면서 자국이 피해를 받게 되자 미국은 1917년 4월에 뒤늦게 참전함으로써 전승국의 지위도 얻게 되었다. 이로부터 10년간 미국은 세계에서 가장 부유한 나라가 되었다.

1918년 11월 독일의 항복으로 전쟁이 끝나면서 불어닥친 미국의 잉여생산물은 전쟁으로 피폐해진 유럽국가들에게 원조 형식으로 지원하게 되면서 확장된 경제체제를 어느 정도 유지할 수 있었다. 그러나 전후 복구를 마친 유럽국가들이 농산물 생산을 시작하고 공장이 정상적으로 가동되면서 미국의 생산력과 구매력의 불균형 현상이 나타나게 되었다. 그럼에도 불구하고 미국 증시가 너무 호황을 보였기 때문에 유럽이나 라틴아메리카 등의 돈은 여전히 미국시장으로 몰리고 있었다. 제1차 세계대전 이후 미국의 제2차 산업혁명은 인류생활에 커다란 변화를 가져왔다. 자동차, 라디오, 냉장고는 이제 더 이상 사치품이 아니었다.

풍요는 오래가지 못했다. 미국은 세계의 절반에 가까운 금을 보유하고 있었지만, 아직 전쟁채무도 갚지 못하고 있는 유럽은 미국 상품을 구입할 처지가 아니었다. 이미 생산된 상품의 판매는 저조해지고 있었다. 여기에 미국 정부는 과도하게 형성된 자산버블을 제어하기 위해 금리인상을 단행했다. 그런데 설상가상으로 때마침 발표된 주요 기업들의 실적이 부진한 것으로 드러나자 주가폭락으로 이어졌다.

주식시장의 대붕괴는 소비자들의 미래에 대한 불안감을 증폭시킴으로써 소비를 억제하고 투자 기대심리를 위축시킨다. 이를 시작으로 기업의 신뢰하락과 실적악화를 가져오게 된다. 이렇게 되면 실업자 증가로 인한 소비감소 등의 악순환으로 경제적 연쇄반응을 일으키게 된다.

제1차 세계대전으로 농산물가격이 급등하자 미국 농가는 토지구매와 토양개선을 위해 은행으로부터 돈을 빌렸다. 농민들은 담보대출로 돈을 빌린 순채무자였다. 그러나 전쟁이 끝나고 통화증발로 인한 인플레이션을 잡기 위해 금본위제로 복귀하자 화폐공급에 제약이 가해졌다. 이로써 이자율은 인상되고 농산물가격이 하락하면서 농가소득이 급격히 줄어들었고 빌린 돈의 상환이 어렵게 되었다. 농민을 비롯해 은행에서 돈을 빌린 많은 사람들이 돈을 갚지 못하게 되자 은행은 부실화되고 결국은 파산에 직면하게 되었다. 설상가상으로 건전한 예금자들조차 부실화된 은행에 대한 불신이 높아져 소유한 자산을 은행에 예금하는 것을 꺼리고 현금으로 보유하고자 했다. 이것이 1930년 가을에 발생한 예금 대량인출(bank run)사태였다. 이러한 예금인출사태는 1933년 루스벨트(Franklin Roosevelt) 대통령이 선포한 '은행휴업(bank holiday)' 조치에 의해 겨우 진화되었다.

은행의 파산으로 인해 자금을 지원받지 못한 산업의 생산활동이 무너지면서 촉발된 공업공황은 금융위기로 전이되었다. 이어서 독일 · 영국 · 프랑스 등 유럽으로 파급되면서 세계경제공황으로 확산되었다. 당시 최대 채권국인 미국 경제의 몰락으로 미국 투자가들이 채권을 회수하고 투자를 중지했다. 다급해진 금융기관들은 대부금 회수에 나섰고 미국 증시의 호황으로 이미 자금유출압박을 받던 유럽의 금융위기는 가속화되었다. 차입국들은 신용을 잃었고 미국으로부터 돈이 전혀 흘러나가지 않게 되자 신용경색에 직면하게 되었다. 결국 1931년 5월 유럽의 지주 역할을 하던 오스트리아의 크레디탄스탈트 은행이 파산하면서 그 여파가 독일과 영국으로까지 밀려왔다.

1819년 영국에 의해서 시작된 금본위제도는 제1차 세계대전이 발발하면서 각국의 전비조달을 위한 통화증발로 잠시 이탈하였으나, 통화증발에 따른 극심한 인플레이션을 겪으면서 1919년에는 미국이, 1925년에는 영국이 다시 금본위제로 복귀하게 되었다. 그러나 경제대공황으로 인해 각국은 경쟁적으로 자국무역을 위한 평가절하를 하기 시작했고, 1931년 9월에는 영국이 1933년 3월에는 미국이 금본위제를 폐지하기에 이르렀다. 독일 바이마르공화국에서는 600만 명의 실업자가 발생하면서 1932년 히틀러가 이끄는 나치당이 출범하게 되었다. 그리고 이러한 세계 경제대공황은 제2차 세계대전이 발발한 1939년까지 계속되었다.

1929년 대공황 대책의 패인

경제학자들은 1929년의 대공황 이후 경제가 오랫동안 회복하지 못하고 심각한 수준의 디플레이션을 경험할 수밖에 없었던 이유를 찾아보았다.

먼저 미국 주식시장이 8년 만에 4배나 상승하였던 현상에서 보았듯이 짧은 시간에 지나치게 자산이 팽창했다. 미국 정부는 이러한 자산버블을 제어하기 위해서라도 고금리정책을 유지할 수밖에 없었다. 그러다 보니 금본위제를 사수하기 위한 통화 긴축을 계속해야만 했었다. 중앙은행인 연방준비은행이 통화공급을 감소시킨 긴축적 통화정책은 이자율의 상승을 초래하게 되어 기업의 생산활동을 위축시키게 되었다. 통화량 감소로 인한 물가하락과 자산가치의 감소는 유효수요의 감소로 나타나게 되고 이는 디플레이션으로 이어졌다. 미래가 불안한 소비자는 지갑을 닫게 되었고 기업은 투자를 미루게 되었다. 결국 이러한 불안과 공포의 악순환은 공황을 더욱 악화시켰던 것이다. 많은 경제학자들이 연방준비은행의 긴축적 통화정책이야말로 대공황을 악화시킨 결정적인 정책 판단의 오류라고 지적하고 있는 이유이다.

다른 한편으로는 당시 허버트 후버 대통령이 묘비 제작업자와 농민들의 압력을 받아 1930년 6월에 보호무역법안인 스무트-홀리 관세법(Smoot-Hawley Tariff Bill)에 서명한 일이었다. 경제학자 1,028명이 연대 서명까지 하며 반대하고, 영국·프랑스·독일 등이 보복을 경고했지만 후버로서는 선택의 여지가 없었다. 그의 서명 직후 세계는 무역전쟁에 돌입했다. 영국 등 20여 개국에서 미국산에 보복관세를 물리기 시작했다. 몇 개의 국민경제를 하나의 지역으로 통합해 타 지역에 봉쇄적인 무역정책을 취하는 블록경제(Bloc economy)가 형성되면서 역내의 자원과 시장에 대한 배타적 지배를 강화하게 되었다. 1년 만에 미국 수출은 30% 이상 감소했고 기업실적도 빠르게 나빠졌다. 예금인출 사태가 벌어지고, 회복세를 보이던 다우지수는 이후 2년 반 넘게 하락세가 이어졌다.

그러나 장하준 교수에 의하면 당시 미국 평균 산업관세가 오른 것은 37%에서 48%로 그 영향력이 크지 않았다고 한다. 스무트-홀리 관세법이 채택된 후에도 이탈리아나 스페인 등 몇몇 경제 약소국을 제외하고는 보호주의는 크게 증가하지 않았다. 그보다는 핵심 자본주의 국가 정부들이 지나치게 균형재정에 집착하면서 벌어진 국제 수요의 급락이라는 것이 밝혀졌다.

대공황 같은 세계 금융위기가 벌어지고 나면 민간부문 지출이 감소하고 은행은 부채회수가 어려워지니 대출을 줄인다. 돈을 빌리기가 어려워지니 기업이나 개인들은 지출을 줄이게 되고 경제 전체의 수요가 급격히 감소하게 된다. 이럴 때 부족한 수요를 메꾸어 줄 수 있는 경제주체는 정부밖에 없다. 정부는 재정수입보다 지출을 더 많이 함으로써 수요를 창출할 수 있다. 물론 재정적자는 확대된다. 그런데 당시에는 균형재정에 대한 강한 신념으로 인해 줄어든 세수에 재정균형을 맞추려고 오히려 지출을 줄여버렸다. 더불어 당시만 해도 금본위제가 시행중이어서 중앙은행은 통화가치 하락을 우려해서 통화공급을 늘리지 못했다. 금융위기시에는 중앙은행이 본원통화를 공급해도 신용경색으로 인해 시중은행의 돈이 제대로 시중에 풀리지 않고 중앙은행으로 지불준비금 초과로 되돌아오는 법인데, 오히려 통화공급의 제한으로 대출은 더욱 어려워졌고 민간부문의 경제활동이 위축되면서 수요는 더욱 감소될 수밖에 없었다.

뉴딜의 상징으로 상업은행과 투자은행을 분리했던 1933년의 글래스-스티걸법이 1999년에 폐지되자, 2000년에 순간적으로 위기가 찾아왔다. 미국에서 닷컴버블이 붕괴된 것이다. 이때 바로 FRB가 금리를 공격적으로 낮추자 위기감은 금방 잦아들었다. 2008년 서브프라임에 의한 세계 금융위기가 왔을 때에도 케인즈식 정부개입이 있었다. 금리를 제로수준까지 낮추고 나아가 양적완화(quantitative easing) 조처까지 취했다. 글로벌 금융위기로 전 세계가 시련을 겪기는 했지만 그래도 1929년의 대공황에 비하면 그나마 빠른 회복이었다. 1929년 대공황 이전 수준의 생산량 회복은 1937년이 되어서야 가능했다. 2010년 그리스에 구제금융 프로그램이 시작되자 맹렬한 기세로 자유시장주의자가 귀환했다. 균형재정 원칙이 다시 돌아온 것이다.

6장

경제를 되살리려는 사람들

1
폰 미제스와 오스트리아학파

대공황을 몸으로 느낀 미제스

오스트리아학파는 카를 멩거(Carl Menger, 1840~1921)에 의해 19세기 말에 시작되었다. 오스트리아학파의 대표적인 학자인 루트비히 폰 미제스(Ludwig von Mises, 1881~1973)는 1929년의 대공황을 정확히 예측한 것으로 유명하다. 1929년 여름 오스트리아의 최대금융기관인 크레디탄스탈트 은행이 그에게 급여가 매우 높은 자리를 제의했다. 그의 여자친구는 기뻐서 어쩔 줄 몰라했다. 그러나 미제스는 그 제의를 거절했다. 이를 의아하게 생각한 그녀가 이유를 묻자, 그가 대답했다. "대붕괴가 다가오고 있어. 나는 어떻게 해서든 거기에 관여하고 싶지 않아."

폰 미제스는 1924년부터 매주 수요일 오후 오스트리아의 빈에 소재한 크레디탄스탈트 은행이 있는 거리를 지나 산책을 하곤 했는데, 그는 은행을 지날 때마다 다가오고 있는 엄청난 붕괴를 스스로 중얼거리곤 했다고 한다.

사실 크고 작은 불황은 늘 되풀이되곤 했다. 그런데 왜 정부나 중앙은행들은 이전에 저지른 기본적인 실수를 미리 파악하여 사전에 대처하지 못할까? 그것은 정치인들이나 은행가들이 쉽게 유혹에 빠지기 때문일 것이다.

실제로 1918년 제1차 세계대전에서 패한 독일은 엄청난 전쟁배상금을 떠안아야 했고, 자국 통화가치가 25배나 하락하는 경험을 했다. 하지만 통화공급은 계속 늘어 이러한 상황은 멈출 줄 몰랐다. 반면에 이러한 인플레이션 초기에는 실업률을 1% 미만으로 줄여 실업자를 거의 찾아볼 수 없게 만들었다. 어느 정치인이 이런 달콤한 유혹을 외면할 수가 있겠는가? 결국 독일은 유래없는 초인플레이션(hyperinflation) 파국을 초래하게 되었다.

초인플레이션은 과도한 통화공급에 의해 촉발되지만 그 진행과정에서 물가가 더 오를 것이라는 경제주체의 기대가 기폭제 역할을 한다. 물가상승에 대비해 미리 지출을 하게 되고 돈의 사용이 늘어나면 통화량이 증가하고 이는 다시 물가를 올리는 악순환이 반복되면서 물가는 천정부지로 치솟게 된다.

처음 회복기 동안에는 정치인들이나 중앙은행장들은 이자율을 빅셀의 '자연이자율'(기업이 새로운 투자에 대해 올릴 수 있는 평균 수익률)보다 낮추는 경향이 있다. 불황기를 극복하기 위해 낮은 이자율로 경기를 활성화시키고 싶기 때문이다. 은행 또한 아직 경기회복을 확신하지 못하는 기업이나 개인들이 자금을 빌리지 않아 유동자금이 넉넉하게 되기 때문에 이를 운용하고 싶어한다. 이러다 보면 은행은 과잉투자를 허용하게 되고 과잉투자는 결국 신용경색으로 이어지는 것이다.

폰 미제스는 1920년대의 신용팽창 현상을 주목했다. 그의 저서 『화폐와 신용이론(1912)』에 의하면 오스트리아학파는 경제현상의 본질이 무엇인지 깊이 고민했던 학파였다. 겉으로 보기에는 아무런 문제가 없어 보이는 경제지표라 하더라도 실제로는 신용팽창에 의해 지탱되고 있는 현상이 벌어지고 있음을 인식했던 것이다.

〈표5〉의 핵심 경제지표를 보면 1922년에서 1928년 사이 산업생산

〈표5〉 1922~1928년 미국의 경제지표 (1922=100)

연도	산업생산	내구성소비재	비내구성소비재	소비자물가지수
1922	100	100	100	100
1923	120	146	116	103
1924	113	130	102	100
1925	127	176	113	104
1926	133	143	116	104
1927	133	143	117	98
1928	140	156	117	99

자료 : 라스 트비드, 『비즈니스 사이클』 P. 188

은 100에서 140으로 지속적으로 늘어나는데도 소비자물가지수는 100에서 99로 안정된 모습을 보이고 있다. 이렇게 경제가 성장하고 있는데 인플레이션의 동반상승이 없는 모습이다. 지표가 이렇게 좋으니 '화폐수량설'로 유명한 어빙 피셔나 케인즈가 경제는 튼튼하고 주식시장은 낙관적이라고 여겼던 것도 무리는 아니다.

1924년 이래 주가는 계속 오르고 있었고 소비자물가 인플레이션이 동반되지 않았기 때문에 어빙 피셔(Irving Fisher, 1867~1947)는 지속적인 경기의 확장이 가능할 것이라고 생각했다. 그는 저명한 경제학자로서 주식거래자들에게 자주 조언도 해주었고 컨설팅과 직접투자로 상당한 수입도 생겨 많은 재산을 보유하고 있었다. 그러나 그가 이탈리아의 무솔리니를 만나 경제 조언을 해주고 뉴욕으로 돌아오던 날 주식시장은 슬럼프에 빠졌고, 그의 삶도 송두리째 뒤바뀌게 되었다.

어빙 피셔는 화폐가 실물경제에 얼마나 큰 영향을 끼치는지 처음으로 깨달은 인물이었다. 그래서 인플레이션에 의한 호황과 디플레이션에 의한 불황을 완화하고 차단하는 데 이용할 수 있는 방법으로 정부가 통화공급조절을 통해 경제적 안정을 증진해야 한다고 주장했다.

보이지 않는 인플레이션

폰 미제스는 경제에 유동자금을 공급하게 되면 최초로 확장이 일어나는 '자본산업(capital industry)'에서 인플레이션이 먼저 일어나게 된다고 보았다. 이때는 위에서 보는 바와 같이 소비자물가지수는 하락세를 보이지만, 그 다음에는 소비재 가격이 오르고 자본재 가격이 떨어지게 된다. 이른바 보이지 않는 인플레이션이다.

그러나 급격한 신용확장은 다음의 사이먼 뉴컴의 등식에서 보는 것처럼 신용통화시스템에 내재되어 있는 불안정성 때문에 정책당국이 통화량을 통제할 수 없게 되고, 버블의 붕괴가 일어날 수밖에 없다고 보았다.

MV = PQ
(M = 통화공급, V = 화폐유통속도, P = 상품가격, Q = 상품수량)

피셔가 알아챘듯이 은행은 돈만 거래하는 것이 아니었다. 은행은 돈의 유통속도를 높여 자금을 창출해내는 역할을 하고 있었다. 은행이 신용을 제공함으로써 화폐량이 증가하면 기업활동이 더욱 활발하게 되면서 은행대출이 늘게 된다. 활황이 되면 자산가격의 상승으로 사람들은 더 많은 돈을 예금하게 되므로 대출도 또다시 늘어나게 된다. 이렇게 반복되다 보면 화폐유통속도에 가속도가 붙는다.

은행의 신용창출은 처음엔 더없이 긍정적 효과를 내지만 통화공급이 늘어나게 되면 가속도가 붙어 통화량이 걷잡을 수 없이 늘어나게 되고 왼쪽의 MV는 통제불능 상태가 된다. 따라서 통화제도에 내재한 불안정성 때문에 정부에 의한 조정이 일어날 수밖에 없는데, 조정이 시작되면 결국 PQ에 영향을 미치게 되는 것이다.

〈표6〉1928~1933년도 미국의 경제지표 (1922=100)

연도	산업생산	내구성소비재	비내구성소비재	소비자물가지수	통화공급(M2)
1928	140	156	117	99	144
1929	153	185	119	98	145
1930	127	143	97	91	143
1931	100	86	78	80	137
1932	80	47	56	73	113
1933	100	50	60	73	101

자료 : 라스 트비드, 『비즈니스 사이클』 P. 204

〈표6〉을 보면 1922년의 통화공급(M2)을 100이라 할 때, 1929년에는 145까지 팽창되어 있는 것을 볼 수 있다. 통화량이 급격히 증가해 있는 것이다. 그러니 〈표5〉에서의 통화부문을 고려하지 않은 분석은 무의미한 것임을 알 수 있다. 폰 미제스는 당시의 호황이 무리한 신용팽창으로 떠받쳐진 것이었음을 알았던 것이다.

당시만 해도 많은 경제학자들은 호황과 불황, 인플레이션, 공황 등에 대하여 명쾌하게 설명하지 못했다. 폰 미제스는 경기변동이 화폐와 신용의 양에 의해 발생한다고 설명했다. 공황이나 침체기에 중앙은행이 경기부양의 목적으로 화폐공급을 늘리면서 물가를 올리고 인위적으로 이자율을 낮추게 되면 일시적인 붐을 초래하지만 그 결과 과잉투자가 발생하고 결국에는 불안과 불황이 초래된다. 경기침체나 경기하강은 거품에서 발생한 잘못된 자원배분을 바로잡는 과정이다. 그런데 신용팽창으로 떠받쳐진 경제가 침체를 보이게 되면 정부나 중앙은행은 신용의 공급자로서 시장에 간섭하여 자연이자율보다 낮은 이자율로 돈의 공급을 늘려 침체에서 벗어나려고 한다. 그러면 경제는 당분간 호황을 이어가게 되고, 그러다 또 침체를 보이게 되면 또다시 신용을 공급한다. 폰 미제스는 이와 같은 신용정책에 대해 다음과 같이 말했다.

"신용팽창으로 만들어낸 호황은 결국 붕괴를 피할 방법이 없다. 선택할 수 있는 것은 단 한 가지. 추가적인 신용팽창을 자발적으로 포기해 위기를 좀 더 빨리 맞느냐, 아니면 위기를 미뤄 통화가 초래하는 참사의 끝을 보느냐 하는 것뿐이다."

오스트리아학파는 경제에 대한 정부의 개입을 반대하는 학파다. 1870년대 카를 멩거를 비롯한 주변학자들이 비용가치설이나 노동가치설을 멀리하고 상품의 가치를 그 상품의 소비로 생기는 주관적인 한계효용(限界效用)으로 설명함으로써 이들을 한계효용학파라 부르기도 했다. 1870년대 초 오스트리아의 카를 멩거(1871), 영국의 제본스(1874), 프랑스의 레옹 발라(1874)가 각각 독립적으로 한계효용 개념을 가지고 새로운 경제이론을 구축했다.

그들은 모든 경제현상은 항상 인과관계의 법칙에 의해 지배된다고 했다. 또한 개인의 이익과 사회 전체의 이익은 완전히 일치한다는 인식에 기반을 두고 있다. 경제현상을 개인주의적 입장에서 접근하려 한 것은 그들에게 고전학파의 개인주의나 자유주의 사상이 명백히 존재한다는 것을 보여준다.

그 후 폰 미제스와 그의 제자 프리드리히 폰 하이에크가 뒤를 이었다. 펠릭스 소마리 또한 미제스의 제자였다.

1926년 9월 소마리는 비엔나 대학에서 "정부가 파산하고 은행이 도산하면서 호황이 끝날 것"이라고 예측했다. 1927년 그가 케인즈를 만났을 때, 케인즈는 당대에 더 이상 폭락은 없을 것이라면서 이렇게 물었다. "내가 보기에 주가는 낮고 시장은 매우 흥미로운 상태인데, 도대체 어디서 위기가 온다는 건가?"

소마리는 대답했다. "기대와 현실의 차이에서요. 이렇게 엄청난 먹구름이 몰려오는 건 평생 본 적이 없습니다."

신고전주의학파

1870년대 영국 캠브리지 대학의 윌리엄 스탠리 제본스(W.S. Jevons, 1835-1882)와 앨프레드 마셜(Alfred Marshall, 1842-1924), 그리고 프랑스인인 스위스 로잔 대학의 레옹 발라(Leon Walas, 1834-1910)가 '한계효용 체감의 법칙'으로 대표되는 '한계혁명'을 주도했다.

고전주의 경제학자들은 세이의 법칙처럼 '공급이 수요를 창출한다'고 생각했다. 즉 재화의 가치가 공급에 들어가는 생산비용에 의해 결정된다고 했다. 그리고 이렇게 제품을 생산하는 데 들어간 노동시간을 '노동가치설(labour theory of value)'이라고 한다. 반면에 신고전주의학파는 경제가 합리적이고 이기적인 개인들로 구성되어 있기 때문에 재화의 가치가 소비자의 주관적 가치, 즉 수요조건에 의해 결정된다고 생각했다. 그렇지만 시장의 경쟁이 전체적으로는 사회에 이로운 결과를 만들어낸다는 생각과, 시장 경제는 스스로 균형을 유지하는 성향이 있기 때문에 그냥 두는 것이 최상이라는 생각은 고전학파와 같았다. 그래서 현상을 유지하고 어떤 것에도 개입하지 않는 이러한 자유방임주의적 태도는 파레토 기준(Pareto criterion)으로 정당화되었다.

이러한 생각은 1920년대 후생경제학으로 유명한 아서 피구(Arthur Cecil Pigou, 1877~1959)의 공장 폐수유출에 벌금을 매기는 것과 같은 외부효과(externality)에 의한 정부정책이 정당화됨으로써 자유시장정책 옹호에서 탈피할 수 있게 되었다. 자유시장정책 옹호로부터 탈피할 수 있는 이론들은

1970년대에 더욱 확장되었다. 조지 애컬로프(G. A. Akerlof, 1940~)는 '레몬시장이론(The Market for Lemons)'으로, 마이클 스펜스(M. Spence, 1943~)는 '시장신호이론(market signaling)'으로, 그리고 조지프 스티글리츠(J. E. Stiglitz, 1943~)는 '심사(screening)이론'으로 정보경제학(information economics)을 주도했다.

금융시장에서는 거래 상대방에 대한 불충분한 지식 때문에 구매자의 신용을 정확하게 파악하기 어렵다. 이렇게 정보의 차이 때문에 나타나는 비대칭정보(asymmetric information)가 시장의 효율적 작동을 저해하는 현상이 일어난다. 이를 '역선택(adverse selection)'과 '도덕적 해이(maral hazard)'라고 한다.

신고전주의 경제학은 어떤 현상을 분석하는 데에 고도의 정확성, 명확한 논리와 융통성을 갖기 때문에 정부의 정책이나 기업전략 등을 정당화할 수 있는 장점이 있다. 반면에 현 상황을 과도하게 수용함으로써 근본적인 사회 변화 없이 가능한 선택만 고려하게 되는 한계가 있다. 여기에는 오늘날에도 재정정책의 문제점을 공공선택론을 통해 지적한 제임스 뷰캐넌(James McGill Buchnan, 1919~2013)을 비롯하여 조지프 스티글리츠, 폴 크루그만 등의 경제학자들이 있다.

오스트리아학파 역시 신고전주의학파와 같은 자유방임주의적인 태도를 취한다. 개인의 중요성을 강조하지만 개인을 합리적인 원자로 보지는 않는다. 또한 세상이 너무나 복잡하고 불확실해서 본질적으로 '알래야 알 수 없는' 것이 너무 많기 때문에 자유시장이 가장 좋은 경제체제라고 주장한다. 인간의 능력이 제한되어 있기 때문에 시장의 자생적 질서에 맡기는 편이 낫다는 것이다. 그러나 자본주의는 유한책임회사, 중앙은행, 지적재산권법 등 의도적으로 구축된 질서로 가득 차 있다. 시장 그 자체도 특정 행위는 금지하고 또 어떤 것들은 장려하는 등 의도적으로 만든 규칙과 규제에 기초한다는 인식은 오스트리아학파의 한계에 속한다.

신자유주의의 아버지 하이에크

존 메이나드 케인즈와 프리드리히 폰 하이에크(Friedrich August von Hayek, 1899-1992)의 나이 차이는 16년이었다. 서로가 상대에 대한 배려와 우정은 깊었지만 경제를 바라보는 시각은 천양지차였다.

카를 마르크스가 자본주의의 붕괴를 예언했을 때, 사회는 엄청난 충격을 받았다. 그러나 이미 소비와 투자라는 민간부문의 유효수요가 자본주의를 되살리고 있었다. 마르크스는 노동자가 스스로 소비의 주체가 되는 유효수요를 미처 생각하지 못했다. 미국이 주가 대폭락으로 1929년 대공황을 맞았을 때 당시 경제학의 이론으로는 이 상황에 대해 설명이 거의 불가능했다. 케인즈는 이 대공황에 대하여 민간부문의 유효수요 부족에 주목하고 정부지출에 의한 유효수요의 창출을 주장했다. 케인즈가 본 것은 다수의 실업자가 존재하는 현실이었고, 그것은 고용의 문제였다.

20세기는 케인즈의 시대였다. 불황은 유효수요의 부족 때문이며 정부가 돈을 풀어 경제를 살릴 수 있다는 명쾌한 이론이었다. 오랫동안 하이에크는 잊혀졌다.

고전학파 경제학에서는 근검절약이 항상 미덕으로 간주되었지만, 케인즈는 통화정책에 곁들여 공공지출을 적극적인 재정정책으로 활용할 것을 제안했다. 하이에크와 케인즈는 불황에 대한 진단부터 달랐다. 하이에크는 경기불황은 신용이 과잉 팽창해서 생긴다고 보았는데, 케인즈는 총수요의 감소로 투자가 저축보다 밑돌아서 승수효과가 감소함으로써 소득도 줄고 소비도 줄기 때문이라고 했다.

그들은 진단이 다른 만큼 처방도 달랐다. 불황기에는 임금이 떨어지고 이자율이 낮아지면서 새로운 투자가 일어나고 부동산, 소비재, 자본재 등의 가격이 하락하여 사람들은 다시 구매를 시작한다. 따라서 하이에크는 정부가 평소에 예산균형 상태를 유지하여 신뢰를 유지시킴으로써 금융 안정성을 보장해야 한다고 했다. 개인은 합리적으로 행동하지도 않고 또한 완벽한 정보도 가질 수 없다. 개인이 물건을 살 때 그물건 전체의 수요와 공급을 생각하며 구입하지는 않는다. 다만 사려고하는 상품이 비싼지 싼지만 생각하고 구매를 한다. 그리하여 가격을 통해서 전체적으로 조화가 이루어지는 시장의 매커니즘을 중시하여 정부의 개입을 최소화하고 감세와 규제완화를 통해 민간의 수요가 자연스럽게 회복하도록 해야 한다고 지적했다.

하이에크가 15세이던 해 1914년 사라예보사건을 계기로 제1차 세계대전이 일어났다. 그리고 그가 18세이던 1917년에는 러시아혁명이 발발했다. 1918년 8월 하이에크는 오스트리아 - 헝가리 제국군 상등병으로 이탈리아에서 알프스 산맥을 넘어 아비규환 속에 퇴각중인 군대에 휩쓸려 있었다. 그는 처음에 외교관이 꿈이었으나 전쟁을 거치면서 사회과학에 관심을 갖게 되었다. 전쟁의 와중에 그는 정치경제학을 접했고 우여곡절 끝에 빈대학 법학도로 등록했다. 1922년 봄 그가 법학박사 학위를 받을 때 독일은 초인플레이션의 절정기에 있었다. 초인플레이션 시기에 임금과 물가의 폭발적 상승과 구매력 감소를 경험한 하이에크는 화폐의 역할에 관심을 갖게 되었다.

1923년에 미국으로 건너간 하이에크는 뉴욕대학에서 연구조교로 일했다. 1928년에는 독일에 사회당정권이 탄생했고, 1929년에는 대공황이 발생했다. 1931년에 그는 런던정경대 객원교수로 초빙되었다.

그리고 1933년에 히틀러 내각이 발족되었다. 케인즈의 정부역할 확대 주장은 공황극복을 위한 처방이 됐지만 스탈린의 공산주의나 히틀러의 전체주의가 발호하는 부작용도 낳았다. 그는 이러한 '집단주의(collectivism)' 현상에 대해 고민했다.

유럽 전역이 전쟁에 휘말린 가운데 당시의 엘리트는 좌익적 경향이 짙었다. 하이에크는 영국의 엘리트를 대상으로 1944년 『노예의 길』이라는 저서를 출간하여 일찍이 사회주의와 국가주의에 대한 위험성을 경고했다. 이 책은 미국에서 폭발적으로 팔려나갔다.

1978년 개혁과 개방에 목말라 하던 덩샤오핑이 노령의 하이에크를 초대했다. 덩샤오핑이 물었다. "중국 인민을 굶주림에서 구할 방도를 가르쳐 주십시오." 그러자 하이에크가 대답했다. "농민들에게 그들이 생산한 농산물을 마음대로 처분할 수 있게 하십시오."

그 뒤 중국은 집단농장에서 생산해서 똑같이 분배하던 방식을 바꿨다. 덩샤오핑이 농민들에게 농산물 자유시장을 허락한 지 3년 만에 중국인들은 굶주림에서 벗어나기 시작했다.

"아버지, 지금 베를린 장벽이 무너지고 있어요. 사회주의가 무너지고 있다고요." 1989년 11월 9일 베를린 장벽이 무너지는 광경을 TV로 지켜보던 그의 아들 로렌스 하이에크가 소리쳤다. "거 봐, 내가 뭐랬어!" 병원에 누워 있던 프리드리히 하이에크는 한마디로 받아넘겼다. 그는 이미 오래전에 사회주의 몰락을 예언했기 때문이었다.

2
병리현상의 해결

비운의 경제학자 슘페터

19세기는 유럽에 있어 영국의 시대였다. 19세기 영국은 앞서가는 산업자본주의 국가였고 제국주의 국가였으며 '해가 지지 않는 나라'였다. 밤이 오더라도 세상 어딘가 영국의 식민지 중 한 곳은 낮이었기 때문에 이런 별명이 붙었다. 그 시대를 사람들은 빅토리아 시대라고 불렀다. 빅토리아 시대는 1837년부터 1901년까지 빅토리아 여왕(1819-1901)이 통치하던 64년의 기간을 의미한다. 빅토리아 시대는 산업혁명의 결과로 마치 '마법의 지팡이'가 닿은 것처럼 비약적인 경제발전과 더불어 생활수준의 향상이 있었다. 그리고 이러한 성과는 자유무역과 금본위제 등 정부의 조치들이 있었던 덕이었다. 그러나 1901년 여왕의 통치가 막을 내리고 황금의 시대에도 그림자가 드리우기 시작했다.

제1차 세계대전이 끝난 1920년대는 전쟁배상금, 바이마르공화국의 초인플레이션, 퇴폐, 파시즘의 발흥, 볼셰비즘의 승리, 가짜 번영, 대공황 등이 어우러진 혼돈의 시대였다.

그러나 폰 미제스, 조지프 슘페터, 프리드리히 하이에크, 존 메이너드 케인즈, 어빙 피셔 등이 보았을 때 이 시기는 19세기 그 어느 때 못지않게 흥미진진한 시기였다. 이들이 볼 때 국가를 이끌어가고 있는 정치가들이나 장군들이 피상적으로 알고 있는 인플레이션이나 디플레이션 같은 경제현상이 사실은 병리현상의 징후였다. 그들은 경제의 각 부분에 연계되어 영향을 미치는 순환체계로 관심을 돌렸다. 그리고 통화와 신용창출이 그 병의 원인이라는 결론을 내렸다.

세계 경제는 모든 부분이 맞물려 돌아간다. 경제를 되살리기 위해서는 새로운 체계가 필요했다. 카를 마르크스는 호황과 불황이 자본주의 시장경제의 본질이라고 생각했다. 그러나 피셔, 케인즈, 그리고 하이에크가 봤을 때는 이는 예방 가능한 재앙이었다. 그들은 상황을 제어할 수 있는 도구를 찾는 일에 매진했다. 그들 중에서 슘페터는 그의 개인적 비극 때문인지는 몰라도 숙명론자에 가까웠다.

1883년 3월 런던에서 카를 마르크스가 죽던 해, 2월 오스트리아에서는 조지프 슘페터(Joseph Alois Schumpeter, 1883~1953)가 태어났고 6월에는 캠브리지에서 존 메이나드 케인즈(John Maynard Keynes, 1883~1946)가 태어났다. 같은 해에 태어난 그들은 동시대에 영향을 미친 위대한 경제학자였으나 두 사람의 주장은 그들의 다른 인생역정만큼이나 서로 대조적이었다. 그들이 청년기였던 1907년에는 1800년대의 네 번의 커다란 공황에 이은 또 한 번의 공황이 일어났고, 30대 초반이었던 1914년에는 제1차 세계대전이 일어났으며 1917년에는 러시아에서 혁명이 일어났다. 당시에는 마르크스의 영향을 받은 지식인이 많았다. 케인즈와 슘페터도 마르크스를 강하게 의식하지 않을 수 없었다.

케인즈는 마르크스의 자본주의 붕괴론에 대해 총수요관리로 오히려 자본주의가 오래 번영할 것이라며 반박했다. 그러나 슘페터에게 공황은 큰 문제가 아니었다. 왜냐하면 자본주의의 불황은 차갑기는 해도 이로운 물벼락이기 때문이었다. 그가 보기에 순환은 발전의 원천이었고 불황은 건강한 현상이었다. 다만 혁신은 고른 시간차를 두고 이루어지는 것이 아니라 일어날 때 한꺼번에 불연속적으로 이루어지고 시간이 가면 쇠퇴하기 때문에 자본주의는 몰락해서 필연적으로 사회주의가 된다고 했다. 근본적으로 자본주의의 역동성은 기업가정신에 있는데 기업 경영이 전문 경영인에게 넘어가면서 관료화되기 때문에 그 역동성을 잃게 되어 자본주의는 서서히 시들어 사회주의로 탈바꿈한다는 것이다. 그러나 과거와 달리 이제는 정부나 대학 등 다양한 주체들을 포함한 사회 전체가 혁신에 참여함으로써 슘페터 이론의 한계를 극복하고 있다.

슘페터가 어렸을 적 오스트리아 빈은 유럽의 상업과 금융 중심지였다. 1870년대 후반에서 1880년대 중반까지 경제가 급성장했고 철도건설은 호황상태였다. 그 뒤를 이어 전기설비사업의 경쟁력이 런던을 앞서고 있었다. 1881년에는 전화사업이 시작되었고 1897년에는 전차가 합승마차를 대신했다. 오스트리아 경제는 비약적으로 발전하고 있었다. 노동자 1인당 생산량이 그리스도의 탄생에서 빅토리아 여왕의 탄생까지 거의 2,000년간 침체상태였던 반면에, 1870년에서 1913년 사이에 경제는 거의 세 배나 빠르게 성장했다. 인간의 기대수명도 상승했고 노숙과 구걸도 사라지기 시작했다. 자본주의는 대중의 생활수준을 점점 높여가고 있었다.

슘페터는 빈대학에서 1901년 법학을 시작했다. 당시 이 대학은 유럽 최고의 교수진을 갖춘 연구중심지 중 하나였다. 특히 카를 맹거가 그의 제자인 뵘-바베르크와 함께 이끄는 빈대학 경제학과는 유럽 내 이론경제학의 선두주자였다. 슘페터는 여기에서 폰 미제스를 선배로 삼고 역사, 철학, 경제학도 함께 수강했다. 영국을 자본주의 문명의 극치로 존경했던 슘페터는 졸업 후 런던으로 건너갔다. 그는 대영박물관의 독서실에 가면 항상 카를 마르크스가 『자본론』을 집필했던 바로 그 책상에 앉고는 했다. 그의 야심은 다윈이 전통적 생물학을 진화론으로 변환시킨 것처럼 고정된 경제이론을 역동적 경제이론으로 대체하는 것이었다. 그는 앨프레드 마셜의 조언을 듣고자 캠브리지행 열차에 몸을 실었다. 그리고 경제진화론에 대해 한 시간에 걸쳐 이야기했고 마셜은 끈기 있게 이를 경청해 주었다.

슘페터는 일반균형이론을 펼쳤던 레옹 발라의 생각에 매료되어 영향을 많이 받았으나, 그를 뛰어넘어 자본주의의 원동력을 분석해서 새로운 이론을 완성했다. 슘페터가 청년시절을 보낸 독일과 오스트리아는 19세기 후반부터 제1차 세계대전까지 고도성장을 이룩했다. 그는 경제발전을 목도하면서 자본주의의 원동력이 무엇인지, 그리고 경제발전의 원천이 무엇인지 끊임없이 자문하고 이를 규명하고자 했다.

고대의 제국들은 생산성 수준을 전혀 높이지 않더라도 약소국을 침략하여 착취함으로써 경제적 부를 늘릴 수 있었다. 그러나 1800년대에 들어와서 부유한 나라에서는 인구가 늘어나면서 식량 소비가 급격히 증가하고 의복, 고기, 설탕 등의 소비도 급격하게 증가했다. 유럽이나 아시아와 아프리카의 빈부격차는 영토와 자원의 문제가 아니라 생산력의 차이였다. 생산성이 성장하는 속도는 그 사회의 역량에 따라 여러 배의 차이가 있었다. 슘페터는 한 나라의 발전 역시 그 나라의 자원에 좌우되기보다는 그것으로 무엇을 하느냐에 있다고 생각했다. 슘페터는 생산력을 높이는 세 가지 요소는 혁신과 기업가와 신용이라고 했다. 그가 보았을 때 발전은 일차적으로 기업가정신에 좌우되었다. 기업가야말로 어떤 정부나 자선단체보다 가난을 없애는 데 크게 기여했다. 그리고 그것은 기업가의 창의적 역할에서 나왔고, 기업의 생존은 궁극적으로 신용에서 나온다고 보았다. 국가의 운명을 결정하는 것은 자원이 아니라 국가 그 자신임을 시사한 것이다.

슘페터는 자본주의 사회에서의 경제발전의 원동력을 혁신(innovation)으로 보았다. 그리고 혁신을 축으로 하여 하나의 파동이 발생한다고 생각했다. 그리하여 약 50년 주기의 콘드라티예프 파동, 7~10년 주기의 쥐글라르 파동, 약 40개월 주기의 키친 파동을 조합하여 경기순환을 설명했다. 이 경기순환에는 호황 → 후퇴 → 침체 → 회복이라는 네 가지 국면이 나타난다. 따라서 불황은 비효율적인 회사들이 구조조정을 하게 되는 불가피한 과정이며 인간이 영원히 살 수 없듯이 기업 또한 마찬가지로 경제발전의 조정과정으로 보았다. 그가 보았을 때 자본주의는 점점 안정되어 가는 체제였으나, 자전거가 쓰러지지 않으려면 계속 페달을 밟아서 움직여야 하듯이 경제안정을 위해서는 지속적인 변화가 필요했다.

그리고 혁신의 주도권은 수요가 아니라 공급 측에 있다고 설명했다. 결과적으로 경제는 부단히 낡은 것을 파괴하고 새로운 것을 창조하는 '창조적 파괴'이며, 이것이 바로 진보라고 했다.

슘페터는 1919년에 패전국 오스트리아의 재무장관에 취임했다.(당시 케인즈가 파리강화회의에서 독일에게 거액의 배상금을 부과한 베르사이유조약에 강력히 반대하여 재무성 전권대표를 사임한 것은 너무나도 유명한 이야기다.) 다민족 제국인 오스트리아 – 헝가리 제국은 붕괴되었고, 독일어권 오스트리아의 큼지막한 땅덩어리들은 체코, 유고슬라비아, 그리고 이탈리아로 떨어져 나갔다. 헝가리도 분리 독립한 후 공산화가 되었다.

패전국의 재정장관인 슘페터의 계획은 창대했다. 그는 통화의 붕괴를 막고, 기업가들에게 충분한 창업 여건을 마련해 주며, 무역장벽이 생기지 않게 하고, 금융제도를 효율적으로 작동시킨다면 경제를 다시 살릴 수 있다고 믿었다. 그러나 부유층에게 전쟁부채를 부담시키자고 한 슘페터의 조세안은 보수파로부터 따돌림을 당했다. 또한 민간기업의 사회주의화를 반대한 그의 주장은 사회민주당 각료들로부터 배척을 당했다. 게다가 연합국은 차관을 내주지 않았다. 이제 더 이상 그가 설 자리는 없었다. 슘페터는 취임한 지 7개월 만에 철저히 고립된 상태로 언론의 조롱을 받으며 해임되었다. 그를 따르던 젊은 경제학자들도 그에게 등을 돌렸다. 후일 연합국의 오스트리아 안정화 프로그램이 슘페터의 구상을 모델로 삼았지만, 그가 느꼈던 실패의 아픔을 달래주지는 못했다.

1921년에 슘페터는 비더만은행의 총재로 취임했으나 3년 만에 경영부실로 해임되었다. 그리고 본대학 교수를 거쳐 1932년에 하버드대학의 교수가 되었다. 그러나 그 무렵 케인즈의『고용, 이자 및 화폐의 일반이론』이 나오자 하버드대학의 제자들 대다수가 케인즈 경제학으로 몰려가는 것을 보면서 더욱 쓸쓸한 노년을 보내야 했다.

현실주의자 케인즈

존 메이너드 케인즈는 불황이 찾아올 것이라고 미처 생각하지 못했다. 그는 크라이스트 칼리지의 펀드를 관리하기도 했는데 결국 펀드투자에서도 손실을 보았다. 그러나 불황이 닥친 만큼 그 이유를 알아내기 위해 몇 년 동안 경제 이론을 붙들고 씨름했다. 그리고 1936년『고용, 이자 및 화폐의 일반이론』이 나왔을 때 그의 책이 세상에 미친 영향은 엄청났다. 케인즈 이론이 새로운 점은 극도의 불황 속에서는 통화정책이 먹혀 들지 않는다는 것이었다. 그리하여 단기적인 경제관리를 강조한 그의 철학은 자유방임주의와 크게 대조를 이루는 것이었다. 그의 책은 이미 경제학의 성경이 되어 가고 있었다. 그리고 불황을 극복하기 위한 그의 유효수요이론과 정지된 금본위제를 대신할 관리통화제도는 수정자본주의로 나타나게 되었다.

케인즈는 '공급이 수요를 창출한다'는 고전학파를 부정했다. '세이의 법칙'은 구매는 언제나 같은 값어치의 소득을 창출한다는 내용이었다. 그러나 빅토리아 시대에 들어서는 노동자마저도 소득의 상당부분을 저축했다. 지출이 소득보다 적을 가능성이 인정되자 세이의 법칙은 이미 낡은 이론이 되어버렸다. 케인즈는 불황은 스스로 고쳐진다는 일반적인 통념을 정면으로 공격하고 있었고, 통화유통속도에서 그 원인을 찾았다. 고전학파와 달리 그는 통화유통속도가 일정하지 않다고 보았다.

케인즈는 불황의 정도가 심해지면 경제역학은 우리 예상과는 전혀 다르게 반응한다고 생각했다. 미래는 불확실성(uncertainty)으로 가득 차 있기 때문이다. 사람들은 충격에 빠지면 두려움으로 몸이 굳어진 채 상황이 어떻게 될까 사태를 주시한다. 따라서 경기가 바닥에 있을 때는 어떤 물건도 사려고 하지 않는다. 또한 재산을 유동성이 가장 높은 화폐 형태로 보유하려는 '유동성 선호' 현상이 나타난다. 저축이 감소하고 두려움이 늘면 자금을 아무리 많이 투입하더라도 기업투자와 개인소비가 증가하지 않는다. 또한 아무도 채권을 사려고 하지 않기 때문에 채권가격은 약세로 돌아선다. 그러면 채권이자율은 떨어지지 않고 오히려 올라가기까지 한다. 극도의 불황 속에서는 물가가 금리보다 훨씬 빨리 하락하기 때문에 명목금리 인하로는 실질금리 상승을 막을 수가 없다. 이럴 때는 금리를 아무리 낮추고 돈을 풀어도 경제주체들이 돈을 움켜쥐고 내놓지 않아 돈이 돌지 않고 경기가 살아나지 않는다. 그래서 통화유통속도가 떨어지고 경제성장에도 기여하지 못하는 '유동성 함정(liquidity trap)'에 빠질 수 있다. 명목금리가 제로금리까지 하락하게 되면 중앙은행이 할 수 있는 일은 아무것도 없다. 잃어버린 20년을 겪은 일본의 경우가 대표적인 예다.

따라서 고전학파가 말한 것처럼 '보이지 않는 손'을 무작정 기다리다가는 모두가 죽고 말 것이다. 수요를 지탱할 유일한 길은 사람들의 손에 돈을 쥐어 줘서 돈을 쓸 수 있게 해줘야 한다. 이런 상황에서 케인즈는 통화량을 늘리고 정부지출을 확대해서 고용을 창출하고 실업문제를 해결해야 한다고 주장했다. 단기적으로 케인즈의 국가개입주의는 성공하는 듯 보였다. 그런데 1939년 이전에도 전쟁이 발발하리라는 우려 때문에 안전한 피난처를 찾아 엄청난 금이 미국으로 유입되었다. 미국 은행들에는 돈이 넘쳐났고 이자율은 제로금리까지 내려갔다. 그리고 제2차 세계대전이 일어나면서 전쟁으로 인한 물자수요가 폭발해 경기를 활성화시키게 되었다. 결과적으로 공황방지를 위한 뉴딜정책의 대규모 적자지출과 해외발 통화부양이 결합되어 호황이 촉발된 것이다.

마르크스는 프롤레타리아 계급의 노동자가 혁명의 전사가 되는 대신에 오히려 자본주의 경제발전으로 인한 유효수요의 주체가 될 수 있었던 점을 미처 깨닫지 못했다. 마찬가지로 케인즈도 간과한 것이 세 가지 있었다. 그것은 먼저 시장도 완전하지는 않지만 정부도 불완전하다는 것이다. 그는 정부의 실패를 고려하지 않았다. 두 번째로는 정부가 불황기에 시행한 총수요 관리정책은 경기가 회복되어도 억제하기가 어렵다는 것이었다. 정부가 일단 발주한 일은 이미 기득권화해서 축소에 대한 반대가 만만치 않기 때문이다. 마지막으로는 공공투자를 늘리면 그 반작용으로 민간투자가 위축되는 이른바 크라우딩 아웃(crowding out) 효과를 초래한다는 점이다.

고전주의학파에서 돈을 단순히 교환수단으로 본 것과 달리 케인즈 경제학은 돈을 재무상황을 바꿀 수 있는 유동성 확보수단으로 보았다. 이 점에서 보면 금융시장은 돈을 벌 수 있는 투기의 장소가 되기도 했고 투기와 그로 인한 거품이 꺼지는 위험도 내포하고 있었다. 케인즈는 현대 자본주의 사회에서 금융이 핵심적인 역할을 한다고 보았다.

케인즈는 정부의 힘으로 불확실성을 제거하려고 했다. 그가 주목했던 것은 제약 없이 경쟁하는 자유시장경제에서 유휴 생산능력이 오랫동안 지속되고 다수의 실업자가 존재하는 미스터리한 현실이었다. 케인즈의 이론은 디플레이션과 대량 실업의 시기에 잘 어울렸다. 그렇게 불황기에 발생하는 대규모 수요부족을 다루는 새로운 경제학을 만들어 낸 것이다.

시카고학파의 좌장 프리드먼

제2차 세계대전이 끝나고 케인즈가 죽은 지도 2년이 지난 1948년 하이에크는 스위스의 로잔 호숫가 몽페를랭에서 은밀한 첫모임을 소집했다. 신자유주의 시카고학파의 밀턴 프리드먼은 이때 말석에 앉아 있었다.

밀턴 프리드먼(Milton Friedman, 1912-2006)의 아버지는 1890년대에 뉴욕 브루클린에 정착한 헝가리계 유대인 이민자였다. 프리드먼은 뉴저지 철로변의 공장마을에서 자랐다. 부모가 가게를 운영했지만 벌이가 시원치 않았고, 프리드먼이 열다섯 살 때 아버지가 세상을 떠났다. 프리드먼은 처음에 보험계리사가 되려고 하였으나, 대공황과 아서 번스의 영향으로 회계학 대신 경제학을 공부하게 되었다. 졸업 후에도 반유 대주의가 팽배한 사회 분위기 탓에 학계에 발을 들여놓을 수가 없었다. 그리하여 루스벨트 행정부의 국가자원기획위원회에 들어갔다. 케인즈 적인 뉴딜정책에 의해 마련된 일자리였다. 그는 여기에서 소비자구매 와 관련된 대규모 데이터베이스를 수집하는 일에 동원되었는데, 이곳 에서의 경험은 후일 그의 최고 업적 중 하나인 '항상소득가설'을 정립 하는 계기가 되었다. 그렇지만 그도 1941년 당시에는 재무부에서 가장 똑똑한 젊은 케인즈주의자 무리의 일원이었으며, 1940년대 후반까지 는 충실한 케인즈 신봉자였다. 전시 중에 그가 고안한 소득세 원천징수 매커니즘은 전후 수십 년간 GDP 증가율보다 더 높은 세수증가율을 만 들어냈다. 더구나 소득세 원천징수는 불황이 닥치면 자연히 세수가 줄 고 호황이 오면 저절로 세수가 늘어나는 효과를 발휘했다.

1953년 프리드먼은 입장을 바꾸게 된다. 그가 전시에 케인즈주의 분위기 때문에 통화정책을 간과한 것을 후회한 것이다. 그리고 레이 건 시대에 낮은 세금과 작은 정부의 수호천사가 되었다. 그의 명성은 1960년대 후반, 정부의 적극 개입을 주장한 케인즈 정책이 스태그플레 이션을 불러올 것이라는 예측이 적중하면서 더 확고해졌다.

1970년대 들어 중동국가들의 석유가격 담합인상으로 오일쇼크가 세 계 경제를 강타하면서 경기 침체 하에 실업률과 물가가 모두 높은 상태 로 유지되는 거대한 '스태그플레이션'이 발생했다. 스태그플레이션이 란 스태그네이션(stagnation, 경기침체)과 인플레이션(inflation, 물가상승)의 합 성어다. 한마디로 경기는 둔화되는데 물가는 상승하는 상태를 말한다.

케인즈주의자들은 높은 물가를 잡기 위해 정부 지출을 줄이면 경기를 침체시키는 결과를 가져오고 경기를 부양하기 위해 지출을 늘리면 물가가 오르게 되는 진퇴양난의 어려움에 빠졌다. 밀턴 프리드먼을 중심으로 한 몇몇 학자들은 과도한 정부의 개입으로 위기가 발생했다고 비판하며 시장원리를 되살려야 한다고 맞섰다. 정부 지출확대는 민간부문을 위축시키는 '구축효과'를 발생시키기 때문에 정부개입을 최소화해야 한다는 것이었다. 이른바 '시카고학파'의 탄생이었다.

1979년 영국의 대처리즘을 이끌어냈던 하이에크와 1980년 미국의 레이거노믹스를 촉발했던 프리드먼은 몽페를랭 협회의 회원이자 동지였다. 그들은 정부가 경제에 개입하면 인플레이션을 만들어 낼 뿐이며, 대신 사유재산권과 경제적 자유가 시장을 구할 수 있다고 주장했다.

미국의 스태그플레이션 현상은 1981년 폴 볼커가 밀턴 프리드먼의 통화주의 정책에 따라 인플레이션을 관리하면서 그 고삐가 늦추어졌고, 경기는 활력을 되찾았다. 정부는 자유경쟁시장이 왜곡되지 않도록 최소한도로 개입하게끔 되었다. 그리고 항상 기업인들은 시장을 중시하는 하이에크 편에, 정부 관료들은 경제에 개입이 불가피하다는 케인즈 편에 섰고, 지금도 이는 되풀이되고 있다.

하이에크는 인간은 완전하지 않으며 합리적이지 않기 때문에 시장이 중요하다고 했다. 그러나 자유방임주의를 옹호하지는 않았다. 반면에 프리드먼은 인간은 합리적으로 행동한다고 생각했다. 그 역시 자유방임을 옹호하지는 않았다. 자유를 심하게 침해하는 국가 개입에는 반대했지만, 자유를 촉진하는 개입이라면 당연히 유지되어야 한다고 생각했다.

1978년 오일쇼크로 고통 받던 우리나라에 하이에크가 왔었다. 그 때 한국의 교수들이 그에 대한 케인즈의 비판에 왜 반격을 하지 않느냐고 물었다. 하이에크는 이렇게 대답했다.

"케인즈가 내게 말하기를, 이미 자신도 '고용, 이자 및 화폐에 관한 일반이론'을 믿지 않는다고 밝힌 바 있는데 더 이상 무엇을 비판한다는 말인가?"

대처리즘에서 시작된 자본주의 3.0은 2007년에 시작된 서브프라임 모기지 사태로 인해 글로벌 금융위기가 닥치면서 끝이 났다. 케인즈주의자들은 신자유주의의 종말을 알리는 깃발을 다시 치켜들었지만, 2010년 정부부채 위기가 터지면서 하이에크 진영의 반격이 다시 시작되고 있다. 미국에서는 정부 부채상한선 인상을 놓고 공화당과 민주당이 공방전을 벌였고, 영국에서는 재정긴축을 놓고 양 진영이 부딪혔다. 다른 편에서는 '자본주의 4.0'이라는 명제로 국가의 새로운 역할을 강조하고 있다.

채권금리와 채권가격

100만원짜리 채권을 발행하면서 1년 후 이자를 포함하여 105만원을 주기로 했다면 이 채권가격은 100만원이고 금리는 년 5%이다. 그런데 채권가격이 시장에서 95만원으로 떨어져서 이 채권을 샀는데 만기에 105만원을 받는다면 시장 금리는 약 연 10%가 된다. 그런데 채권가격이 105만원으로 올랐다면 금리는 0%이다.

채권가격이 100만원으로 그대로인 상태에서 시중금리가 갑자기 10%가 됐다면, 이 채권은 만기가 되면 105만원을 받기로 되어있기 때문에 이 채권을 100만원에 팔려고 하면 아무도 사지 않을 것이다. 다른 채권을 100만원에 사면 110만원을 받을 수 있기 때문이다. 그래서 100만원 이하인 95만원으로 내놓아야 팔릴 것이다. 그래서 채권가격이 떨어지는 것이다. 이렇게 금리가 오르면 기존 채권가격은 떨어진다.

유효수요 이론

유효수요란 소비(C), 투자(I), 정부지출(G)의 합인 총수요(C+I+G)를 말한다.

현행 화폐임금제도 하에서는 노동에 대한 수요만 있으면 공급량이 증가한다. 그리고 고용에 대한 수요를 결정하는 것은 총수요이다. 실업은 총유효수요의 부족에서 생긴다.

그림에서 보면 노동의 수요를 결정하는 것은 국민소득(GDP)이다. 여기서 GDP가 x축의 Y라면 총수요는 E와 만나는 y축의 D에 해당한다. 그런데 소득이 증가하면 소비가 늘어나지만 소득만큼 늘어나지는 않는다. 그래서 총수요는 YD의 기울기 곡선으로 나타난다. 만일 국민소득의 크기가 Y′로 증가한다면 총수요는 E′로 늘어나야 완전고용이 될 수 있다. 따라서 b만큼의 유효수요가 부족하게 된다. 그래서 정부가 총수요의 부족분만큼 공공투자를 통해 정부지출을 해야 한다. 그렇게 해야 실업이 사라지고 완전고용이 달성된다.

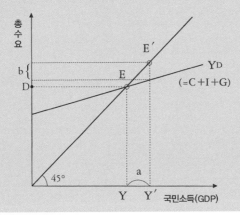

스태그플레이션의 매커니즘

영국의 경제학자 A.W. 필립스에 의하면 실업률과 물가상승률은 그림에서 보는 바와 같이 서로 역상관관계에 있다. 필립스에 의하면 높은 물가상승률과 낮은 실업률인 A를 선택하든 낮은 물가상승률과 높은 높은 실업률인 B를 선택하든 정부가 마음먹기 나름이라고 했다. 따라서 인플레이션을 감수한다면 정부는 얼마든지 실업률을 낮출 수 있다고 했다.

그런데 프리드먼은 그렇지 않다고 했다.

만일 정부가 실업률을 떨어뜨리면 기대 인플레이션이 상승한다.

기대 인플레이션이 상승하면 필립스곡선이 점선처럼 이동한다. 그리하여 결국은 장기적으로 필립스곡선은 수직이 되고 만다. 그리고 장기 필립스곡선이 수직이면 정부는 정책으로 실업률을 조정할 수가 없다. 즉, 실업과 높은 인플레이션이 공존하게 된다.

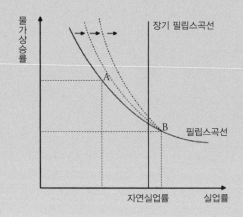

7장

비틀거리는 자본주의

1
수학과 가우시안 코플라 함수

세상을 바꾼 기하학

서구 문명에서 성경(聖經) 다음으로 가장 많이 읽힌 책은 유클리드 (에우클레이데스)의 『기하학 원론』이다. 기하학의 시초는 고대 이집트 문명이었다. 이집트에서는 매년 나일강이 범람하고 나면 땅이 유실되어 자기 땅이 어디까지인지 구별이 되지 않았다. 그래서 이를 해결하기 위해 여러 가지 모양의 토지 넓이를 재는 기술이 발달했다. 기하학 (geo+metry)이란 말이 그리스어로 '토지(geo)'와 '측량(metry)'을 더해 만들어진 것도 그 근원은 이집트에서 찾을 수 있다.

고대 그리스인들은 기하학을 신성하게 여겼다. 플라톤은 자신의 학교 입구에 "기하학을 모르는 자는 들어오지 말라."고 써 붙였다. 에라토스테네스는 나일강변의 두 도시에 막대기를 꽂아 놓고 그림자와 막대기가 이루는 각도를 재서 지구둘레를 거의 정확하게 계산해 냈다.

중세 암흑기에 인도와 중동에서 아라비아 숫자가 발명되고 대수학 (代數學)이 발전했다. 인류가 세계 문화의 많은 부분을 성공적으로 잘 보존해 온 데에는 아라비아인들이 그리스와 인도의 해박한 지식을 잘 보존하고 발전시켰던 공이 크다. 이는 마호메트가 '지식의 탐구는 천국에 이르는 길'이라고 가르친 덕분이기도 하다. 776년경에 인도의 브라마굽타 저작들이 바그다드에 전해졌고 이것이 바로 인도 숫자가 아라비아 수학에 전해진 계기였다. 『아라비안 나이트』로 잘 알려진 왕인 하룬 알라시드의 아들인 알마문의 통치기간(809~833) 중에 살았던 수학자 알화리즈미는 대수(代數, algebra)와 인도 숫자에 관한 책을 썼다. 그리고 이 책들이 12세기에 라틴어로 번역되었을 때 유럽에 엄청난 영향을 끼쳤다. 십자군 원정이 처음 의도와는 다르게 상인의 이익을 위해 움직이면서 편리한 아라비아 숫자와 계산법이 전 유럽으로 퍼지게 된 것이다.

서양 과학이 발달하기 시작하는 12~13세기에 유럽 학자들은 대대적으로 그리스와 아랍의 과학문헌들을 라틴어로 옮기는 작업을 했다. 이로써 유럽은 중세 과학의 암흑기를 벗어나게 되었다. 만약 아라비아인들이 중세 암흑시대에 이러한 지적 자산을 관리하여 유럽에 넘겨주지 않았더라면 17세기의 과학혁명은 일어나지 않았을 것이라고 역사가들은 말한다.

이집트 기하학은 그리스를 거쳐 유럽에서 부활했다. 르네상스시대가 열리면서 그리스의 기하학과 아랍의 대수학이 유럽에서 만나 수학이 꽃을 피웠다. 과학자들은 물리의 법칙을 비롯해 자연의 모든 현상을 수학적 논리구조와 압축된 용어로 설명하기 시작했다. 뉴턴의 법칙을 낳은 것도 기하학이었다. 뉴턴이 만물의 운동법칙을 기술한 '프린키피아'는 수식이 아니라 도형으로 가득 찬 기하학이었다.

20세기 들어 수학은 과학기술·산업·의학·금융 등 전 분야에 걸쳐 주연 노릇을 하고 있다. 확률이나 미적분 방정식이 없었으면 월가도 선물이나 옵션처럼 위험한 상품을 만들지 못했을 것이다.

기하학의 영향은 과학에 그치지 않았다. 공리(公理)를 바탕으로 한 증명은 스피노자의 윤리학을 거쳐 미국 독립선언서로 이어졌다. 독립선언서는 '모든 사람은 평등하게 태어났다'로 시작해 영국으로부터 독립해야 한다는 결론을 이끌어냈다. 1998년 모토로라의 레너드 보루키 박사는 반도체 칩 제조공정에서 웨이퍼(실리콘 원판)를 연마하는 패드가 너무 빨리 닳는 문제를 수학으로 해결했다. 이를 통해 모토로라는 매년 30만 달러의 비용을 절감할 수 있었다. 스탠리 오셔 교수는 유체(流體)의 형태 변화를 수학적으로 기술하는 방법을 개발했다. 그의 수학적 방법은 헐리우드 영화 〈캐리비언의 해적〉에 나오는 소용돌이와 〈해리포터와 불의 잔〉에서 용이 내뿜는 불꽃을 만드는 데 적용됐다. 그의 제자 로널드 페드큐 교수는 〈캐리비언의 해적〉에서 컴퓨터 그래픽으로 특수효과를 나타냈다.

백의의 천사 나이팅게일은 간호사로 잘 알려져 있지만 그녀가 간호사로 활동한 기간은 고작 4년에 불과했다. 어릴 때부터 숫자와 정보정리에 푹 빠져 지낸 나이팅게일은 크림전쟁(1853~1856) 당시 영국군 간호감독관으로 활동하며 환자와 질병, 사망원인을 꼼꼼히 조사했다. 당시 군 병원은 이름만 병원이었지 응급치료를 마친 환자들이 군복을 그대로 입은 채 제대로 씻지도 먹지도 못했다. 그 결과 전투 부상보다 입원 후 질병감염으로 사망하는 환자가 더 많다는 것을 알아냈다. 나이팅게일은 즉각 환자들의 위생 상태를 개선하기 위해서 깨끗한 환자복을 입히고 침대 시트를 청결하게 관리하며 합리적인 병원 체계를 갖춰나갔다. 이러한 대대적인 위생환경 개선작업으로 한달 만에 야전병원 사망률이 크게 떨어졌다. 이후 영국 병원 전체에 환경개선 움직임이 퍼졌다. 그녀는 병원 통계 표준화에 힘썼고 통계학회 최초의 여성 정회원으로 선출되었다. 나이팅게일은 의학적 연구가 아니라 숫자와 통계로 수많은 생명을 구한 셈이었다.

가우시안 코플라 함수의 함정

2000년 「저널 오브 픽스트 인컴(The Journal of Fixed Income)」이란 학술지에 데이비드 X. 리(Li)라는 중국계 금융공학자가 '가우시안 코플라 함수(Gaussian copula function)'를 발표했다.

미국의 주택담보대출은 개인의 신용도에 따라 우량등급인 프라임(prime), 준우량등급인 알트-A(Alternative A), 불량등급인 서브프라임(subprime)의 3등급으로 나뉜다. 서브프라임 계층은 사실상 모든 금융거래에서 소외되는 계층이다.

더구나 주택담보대출은 언제 집값이 떨어질지 또 돈을 빌린 사람이 언제 실직을 해서 돈을 못 갚게 될지 예측하기 어려워서 불확실성이 크다. 특히 서브프라임모기지 상품은 쉽지가 않았다. 그러나 대출자 중에서 일부가 돈을 갚지 않아도 나머지가 제대로 돈을 갚으면 한 회사가 모기지 대출을 혼자서 끌어안고 있을 때보다 위험이 줄어들 수 있다. 따라서 은행이나 모기지 전문회사가 서브프라임모기지를 실행한 후에 자금조달을 위해 투자은행에 대출채권을 팔아넘기면, 투자은행은 여러 개를 혼합함으로써 불확실성이 줄어들 것이라고 보고 500~1,000개의 모기지 채권을 묶어 새로운 '부채담보부증권(CDO, Collateralized Debt Obligation)'이란 상품을 만들었다. 그러나 여전히 불확실성은 있었다. 그래서 이 공식이 나오기 전까지 월가는 주택담보대출채권(Mortgage Backed Securities)에 거의 투자하지 않았다.

그런데 이때 '가우시안 코플라 함수'가 해결사로 등장했다. 불확실한 수많은 모기지의 상환 가능성을 계산해서 산정할 수 있다는 것이었다. 함수를 소개하면 이렇다.

$$(\Pr[TA \langle 1, TB \langle 1] = \phi_2 \ (\phi \square R^1(FA(1)), \phi \square R^1(FB91)), \text{\Y})).$$

월가의 금융공학자들은 '가우시안 코플라 함수'에 열광했다. 불확실성이 커서 거래가 힘들다던 CDO에 가격을 매길 수 있게 되자 엄청난 시장이 열린 것이다. 더구나 저금리로 갈 곳을 잃은 신규 자금이 월가로 몰리면서 CDO는 폭발적 인기를 끌었다. 여러 개의 CDO를 섞고 묶어서 새로운 CDO를 만들기도 하고, 돈을 못 받을 위험만 따로 떼서 CDS(Credit Default Swap)라는 상품을 만들기도 했다. CDO시장은 2000년에 2,750억 달러 정도였지만 절정에 달했던 2006년에는 4조 7,000억 달러에 이르렀다.

사실상 은행은 위험부담을 스스로 지지 않고, 여러 가지 파생상품으로 분산시켰으며, 그 회계수단이 너무나 복잡하여 전문가도 파악하지 못할 정도였다. 결과적으로 신용등급이 B이하인 대출 채권을 쪼개고 재포장해서 A급으로 바꾸었지만 위험 그 자체가 사라진 것은 아니었다. 하나의 수학공식에 기반한 CDO 시장은 결국 붕괴했고 리먼브라더스의 파산과 월가 투자은행의 몰락은 물론 전 세계 경제를 위기로 몰아넣는 엄청난 후유증을 몰고 왔다.

이 수학공식의 결정적 문제점은, CDO가 부도날 위험에 대한 시장 가격을 최근 10년간 부동산 활황기 가격을 기초로 했다는 점이었다. 부동산 가격이 급락할 때의 위험성을 간과한 것이다. 결국 '가우시안 코플라 함수'로 산정한 CDO 가격은 아무 의미가 없어졌고 60%나 폭락하고 말았다. 그만 탐욕에 눈이 멀어 그 함수가 갖고 있는 함정을 그냥 무시해 버린 대가일지도 모른다.

2
서브프라임모기지 사태

미네르바의 부엉이

"미네르바의 부엉이는 황혼 무렵에야 비로소 날개를 펴기 시작한다.
(Die Eule der Minerva beginnt erst mit der einbrechenden Dämmerung ihren Flug)"

헤겔의 『법철학 강요』서문에 나오는 말이다. 미네르바의 부엉이는
로마신화에서 미네르바와 함께 다니는 신조(神鳥)이며, 지혜를 상징한
다. 원래 미네르바의 신조는 까마귀였다. 오비디우스의 『변신이야기』에
따르면 까마귀는 미네르바의 비밀을 누설한 죄를 짓고 신조의 자리를
부엉이에게 내주었다고 한다. 그 부엉이는 원래 레스보스 섬의 뉘티메
네였는데, 전설에 따르면 자신의 아버지와 통정한 죄로 인해 부엉이가
되었으며, 이 사실에 대한 부끄러움으로 낮에는 웅크리고 있다가 밤이
되어서야 활동한다고 한다.

헤겔이 미네르바의 부엉이를 언급한 것은 부엉이가 낮에는 웅크리
고 있다가 밤이 되어서야 그 날개를 펴는 것처럼, 철학은 앞날을 미리
예측하는 것이 아니라 어떤 현상이 일어난 뒤에야 역사적 조건이 지나
가서 그 뜻이 분명해진다는 의미였다. 진리는 일이 다 끝날 때쯤 알려
지기 시작한다. 그만큼 현실은 예측하기 어렵다는 말이다.

폴 볼커가 1979년 8월 미 중앙은행(Fed) 의장에 취임할 당시 미국 경제는 스태그플레이션 상태였다. 오일쇼크로 물가는 뛰는데 물가를 잡으려면 금리를 올려야 하지만 경기를 생각하면 금리를 내려야 하는 딜레마였다. 볼커는 두 마리 토끼를 잡겠다고 나서지 않았다. 물가를 잡는 데 집중했다. 미국 소비자물가 상승률은 11%에 달하고 있었다. 그는 취임하자마자 인플레이션 진압에 나섰다. 취임 당시 연 11.2%였던 정책금리를 1981년에는 연 21%까지 끌어올리고서야 효력을 발휘했다 (그림26). 1983년에는 물가상승률이 3.2%까지 떨어졌다. 볼커는 재임 시절 거의 모든 곳에서 욕을 먹었다. 초고금리 정책으로 기업들이 무더기로 도산했다. 취임 당시 6%대였던 실업률이 10%대로 악화되었다. 1930년대 대공황 이후 최악의 경기침체였다. 연일 시위대가 몰려들고, '멍청이 볼커를 몰아내자'는 격문이 나붙었다. 괴한들의 살해 위협까지 뒤따랐다. 신변에 위협을 느낀 볼커는 호신용 권총을 몸에 지니고 다녀야 했다. 볼커를 Fed의장으로 발탁한 지미 카터가 1980년 말 대통령선거에서 공화당의 레이건에 패했다. 그의 참모는 땅을 쳤다. "볼커는 인플레이션의 숨통을 끊었지만, 카터 정권의 숨통도 함께 끊었다."

볼커의 통화긴축은 인플레이션을 통화팽창의 결과로 설명하는 시카고학파 밀턴 프리드먼의 이론을 검증한 결과를 보여줬다. 그런 프리드먼도 금융규제 완화를 위해 레이건 정부가 추진하던 글래스-스티걸법의 폐지를 반대하다가 결국 임기를 10개월가량 남기고 보따리를 싸야 했다.

1929년 대공황을 겪은 뒤 1933년 탄생한 글래스-스티걸법은 대출 중심의 상업은행과 기업이 발행하는 유가증권 인수업무는 투자은행에만 한정하도록 확실히 구분한 금융규제법이었다. 그러나 1980년대 이후 신자유주의가 확산되면서 오랜 논란 끝에 클린턴 정부 시절인 1999

년에 폐지되었다. 은행들은 부동산이나 주식 등을 자기 돈으로 매입하는 자기자본 거래와 파생상품 등 투기적 거래에 뛰어들었다.

1987년 9월 볼커의 바통을 넘겨받은 앨런 그린스펀은 시의적절한 통화정책으로 '세계의 경제대통령'이라는 별명을 얻었다. 1987년의 블랙먼데이, 1990년의 걸프전, 1998년의 아시아 외환위기, 롱텀캐피털매니지먼트(LTCM) 파산 등 세계 경제에 위기가 닥칠 때마다 금리를 과감히 낮췄다. 2000년의 정보기술(IT) 붐이 무너진 닷컴버블 붕괴 때는 정책금리를 2년여에 걸쳐 연 6.5%에서 연 1%까지 끌어내렸다(그림26). 이는 미국은 물론 전 세계 경제의 호황으로 이어졌다. 그는 공화당원이었지만 민주당의 클린턴 정부조차도 그를 경제 사령탑으로 극진히 예우했다. 그러나 그 다음 일은 아무도 몰랐다. 2008년 9월 미국 투자은행인 리먼브러더스의 파산으로 금융위기가 터질 때까지는.

그린스펀의 저금리 정책이 미국 부동산 거품을 키웠고 그 결과 '100년 만의 위기'가 도래했다는 비판이 쏟아졌다. 미국의 재정적자 급증에

(그림26) 미국 기준금리의 변화 (1955~2011)

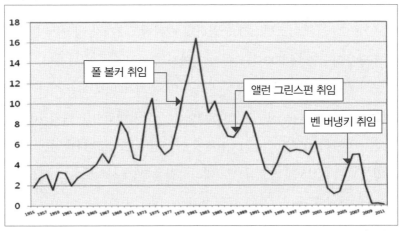

자료 : Fed

대해서도 비난의 화살이 날아왔다. 재임 중 감세정책을 지지한 것이 재정적자를 악화시켰다는 지적이었다. 그는 철저한 시장주의자로서 금융시장에도 규제완화를 옹호했다. 워런 버핏이 '금융시장의 대량 살상 무기'라고 부른 파생상품의 위험도 경계하지 않았다.

돌풍의 진원지는 주식시장이 아닌 신용시장이었다. 서브프라임 파문이 처음 불거진 것은 2007년 2월 말, HSBC은행이 서브프라임 모기지 중 부실이 20%에 달한다고 고백한 것으로부터 시작되었다. 그러나 3월에 서브프라임 모기지 전문업체들이 직격탄을 맞고 줄줄이 문을 닫거나 영업을 중단하고, 업계 2위인 뉴센추리캐피탈이 파산을 선언할 때까지만 해도 그저 일시적으로 지나가는 일과성 문제로 치부되었다. 미네르바의 부엉이가 날개를 펴기 시작하고 있었지만 아직 아무도 몰랐다.

이때까지만 해도 피해는 모기지 전문회사에 그치는 듯했다. 미 연방준비제도이사회(Fed)도 예의 주시할 뿐 대응하지 않았다. 그리고 6월 말 들어 서브프라임 모기지를 기초자산으로 발행한 자산담보부증권(CDO) 값이 떨어지면서 여기에 집중투자 한 헤지펀드들이 문제가 되었다. 연방준비제도이사회가 금리인하를 시작하면서 증시는 상승세를 탔고 7월 21일 베어스턴스가 운영하던 헤지펀드 2개가 청산되기 이틀 전에 다우지수는 14,000을 넘어 당시까지의 최고 수준에 달했다.

눈치 빠른 전문종사자들에게 부엉이의 존재가 비로소 드러나기 시작했다. 그 뒤로 다우지수는 13,000대를 오르락내리락 하다가 10월 9일에는 역사적 최고 종가인 14,164에 마감했다. 그리고 다음날인 10월 10일 장중 14,225를 최고점으로 내리막길을 걷기 시작했다(그림27).

10월이 되자 씨티그룹과 메릴린치 등 대표적 투자은행(IB)들이 흔들리기 시작했다. 이들은 중동의 국부펀드로부터 도움을 받아 위기를

(그림27) 2007~2012 다우지수 변화추이

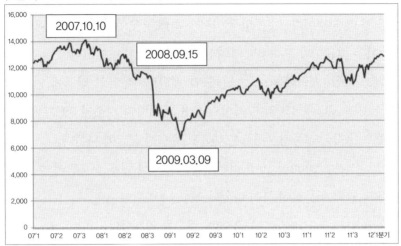

자료 : Dow Jones Industrial Average Index Chart – Yahoo Finance

넘기는 듯 보였다. 하지만 그것도 잠깐이었다. 씨티그룹과 메릴린치는 2007년 4분기에만 각각 98억 달러의 적자를 냈다. 2008년 3월에는 세계 최대 투자은행인 베어스턴스가 사실상 파산하면서 JP모건체이스에 넘어가고 말았다. 그리고 7월에는 미국 7위의 저축·대부(S&L)조합인 인디뱅크의 영업이 정지되었다. 미 모기지 시장을 떠받치고 있는 양대 국책 모기지업체인 페니매와 프레디맥도 뿌리째 흔들렸으나, 정부의 2,000억 달러 공적자금 투입으로 지분 80%를 인수해 두 회사가 결국은 국유화되었다.

서브프라임 파문은 '서브프라임 전문 모기지회사 → 헤지펀드 → 대형 IB → 국책 모기지 및 일반 상업은행' 등의 순으로 확대되었다. 시간이 지나면서 안전지대는 없어졌다. 사실상 모든 금융회사가 대상이 되었다. 2008년 9월 15일, 19세기와 20세기 대공황을 모두 헤치고 살아남아 158년의 역사를 자랑하던 업계4위 투자은행인 리먼브러더스가 파산보호를 신청했다. 드디어 미네르바의 부엉이가 만천하에 그 모습을 드러낸 것이다. 이는 미국 역사상 최대 규모의 파산으로 기록되었다. 이후 대규모의 고객이탈과 자산가치의 하락이 이어졌다.

뱅크오브아메리카(BOA)는 업계3위 메릴린치를 5억 달러에 인수했다. Fed는 AIG에 850억 달러의 자금을 투입하여 지분의 79.9%를 인수했으며 각국의 중앙은행들은 대규모 유동성 공급에 나섰다.

그린스펀은 2008년 10월 리먼브러더스 파산 이후 신용경색의 한 복판에서 의회 청문회에 불려 나왔다.

"I made a mistake." 그는 자신의 실수를 인정했다.

"은행과 같은 금융기관들이 그들의 투자자들과 주주들의 자산을 보호할 수 있을 것이라고 예상한 것은 나의 실수입니다."

서브프라임모기지의 함정

금융위기의 교과서적인 해법은 부실을 파악해서 건강한 부분은 살리고 부실만 도려내 처리하는 것이다. 그런데 서브프라임모기지 사태는 파생금융상품이 얽혀 있어 부실의 규모조차 파악이 어려웠다는 데에 그 특징이 있다.

과거 전통적인 주택담보대출은 은행이나 모기지 전문회사가 채무자가 제대로 갚을 능력이 있는지 평가해서 대출을 실행하는 형태였다. 그런데 서브프라임모기지는 은행이나 모기지 전문회사가 투자은행에 대출채권을 팔아넘기고, 투자은행은 이를 수 백 개씩 묶고 또 잘게 쪼개서 파생상품의 형태로 전 세계의 투자자들에게 팔아넘겼기 때문에 그 규모를 알 수 없었던 것이다. 더구나 당초 건강한 부분과 부실한 부분이 (그림28)에서 보는 바와 같이 부대찌개처럼 섞여 몇 번 재주를 넘어 버렸으니 이를 구분해서 도려낼 수도 없었다.

문제는 이렇게 뒤죽박죽으로 섞인 상품이 부실하게 됐을 경우 누구에게도 책임을 물을 수 없는 구조로 바뀌어 버린 것이다. 은행이나 모기지 전문회사는 투자은행에 대출채권을 팔아넘기면 되기 때문에 채무자에 대한 평가를 엄격하게 할 필요가 없어졌다. 투자은행 역시 CDO를 만들어 수수료만 챙기면 되기 때문에 건강한 대출상품인지 따질 이유가 없었다. 대출모집인은 수수료를 받고 채무자를 끌어 오는 역할을 했는데 그들에게는 수단 방법을 가리지 않고 건수를 올리는 것이 우선이었다. 그러나 전 세계의 투자자들은 정상적인 대출이 실행된 상품이라고 믿고 투자를 했던 것이다.

(그림28) 서브프라임 모델

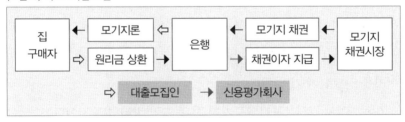

2001년 이후 IT버블로 인해 저금리 정책이 시작되면서 (그림26)에서 보는 바와 같이 2003년에서 2005년 사이에는 사실상 제로금리라 할 수 있는 초저금리가 유지되었다. 더구나 미국은 금융기관이 정하는 일정액의 적은 돈만 있으면 집을 담보로 많은 돈을 대출받아 주택소유를 할 수 있었다. 초저금리로 인해 수요가 늘고 집값은 계속해서 상승했다. 집을 사서 몇 년만 지나면 대출금을 갚고도 남았다. 모기지론을

쓰지 않을 이유가 없었다.

은행이나 모기지 전문회사의 입장에서는 모기지론이 굉장히 장사가 잘되기 때문에 끊임없이 대출을 해주었고 은행들 간의 경쟁이 심해지면서 실제로는 대출을 받을 수 없는 저신용등급인 서브프라임 계층에게도 무분별하게 대출이 실행되었다.

2006년 2월 벤 버냉키가 Fed의 새 의장으로 임명되었다. 버냉키는 장기간 지나치게 낮은 금리로 경기가 과열되었다고 진단하고 취임 후 꾸준히 금리를 인상했다. 금리 인상의 결과는 모기지론을 통해 집을 샀던 서민들에게 직격탄이 되었다.

당시 금융기관이 일반 서민층에게 권유한 서브프라임모기지의 약 90%가 조정금리부모기지(ARM ; Adjustable Rate Mortgage)였다. ARM은 초기 2~3년은 고정금리로 하고 그 이후 만기인 30년까지는 변동금리로 이자를 내야 하는 상품이었다. 그런데 2~3년의 고정금리가 끝나고 변동금리로 넘어가는 시점이 공교롭게도 이미 금리가 오른 2007년에 많이 몰려 있었다. 낮은 이자부담도 힘겨운 서민들에게는 최고조로 오른 이자를 감당할 수가 없었다.

이렇게 해서 '서브프라임모기지 사태'는 발발되었던 것이다. 주택시장은 붕괴되고 서브프라임은 금융시장으로 번져 나가 '글로벌 금융위기'로 확산되게 되었다.

3
유럽발 재정위기

통화통합

1961년 로버트 먼델이 '최적통화지역(Optimum Currency Area)이론'을 제시했다. '역내에 노동력, 자금, 교역 등이 자유롭게 이동하는 것을 전제로, 이를 통해 역내 국가들이 모두 통합을 통한 이득을 누릴 수 있다'는 것이다. 많은 전문가들은 현실성이 없다고 생각했지만, 1968년 유럽 경제 · 금융 통합의 단계적 실시 계획을 제시한 '베르너 보고서(Werner Report)'가 나왔다.

1989년, 유럽연합(Europeon Union)은 유로 통화를 만들겠다는 담대한 계획을 수립했다. 주권국의 명백한 통화주권 보장이 없는 최초의 통화였다. 이후 1994년까지 통화 통합이 진행되면서 프랑스 · 스페인 · 이탈리아에서는 고질적인 통화위기가 사라졌다.

1999년 1월 유로체제가 공식적으로 출범하였다. 단일 통화정책과 국가별 재정정책이라는 독특한 체제가 시험대에 오른 것이다. 유로화 도입을 앞둔 1997년 말 한 보고서는 이렇게 지적했다. "상품 및 금융시장 통합이 가속돼 자원배분의 효율성이 높아지고 EU지역의 경제규모가 미국에 필적할 만하게 될 것이다. 장기적으로는 유로화가 달러와 함께 중심통화로 사용될 것이다."

실제로 이후 10년간 EU와 유로화는 그 가능성을 보여 왔다. 출범 당시 유럽 연합은 세계 GDP의 30%를 차지했다. 1999년부터 2008년까지 유로지역 평균 물가상승률은 2.2% 수준이었으며 실질 국내총생산(GDP)성장률은 2.1%로 직전 10년간 평균 1.8%보다 높았다. 역내 인플레이션이 안정적으로 유지되었고 금리를 높일 필요가 없어지면서 투자와 고용이 촉진된 것이다. 전 세계 외환보유액에서 유로화가 차지하는 비중도 출범 당시 18%에서 26.5%까지 뛰어올랐다. 같은 기간 달러는 71%에서 61%로 줄었다.

서브프라임 위기가 발생할 때까지 유럽중앙은행은 미연방준비제도나 영국중앙은행보다 더 관대하게 경제활동을 지원했고 부실 금융기관에 무제한으로 돈을 융통해주었다. 신자유주의가 확산되면서 성장과 고용안정에 모든 경제정책을 동원하였던 것이다.

EU는 정부 재정적자를 국내 총생산(GDP)의 3%로 제한하는 등 유럽통화제도(Economic and Monetary Union, EMU)의 가입자격을 엄격히 규정하고 있다. 2002년 유로화가 처음 통용될 당시 시행에 참가한 국가는 벨기에, 프랑스, 독일, 이탈리아, 룩셈부르크, 네덜란드, 아일랜드, 그리스, 포르투갈, 스페인, 핀란드, 오스트리아였다. 그 뒤로 2007년 슬로베니아, 2008년 몰타와 키프로스, 2009년 슬로바키아, 2011년 에스토니아, 2014년 라트비아가 유로존에 가입하여 현재 유럽연합(EU) 27개 회원국 중 18개국, 3억 3,500만 명이 사용하고 있다. 영국, 덴마크, 스웨덴 3국은 EU 회원국이지만 유로화에는 참여하지 않았다. 가입 의무국은 불가리아, 체코, 헝가리, 폴란드, 루마니아, 스웨덴의 6개국이다.

각 회원국의 개별 화폐가 소멸되자 유럽통화 정책에 관해 집단 결정을 강화할 목적으로 유럽중앙은행(European Central Bank, ECB)이 설립되었다. ECB는 1998년 창설되어 독일 프랑크푸르트에 위치하고 있는데,

유럽연합의 중앙은행으로서 미국의 FRB와 마찬가지로 단기금리 조절
과 물가안정을 위한 업무를 관장하며 통화정책에 관한 일을 한다.

구조적 모순, 역내불균형

기대는 잠시뿐이었다. 미국의 서브프라임 사태가 일어난 후 국제 공조
로 회복의 조짐을 보이던 2009년, 그리스를 필두로 스페인, 포르투갈, 이
탈리아, 아일랜드 등 소위 'PIIGS' 국가들이 문제를 일으키기 시작했다.
당초에 국가마다 노동생산성이 다르고 역사가 다른 상황에서, 재정의
통합 없이 단일 환율을 적용한 것이 위기의 순간에 국가 간 심한 불균
형을 가져온 것이다.

남부 유럽은 역사적으로 찬란한 고대 역사와 문화를 갖고 있다. 고대
그리스, 로마, 에스파냐의 문화 자원을 보기 위해 전 세계에서 관광객이
끊임없이 몰려온다. 그리스 같은
경우는 관광수입이 국민 GDP의
거의 20%를 차지한다고 하니 웬
만하면 먹고 사는 데 여유가 있다.
스페인, 포르투갈, 이탈리아의 경
우도 관광 수입으로 인한 상대적
우위 때문인지 노동생산성이 북부
유럽을 따라갈 수 없다. 자연히 물
가가 높고 경쟁력이 낮은 이들 나
라들은 경상수지 적자가 지속적으
로 늘었다. 그럼에도 불구하고 남

(그림29) 유로존의 확대

■ 유로존
■ 유로존에 가입할 의무가 있는 국가
■ 유로존 참가에 옵트 아웃하고 있는 국가
　(영국, 덴마크)

자료 : 위키백과

유럽 국가들은 강해진 유로화의 혜택을 분에 넘치게 누렸다. 유로화 덕택에 국채금리가 낮아지면서 경제 체력을 고려하지 않고 저금리로 자금을 끌어다 썼다. 결국 과다 채무와 거품 경제가 만들어졌다. 유로 출범 직전 5년(1994-1998)간 스페인과 그리스의 연평균 경상적자는 국내총생산(GDP) 대비 각각 0.7%와 2.3%였다. 1999년 이후 2007년까지는 각각 5.8%와 8.8%로 늘었다.

이에 비해 유로 통용 전 5년간 경상적자가 0.8%였던 독일은 출범 이후엔 경상흑자 2.9%로 돌아섰다. 물가가 안정되어 있고 산업경쟁력이 높은 독일의 경상수지 흑자는 더욱 커지고 있다. 독일은 유로화 출범 덕택에 통화 가치가 경제 펀더멘탈에 비해 낮아지면서 수출이 크게 늘어났는데, 이는 마르크화 대신 유로화를 사용함으로써 통화의 급격한 평가절상을 피하면서 지속적인 무역흑자를 누려왔기 때문이다.

원래 수출이 늘어나서 경상흑자가 커지면 통화가치는 올라가야 한다. 유로존 밖에서도 마찬가지지만, 특히 유로존 내에서는 유로화 단일통화로 묶여 있기 때문에 독일의 통화가치는 올라가지 않고 유로존 내 다른 나라에 비해 상대적으로 낮아진다. 그러면 독일 제품이 품질이 좋고 상대적으로 값이 싸니 물건이 더 잘 팔리게 되는 것이다.

반대로 다른 나라 물건은 잘 안 팔리게 되니 산업이 위축될 수밖에 없다. 그럼에도 단일통화이기 때문에 통화가치를 낮출 수도 없다. 오로지 사용할 수 있는 수단이라고는 재정정책밖에 없는데 시간이 흐를수록 산업경쟁력이 낮은 국가는 적자가 늘어날 수밖에 없는 구조다. 국민들이나 정치인들이 이를 간과하고 포퓰리즘에 젖어 국가재정이 방만하게 운영되면 국가 부채가 늘어나게 된다. 결과적으로 경제위기를 불러오고 국민 모두가 고통스럽게 되는 것이다.

이것이 재정통합 없이 통화통합만을 이룬 반쪽짜리 통합 유로체제가 안고 있는 구조적 모순이다. 유럽 역내불균형(Internal Imbalance)인 것이다.

네덜란드 금융그룹인 ING에 따르면 최근 2년간 독일이 국채 금리 하락으로 90억 유로(14조원)의 이득을 본 것으로 추산했다. 유럽재정위기 여파로 안전자산인 독일채권에 투자가 몰리면서 금리가 떨어졌고 정부 조달비용이 그만큼 줄었다는 것이다. 이래저래 독일은 상대적으로 이득을 보고 있다. 그리스, 이탈리아 등 남유럽의 위기에 독일과 프랑스가 발을 벗고 도와야 하는 이유이다.

아시아에서는 중국이 연간 5천억 달러에 이르는 흑자에도 불구하고 고정환율제인 페그제를 유지함으로써 앞서 살펴 본 독일과 같은 이득을 보고 있다. 수출이 잘 되면 통화가치가 올라가서 위안화 환율이 내려가야 하는데 몇 년째 요지부동으로 있다. 중국도 내부적인 사정이 있으나 변동환율제를 택하고 있는 다른 나라들에게는 피해를 주고 있다. 이로 인해 노벨 경제학상 수상자인 스티글리츠 교수는 위기의 원인이 국제불균형(Global Imbalance)에 있다고까지 하였다. 1980년대 일본과 국제불균형 문제가 있었을 때는 플라자합의를 통해 돌파구를 찾았었다.

유로존 탄생과 유로화 도입 이후 저금리로 국채를 발행하여 흥청거렸던 남유럽 경제는 거품이 끼었고 2008년 글로벌 금융위기 때 이 거품은 터져버렸다. ECB와 IMF는 부족한 민간 자본을 공적 신용으로 대체함으로써 위기를 극복하려고 했다. 9,000억 유로에 달하는 돈을 찍어내 돌려막기를 단행했다. 결국 남유럽 등 위기국들의 국채를 담보로 ECB는 이 국가들의 국채를 사들였다. 그리고 이들 국가와 은행들을 보호하기 위해 유로안정화기구(ESM)까지 만들었다. ECB의 이런 확실한 보장은 흔들리던 채권시장을 잠재웠다. 그런데 문제는 저평가된 유로화 자산을 사들이는 것이 다시 매력적인 투자로 부각됐기 때문에 유로존뿐만 아니라 다른 나라들의 자본도 동시에 흘러들어왔다는 것이다. 유로화 환율이 강세가 된 것이다. 이는 위기국에서 핵심국으로 위기를 전염시키는 꼴이 되었고, 유로존 모든 나라들의 경쟁력을 약화시켰다.

2011년 유럽 재정위기의 원인은 유럽의 성장이 저조한 가운데 실업률이 높아지자 부채를 통해 소비를 진작시키려고 하면서 일어났다. 그리스는 정부지출이, 스페인은 지방자치단체와 건설업계의 과다 투자가, 아일랜드는 은행과 건설업계의 과다 지출이 문제였다.

유로존 통합 이후 독일이나 네덜란드 같은 부유한 북유럽 국가들이 별다른 규제를 받지 않고 스페인과 아일랜드 같은 국가에 과다한 유동성을 공급했다. 이는 자산버블을 야기했고, 글로벌 금융위기 이후 유동성을 회수하는 과정에서 후유증이 벌어진 것이다.

헬무트 슈미트 전 독일총리가 후원하는 싱크탱크 '노트르 유럽'이 2012년 6월 유럽 재정동맹의 필요성을 강조하는 보고서를 내놓았다.

"첫째는 환율이 고정됨에 따라 수출경쟁력이 떨어지는 그리스 등이 무역격차를 해소할 길이 막혀 역내 불균형 문제가 심화됐다. 둘째는 회원국 간에 재정정책을 조율하거나 감시하는 장치가 미흡해 재정불균형 문제가 커졌다. 셋째는 금융시장이 통합됨에 따라 유로존 금융시스템의 상호 연관성이 커져 위기가 발생할 때 전이되는 위험 역시 커졌다. 그 결과 은행부실이 구제금융 투입으로 인한 정부재정 악화로 악순환된다."

보고서는 현재의 문제점을 보완하면서 회원국의 예산자율성을 최대한 존중하기 위해서는 '재정연방주의(fiscal federalism)', 즉 재정통합이 필요하다고 진단했다.

최근 들어 유로권에서는 디플레이션의 그림자가 어른거리고 있다. 프랑스의 경제는 정체되어 있고, 이탈리아는 다시 침체로 들어갔으며, 우크라이나 사태로 타격을 입은 독일의 산업생산도 후퇴하고 있다. 영국 역시 별로 나을 것도 없다. 타일러 코웬 교수는 "그리스나 이탈리아가 부채를 끝내 갚지 못하고 양극화가 심해진 유로존이 침체에서 탈출하지 못하고 해체될 것"이라고 비관적으로 보고 있다. 유로존은 일본의 잃어버린 20년 시절보다 훨씬 더 심각하다는 것이다. 이런 디플레이션으로부터 유럽 경제를 구하기 위해 지난 1월 22일 ECB는 1조 1,400유로(약 1,430조원)에 달하는 양적완화를 하겠다고 발표했다. 미국과 일본처럼 국채 매입을 통해 시장에 직접 돈을 뿌리는 양적완화 카드를 빼든 것이다. ECB는 그동안 1%의 낮은 금리로 은행에 총 1조유로(약 1,250조원)의 자금을 공급하는 장기 대출 프로그램(LTRO)을 가동했다. 하지만 자산과 제품가격이 더 내려갈 것이라는 디플레이션 우려 때문에 기업이나 개인 아무도 돈을 쓰려고 하지 않았다. 신용경색이 일어나 시중에 돈이 돌지 않고 다시 은행으로 되돌아간 것이다.

유럽연합(EU) 협약은 원래 중앙은행이 돈을 찍어 국채를 사 주는 정책을 금지한다. 재정이 취약한 나라들이 재정을 마구 늘리다 보면 인플레이션을 부를 것이라는 우려 때문이다. 그런데 이번에 그 금기를 깨버렸다. 미국이 2008년 이후 약 4조 달러에 달하는 자금을 푼 후 경기가 되살아난 사례를 참고한 것이다. 실제로 실질금리가 마이너스가 된 상황에서는 양적완화정책으로 재정을 풀어(정부 재정 적자를 중앙은행이 돈을 찍어 직접 메우면 정부 빚은 늘지 않으면서) 경기를 부양해도 인플레이션을 유발하지 않고 국내총생산(GDP)이 증가한다.

그럼에도 불구하고 영국의 브렉시트(Brexit) 움직임과 끊임없이 이어지는 그리스의 디폴트(default) 우려로 유로존이 평안하지는 않은 것 같다. 심지어 아이켄그린 교수는 그리스가 그렉시트(Grexit)로 이어질 경우 리먼 사태의 2배의 충격이 올 것이며 유로존 경기가 '잃어버린 10년'을 겪을 가능성이 있다고 경고하고 있다.

4 흔들리는 자본주의

제국주의가 인류에게 준 선물

질병과 역병은 오랫동안 인류를 괴롭힌 재난이었다. 1347년 흑해의 무역항에서 시작된 흑사병은 유럽 인구의 3분의 1을 희생시켰다. 의사들은 정체를 알 수 없는 전염병에 대응할 방법을 몰라 당시 만병통치약이라고 여기던 설탕을 페스트 치료제로 처방했다. 흑사병 이후 서유럽에서는 점성술과 미신이 엉터리로 드러남에 따라 과학을 기반으로 유럽 의학의 개혁을 가져오게 되었다.

사상과 문명의 발전은 과학의 발달과 더불어 전쟁 중에 사람을 죽이는 무기도 발달하게 하였으나, 한편으로 인간의 수명을 늘려주는 현대 의학의 발전도 가져왔다. 1800년경 세계 인구의 평균수명은 겨우 28.5세였다. 그리고 1850년 영국의 평균수명은 여전히 40세에 불과했다. 그러나 2001년 세계 인구의 평균수명은 66.6세로 두 배 이상 늘어났다. 2011년 모나코는 평균수명이 89.7세로 세계에서 가장 높게 나타났다. 마카오가 84.4세, 산 마리노가 83세, 안도라가 82.4세, 싱가포르, 일본, 홍콩이 그 다음으로 82.1세 정도였으며, 우리나라는 79.1세로 세계 30위 수준에 위치해 있다. 그러나 아프리카의 일부 국가는 아직도 평균수명이 34세에 불과한 나라도 있다.

대항해 시대 이래 지난 몇 세기 동안 유럽인에게 있어 풍요로워지는 길은 오로지 아직 미개한 땅을 점령하여 착취하는 것이었다. 유럽의 제국들은 정착할 새로운 땅과 세금을 매길 새로운 사람을 찾아 경쟁했다. 그런데 유럽 제국들을 힘들게 했던 것은 땅을 차지하기 위해 다른 제국들과 벌였던 경쟁뿐만 아니라 그들이 점령한 아시아, 아프리카 등 식민지의 풍토병이었다. 대항해 시대 초기에 유럽인들이 아프리카 해안을 따라가면서 항해 거점을 확보하면서도 한동안 내륙 지역으로 들어가지 못했던 것은 말라리아 같은 풍토성 전염병 때문이었다.

19세기 말 과학기술이 진보하고 제2차 산업혁명이 진전되어 자본주의가 발달함에 따라 영국을 비롯한 선진 자본주의 국가들은 상품의 원료를 얻고 상품을 팔거나 자본을 투자할 새로운 시장이 필요했다. 더구나 오랜 불황으로 인한 사회적 불안을 대외적 팽창을 통한 시장 확대와 고도성장으로 해소하고 사회 안정을 확보할 필요도 있었다. 이런 배경하에서 아프리카에 대한 영국의 침략은 어쩌면 당연한 귀결이었다.

1875년 빅토리아 시대의 영국 정부는 오스만제국의 일부인 이집트 이스마엘 국왕의 무리한 운하건설로 재정이 파탄 난 틈을 타서 수에즈 운하의 주식을 매입했다. 이것은 영국이 식민제국주의로 나가는 첫 번째 단계에 불과했다. 이어서 영국은 남쪽의 케이프타운에서 북쪽의 카이로를 연결하는 종단정책을 추진했다. 한편 영국이 공황에 의한 오랜 불황으로 물가가 46%나 떨어지고 산업이 침체하는 고통을 겪는 동안, 보불전쟁의 배상금으로 은행산업과 중화학공업에서 영국을 따라잡은 독일은 해군력 증강 등 군비경쟁을 서둘렀다. 이러한 때에 마침 리빙스턴(1813~1873)과 스탠리(1841~1904)의 탐험으로 아프리카가 소개되자 유럽 열강이 앞을 다투어 아프리카로 진출했다. 프랑스 또한 알제리를 거점으로 동쪽의 마다가스카르 섬으로 진출하여 아프리카를 동서로 연결하는 횡단정책을 추진했다. 결국 영국의 종단정책과 프랑스의 횡단정책은 1898년 수단의 파쇼다에서 충돌했다. 유럽 열강의 제국주의 국가들은 아시아와 태평양에서도 식민지 분할정책을 이어갔다.

유럽 국가들은 많은 과학자들과 의사들을 보내 백신을 개발하고 서양 의학을 실험했다. 세균학자들은 치명적인 질병의 치료법을 찾느라 종종 자신의 목숨을 걸기도 했다. 풍토병을 연구하기 위해 많은 의학자와 보건 관리자들이 꾸준히 노력했고 연구가 성공하여 더 많은 치료약이 발견될수록 서양은 더 널리 팽창할 수 있었다.

질병의 정복은 인간의 삶을 축복으로 만들었고 그것은 제국주의가 없었다면 일어나지 않았을 일이었다. 장티푸스와 콜레라, 말라리아, 결핵, 황열병, 나병 등과 같은 질병을 정복하는 일은 제국주의를 넓힐 수 있는 길이었다. 장티푸스와 콜레라가 사실상 유럽에서 사라졌으며 백신이 발달하면서 디프테리아와 파상풍도 통제가 가능해졌다. 항생제와 살충제 DDT, 백신 등의 개발은 인간의 수명을 획기적으로 늘려 주었다.

의학의 발달이 서양인의 평균수명만 늘려준 것은 아니었다. 더 나은 의료서비스는 아프리카 원주민들에게도 분명히 큰 혜택을 주었다. 프랑스의 세네갈 통치 이후 그들의 평균수명은 약 40세로 조사되었는데, 이는 10년 정도 수명이 연장된 것이었다. 알제리와 튀니지의 경우도 30세에서 약 45세로 수명이 15년이나 연장되었다. 질병과의 전쟁에서 의학은 만인의 구원자였으며, 평균수명의 연장은 제국주의가 인류에게 준 선물이었다.

피를 토한 조지 오웰

조지 오웰은 1903년 6월 인도의 벵갈에서 인도 거주 영국인을 일컫는 앵글로-인디언으로 태어났다. 아버지는 인도정부 아편국 하급관리로서 경제적으로 빠듯한 살림이었다. 초등학교를 반액 장학금으로 시작했지만 부잣집 아이들 틈에서 내내 굴욕을 겪으며 보냈다. 그렇지만 가난을 벗어나려는 어머니의 전략대로 사립 명문 이튼스쿨에 장학생으로 진학했다. 이튼에서는 시, 콩트, 단편, 수필 등 다양한 장르의 글을 쓰면서 대부분의 시간을 독서로 보내거나 자연을 벗 삼아 지냈다. 1921년 12월 이튼을 졸업했지만 이튼 장학생들이 들어가는 옥스퍼드나 케임브리지로의 진학을 포기했다. 대신 이듬해 인도청 경찰국에 지원해서 인도 정부 관할의 버마로 떠났다.

그는 제국경찰의 직무를 충실히 이행했지만 영국의 지배체제가 토착민들에게 가해지는 불의에 죄의식이 커졌다. 1927년 말 오웰은 인도청에 사직서를 제출하고 부랑자나 실업자 등의 사람들과 어울려 밑바닥 노숙자의 삶을 체험했다. 1929년 대공황이 엄습하던 시절에는 접시닦이와 주방일꾼으로 일하기도 했고, 책방에 점원으로 취직하기도 했다. 구치소에 들어가기 위해 빈속에 위스키를 병으로 마시며 일부러 경찰 앞에서 쓰러지기도 했다. 그는 나중에 이러한 혹독한 체험들을 글로 써서 세상에 내놓았다.

1936년 12월 스페인 내란 소식을 접한 오웰은 신혼 6개월 만에 파시즘과 싸운다는 목적으로 바르셀로나로 떠났다. 그는 사회주의 혁명을 위해서 왔지만, 그가 현실에서 목도한 것은 공산주의자들의 적나라한 패권주의였다. 소련 공산당에게는 공산혁명이나 스페인에서의 사회주의 건설보다도 오로지 전쟁을 이겨서 스페인에서의 패권적 지위를 확보하는 것이 중요했던 것이었다. 그는 파시스트 저격병에 의해 목에 관통상을 입기도 했다. 코민테른과 다른 소속으로 싸웠던 그는 도망자 신세가 되어 간신히 스페인을 탈출할 수 있었다. 이러한 경험은 그로 하여금 자신의 목적을 위해 은폐와 허위로 일관하는 공산주의사들과 그를 옹호하던 좌파 지식인들에 대한 불신과 혐오를 키운 계기가 되었다. 도덕성이 빠진 혁명의 결과는 권력의 주인만 바뀔 뿐 세상의 변화를 가져올 수 없다는 것을 깨달은 것이다.

그는 영국으로 돌아와 『동물농장』을 썼다. 『동물농장』은 빗나간 러시아혁명의 실상을 동물들의 이야기를 통해 노골적으로 풍자한 우화이다. 『동물농장』에서는 권력자 돼지들에 의해 혁명 이후의 공동체가 어떻게 서서히 질식되어 가는지가 정밀하게 묘사되어 있다. 오웰에 의하면 혁명은 병자가 침대에서 돌아누움으로써 잠시 편안해지는 것처럼 한시적인 구원을 만들기도 하지만 그것은 언제나 주인들의 교체에 불과했다는 것이다. 노동운동은 꼭대기에 앉은 몇몇 사람들에 의해 이내 변질되고 배반되며, 지배계급이 다른 지배계급으로 서서히 대체되는 것에 불과하다는 것이다.

그의 소설 출간은 수차례 퇴짜를 맞았다. 스탈린에 대한 비판은 나치를 돕는 것이라는 논리와, 출판계를 장악한 좌파에게 소련을 건드리지 않으려는 심리가 작용하고 있었던 때문이었다. 좌파 지식인들의 공격은 오히려 내부로 향했고, 전쟁영웅 처칠이 이끄는 보수당은 노동당에게 참패하고 말았다.

오웰은 위선에 빠진 서구 사회주의자들을 각성시켜 전체주의의 위험성을 깨닫게 하려고 했다. 그의 마지막 작품인 『1984』는 영국 사회주의 동료들을 겨냥한 것이었다. 그는 평생 가난과 폐병에 시달렸고 버마를 배경으로 한 소설 『끽연실 이야기』를 미완성으로 남기고 세상을 떠났다.

그의 두 번째 부인이 된 소니아는 처음에 그의 청혼을 거절했으나, 1949년 10월 병원에서 결혼식을 올렸다. 그리고 신혼여행 겸 스위스로 요양을 떠날 계획에 들떠 있던 오웰은 1950년 1월 21일 병원에서 피를 토하고 죽었다. 46세의 젊은 나이였다. 유언에 따라 소니아는 막대한 인세의 최대 수혜자가 되었다.

오웰이 피를 토하며 죽기 전까지 자신의 작품을 통해서 세상에 진정으로 말하고 싶었던 것은 무엇이었을까. 봉건사회는 신분질서에 평등이 희생된 자유롭지 못한 사회였지만, 적어도 거기에는 인간적인 유대와 사랑과 헌신이 있었다. 그러나 자본주의에서의 자유는 행사할 만한 재산권을 소유한 사람들의 자유일 뿐이다. 자본주의 안에서는 이윤추구 외에 인간관계의 여지가 없다. 나치즘은 비민주적 체제였지만 자본주의의 모순을 제거했던 일종의 사회주의였다.

21세기 자본론과 위대한 탈출

프랑스의 경제학자 토마스 피케티가 쓴 『21세기 자본』에 대해 논의가 뜨겁다. 이 책을 두고 폴 크루그먼은 최근 10년 이래 가장 중요한 경제학 서적이란 극찬을 했다. 반면에 월스트리트 저널은 사 놓고 가장 안 읽는 책이라고 조롱하고 있다.

피케티는 이 저서를 통해 세계 경제학계에 불평등 문제를 화두로 던졌다. 이 책의 핵심은, 지난 150년간 자본주의가 발달하면서 역사적으로 대부분의 국가에서 자본이득률(R)은 항상 경제성장률(G)보다 높았기 때문에 경제가 성장할수록 빈부격차가 확대될 수밖에 없는데, 결과적으로 돈이 돈을 버는 자본소득이 땀 흘려 버는 근로소득보다 항상 더 많기 때문에 불평등이 확대될 수밖에 없다는 것이다. 그리고 이 소득불균형 문제를 해결하려면 부자의 소득에 대해 70~80%의 부유세를 부과해야 한다는 것이다.

피케티 이전에 성장과 빈부격차 간 관계에 관해서는 사이먼 쿠츠네츠의 '역U자형 가설'이 받아들여졌다. 이 가설의 내용은 이렇다. 성장 초기에는 설비자산 투입보다는 노동자의 수가 많이 들어가는 경공업 같은 자본절약적 산업의 발달로 자본이득률이 높다. 이를 노동장비율(설비자산K/노동자수L)이 낮다고 말한다. 이때는 성장할수록 빈부격차가 확대된다. 그런데 갈수록 투자가 이루어져 중화학공업처럼 노동장비율(K/L)이 높아지면 노동력은 적게 들어가기 때문에 노동생산성이 높아진다. 이때부터는 자본이득률이 떨어지면서 빈부격차는 줄어들게 된다. 결과적으로 근로계층의 소득은 증가하고 자산계층의 소득은 떨어지기 때문에 분배가 개선된다는 것이다.

피케티는 이 쿠츠네츠의 가설이 틀렸다고 주장했다. 소득불균형을 해소하기 위해 부유세를 부과하자고 하는 주장은 지구촌 누구나 공감할 수 있는 소득 양극화 문제를 감성적으로 건드리고 있다. 그렇기 때문에 그의 주장에 일부 오류가 있음에도 불구하고 논란거리가 되고 있다. 실제로 서브프라임모기지 사태를 극복하기 위한 양적완화의 효과조차 대부분 주식을 보유한 부유한 사람들에게 돌아갔고, 극심한 고통을 겪었던 중산층은 '부의 효과(wealth effect : 보유한 자산의 가치를 높여서 전체 부의 수준을 높이는 효과)'로 인한 혜택을 거의 받지 못했다.

그러나 반(反)피케티 진영의 경제학자들은 자본주의가 발전할수록 불평등은 완화되고 있으며, 성장을 위해서 불평등은 불가피한 문제라고 한다. 그중에서도 앵거스 디턴 프린스턴대 교수는 경제성장이 인류의 삶의 질을 질적으로 개선했고, 불평등 문제도 점차 완화되고 있다고 주장한다. 디턴에 의하면 현재의 인류는 경제성장에 의해서 빈곤과 죽음으로부터 대탈출에 성공하여 역사상 그 어느 때보다 번영을 누리고 있다는 것이다.

과학과 의학의 발전과 영양·위생 상태의 개선으로 100년이 조금 넘는 기간 동안 인류의 평균수명은 30년 이상 늘었다. 지금은 아프리카 최빈국조차 산업혁명 당시의 영국보다도 영아 사망률이 낮다. 1981년에서 2008년 사이 세계에서 1달러 이하로 생활하는 사람의 수가 7억 5,000만 명이 감소했고, 그 비율도 40% 이상이었다가 14%로 감소했다. 지식과 기술을 가진 사람은 소득이 더 늘고 그렇지 못한 사람들은 하류층에서 벗어나지 못하는 것도 사실이지만, 자본주의는 중국, 인도 등 저개발국에 머물던 나라들이 절대 빈곤으로부터 벗어날 수 있게 하는 기회를 마련했다.

소득불평등은 분명히 확대되고 있고, 소득분배의 악화는 세계적 현상이다. 특히 우리나라는 외환위기 이후 계층 분화가 심해졌고 고령화가 진행되면서 노인 빈곤층이 급증했다고 지적되고 있다. 이에 대한 해법도 제각각이지만 불평등을 줄이기 위해서 자본이득률을 낮추거나 경제성장률을 높여야 한다면, 성장률을 높이는 것이 더 좋은 대안일 것이다. 아무튼 피케티가 소득불평등에 대한 관심을 환기시켰다는 것을 부인하는 학자들은 찾아보기 힘들다.

사물인터넷 혁명

1200년 전 인도에서 '0'이라는 숫자가 발견되었다. 그리고 여느 숫자의 뒤에 '0'을 붙이자 숫자는 무한대로 뻗어나갔다. 인간에게 큰 수(數)에 대한 그칠 줄 모르는 갈망을 해결한 수의 혁명이었다.

『소유의 종말(The age of access)』을 쓴 미래학자 제러미 리프킨(Jeremy Rifkin, 1945~)은 그리 멀지 않은 장래에 상품생산비가 제로('0')에 가까워지고 이윤이 고갈될 것이라고 전망한다. 우리가 공기처럼 마시는 자본주의의 종말을 예고하고 있는 것이다.

오프라인(off-line)이 아닌 온라인(on-line)으로 상품이나 서비스 또는 노동을 주고받는 일이 많아지면서 경제시스템이 바뀌고 있다. 여러 재화와 서비스의 생산과 유통 과정에서 실시간으로 방대한 정보를 수집하는 이른바 '사물인터넷(IoT · Internet of Things)'의 발전이 그 대표적인 모습 중 하나이다. 우리 주위의 여러 물건을 유무선 네트워크로 연결해 사람과 사물, 사물과 사물 간 정보를 교류할 수 있는 지능형 인프라로서, 특히 사물끼리 교신하면서 사람들에게 좀 더 편리한 삶을 제공할 수 있도록 해주는 이 사물인터넷이 한계비용을 거의 '0'으로 만드는 마법을 부리기 때문이다.

스마트폰 앱은 초기 개발비용은 들지만, 일단 만들고 나면 아무리 많은 사람이 내려받아도 추가로 발생하는 비용(한계비용)이 없다. 멜론에서 음악 조회 수가 늘어난다고 해서 가수가 비용을 더 부담하는 것은 아니다. 사물인터넷은 지구상의 모든 기기에 부착된 센서를 통해 그 기기들의 활동에 관한 정보를 빅테이터로 제공하기 때문에 생산비용이 줄어든다. 간단한 예를 들면, 가로등에 부착된 센서는 주변 빛을 감지하여 그 정보를 전달함으로써 가로등 불빛의 밝기를 조절하게 해 준다. 이런 센서는 태양열을 에너지로 이용하기 때문에 한계비용이 제로이기도 하다.

스마트폰 앱을 이용해 인근 자가용이나 렌터카 등을 호출하는 일종의 주문형 개인기사 서비스인 '우버(Uber)'에 대한 논란이 뜨겁다. 우버가 실제 차량을 소유하지는 않고 렌터카업체나 자가용 운전자와 계약을 맺어 이용자간 연결 대행서비스를 제공하는 것이다. 기존의 택시회사로서는 허가없는 불법운영이라며 반발하는 반면, 모바일 혁신 서비스라는 주장도 이에 팽팽히 맞선다. 우버 본사가 위치한 네덜란드에서도 재판 결과 벌금형에 처해졌고 우리나라에서도 불법서비스로 분류되고 있어 우버 콜택시를 제외한 나머지 서비스는 철수했지만, 중국에서는 차량 공유 서비스 시장의 절반 가까이 차지하며 승승장구하고 있다. 재화의 새로운 창조란 측면은 여전히 유효하다.

인터넷으로 세계 숙소를 검색하여 민간 숙박을 제공받을 수 있는 '에어비앤비(Airbnb)'는 무료 숙박공유서비스에 해당한다. 2014년 브라질 월드컵 당시 만성적인 숙박업소 부족현상이 나타나자 10만 명 이상의 관광객들이 숙박공유 사이트를 통해 숙소를 구하기도 했다. 심부름을 대신해 주는 '태스크래빗(TaskRabbit)'이나 디지털 업무분담 플랫폼인 '메카니컬 터크(Mechanical Turk)'는 인터넷이라는 도구로 가사 일자리를 제공받는다. 우리나라에서도 야식업계와의 서비스 연결고리를 메카니컬 터크로 해결한 '배달의 민족' 앱이 이미 정착했다. 돈은 있는데 시간이 없는 고객이 원하는 식료품을 구입하여 배달해주는 '인스타카트(Instacart)'는 식료품 배달 공유서비스이다. 장을 보는 노동자는 인스타카트와 계약을 맺고 자신이 원할 때 원하는 장소에서 잡화를 구입하여 배달해주면 된다. 남는 시간과 노동력을 돈을 받고 공유하는 '공유 경제(sharing economy)'의 한 형태라 할 수 있다.

양적완화에도 불구하고 중산층과 저소득층이 '부의 효과' 혜택을 받지 못한 것처럼, 돈이 필요한 사람에게 금리인하 효과가 제대로 전해지지 않고 있다. 신용경색 국면에서는 자본주의 경제의 중심에 있는 은행이 돈이라는 경제 생태계의 혈액 에너지를 경제주체들에게 빠르게 순환시키지 못하고 이를 정체시키는 병목이 되고 있기 때문이다. 과거의 고성장 시대에는 이러한 은행의 비효율이 별로 문제가 안되었지만 요즈음 같은 저성장·저금리 시대에는 사정이 달라진다. 이러한 새 경제환경에 적응하는 핀테크(fin-tech) 기업들이 나타나고 있는 것이다. 이들은 P2P(개인 대 개인) 대출, 크라우드 펀딩 등 IT에 기반한 새로운 금융 방식을 고안해 자금 수요자와 공급자를 실시간으로 분산해 연결함으로써 효율성을 크게 끌어올렸다. '킥스타터(Kick Starter)'나 '렌딩클럽(LendingClub)'은 사업가들이 금융기관이 아닌 대중으로부터 자금 및 투자를 유치할 수 있게 해주는 인터넷서비스이다. 최근 유럽은 탈세 방지와 환경보호등 다양한 목적 때문에 '현금 없는 경제(moneyless economy)'를 표방하고 있다. 글로벌 정보통신(IT) 기업들이 일전을 예고하고 나서는 금융과 첨단 기술을 결합한 핀테크 경쟁이 치열해지고 있다.

자본주의는 인간생활의 모든 측면을 경제영역에 들여놓고 교환 가능한 상품(소유물)으로 만들었다는 데 그 존재이유가 있다. 다시 말해서 자본주의의 본질은 사유재산의 소유(ownership)에 있다. 그런데 제러미 리프킨의 말대로 위에서 본 것처럼 공유(sharing)에 기반을 둔 협력적 공유사회가 온다면 자본주의의 근본은 흔들리게 된다. 모든 사물은 가격이 매겨져 세상에 나온다. 그런데 자유시장의 경쟁적 기술혁신이 생산성을 획기적으로 높여 한계비용을 제로('0') 수준으로 낮추면 상품가격이 크게 낮아지고 기업의 이윤도 거의 발생하지 않는다. 유통시장도 '생산자 직판매 - 소비자 직소비'로 바뀌어 버린다. 아담 스미스의 '보이지 않는 손'이 작동할 수 있는 전제조건인 사적 이윤추구가 어느 날 갑자기 사라지는 셈이다. 그러면 자본주의 기업의 존립 근거가 무너져 버린다.

제러미 리프킨이 말하는 3차 산업혁명은 공공 및 민간 자본을 투자해야하는 인프라 혁명이다. 그리고 그 핵심은 '사물인터넷'이다. 집과 자동차 등 앞으로는 전자 태그를 달고 인터넷과 연결되는 세상이 올 것이다. 독일은 이미 100만개의 건물에 사물인터넷을 연결하는 리뉴얼 작업에 들어갔다. 함부르크 항만에서는 도로와 각 운송수단에 설치된 RFID(원거리 무선인식 시스템) 태그와 무선인터넷 장치가 선박이 접근할 때 신호를 전달함으로써 다리가 자동으로 들어 올려지고 차량통제 시간을 줄이고 있다. 이렇게 화물트럭, 철도, 선박의 정보를 통합해 공유하면서 교통정체가 15% 감소했고, 항만 운영비도 75%나 줄었다고 한다. 두바이는 에너지 감축을 위해 온도와 조명을 원격 조종하는 '스마트 홈' 시스템 의무화 계획을 발표했다. 미국의 시카고에서도 센서가 달린 가로등과 휴대폰 신호 정보를 통해 혼잡지역을 피할 수 있고, 쓰레기통에 달린 센서가 보내는 정보로 환경정비 예산을 줄이고 있다. 리프킨은 지금은 자본주의의 황혼기이며 경제 패러다임이 바뀌는 변혁의 초기 단계라고 말하고 있다.

그러나 이런 거대한 경제적 변화에도 문제점은 있다. P2P(개인 간 거래) 사업이 저렴한 것은 세금을 내지 않기 때문이며, 통신회사 자료를 함부로 이용하기 때문이다. 이런 지적 때문에 기업 차원에서도 에어비앤비나 온라인 여행사 익스피디아는 실제 사용자만이 리뷰를 남길 수 있게 했다. 에어비앤비를 통해 남는 방을 제공했던 가정 중 절반 가량이 평균 소득 이하 가구였다. 이런 의미에서 공유경제는 앞으로도 계속 번성해야 하고 또한 진화할 것이다. 그렇지만 '보이지 않는 손' 이전에 신용금융에 뿌리를 두고 있는 자본주의가 당장 소멸할 것으로 보이지는 않는다.

글로벌 금융위기 이후 세계는 저성장과 일자리 감소의 경기침체를 겪고 있다. 그리고 이는 인류 역사에서 산업구조가 바뀔 때마다 반복되어 왔다. 영주의 영지 내에서 곡물을 빻는 등 경제활동에 이용되던 수력방아 대신에, 산과 들 어디에서나 공짜인 바람을 이용한 풍차가 세워졌을 때, 도시의 장인과 상인의 힘이 영주에 맞서는 봉건사회의 변화가 일어났다. 그런 의미에서 사물인터넷 혁명으로 인한 변화는 앞으로 지켜볼 일이다.

5 /

자본주의는 살아남을 수 있는가

자본주의를 붕괴시키는 메커니즘

슘페터는 "자본주의는 성공했기 때문에 실패한다."고 했다. 그는 자본주의를 붕괴시키는 요인을 세 가지로 요약했다.

첫 번째는 자본주의하에서 경쟁의 결과로 대기업 집단화하는 문제다. 대기업 집단화가 되면 필연적으로 독점의 문제가 초래된다. 그렇게 되면 시장에서는 불완전 경쟁이 발생한다. 오늘날 같이 글로벌 경쟁 하에서는 외국업체와 경쟁하기 위해서라도 어느 정도 기업의 규모를 키울 수밖에 없기는 하지만, 그 폐해는 국내 독점가격 형성으로 소비자에게 전가되는 경우가 허다하다. 때로는 혁신과 내실보다는 무사안일과 내부 관료화로 기업의 쇠퇴를 초래한다.

두 번째는 얼치기 지식인들에 의해 자본주의에 대한 적대화가 진행된다는 것이다. 생활수준이 상승하면 지식인과 비평가가 많아진다. 어느 사회에서도 모든 사람들이 만족한 생활을 하는 것은 불가능하다. 그런데 이러한 지식인이나 비평가는 그 원인을 자본주의에 대한 적대적인 언동으로 대응한다. 그리고 그러한 지식인을 옹호하는 정치인들이 등장한다. 결과적으로 자본주의를 혼란에 빠뜨리고 붕괴의 길로 이끈다. 특히 우리나라 같이 남북이 대치하고 있는 상황에서는 사상의 혼란이 더욱 심각한 상황을 만들고 있다.

정작 사회주의 국가인 중국의 상하이에서는 교육, 의료 등에 대한 해외자본의 투자가 개방되어 있어 자유로운 경쟁이 펼쳐지고 있다. 그런데 우리나라는 지식인 집단의 이기주의 때문에 개방은 고사하고 폐쇄적이기 이를 데 없다. 마치 대원군 시대의 쇄국정책을 대하는 것과 같다. 그런 면에서 중국은 자본주의적이고 우리는 사회주의에 가깝다.

세 번째는 다른 종류의 경제인의 등장이다. 이는 어떻게 보면 극단적인 개인주의자라고 생각할 수 있다. 요즈음에는 선진국일수록 출산율이 낮다. 우리나라는 그중에서도 으뜸이다. 결혼을 늦게 하거나 안 하는 노총각과 노처녀가 늘어 간다. 결혼을 하더라도 아이를 하나만 갖는 경우가 많다. 아이 교육 때문에, 경제적 부담 때문에, 자기 시간을 좀 더 자유롭게 즐기기 위해서라고 한다. 이는 모든 생물의 공통적인 현상이다. 자신에게 위기가 닥쳐오면 모든 생물은 우선 자기 몸을 챙긴다. 위기 때는 새끼를 키우기도 어렵고 자신도 위태롭다는 것을 인지하는 것이다. 그리고 위기가 사라졌을 때 번식을 시작한다. 출산율이 낮다는 것은 한마디로 지금의 사회가 우리가 살아가기에 힘들다는 것을 반증하고 있는 것이다.

자본주의와 실종된 유효수요

종이로 금을 만들어 신용을 창출해낸 존 로(1671-1729) 이래 태동된 근대적 자본주의는 아직 생산부문까지를 완전히 지배하지는 못했다. 그래서 당시의 중상주의자들은 이윤이 기본적으로 생산과정이 아닌 유통과정에서 발생된다고 생각했다. 따라서 부(富)의 원천은 무역차액(흑자)으로 귀금속을 벌어들이는 것이라고 보았다.

반면에 아담 스미스(1723-1790)는 『국부론』에서 노동이 부의 원천이라 여기고 생산성이 중요하다고 주장했다. 그는 국부의 원천은 노동의 합리적 조직화, 즉 분업의 원리라고 보았다. 노동이 창출하는 효율, 즉 생산성을 향상시키는 것은 분업이며, 일정한 규모의 시장이 있어야 분업도 가능하다고 지적했다. 경제발전에 관한 그의 이론은 중상주의를 종식시켰다. 또한 분업에 의해 일자리가 골고루 돌아가서 저소득층에게도 혜택이 돌아가는 결과를 낳았다. 자신의 이익을 추구하는 것이 결과적으로 사회질서를 유지하는 사회의 추진력이 되며, 경쟁이 그것을 조정하는 억제력으로 작용해서 결과적으로 '보이지 않는 손'이 조정하는 시장메커니즘이 된다고 했다. 이기심과 경쟁이 상호작용해서 시장에서 자율적으로 사회를 결합시킨다는 것이다.

그러나 이후의 세계는 아담 스미스가 말한 대로 되지는 않았다. 우선 그는 본격적인 산업자본주의 이전에 살았다. 또한 그 시대에는 세계적인 거대 자본이 존재하지도 않았고, 아직 경기순환을 제대로 경험한 적도 없었다. 아담 스미스로부터 케인즈에 이르는 동안 데이비드 리카도(David Ricard, 1772-1823), 카를 마르크스 같은 경제학자들이 시장메커니즘 시스템에 문제가 있다고 이의를 제기했다.

막스 베버에 의하면 자본주의는 지속적이고 합리주의적인 경영에 의한 이윤추구를 뜻한다. 다시 말해서 상업적 활동이 서구의 합리주의와 만나서 비로소 자본주의로 발전하게 됐다고 말한다. 그렇게 싹이 튼 자본주의는 프로테스탄트(신교도) 윤리와 만나 성장하여 꽃을 피웠다. 삶의 세속화를 추구했던 프로테스탄트들은 직업을 갖고 열심히 노동을 하는 것이 신의 소명이라고 보았다. 결과적으로 근면한 노동의 대가는 부의 축적으로 돌아왔고 이를 신의 축복의 징표로 해석했다. 소유에 대한 욕구와 합리적인 영리추구는 오늘날의 자본주의 시스템을 만들게 하였던 것이다.

그런데 산업혁명에 의한 자본주의가 본격화되면서 그에 따른 사회문제도 발생하고 경기변동에 의한 공황도 나타났다. 그렇지만 마르크스가 예언한 노동자 계급에 의한 프롤레타리아 혁명은 일어나지 않았다. 마르크스가 미처 생각하지 못했던 중요한 점은 자본주의 경제가 발전할수록 노동자 계급이 풍족해져서 오히려 유효수요(effective demand, 有效需要)의 주체가 되었다는 것이다. 대량생산에 의한 자본주의 시스템은 구매력 있는 소비자에 의존했고, 노동자 계급의 구매력은 이른바 민간부문 유효수요에 해당했다.

그런데 1929년 대공황이 발생했다. 민간부문의 유효수요가 바닥이 난 것이다. '공급이 수요를 창출한다'고 말한 세이의 법칙이 거짓말로 드러났다. 대공황으로 이들의 법칙이 무너졌을 때 케인즈가 나타나서 민간 대신 정부가 유효수요를 창출하는 처방을 내놨다. 불황극복을 위한 유효수요이론과 금본위제 정지에 대신할 관리통화제도는 수정자본주의로 나타났다. 케인즈는 시장에 일임해서는 극심한 불황에서 빠져나올 수 없다며 정부의 역할을 강조했다. 정부가 나서서 바닥난 유효수요를 대신하여 경기를 살리자는 것이었다. 이른바 정부부문 유효수요에 해당했다. 물론 케인즈도 마르크스처럼 정부의 실패나 크라우딩 아웃 현상 등 미처 깨닫지 못하고 간과한 부분도 있다. 그러나 그의 『고용, 이자 및 화폐에 관한 일반이론』은 자본주의 2.0의 개념들을 구체화했다. 뉴딜과 함께 시작된 자본주의 2.0은 1970년대 스태그플레이션이 시작되면서 막을 내렸다. 그렇지만 20세기는 케인즈의 시대였다.

2007년 2월 서브프라임모기지 사태가 터졌다. 21세기 대공황에 해당했다. 그리고 8년이 흘렀다. 이제는 정부에 의한 재정정책도 쓸 수가 없다. 오로지 중앙은행에 의한 양적완화에만 매달리고 있다. 그러나 이러한 비전통적 통화정책은 글로벌 금융위기 이후 얼어붙은 금융시장에 해독제는 되었지만 경기 사이클을 과거처럼 회복시키지는 못했다. 경제가 불확실해지면 아무리 돈을 풀어도 사람들은 지갑을 열지 않는다. 선진국은 여전히 자산 가격이 내려가면서 소비와 투자가 감소해서 발생하는 대차대조표 불황 속에 어려움을 겪고 있다. 금융위기 초기 PIIGS로 일컬어졌던 포르투갈, 이탈리아, 그리스, 스페인 등 남유럽에 집중되었던 어려움이 지금은 독일, 프랑스 등의 북유럽 중심국가로 번지고 있다.

양적완화에 의한 대규모 유동성 공급으로 통화정책의 전달경로가 금리가 아니라 자산 및 통화시장으로 옮겨갔다. 자산시장에 돈이 풀리면서 '부(富)의 효과'는 대부분 부유층에게 돌아갔고 경제를 뚜렷한 회복으로 이끄는 데는 실패했을 뿐만 아니라 아직 불안정한 상황이다.

지금의 상황은 비행기가 중력을 이기며 공중에 떠 있기 위한 최소한의 속도인 '스톨 스피드(stall speed)' 상태와 비슷하다. 이보다 속도가 떨어지면 추락하고 만다. 지금은 충격이 닥쳐도 스스로를 지탱할 수 있는 내성과 탄성을 가진 역동적 성장경제가 아니다. 스톨 스피드의 저성장경제는 그럴 힘이 없다. 지금까지 시장경제체제는 위기에 처할 때마다 절묘하게도 자기 회복력을 보여주었다. 그런데 글로벌 금융위기 이후 이런 회복작용이 거의 나타나지 않고 있다. 각국의 과도한 유동성 공급으로 통화가치 절하 경쟁만 심해지고 있다.

이제 민간부문도 정부부문도 유효수요가 실종됐다. 자전거의 뒷바퀴가 앞바퀴보다 크면 넘어지기가 쉬운 것이 세상의 이치다. 세상에는 이미 상품이 넘쳐나는데도 고용을 유지하려면 상품을 계속 만들어 팔아야 한다. 그런데 그것을 사줄 유효수요가 없다. 이제 재화와 용역을 구입하기 위해 금전적 지출을 하려는 구매력을 어디에서 찾을 것인가?

실효성이 상실된 재정정책

민간부문에서의 유효수요가 실종이 되었을 때 케인즈가 주장했던 정부부문에서의 유효수요 창출은 총유효수요를 늘리는 데 분명히 효과가 있었다. 특히 중국의 경우 2008년의 글로벌 금융위기에 경기부양책으로 인프라 투자를 지속했다. 2010년도에는 부동산 투자가 인프라 투자를 대체했다. 그리고 정부의 정책 덕분에 미국과 유럽이 고통을 감내할 때에도 중국은 다소 여유가 있었다. 물론 지금은 중국 경제가 부동산 투자의 볼모로 잡혀 있기는 하다.

그러나 케인즈적인 재정정책은 민주주의 국가에서는 정치적인 이유로 계속적인 성공이 쉽지 않다고 한 제임스 뷰캐넌(James McGill Buchanan, 1919-2013)의 지적대로 어려움을 겪게 된다. 일반적으로 기업의 가장 중요한 목적은 주주의 이익극대화라고 알려져 있다. 마찬가지로 개인이든 기업이든 모든 경제주체는 '이기심'을 바탕으로 행동을 한다. 그런데 케인즈는 정부는 오로지 공공의 이익을 위해 이타적인 공공심(公共心)으로 행동한다고 가정했다. 그러나 현실세계에서는 정치인도 자신의 이기심을 바탕으로 행동한다. 경기가 침체되었을 때 재정정책을 써서 경기가 호전되었더라도 재정지출을 중단하고 증세를 하자고 하지 않는다. 유권자들이 싫어하기 때문이다. 정치인들은 유권자에게 세금을 부과하는 것을 그리 달가워하지 않는다. 따라서 재정은 반드시 적자가 되고 만다.

아마도 진정한 공공심을 가지고 행동한 최근의 경우는 독일의 게르하르트 슈뢰더 총리와 브라질의 카르도수 대통령 정도일 것이다. 그들은 오로지 나라가 어려울 때 인기 없는 경제개혁을 밀어붙였고 결과적으로 정권을 잃고 말았다. 그리고 그 정책을 독일에서는 메르켈 총리가, 브라질에서는 룰라 대통령이 이어받으면서 나라가 재도약했다. 그러나 이러한 경우는 흔한 것이 아니다. 정치가에게 있어 이러한 시도는 정권을 담보로 하기 때문이다. 칼레츠키가 예상했듯이 자본주의 경제에서 완전고용이 유지될 것이라는 가정은, 정부의 방만한 재정정책과 노동운동으로 인한 소득재분배 압력으로 나타나 실패로 돌아갈 수밖에 없었던 것이다.

케인즈가 간과했던 중요한 것 중 하나는 인위적으로 공공투자를 늘리면 반작용으로 민간투자가 위축된다는 점이다. 물론 전반적인 부동산 정책의 문제도 있지만 이명박 정부가 보금자리주택 정책을 쓰는 바람에 민간 주택건설이 위축되었던 것도 그 한 사례에 속한다.

또한 개방경제에서는 재정정책의 효과가 낮다. 재정정책으로 경기가 회복되어서 GDP가 올라가면 금리가 올라간다. 그런데 경제가 개방이 되어 있으므로 외환시장에서 그 나라의 주식이나 채권을 사려고 달러가 들어오기 때문에 화폐가치가 상승한다. 그러면 상대적으로 수출 상품 가격이 올라서 국제수지가 악화되고 GDP는 다시 부진해지는 쪽으로 작용한다. 그래서 개방경제하에서의 재정정책은 그 실효성이 떨어진다는 것이다. 이러한 효과를 '먼델-플레밍(Mundell-Pleming)효과'라고 한다.

8장

세상이 돌아가는 원리

1
돈은 누가 공급하는가?

부채의 전도사

오늘날 우리는 돈 없이는 한시도 살아갈 수 없다. 돈 때문에 울고 돈 때문에 웃는다. 이렇게 현대를 살아가는 우리에게 돈은 떼려야 뗄 수 없는 불가분의 관계에 있다. 그런데 우리가 이 세상을 살아가는 데에 없어서는 안 되는 이 돈은 과연 누가 공급하는 것일까?

보통 '한국은행'이라고 대답하는 경우가 많을 것이다. 그럴 수밖에 없는 것이 시중에 유통되고 있는 돈을 보면, 중앙 윗면에 '한국은행'이라는 글자가 적혀 있고 아랫면에는 '한국은행 총재'라는 글자와 직인이 찍혀 있다.

그러나 중앙은행인 한국은행은 분명히 화폐를 발행하기는 하지만, 이 화폐는 은행에게만 공급할 뿐, 국민들에게 직접 공급하지는 않는다. 우리 지갑 속에 있거나 우리가 쓰고 있는 돈은 은행의 신용창조 활동을 통해 나간 돈 중에서 다시 은행에 예금되지 않고 유통되는 돈일 뿐이다.

중앙은행이 시중은행들에게 공급하는 돈을 '본원통화(monetary base)'라 하고, 시중은행들이 대출을 통해 돈을 만들어내는 과정을 '신용창조 (credit creation)'라고 하며, 이 돈을 '신용통화(credit currency)'라고 부른다.

시중은행들의 신용창조는 '부채(빚)'의 창조라고 할 수 있다. 채무자가 짊어지는 '빚(부채)'을 은행 입장에서는 '신용(信用, credit)'이라고 부른다. 그래서 은행의 대출업무를 여신(與信)업무라고 한다.

먼저 정부의 경제 정책에 대해 알아보자.

정부의 경제 정책에는 재정(財政, public finance)정책과 통화(通貨, currency)정책이 있다. 재정정책은 정부의 세입과 세출에 관련된 모든 경제활동을 말한다. 정부는 실업률 및 고용과 물가의 안정, 국제수지 균형, 경제성장, 소득의 재분배, 사회복지 증진 등 다양한 정책적 목표를 달성하기 위해 노력한다. 재정정책은 이처럼 여러 가지 정책목표를 달성하기 위해 어디에 얼마만큼의 재정을 사용할지를 미리 계획하여 사용하는 것을 말한다. 한편 통화정책은 중앙은행을 통해 경제 내에 유통되는 화폐의 양(통화량, money supply)이나 화폐의 가격(금리, interest rate)의 관리를 통하여 경제활동에 영향을 주려는 정책이다.

경제가 꾸준히 성장하고 있다면 생산물이 많아진다. 늘어난 생산물을 거래하려면 많은 통화량이 필요하게 된다. 그런데 생산량 증가보다 통화량 증가가 빠르다면 어떻게 될까? 각 생산물에 배정되는 통화의 양이 커지게 될 것이다. 그것이 바로 물가상승이다.

물가상승을 억제하기 위해서 통화량을 줄이면 어떻게 될까? 생산량이 늘어나는데 통화량이 그에 상응하여 적절히 늘어나지 않으면 돈이 귀해진다. 그러면 사람들이 돈을 시장에 잘 내놓지 않게 된다. 돈이 돌지 않으니 투자와 소비가 위축된다. 결국 경제가 활력을 잃게 되고 만다. 따라서 적절한 경제활동을 보장하기 위해서는 상응한 통화량 증가가 필요하다.

중앙은행의 통화신용정책

중앙은행은 통화량을 어떻게 조절할까?

중앙은행은 시중은행에게 공급하는 본원통화의 양을 조절하거나 기준금리와 지급준비율을 조절함으로써 시중은행들의 대출활동에 영향을 미친다. 이렇게 해서 '간접적으로' 통화공급량을 조절하는 것이 중앙은행의 '통화신용정책'이다.

중앙은행의 이러한 본원통화 공급량 조절은, 공개시장에서 시중은행을 상대로 국채 등의 채권을 매입하거나 매각함으로써 이루어진다. 즉 시중은행에서 국공채나 MBS(모기지 담보증권) 같은 금융자산을 매입하면 본원통화를 공급함으로써 시중에 돈이 풀리는 양적완화(Quantitative Easing)정책이 실현되는 것이다. 시중에 돈이 많이 풀리면 실질금리가 내려가고, 금리가 내려가면 가계나 기업은 저축보다는 소비를 하고 미래를 위한 투자를 하게 된다. 결국 경기부양정책이 되는 것이다.

통화량은 중앙은행이 발행하는 본원통화뿐만 아니라 신용창출이라는 과정을 통해 더 많이 생겨나게 된다. 통화량 조절의 방법 중 하나가 바로 이 신용창출액을 조절하는 것이다.

기준금리(base interest rate) 조절은 매월 1회 열리는 금융통화위원회에서 결정된다. 이자율은 신용창출이 얼마나 이루어질지 결정하는 가장 큰 변수이다. 이자율이 높아진다면 대출을 받을 사람들이 줄어들게 되고 신용창출액이 줄어들게 된다. 기준금리는 7일짜리 RP(환매조건부채권) 금리를 말한다. 다시 말해서 시중은행이 한국은행에 채권을 담보로 잡히고 7일 동안 빌릴 수 있는 자금의 금리다.

은행들끼리 초단기로 돈을 빌리고 빌려줄 때 적용되는 금리를 콜금리라 부른다. 그런데 콜금리가 한국은행에서 빌리는 기준금리보다 높다면 시중은행들은 한국은행에서 돈을 빌릴 것이다. 그래서 한국은행이 기준금리를 정해 놓으면 콜금리는 기준금리 부근에서 움직이게 될 수밖에 없다. 따라서 기준금리는 콜금리에 영향을 미치게 되고 통화량을 조절할 수 있게 된다. 그래서 중앙은행이 시중에 풀린 돈을 줄이려면 금리를 높이면 된다. 콜금리가 높아지면 대출금리도 높아지고, 대출금리가 오르면 대출이 줄어드니 신용창출액이 줄어들게 되어 결국 통화량이 줄어들게 된다.

지급준비율(cash reserve ratio) 조절은 원래 많이 사용하지 않는 수단인데, 중국은 자주 사용하는 모습을 보이고 있다. 중국의 지급준비율은 2003년 6%, 2007년 8%, 2008년 16%, 2010년 19%, 그리고 2011년엔 21.5%까지 인상했다(그림30). 그러다가 2011년 12월에 21%, 2012년 2월에 20.5%, 5월에 20.0%, 2015년 2월에 19.5%, 다시 4월에는 18.5%로 떨어졌다. 이번 지준율 1% 인하로 1조 2,000억 위안(약 210조원)이 시장에 더 풀릴 것으로 보인다. 그동안 대출금리는 2010년

(그림30) 중국 지준율 변화의 추이

자료 : 중국 인민은행, KB투자증권

의 5.5% 수준에서 2011년에 6.56%까지 다시 상승했다가 2012년에는 6% 수준까지 떨어졌다. 그리고 조금씩 변화는 있었으나 최근까지도 은행대출 기준금리는 6% 수준을 유지하고 있었다. 그러다가 2014년 11월 21일 2년 4개월 만에 기준금리를 5.6%로 내린 후 3개월도 안돼 5.35%로, 그리고 2개월여 만에 또 다시 5.1%로 내렸다. 이는 각종 경제지표가 시장의 전망을 밑도는 가운데 시중에 돈을 풀어 경기를 끌어올리고, 유럽과 일본의 공격적인 양적완화에 대응하려는 성격이 짙다.

그러면 중국은 왜 금리 대신에 지급준비율 조절로 통화정책의 방향을 잡았을까? 중국의 무역수지 흑자, 통화가치 상승을 기대하는 핫머니 유입 등 해외 유동성 유입에 따른 통화량 증발은 소비자물가 상승의 압력으로 작용한다. 해외에서 돈이 들어와 통화량을 증가시키기 때문에 이를 흡수할 필요가 있는 것이다. 해외유동성 유입은 인민은행에서 상업은행(일반은행)을 거쳐 소비자(기업)에게로 전달된다. 여기서 기준금리를 인상하게 되면 상업은행에서 소비자(기업)에게로 전해지는 유동성 흐름을 제어하게 된다. 다시 말해서 기준금리를 인상하면 예금 및 대출금리가 올라 예금이 늘고 대출이 줄어드는 효과가 있다.

반면에 지급준비율 인상은 인민은행에서 상업은행의 유동성만을 조절하는 것이 된다. 따라서 지급준비율 인상은 예금은 늘어나지 않고 대출만 줄어드는 효과가 있다. 금리인상이 지준율 인상보다 파급효과가 더 크다고 할 수 있다. 지급준비율은 금리인상과 달리 중앙은행이 간접적으로 통화량을 조절하는 방법이다. 따라서 당시의 상태는 중국 통화정책 당국이 경기가 과열상태이거나 인플레이션이 높다고 판단하지는 않았다는 증거다. 장기적인 저금리가 지속되고 있고 금리가 자유화되지 않은 중국이 선택할 수 있는 유동성 흐름의 조절 방법이라고 볼 수 있다.

신용창조 과정

1600년대 영국의 한 금세공업자(goldsmith)는 금의 도난을 방지하기 위해 도시의 어느 누구보다도 안전하고 튼튼한 금고를 만들었다. 자연히 주민들도 그들의 귀중품을 금세공업자의 금고에 보관하게 되었다. 주민들이 보관하는 귀중품 가운데는 금화나 은화도 있었다. 금세공업자는 고객이 보관한 금화의 금액을 명시한 증서(note)를 발급했다. 금세공업자는 이 증서를 보유한 사람이 원하면 증서에 명기된 금액의 금화를 돌려주었다. 이에 따라 금세공업자가 발행한 금보관증이 모든 거래에서 사용되었다. 금보관증이 지불수단으로 사용되는 화폐로 유통된 것이다.

금세공업자는 처음에는 보관료만 받고 금을 보관하다가, 어느 때인가 금화를 예치한 사람들이 한꺼번에 몰려와서 모든 금을 찾으러 오는 경우는 없다는 것을 알게 되었다. 따라서 전체 예금액 중 일부만 준비금으로 보관하면 문제가 없었다. 셈에 밝은 세공업자는 금보관증을 발행하여 빌려줄 경우 이윤이 생긴다는 사실을 이용하여 이자를 받기 시작했다.

시대가 발전해서 은행은 금보관증 대신 은행권이라는 지폐를 발행하게 되었다. 은행들 또한 금세공업자처럼 일부 준비금만 남기고 대출을 해주었지만, 어느 날 갑자기 신용이 추락하여 고객들이 맡겨 놓은 금화를 일시에 찾으러 오는 경우에 대비해야 했다. 은행들끼리 은행들의 은행을 세워 갑작스런 대규모 예금인출 사태(bank run)에 대비하고자 했다. 이제 중앙은행이 발권업무를 독점하게 되고, 통화량을 조절하는 금융정책을 수행하게 된 것이다.

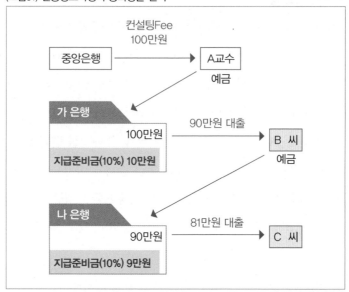

(그림31) 신용창조과정과 통화창출 원리

컨설팅Fee
100만원

중앙은행 → A교수
예금

가 은행
100만원   90만원 대출 → B 씨
지급준비금(10%) 10만원   예금

나 은행
90만원   81만원 대출 → C 씨
지급준비금(10%) 9만원

(그림 31)에서 보는 바와 같이 가상의 중앙은행이 정부를 대신해 A
교수에게 100만원을 지급했고, A교수는 정부를 위해 컨설팅을 해 주
었다고 하자. A교수는 그 100만원을 시중은행 (가)에 예금했다. 단순
화를 위해 지급준비율이 10%라고 한다면, 은행은 90만원을 재빨리 다
른 사람 B씨에게 대출해 주고 최대한 이자를 챙길 것이다.

돈을 빌려간 B가 다른 사람에게 이 90만원을 주고, 그것을 받은 사
람이 다시 (나)은행에 저축한다고 생각해 보자. (나)은행은 이 중 90%
인 81만원을 고객 C에게 대출해 줄 것이고, 이런 과정은 애초에 예금
액 100만원이 1,000만으로 불어날 때까지 계속된다. 다시 말해 100만
원을 받은 은행은 900만원의 신용을 창출해 내는 셈이 된다.

신용과 돈 모두 소비가 가능한 것이므로 같은 것이라 할 수 있다. 이
렇게 시중은행이 고객의 예금을 기업과 개인 등에 대출해 줌으로써 통

화량을 증가시키는 과정을 신용창조(credit creation)라고 한다.

이 경우에 (가)은행과 중앙은행의 상황을 대차대조표로 나타내면 아래 〈표7〉,〈표8〉과 같다.

〈표7〉(가)은행의 대차대조표

자 산		부채 및 자본	
지급준비금	100,000	예 금	1,000,000
대 출	900,000		

〈표8〉중앙은행의 대차대조표

자 산	부채 및 자본
중앙은행 여신	중앙은행권
대정부 여신	민간보유 현금
대은행 여신	은행보유 시재금
보유 유가증권	예금
국외자산	정부
기타자산	은행
	국외 부채
	기타 부채
	자본 (잉여금)

고객인 A교수가 예금한 100만원은 (가)은행으로서는 언젠가는 돌려줘야 할 부채에 해당한다. 마찬가지로 〈표8〉 중앙은행 대차대조표의 경우에 있어서도 중앙은행이 발행한 본원통화 공급분인 중앙은행권은 부채가 된다. 또한 중앙은행으로 들어온 국채에 해당하는 보유 유가증권은 자산항목이 된다.

중앙은행이 찍어낸 은행권이 왜 부채가 되어야 하는지 언뜻 잘 이해가 되지 않겠지만 중앙은행이 태어난 역사적 사실을 상기하면 이해가 될 것이다. 애초에 중앙은행권은 금보관증이 변해서 된 것으로 소지한 자가 그것을 은행에 제시하면 금이나 은으로 바꾸어 줘야 할 의무가 있었다. 따라서 중앙은행권 발행 역시 언젠가는 갚아야 할 빚을 지는 것이다. 이 빚에 대한 이자는 국민의 세금으로 메꾸어져야 한다.

2 / 돈이란 무엇인가?

신용통화

"돈이란 무엇인가?" 라고 물으면, 우리는 지갑 속에 들어 있는 동전과 지폐가 '돈'이라고 직관적으로 생각하기가 쉽다. 조금 더 나아가면 은행에 들어 있는 예금도 돈이라고 생각할 것이다.

돈이 무엇인지 단번에 와닿지 않는 것이 사실이다. 도대체 무엇이 아파트 가격을 올렸다 내렸다 하는지, 그리스가 안 좋다는데 왜 우리나라 주가가 떨어지는지 알고 싶다면 더 생각해 볼 필요는 있다. 사실, 경제학이라는 선입견을 내려놓고 보면 그리 어렵지도 않다. 이 시대를 살아가는 우리에게 돈이란 어떤 것인지 이해하게 되면 세상이 돌아가는 원리가 보인다. 원리를 알면 어떤 변화나 위기에도 능히 대처를 할 수 있을 것이다.

(그림32)의 예에서는 화폐공급이 어떻게 이루어지는지를 분석하기 위해, 화폐의 범위를 협의통화(M_1)를 대상으로 분석하였다. 그리고 단순화를 위해, 첫째, 은행은 지급준비금(rG)만을 현금으로 보유한다고 가정했고, 둘째, 은행은 지급준비금을 제외한 금액 전액(1-rG)을 대출한다고 가정했으며, 셋째, 은행 밖의 현금 또한 전액 은행에 다시 예금한다고 가정했다.

물론 현실은 가정과 같지 않다. 기업은 대출받은 금액 중 일부를 임금지급이나 지대(rent)로 사용할 것이고, 노동자들은 현금으로 지갑이나 금고에 넣어 놓고 쓸 것이다. 대출된 현금이 일부 외부로 유출되는 것이다.

화폐공급은 중앙은행의 본원통화 공급행위와 은행의 금융중개행위, 그리고 민간의 현금·예금 간 선택행위의 상호작용으로 이루어진다. 결국 화폐공급량은 ① 본원통화량, ② 실제지급준비율(실제지급준비금/요구불예금), ③ 현금통화비율(현금/요구불예금)의 세 가지 요인에 의해 결정된다.

(그림32)에서 보는 것처럼, 통화량(M₁)은 비은행 민간보유의 유통 중인 현금통화(C)와 은행에 예치되어 있는 요구불예금, 즉 시중은행이 만들어 낸 '돈'인 신용통화(D)의 합으로 정의된다.

$$M_1 = C + D$$

(그림32) 신용통화 개념도

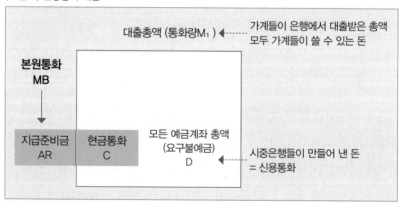

한편 중앙은행이 공급하는 본원통화(MB)는 비은행 민간보유 현금 통화(C)와 은행이 보유하고 있는 실제지급준비금(AR)의 합으로 정의

된다. 특히 은행은 자신이 보유하는 실제 지급준비금을 자신의 금고에 직접 넣어 두거나(시재금, vault cash), 중앙은행에 예치할 수도 있다. 따라서 이렇게 중앙은행에 재예치된 현금도 본원통화의 일부다. 이때 민간이 보유하는 현금과 은행의 시재금 합계는 화폐발행액(중앙은행권)이 된다. 이와 같은 여러 관계로부터 본원통화는 다음과 같이 다양하게 표현된다.

MB = C + AR

= 비은행 민간보유 현금 + 은행보유 시재금 + 중앙은행 예치금

= 화폐발행액(중앙은행권) + 중앙은행 예치금

유동성지표

유동성지표에는 M_1(협의통화), M_2(광의통화), Lf(금융기관 유동성), L(광의 유동성) 등이 있다. 이들 중 지표의 범위가 더 넓을수록 실물경제를 제대로 반영하게 된다. 즉 인플레이션에 가장 밀접한 영향을 미치는 것은 범위가 가장 넓은 L이다. 그러나 유동성의 범위가 넓어질수록 그 측정과 관리가 쉽지 않고, 중앙은행이 통제하기가 점점 어려워진다. 그렇기 때문에 한국은행에서는 광의통화인 M_2를 통화량 관리지표로 가장 많이 활용하고 있다.

〈표9〉 월별 유동성 지표 (2008.01 ~2013.01) (단위 : 조 원)

구분	'08. 1	4	7	10	'09. 1	4	7	10	'10. 1	4	7	10
M_0	50	51	51	53	64	61	59	64	65	64	67	70
M_1	303	298	307	315	326	351	363	374	378	388	403	411
M_2	1,286	1,344	1,376	1,405	1,436	1,487	1,513	1,549	1,575	1,626	1,650	1,671
Lf	1,708	1,800	1,799	1,847	1,859	1,905	1,940	1,984	2,020	2,078	2,108	2,134
L	2,067	2,155	2,184	2,222	2,273	2,350	2,391	2,443	2,515	2,577	2,604	2,652
통화승수	25.6	26.5	27.2	26.5	22.4	24.2	25.3	24.3	24.2	25.3	24.6	23.9
M_0 증가율	5.0	6.7	6.5	7.3	27.4	21.1	17.4	20.2	1.6	4.7	12.7	9.8
M_1 증가율	-13.5	-2.3	1.4	4.2	8.3	17.4	18.5	19.6	15.0	10.8	11.1	9.0
M_2 증가율	12.4	14.9	14.8	14.2	12.0	10.6	9.7	10.5	9.3	9.4	9.3	7.6
소비자물가	3.9	4.1	5.9	4.8	3.7	3.6	1.6	2.0	3.5	2.6	2.5	3.7

구분	'11. 1	4	7	10	'12. 1	4	7	10	'13. 1	4	7	10
M_0	74	73	74	77	82	81	82	85	86	88	91	94
M_1	424	425	420	428	431	437	443	450	462	475	490	500
M_2	1,673	1,686	1,705	1,746	1,752	1,779	1,808	1,824	1,840	1,870	1,891	1,913
Lf	2,147	2,167	2,208	2,265	2,279	2,358	2,395	2,425	2,470	2,520	2,547	2,591
L	2,676	2,741	2,790	2,860	2,910	2,987	3,048	3,089	3,145	3,215	3,255	3,320
통화승수	22.8	23.0	23.0	22.7	21.5	22.1	22.2	21.4	21.4	21.3	20.9	20.4
M_0 증가율	13.1	13.9	10.6	10.0	11.0	10.1	10.1	10.7	5.1	8.8	11.0	10.0
M_1 증가율	12.6	9.6	3.8	4.1	2.3	2.8	5.4	5.5	5.8	8.7	10.7	10.7
M_2 증가율	6.5	3.9	3.2	4.4	4.8	5.5	6.0	4.6	4.8	5.1	4.6	4.7
소비자물가	3.4	3.8	4.5	3.6	3.4	2.5	1.5	2.1	1.6	1.3	1.6	0.86

구분	'14. 1	4	7	8	9	10	11	12	'15. 1	2	3	4
M_0	99	99	101	108	105	107	107	110	113	116	116	115
M_1	507	516	535	544	552	558	568	574	574	583	596	611
M_2	1,935	1,972	2,012	2,031	2,033	2,050	2,079	2,082	2,089	2,109	2,128	2,149
Lf	2,631	2,672	2,723	2,744	2,753	2,773	2,809	2,822	2,845	2,874	2,911	2,937
L	3,383	3,431	3,526	3,552	3,564	3,592	3,664	3,616	3,654	3,684	3,723	3,753
통화 승수	19.6	19.9	19.9	18.9	19.3	19.1	19.5	18.9	18.5	18.1	18.3	18.7
M_0 증가율	14.8	12.8	11.7	14.9	10.8	14.4	14.0	13.6	15.0	15.9	15.3	16.4
M_1 증가율	10.1	8.9	9.0	11.7	11.6	11.8	12.4	13.2	12.9	13.7	15.7	17.8
M_2 증가율	5.0	5.4	6.5	7.6	7.0	7.5	8.3	8.0	7.9	7.9	8.4	8.9
Lf 증가율	6.5	6.1	6.9	7.4	7.8	8.1	8.8	8.1	8.4	8.6	9.5	9.9
소비자 물가	1.1	1.5	1.6	1.4	1.1	1.15	0.96	0.83	0.8	0.51	0.36	0.38

출처 : 한국은행 경제통계시스템

※금액은 평잔 기준 (단, 광의유동성은 말잔 기준), 계절조정치

* 소비자물가는 소비자물가 상승률(%)을 표시함.

  협의통화(M_1) : 민간보유 현금 + 요구불예금 + 수시입출식 저축성예금

  광의통화(M_2) : M_1 + 만기 2년 미만 준결제성 예금

  금융기관 유동성(Lf) : M_2 + 만기 2년 이상 정기 예 · 적금 + 생보 · 증권사 예수금 등

  광의유동성(L) : Lf + 정부와 기업 등이 발행하는 유동성 금융상품

      (국채, 지방채, 회사채, 기업어음 등)

〈표9〉를 보면 통화승수가 18~25배에 이르고 있다. 2009년에는 60조원 정도의 본원통화를 가지고 1,500조원 정도의 광의통화를 만들어냈다. 광의통화(M₂ 기준)로 본원통화 대비 신용통화의 비율이 1:24 정도 되는 것이다. 가히 시중은행의 막강한 신용창조기능을 짐작할 만하다. 그러나 최근 들어서는 그 비율이 1:18 까지 떨어지는 것을 볼 수 있다. 통화승수가 20배 밑으로 떨어지면 사실상 통화정책으로 어느 시그널을 준다고 해도 경제주체들이 거의 반응하지 않는 수치다. 그만큼 신용창조기능이 떨어지고 있다. 한마디로 돈이 전에 비해 원활하게 돌고 있지 않다는 말이다. 금융기관 유동성을 나타내는 Lf기준으로는 1:35 정도 되었으나 최근에는 1:25로 이 역시 많이 위축되었다. 광의유동성인 L의 기준으로도 1:40 정도에서 최근에는 1:32정도까지 내려왔다.

여기서 〈표9〉의 유동성 지표를 들여다보면 재미있는 사실을 발견할 수 있다. 2007년 2월 서브프라임모기지 사태가 터지기 시작했으나 리먼브러더스가 파산할 때까지는 M₁증가율만 늘어날 뿐 다른 지표들은 별 변화가 없었다. 그러다가 2009년에 들어서야 모든 지표들이 급격히 증가한 것을 볼 수 있다. 진리는 다 끝날 때쯤 알기 시작한다는 미네르바의 부엉이가 생각나게 하는 대목이다. 손톱 밑의 가시가 곪고 있는데도 거의 모두가 설마 무슨 일이 일어나겠나 하고 있었던 것이다.

리먼브러더스가 파산한 2008년 9월을 전후하여 2009년 10월까지 본원통화가 50조에서 65조로 증가하였다. M₁ 역시 300조에서 370조로 증가하고, (그림33)에서 보는 바와 같이 M₁증가율이 1.5%수준에서 19%수준으로 증가하였는데, M₂증가율은 14.8%수준에서 10%수준으로 하락했다. 여기에서 알 수 있는 것은 먼저 본원통화를 풀어 시중의 유동성공급을 꾀하였으나 돈을 굴릴 투자처가 마땅치 않아 자금을 단기로 은행에 예치하여 운용하고 있다는 사실이다. 또한 본원통화 공급을 30%나 대폭 늘렸음에도 불구하고 M2증가율이 하락하였다는 것은 은행대출의 증가세가 둔화되고 있는 것으로 설명된다. 2013년 말까지도 M2증가율은 4.8% 수준으로 더욱 하락했다. 즉 본원통화를 늘려도 시중으로 퍼지지 못하고 돈이 은행권에서 맴돌고 있다는 이야기다.

그리고 (그림34)에서 보면 M2가 1,400조에서 1,550조로 증가하였는데 소비자물가 상승률은 5% 수준에서 2% 수준까지 내려왔다. 이는 풀린 돈이 산업생산이나 투자 등 실물로 가지 않고 고용 부진으로 인해 소비가 본격적으로 살아나지 않고 있다는 반증이기도 하다.

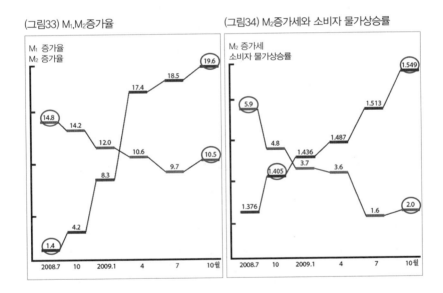

(그림33) M1,M2증가율

(그림34) M2증가세와 소비자 물가상승률

더구나 인플레이션 판단의 기준이 되는 소비자물가상승률이 한국은행의 중기 물가안정 목표 2.5~3.5%의 하단에까지 내려오다 못해 2013년 말에는 0.86%까지 곤두박질했다. 특히 2013년에는 부동산 경기 침체와 양적완화 언급으로 국제 금융 불안이 더해진 시기였다. 따라서 부동산 침체와 저금리로 임대소득과 금융소득이 줄어들자 미래를 불안하게 여기는 가계의 소비 심리가 얼어붙으면서 허리띠를 졸라맨 것이다. 그리고 2014년 말에는 0.8%대까지, 2015년 3월에는 0.36%까지 떨어졌다가 5월에는 0.53%로 다소 올랐으나 7개월째 0%대 수준이다. 연초 담뱃값 인상요인을 제외하면 실질 소비자물가 상승률은 지난 2월부터 3개월 동안 사실상 마이너스를 기록하고 있다. 더욱 우려되는 점은 2014년 말까지는 국제유가 및 농산물 하락 등 공급측 요인들이 물가하락을 이끌었는데, 이제는 생산 · 소비 · 수출 등의 부문에서 주도적으로 물가하락을 불러일으키고 있다. 더구나 제조업 가동률이 공장 정상가동의 기준이 되는 80%를 3년 가까이 밑돌고 있다.

소비자물가상승률이 연간 4~5% 수준의 잠재성장률(경제의 기초체력을 넘지 않는 상태의 성장률)과 비교해서도 상당히 낮은데, 이는 경기침체에 따라 수요가 극히 부진함을 나타낸다. 그 결과 경제위기로 인한 잠재성장률이 결국 2~3%대로 떨어졌다. 해외의 시각은 더욱 가혹하다. 경제협력개발기구(OECD)는 우리나라의 잠재성장률을 2.7%로 보았다. 고도성장기였던 1970년대의 10% 정도나 1980년대의 8~9%와 비교하면 금석지감(今昔之感)이다. 한국은행에 의하면 실제 2013년 우리나라 경제성장률은 2.8%였다. 그나마 2012년의 2.3%보다는 상승한 수치이다. 2010년 6.5% 성장한 것을 제외하면 2008년 이후 줄곧 2~3%대의 저성장에 빠졌다.(2008년 2.8%, 2009년 0.7%, 2011년 3.7%) 소비가 추락하는 이유는 경제성장률이 2%대의 저성장 상태에 머무르면서 경제가 앞으로 어떻게 될지 모른다는 위기의식에 사로잡혀 지갑을 닫기 때문이다.

금리 인하를 단행할 명분과 환경이 성숙해 있었는데 금리를 너무 찔

끔 내려 부양효과도 못 보고 물가상승률을 너무 낮게 방치했던 것이다. 디플레 위험을 차단하기 위해 한국은행이 2013년에 추가 금리 인하를 단행했어야 했는데 실기(失期)를 하고 말았고, 이 때문에 디플레이션 압력이 고스란히 시장에 전해졌다. 이제는 유가가 떨어졌는데 주유소에서 기름 판매량이 줄어드는 기현상까지 나타나고 있다.

〈표9〉에서 보듯이 2년 내내 1.5%대 언저리를 맴돌았던 물가상승률에 대해 아무 조치도 취하지 않았던 것은 분명히 문제가 있다. 우리나라 중앙은행의 물가상승률 목표치가 하단선 2.5%, 상단선 3.5%의 밴드폭을 갖고 있는데, 현재 물가상승률은 0%대로 전형적인 로플레이션 (lowflation; 낮은 단계의 디플레이션) 단계를 넘어 'D(디플레이션)의 공포'가 현실로 다가오고 있다. 최근 금리를 역대 최저수준인 1.75%로 내린지 3개월만에 메르스(중동호흡기증후군) 확산으로 인한 경기후퇴 우려때문에 1.5%로 다시 내렸지만 너무 늦은 감이 있다. 그나마 금리를 1%대로 내린 후 본원통화 공급이 없었는데도 M_1, M_2, Lf증가율이 전월에 비해서 다소 상승하고 있다. 금리인하 효과가 나타나고 있는 것이다. 일본조차도 아베노믹스의 정책에 따라 2014년 7월의 소비자물가상승률이 1.3%, 그리고 지난 3월에는 2.3%(소비세율 인상분 효과 2% 포함)를 기록하고 있으며 인플레 타겟팅을 2%로 잡고 있다. 일본의 수치에서 소비세 인상요인을 제거하고, 우리나라 수치에서 담뱃값 인상요인을 제거한 뒤 비교해도 일본의 물가상승률이 우리보다 0.5% 가량 높은 수준이다.

우리나라는 복지지출 확대로 국가부채가 커질 것으로 예상되기 때문에 재정투입에 신중할 필요가 있다. 이런 때에는 경기부양을 위해서 재정정책보다 통화정책이 좀 더 주도적 역할을 하는 것이 바람직하다. 이제 중앙은행은 인플레와 맞서 싸우는 전통적 가치만을 고집해서는 안

된다. 금융위기 이후 선진국들의 중앙은행은 통화량 증가를 시도함으로써 디플레와도 맞서 싸우는 역할을 하고 있다. 뿐만 아니라 실업과 금융 불안정 등의 이슈에까지 중앙은행의 역할이 요구되고 있는 것이다.

일각에서는 금리인하에 대해 가계부채 위험수위를 경고하고 있으나, 오래전부터 로플레이션에 빠져 있는 우리나라로서는 크게 걱정할 일이 못 된다. 더구나 우리나라의 가계부채는 소비를 위한 빚이라기보다는 주거를 위한 담보대출이 주를 이루고 있기 때문에 우려가 덜하다. 로플레이션의 문제는 통화정책 측면에서 통화정책 연결 경로(transmition mechanism : 통화 공급 → 금리 하락→ 총수요 증가 → 경기 부양)가 멈추게 되고, 금융과 실물 간의 연계성이 떨어지게 되는 이분법 경제현상(dichotomy)이 나타나게 되어 돈을 푼다 하더라도 그 돈이 실물경제에 들어가지 않고 금융권에서만 맴도는 현상이 발생한다는 점이다. 또한 재정정책 측면에서는 시차가 길어진다. 시차는 정책입안에서 국회를 통과하기까지 내부(행정) 시차(경제활성화법이 2년간이나 국회에서 낮잠을 자는 것을 우리는 보아왔다), 그리고 정책확정 후 효과가 나타나기까지 외부(집행) 시차로 구분된다. 확정된 재정정책도 구축효과(crowding out effect : 공공 지출 증가가 민간 수요를 위축시키는 현상)로 인해 경기부양효과가 반감된다. 그리하여 국가 부채가 늘어나지 않더라도 물가가 낮은 수준에 있으면 실질 부채 부담은 증가하게 되어 결과적으로 소비와 투자가 하락하는 문제가 발생하게 된다.

여기서 디플레이션이 우려될 만큼 물가가 낮은 여건에서는 실질 자산소득과 실질 부채부담이 동시에 늘어나서 계층별 빈부격차가 더 확대되는데, 이를 방치하여 금리를 동결하면 자연스럽게 긴축효과가 일어나게 된다. 긴축효과가 있을 때에는 돈을 쓰기 어렵기 때문에 경기가 위축되어 기업들이 설비투자를 하지 않게 된다. 빚이 많고 물가가 낮은 국가일

수록 금리를 내리는 것도 이 때문이다. 따라서 이럴 때에는 금리를 내려서 경기를 부양하는 정책적 보완이 요구된다. 나아가 투자 및 고용 확대와 소비심리 활성화 등을 위한 다각적이고 근본적인 처방이 필요하다.

통화유통속도

돈이 안 돈다는 것은 자본주의에 있어서 가장 큰 문제다. 돈은 사람의 몸에서 혈액과 같다. 금융의 본래 기능은 실물경제의 동맥 역할을 하는 것이다. 은행은 우리 사회에 돈이 원활하게 돌게 하는 '경제의 심장'과 같다. 따라서 화폐의 흐름은 우리 몸속의 혈액 순환과 같다. 피의 양이 통화량이라면 피가 돈다는 것은 바로 화폐의 유통속도에 해당한다. 사람의 몸에서 피가 돌지 않으면 심장에서 멀리 떨어진 손발부터 썩어 들어가서 결국에는 생명을 유지할 수 없듯이 한 나라 경제에서 돈이 돌지 않으면 경제주체들의 심리가 위축되고 경제는 활력을 잃게 되고 만다. 미래의 경기가 불확실하면 돈이 있다 하더라도 움켜쥐고 쓰지 않는다. 돈이 돌지 않는다는 것은 지표경기보다 특히 중하위층의 체감경기를 악화시키기 때문에 상당한 의미를 갖는다. 돈이 얼마나 잘 도는지 알 수 있는 대표적인 지표로 통화승수와 통화유통속도가 있다.

통화승수는 돈의 흐름이 얼마나 정체되어 있는지를 보여준다. 통화승수는 통화량(M_2)을 중앙은행이 공급하는 본원통화(MB)로 나눈 수치다. 따라서 보통 돈을 공급했을 때 몇 배 정도의 신용을 창출하는지 알 수 있는 지표다. 통화승수가 높다는 것은 경제활력이 뛰어나다는 것을 뜻한다.

〈표9〉에서 보듯이 서브프라임모기지 사태가 표면화되지 않았을 때

통화승수는 25이상이었다. 그러다 서브프라임모기지 사태의 표면화로 인해 심리가 극도로 위축됐던 2009년 1월의 통화승수는 22.4로 떨어졌다. 그러나 잠시 회복되던 통화승수는 유럽재정위기가 해결의 실마리를 제대로 보이지 않자 서서히 떨어지기 시작하더니 유럽의 문제가 우려를 벗어났는데도 2013년 10월에는 20.4까지 떨어졌다. 2014년 들어 서브프라임모기지 사태의 발생지인 미국은 경기가 회복세를 보이면서 3차 양적완화를 종료하고, 오래지 않아 금리를 인상할 태세까지 왔다. 그럼에도 불구하고 우리나라는 통화승수가 18배까지 떨어졌다. 모든 경제활력 지표들이 거의 사상 최저수준이다.

본원통화 대비 신용창출이 25배에서 18배로 떨어지면 경제활력이 그만큼 악화되고 있다는 이야기다. 이렇게 볼 때 앞으로 2~3년 정도는 돈을 풀어도 물가가 오를 가능성은 매우 낮아 보인다. 금리를 인하하고 돈을 풀면 물가가 오른다는 명제에는 화폐의 유통속도가 일정하다는 전제가 있어야 한다. 지금은 유통속도의 하락이 통화증가분을 '물먹는 하마'처럼 흡수하고 있다. 디플레이션 현상이 우려되는 상황이다. 디플레이션은 채무자의 실질부채를 증가시켜 이들을 파산시키고 금융시스템까지 부실하게 만든다. 이를 극복하기 위해서는 유동성을 더 공급해야 한다. 인플레이션이 아랍 신화에 나오는 요정 '지니(genie)'라면, 디플레이션은 파괴와 공포의 상징으로 인간을 잡아먹는 거인인 '오거(Ogre)'다.

동맥경화란 동맥 속에 노폐물이나 지방덩어리 등이 혈관 내벽에 달라붙어 혈관 지름이 좁아져 발생하는 질병이다. 마찬가지로 경제에서 돈이 돌지 않아 금융경색이 일어나는 현상을 두고 '돈맥경화'라고 부르기도 한다. 지금 우리나라도 돈을 풀어도 고여서 혈관을 막는 현상이 1990년대 초 일본보다 심각한 것으로 보인다. 돈이 돌지 않는 문제는 전 세계적으로 매우 심각하게 나타나고 있다. 글로벌 금융 통화 전문가인 베리 아이켄그린 교수는 이러한 형태의 위기는 1930년대 대공황 이후 80년 만의 일로 심각한 수준이라고 말하고 있다. 그래서 미국에서도 양적완화 축소가 거론되기 전까지는 떨어지는 경제활력을 보완하기 위해 통화량을 더 늘리는 문제를 놓고 폴 크루그먼 교수와 벤 버냉키 의장 간에 논쟁이 있었다. 폴 크루그먼 교수는 경제활력을 보완하기 위해 현재 2%인 '인플레 타깃팅'을 3~4%로 높여야 한다고 주장했다. 아이켄그린 교수는 4% 인플레이션을 유발해서 돈이 돌게 해야 한다고까지 주장하고 있다.

통화유통속도란 혈액순환과 같이 일정기간 동안 한 단위의 통화가 거래를 위해 사용된 횟수를 말한다. 가령 두 사람이 똑같이 1만 원을 가지고 있다고 할 때, 경제활동이 활발한 사람은 한 달에 1만 원을 10번 돌리고 보수적인 사람은 한 달에 한 번 돌린다고 하면, 보수적인 사람에 비해 활동적인 사람은 경제에 10배를 기여하게 되는 것이다. 바로 이렇게 한 달에 통화가 얼마나 회전되느냐 하는 것이 통화유통속도다. 다시 말하면 통화유통속도는 시중에 돈이 얼마나 빠르게 도는지 보여주는 지표다.

분기별 통화유통속도는 분기별 명목 국내총생산(GDP : 계절조정)에 4를 곱해 연간으로 환산하여, 시중 통화량을 나타내는 광의통화(M_2 : 계절조정·평잔)로 나누어 산출한다. 한국은행에 따르면 분기별 통화유통속도는 1986년 4분기 2.014를 마지막으로 1997년까지는 1.9~1.0대로 하향하다가 2000년대 들어 0.8대를 유지해 왔다. 그러나 〈표10〉에서 보듯이 금융위기가 찾아온 2008년 3분기 0.811을 마지막으로 2008년 4분기 0.774로 떨어진 뒤 하락속도가 빨라지면서 0.7대를 횡보하다가 일시적으로 오르기도 했으나, 유럽재정위기로 인해 통화유통속도는 다시 떨어졌고 2014년 3분기에는 5년여 만에 최저치인 0.73까지 떨어졌다. 1992년 일본의 0.95보다 훨씬 더 낮다. 혈관에 피가 빨리 돌아가지 않으면 맥박이 느려지는 것처럼 경제활력이 그만큼 못 미친다는 이야기다. 경제주체들의 생산 · 투자 · 소비 활동이 활발하면 통화유통속도는 상승한다. 인플레이션을 일으키는 것은 본원통화의 공급량이 아니라 그것이 순환하는 속도이다. 따라서 통화유통속도의 하락은 경기 침체의 신호탄으로 해석된다.

〈표10〉 통화유통속도 추이 　　　　　　　　　　　　　　　　　　　　(단위 : 조 원)

년도	M2	GDP	V	년도	M2	GDP	V	년도	M2	GDP	V
08.1Q	1,308.9	271.6	0.830	10.2Q	1,635.3	315.2	0.771	12.3Q	1,815.0	344.5	0.759
08.2Q	1,357.9	277.6	0.818	10.3Q	1,654.3	319.4	0.716	12.4Q	1,826.7	347.3	0.760
08.3Q	1,385.1	280.8	0.811	10.4Q	1,673.9	324.4	0.775	13.1Q	1,856.8	351.8	0.758
08.4Q	1,419.0	274.5	0.774	11.1Q	1,676.8	327.3	0.781	13.2Q	1,875.4	355.0	0.757
09.1Q	1,460.8	277.2	0.759	11.2Q	1,692.4	329.8	0.780	13.3Q	1,892.4	360.0	0.761
09.2Q	1,494.8	285.1	0.763	11.3Q	1,718.3	334.9	0.780	13.4Q	1,918.4	361.5	0.754
09.3Q	1,521.8	294.0	0.773	11.4Q	1,748.4	340.7	0.779	14.1Q	1,951.2	369.3	0.757
09.4Q	1,556.8	295.4	0.759	12.1Q	1,763.6	342.8	0.778	14.2Q	1,983.4	367.7	0.742
10.1Q	1,595.1	306.2	0.768	12.2Q	1,789.3	342.8	0.766	14.3Q	2,037.3	371.8	0.730

자료 : 한국은행 경제통계시스템

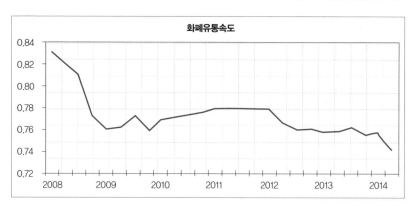

화폐유통속도

일반적으로 금리가 낮으면 대출과 투자활동이 활발해지지만 유럽재정위기로 인한 경기위축 우려로 이러한 공식도 깨진 지 오래되었다. 담보자산가치 하락으로 인한 가계나 기업대출의 부도 우려는 소비위축으로 연쇄반응을 일으킨다. 이래저래 통화유통속도는 떨어질 수밖에 없다.

2010년 들어서 본원통화 증가율이 안정세를 보이면서 M_1, M_2증가율이 급격히 하향 안정세를 보이고 있고, 소비자물가 상승률도 안정세를 보이고 있다. 경기가 안정화되고 있다는 증거다. 특히 2011년 8월 남유럽 재정위기에도 불구하고 유동성 지표에 큰 흔들림이 없었다는 것은 그만큼 우리나라 경제의 기반이 상대적으로 탄탄해졌다고 볼 수도 있다. 그런데 문제는 2012년 들어서면서부터 통화승수가 점점 낮아지고 있고 소비자물가상승률이 계속 1%대를 맴돌다가 0.36%까지 떨어지고 있다는 사실이다. 이는 우리나라가 이미 디플레이션 상태에 들어섰음을 알려주고 있다.

저물가가 상당기간 계속될 경우, 상품가격 하락을 예상하여 소비와 투자가 지연되고 여기에 자산가격 하락까지 겹치면 디플레이션으로 연결될 수 있다. 중소기업의 생산력과 기술력이 탄탄한 일본과 달리, 일단 디플레이션이 발생하면 경기 전체가 축소돼 흐름을 반전시키기가 매우 어렵기 때문에 여기에서 헤어나오기가 쉽지 않다.

신용창조과정의 수식에 의한 설명

(그림31)에서 보았던 내용을 수식을 통해 설명해 보자.

은행은 실제지급준비금(AR: actual reserve) 중 법정지급준비금 외에 초과지급준비금은 보유하지 않는다고 가정한다.

이 때 지급준비율 r이 10%면, (가)은행은 G만큼의 예금 100만원 가운데 법정준비금 rG=10만원을 남겨 놓고 나머지 (1-r)G=90만원을 대출한다. 이제 시중에 유통되는 통화량(현금+요구불 예금)은 190만원[= 100만원 + 100만원×(1-0.1)]으로 증가한다. 중앙은행이 발행한 본원통화 M_0= 100만원에 덧붙여서 시중은행이 90만원의 신용통화를 창출한 것이다.

이러한 은행의 신용통화 창출은 단 한번으로 끝나는 것이 아니다.

은행에서 90만원을 대출받은 돈이 다른 사람의 손을 거쳐 전액이 다시 예금된다고 하면, (나)은행은 r(1-r)G 만큼의 지급준비금을 뺀 나머지 (1-r)²G를 대출하게 된다. 이제 시중의 통화량은 271만원[= 100만원 + 100만원×(1-0.1) + 100만원×(1-0.1)(1-0.1)]으로 증가한다. 그리고 이러한 과정이 무수히 반복됨으로써 시중은행에 의한 신용창출은 무한히 계속된다. 이때 은행예금의 총합(D)과 대출 총액(L)은 각각 다음과 같다.

$$D = \frac{G}{1-(1-r)} = \frac{1}{r}G \ ; \ L = \frac{(1-r)G}{1-(1-r)} = \frac{1-r}{r}G$$

〈표〉 대출금이 전액 예금되는 경우의 신용창조

	예금(D)	실제지급준비금(AR)	대출(L)
(가)은행	G	rG	(1 - r)G
(나)은행	(1 - r)G	r(1 - r)G	(1 - r)²G
(다)은행	(1 - r)²G	r(1 - r)²G	(1 - r)³G
(라)은행	(1 - r)³G	r(1 - r)³G	(1 - r)⁴G
⋮	⋮	⋮	⋮
합 계	$\frac{1}{r}G$	G	$\frac{1-r}{r}G$

이 과정의 무한 등비급수의 합을 구해 보면, 본원적 예금(G)인 100만원은 (1/0.1)×100만원 = 1,000만원으로 불어난 것 알 수 있다.

결과적으로 [(1-0.1)/0.1]×100만원 = 900만원의 신용창조(L)를 한 것이다.

이때 1/r을 신용승수(credit multiplier)라고 한다.

본원통화 : 중앙은행이 시중은행에 공급하는 돈, M_0 = 100만원
협의통화 : 현금통화 + 신용통화 M_1 = 100만원 + 90만원 + 81만원
(통화량) (유통중인현금) (요구불예금)   = 271만원

통화승수

통화량 M 중에서 민간이 현금을 보유하는 비율 (C/D)을 현금통화비율(c)이라 하고, 시중은행에 예치된 요구불예금 D에 대한 실제지급준비금 AR의 비율인 AR/D를 실제지급준비율(ar)이라 한다.

$$\Delta MB = \Delta C + \Delta AR$$

$$\Delta C = c\Delta D, \ \Delta AR = ar\Delta D \text{ (민간 현금통화비율과 은행 실제지급율이 일정하다고 가정함)}$$

이것을 위 식에 대입해 풀면,

$$\Delta MB = c\Delta D + ar\Delta D$$
$$= \Delta D(c+ar)$$
$$\Delta D = [1/(c+ar)] \cdot \Delta MB$$

여기서 민간이 현금을 보유하지 않을 경우(즉, c=0), 위 식은 은행의 예금창조 과정에서 도출되는 요구불예금과 본원통화의 관계식(D = 1/r · G)이 된다.

통화량 증가분은 현금증가분과 요구불예금증가분의 합으로 구성되므로,

$$\Delta M = \Delta C + \Delta D = c\Delta D + \Delta D$$
$$= (c+1) \cdot \Delta D$$
$$= (c+1) \cdot [1/(c+ar)] \cdot \Delta MB$$
$$= [(c+1)/(c+ar)] \cdot \Delta MB$$
$$= m \cdot \Delta MB$$
$$\Delta M / \Delta MB = m$$
$$\Delta M / \Delta MB = (c+1)/(c+ar)$$

이때 통화량과 본원통화의 비율인 m = (c+1)/(c+ar)을 통화승수라 부른다.

위 식에서 말해 주듯이 통화량은 통화승수와 본원통화의 곱이다.

다시 말해서, 통화승수는 통화지표(통화량 M_2)가 본원통화의 몇 배인지를 나타내는 것이다.

이는 결국 시중은행이 신용창조를 얼마나 했는지를 나타낸다.

신용경색

새장에 갇혀 밤에만 우는 꾀꼬리가 있었다.

"너는 왜 밤에만 노래를 부르고, 낮에는 조용하니?"

박쥐가 이유를 묻자 꾀꼬리가 대답했다.

"낮에 노래 부르다가 잡혀와 새장에 갇히게 됐잖아. 더 이상 낮에는 노래를 부르지 않기로 했어."

박쥐가 어이없다는 듯 하늘로 날아오르며 말했다.

"어차피 넌 이미 새장에 갇혀 있잖아."

달라진 상황을 깨닫지 못하고 과거에 갇혀 사는 어리석음을 빗댄 우화이다. 월스트리트로 상징되는 세계 자본주의에 심각한 균열이 드러난 지도 벌써 7년이 지났다. 2008년 9월 리먼브러더스의 파산 이후 세계 자본주의는 또 다른 진화를 하고 있다. 세계적으로는 경기가 회복된다고는 하지만 아직도 제대로 살아나지 못하고 남유럽 나라들의 재정위기가 이따금씩 사람들의 가슴을 놀라게 하곤 한다. '작은 정부'에 대한 믿음이 깨지면서 정부의 시장개입에 대한 거부감도 크게 감소했다. 저성장과 낮은 기대이익을 감수하며 리스크 관리에 매달리는 경향이 뚜렷해졌다.

1980년대 이후 신자유주의로 신봉되던 수학과 통계학에 의한 미국적 주류경제학이 꼬리를 감추고 있다. 미국이 자랑해 온 금융공학시스템이 이토록 엉성함에 놀랐기 때문이다. 반면에 철학적 토대와 역사적 경험을 중시하는 미제스와 하이에크 전통의 오스트리아학파가 부각되고 있다. 시장질서는 고립되어 있는 것이 아니라 '수요-공급의 저편(beyond demand and supply)'에 있는 법적, 도덕적 또는 정치적 조건들이 전제되어야 하기 때문이다. 미국적 주류경제학이 경기부양책으로 낙관하고 자만할 때 오스트리아학파의 경제학자들은 돈에 의한 인위적 붐 조성은 왜곡된 투자와 경기침체를 야기한다고 집요하게 경고했다. 그러나 유감스럽게도 그 경고의 목소리에 아무도 귀를 기울이지 않았다. 그리고 2007년 2월 말 서브프라임모기지 사태가 터졌다.

그로부터 1년 반, 리먼브러더스의 파산과 더불어 급작스럽게 세계 경제위기가 다가왔다. 그와 함께 귀에 익숙해진 단어 중 하나가 '신용 경색(credit crunch)'이었다. 신용경색이란 신용이 위축되고 있다는 말이다. '통화량(M_1)＝현금통화(C)＋요구불예금(D)'에서 은행에 예치되어 있는 요구불예금(D) 부분이 위축되는 것이다. 즉 시중은행의 신용 창조 기능으로 만들어 내는 '돈'인 신용통화가 위축되는 것이다.

(그림35) 본원통화증가율 및 M₂, Lf 증가율   (전년동기비 : %)

자료 : 한국은행 경제통계시스템

(그림35)을 보면 2008년 10월부터 2009년 3월까지 한국은행의 본원통화공급이 대폭 증가했다는 사실을 알 수 있다. 그럼에도 불구하고

통화량 M₂증가율과 Lf증가율은 감소하고 있다. 이 시기가 신용경색 국면이라는 점을 나타내고 있다.

이와 같은 현상은 2010년 4월에 다시 나타나기 시작하는데 M₂증가율과 Lf증가율은 2011년 6월까지 감소하고 있다. 바로 유럽재정위기가 글로벌 시장을 뒤덮고 있을 때였다.

중앙은행의 통화신용정책은 본원통화의 공급을 조절함으로써 M₂나 Lf, L을 조절하겠다는 것이다. 그런데 소비와 투자를 하지 않게 되어 중간의 연결고리인 시중은행의 신용창조 기능이 고장 나면 통화신용정책은 무력화되어 버리고 만다. 다시 말해서 중앙은행이 본원통화를 아무리 많이 공급해도 통화량은 줄어들고, 그 결과 물가와 자산가격이 떨어지는 디플레이션으로 갈 수 있다는 것이다. 그리고 그 기능이 심각할 정도로 작동하지 못하면 경제위기의 신용경색 국면이 되는 것이다. 그 당시는 세계 유수의 금융기관끼리도 거래 상대방을 믿을 수 없어 대출을 중단해 버렸다. 은행의 신용창조 기능이 마비된 것이다.

그로 인해 세계 경제시스템 내에 유통되던 달러가 갑자기 수축되면서 환율폭등 사태가 왔다. 금융기관 사이에서의 대량 인출에 대비해 서둘러 지급준비금을 쌓아야 했기 때문에 미국계나 유럽계 은행들이 아시아를 비롯한 신흥 국가들에게서 달러를 빼내갔던 탓이었다. 이처럼 금융기관 사이의 현금 확보 경쟁으로 인해 신용창조 기능은 붕괴될 수밖에 없었다.

은행권에서만 맴돌고 있는 돈

중앙은행이 본원통화를 대거 공급했지만 시중은행들의 신용창조 기능의 고리가 끊겨 통화량이 늘어나지 못한 경우는 곳곳에서 발견된다.

〈표11〉 본원통화 대 초과지급준비금   (단위 : 10억 달러)

구분	본원통화	본원통화증가분	초과지급준비금
2015.03.31	4,081	3,222	2,584
2014.12.31	3,898	3,039	2,524
2014.09.30	4,072	3,213	2,677
2014.06.30	3,971	3,112	2,587
2014.03.31	3,926	3,067	2,545
2013.12.31	3,685	2,826	2,416
2013.09.30	3,509	2,650	2,214
2013.06.30	3,222	2,363	1,947
2013.03.31	2,973	2,114	1,698
2012.12.31	2,657	1,798	1,459
2012.09.30	2,616	1,757	1,409
2012.06.30	2,645	1,786	1,457
2012.03.31	2,684	1,825	1,510
2011.12.31	2,603	1,744	1,502
2011.09.30	2,657	1,798	1,551
2011.06.30	2,671	1,812	1,589
2011.03.31	2,428	1,569	1,362
2010.12.31	2,010	1,189	1,007
2010.09.30	1,963	1,142	980.8
2010.06.30	1,999	1,178	1,035
2010.03.31	2,075	1,254	1,120
2009.12.31	2,019	1,198	1,075
2009.09.30	1,801	980	859.9
2009.06.30	1,680	859	749.4
2009.03.31	1,641	820	723.1
2008.12.31	1,654	833	767.3
2008.09.30	905.2	84.2	59.5
2008.08.31	843.2	22.2	1.9
2008.06.30	833.1	12.1	2.2
2008.04.30	823.7	2.7	1.7
2008.02.29	821	–	1.6

자료 : google, ycharts.com

앞에서 살펴보았듯이 본원통화(monetary base)를 늘려도 시중으로 퍼지지 못하고(M2증가율, Lf증가율 감소) 은행권에서 맴돌고(M1증가율 증가) 있다. 그나마 풀린 돈(M2 증가)이 투자로 이어지지 않고 고용 부진으로 수요가 회복이 안 돼 소비자물가상승률은 내려간다. 사정이 이렇다 보니 시중은행은 당국에서 정한 최소한의 법정지급준비금(required reserves)을 초과하여 현금을 보유하고 있다. 은행의 초과지급준비금(excess reserves)이다.

〈표11〉에서 보면 미국의 경우 2008년 8월까지는 본원통화가 8,000억 달러 수준에서 안정된 패턴을 보이고 있다. 당시의 초과지급준비금은 본원통화 대비 약 1% 정도의 미미한 금액에 불과했다. 은행들은 이윤극대화를 위해 어느 정도의 위험을 감수하고서라도 지급준비금을 최소한으로 줄이려 했기 때문이다. 그런데 2008년 9월 리먼브러더스의 파산으로 신용경색이 일어나면서 상황이 변했다. 본원통화가 대량 공급되기 시작했고 1차 양적완화가 끝난 2009년 3월에는 1조 6,410억 달러로 늘어났다. 2008년 8월의 약 1.95배에 해당한다. 그런데 그 증가분 820억 달러 중 약 88.2%에 달하는 금액이 초과지급준비금으로 쌓여 있다. 2차 양적완화가 끝난 2011년 6월에는 본원통화는 2조 6,710억 달러로 늘어났고 2008년 8월의 약 3.2배에 이르고 있다. 2015년 3월까지도 증가분 중의 약 80%인 2조 5,840억 달러가 초과지급준비금으로 남아 있다. 다만 작년 10월 테이퍼링이 끝난 후 약간 줄어들고 있으나 그 양은 미미하다. (그림36)에 이러한 현상이 잘 나타나 있다.

(그림36) 미국의 초과지급준비금

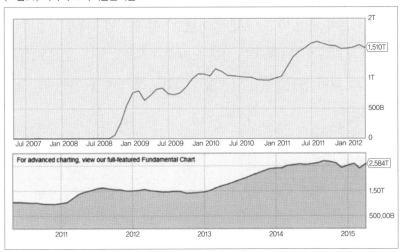

자료 : google, ychart.com

이러한 신용경색 현상을 알기 쉽게 그림으로 그려보면 (그림37)과 같다. 점선 부분의 M₃가 축소되어 왼쪽 타원형 부분으로 부풀어 올랐다. 시중에 풀려야 할 돈이 도로 은행 안으로 또는 중앙은행으로 되돌아가고 있는 것이다.

(그림37) 미국 신용시장 현황

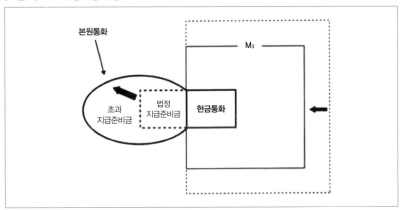

(그림38)에서 보는 바와 같이 2014년 1월 현재 미국의 본원통화가 2008년 초에 비해 약 3.5배나 증가했고 9월에는 약 4배가 증가했다. 하지만 우리나라 본원통화는 아주 느리게 증가하고 있다. 일본도 아베노믹스에 의해 본원통화가 급격히 증가하고 있는데 우리나라는 겨우 0.98배 증가하는 데 그치고 있다.

(그림38) 한·미·일 본원통화

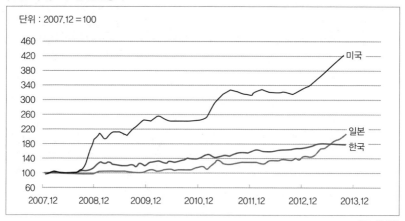

자료: 통계청

미국은 2007~2008년에 연방 기준금리를 5.25%에서 0~0.25%로 내리고 이것도 모자라 세 차례의 양적완화를 함으로써 대규모로 달러를 찍어냈다. 그럼에도 불구하고 미국 소비자물가는 2% 이하에서 안정되고 있다. 미국 경제가 잠재능력 이하로 성장하면서 디플레이션 압력이 존재하고 돈이 돌지 않기 때문이다. 금융위기 이전에 8배 정도였던 통화승수는 3배 정도로 낮아졌다.

실제 GDP가 잠재 수준 이하에서 성장한다는 것은 그만큼 유효수요가 부족하다는 뜻이다. 정부지출 확대로 어느 정도 경기가 회복은 됐지만 문제는 정부가 부실해졌다는 것이다. 연방정부 부채가 17조 4,000억 달러로 이미 부채한도를 넘어서 버렸다. 정부의 재정정책이 한계에 부딪혀 정부부문의 유효수요를 진작시킬 수가 없다. 가계와 기업 또한 디레버리징 과정에 있기 때문에 민간부문의 유효수요 역시 기대할 것이 없다. 결국 미국 정부의 선택지는 통화정책밖에 없는 실정이다.

3 우리 시대가 돌아가는 원리

마법의 지팡이

19세기에는 농업이 주도적인 산업이었고, 금융시장의 비중은 아주 작았다. 당시의 경기순환은 콘트라티에프 파동의 차원에서 볼 때 주로 농업에 의해 이루어졌다. 농산품의 가격 변동에 따라 경기의 확장과 침체가 일어났다. 1970년대 후반 이후 산유국들의 경제는 석유 가격에 좌우됐다. 1980년대 이후 금융시장이 신용팽창과 주식가격 상승으로 과잉 성장함으로써 경제 환경을 결정하는 주도적 부문이 됐다. 다시 말해 19세기에는 농산물 가격이 세계 경제를 좌우했다면, 오늘날에는 금융시장이 세계 경제를 좌우한다.

마크 파버(Marc Faber, 1946~)는 1987년 블랙먼데이와 2000년 IT버블 붕괴를 정확히 예견하여 닥터 둠으로 유명해졌다. 그가 2002년에 집필한 『내일의 금맥:Tomorrow's Gold』에서도 그는 서브프라임 모기지시장이 과열되었음을 지적하고, 그린스펀의 금리인하정책에 대해 비판적 입장을 취했다. 그는 1930년대의 재앙 직전 상황과 집필 당시의 경제상황이 많은 유사점이 있다고 지적하면서, 연준의 신용팽창 정책에 대해 심각한 위기로 귀결될 수 있다고 경고하였다.

마크 파버는 역사적으로 세계 인구와 생산의 변화 추이를 살펴보면서 엄청난 사실을 발견했다. 서기 1000년까지는 별다른 성장이 없다가 그 후 1750년까지는 완만한 성장이 이루어졌고, 19세기 초부터는 마치 '마법의 지팡이'가 닿은 것처럼 세계 경제가 아주 빠른 속도로 성장하기 시작했다는 것이다. 우리는 이를 〈표12〉에서 볼 수 있다. 그는 '마법의 지팡이'가 구체적으로 무엇인지 말하지는 않았지만, 이는 아마도 오늘날의 신용통화시스템에 해당될 것이다.

〈표12〉 지난 2,000년간 세계 전체의 경제성장 추이

연도	1	1000	1500	1820	1995
세계인구(백만명)	250	273	431	1,067	5,671
세계GDP(억달러)	1,060	1,150	2,350	7,200	294,230
서구인구(백만명)	25	33	65	156	739
서구GDP(억달러)	110	130	400	1,790	147,730
비서구인구(백만명)	226	241	367	911	4,932
비서구GDP(억달러)	950	1,020	1,950	5,410	146,510

자료 : 마크파버, 『내일의 금맥』 p.396

오늘날에는 지폐와 예금화폐, 그리고 전자화폐까지 자유롭게 쓰이고 있지만, 산업혁명을 시작한 영국이 1819년 최초로 금본위제(Gold Standard)를 채택한 이래 1914년 금본위제를 포기하기까지 100년간은 금본위제가 우세했다.

금속화폐가 등장한 초기에는 동(구리)이 가장 널리 사용되었다. 그러나 상업이 발달하면서 동보다는 귀금속의 교환성이 증가했다. 그 이유는 초기에는 주화 주조기술이 발달하지 않아 위조하기 쉬웠기 때문이었다. 그래서 위조방지를 위해 값비싼 금속을 원재료로 사용하게 되었다. 역사적으로 볼 때 동양에서는 은이 주로 사용되었고 서양은 은과 금이 같이 쓰이다가 점차 금을 주로 사용하게 되었다. 귀금속으로 만들어진 주화는 국가에 의해 강제적으로 통용되고 국가가 그 가치를 보증하는

법화(法貨)로서 통용되었다. 한편 국가가 화폐발행의 독점권을 확보하면서 주조차익의 문제도 심각해졌다. 정부가 함량 미달의 재료를 사용함으로써 화폐량을 늘리고, 그 여분을 전쟁이나 대규모 공사 또는 왕실의 소비자금으로 사용하는 경우가 많았다. 결과적으로 화폐가치의 하락과 인플레이션을 불러오게 되었다. 로마의 경우가 대표적인 경우였다.

금본위제에서는 화폐공급을 늘리고 싶어도 마음대로 늘릴 수가 없었다. 전쟁으로 빼앗거나 새로운 금광을 발견하기 전까지는 그 사회 내에 존재하는 금의 양은 제한되어 있었기 때문이다.

고대에는 정복전쟁이 곧 경제행위였다. 정복을 통해 약탈한 귀금속과 전쟁포로로 잡아들인 노예는 국가의 가장 중요한 경제기반이었다. 특히 그리스와 로마는 노예경제를 기반으로 성립된 도시국가에서 출발했다. 원래 지중해 연안은 기후조건이 대규모 농업이나 목축이 불가능했다. 그래서 다른 지역을 정복해서 필요한 토지와 곡물을 얻었다. 이런 의미에서 고대 경제는 노예경제이자 약탈경제의 역사였다.

마찬가지로 자본주의 이전 시대 투자의 대표적인 형태는 전쟁과 정복행위였다. 권력자인 왕들은 전쟁을 위해 병사들을 먹이고 입힐 돈이 필요했다. 그러나 필요한 금은 항상 부족했고 왕실은 채권을 발행하여 빚을 지곤 했다. 이제 근대 세계에서 권력은 빚을 갚지 못하는 지불 불능자(bankrupts)에게서 신용을 만들어 내는 은행자본가(bankers)에게로 이동했다.

〈표12〉에서 보는 것처럼 서양의 중세시대(5C~15C)에는 금본위제로도 그다지 부족함을 모르고 지냈다. GDP를 보면 서기 1,000년까지는 별다른 성장이 없다가 그 이후 동로마제국이 멸망(1453년)하는 중세시대를 거쳐 17세기 초까지는 완만한 성장을 하였다. 인구도 1820년 이

전에는 별다른 변화가 없었다.

그러나 경제가 성장하면서 화폐부족 문제에 직면하게 되었다. 1820년 이후 200년도 안 되는 사이에 인구가 6배나 증가하고 세계 GDP는 무려 40배나 증가했다. 경제성장은 경제의 규모가 커지는 것인데 그에 걸맞게 화폐의 공급량이 따라서 증가해야 한다. 가령 국내총생산(GDP)이 2배로 커졌는데 화폐량이 늘지 않고 그대로라면 물가수준은 절반으로 떨어진다. 그러면 어떻게 되겠는가? 디플레이션이 일어날 수밖에 없다. 디플레이션이 일어나면 경제 전반에 걸쳐 상품과 서비스의 가격이 지속적으로 하락하게 된다. 자산가치가 떨어지는 상황에서 소비자들은 집이나 자동차 같은 고가품을 사지 않으려 한다. 기업도 투자를 유보할 수밖에 없다. 경기가 침체되고 거래활동은 위축된다. 결국 화폐부족은 경제의 성장잠재력을 갉아먹게 되는 것이다.

1920년대까지 각국은 금본위제도의 유지에 힘써서 적절한 통화량을 언제나 금의 보유량과 결부시켜 생각했다. 그러나 결국 금만으로는 부족했기 때문에 관리통화제도로 이행함으로써 새로운 통화시스템이 생겨나게 되었다.

앞의 신용창조과정에서도 설명했지만 신용시스템의 요소는 자연발생적으로 생겨났다. 중세 유럽에서는 금과 은으로 거래를 했다. 그리고 중세 이후 대규모 원거리 거래에서는 점차 금세공업자(goldsmith)나 보석상(jewler) 등이 금화를 보관하고 '금 보관증서'를 주고받음으로써 지불을 대신하는 일이 자연스럽게 생겨난 것이다. 이 보관증은 화폐처럼 사용됐다. 이러한 금태환증서가 지폐(paper money)의 시작이었다.

유럽 사람들은 자손 대대로 집안이 번성하는 것을 밑동에서 나온 나뭇가지가 여러 개로 번창하는 것에 비유했다. 'stock'은 원래 나무밑동을 뜻하는 단어였다. 그런데 금을 금고에 넣어둔 채 보관증이 대신 돌아다니면서 새끼를 쳐 돌아온다고 하여 그 금고를 'stock'이라고 불렀다. 이 개념이 발전해서 요즈음에는 stock이 회사의 지분을 뜻하는 것으로 그 의미가 넓어졌다.

또한 공신력을 유지하기만 하면 실제로 보관하고 있는 금화의 양보다 더 많은 금보관증(오늘날의 은행권)을 빌려줄 수 있다는 원리를 터득하면서 지급준비금 없이 지폐를 발행하는 불환지폐(inconvertible paper money)가 생겨나게 되었다. 인류의 진화와 함께 발전한 화폐는 불환지폐가 태어나면서 커다란 전환기를 맞이했다. 불환지폐는 정부에 대한 신용을 근거로 유통되는 것이므로 신용화폐(fiduciary money)라고 부른다. 오늘날 이 시대를 움직이는 원천이 되는 신용통화인 것이다.

한편 은행들의 은행 역할을 담당할 중앙은행도 자연발생적으로 생겨났다. 어느 특정은행에서 지급준비금이 부족하게 되는 사고가 날 경우 부족한 돈을 빌려주기로 하면서 중앙은행제도가 생겨난 것이다. 금본위제 하에서는 정부가 전쟁 등으로 세수를 초과하는 금화가 필요할 경우 국채를 발행하고 은행으로부터 돈(금화보관증)을 빌려서 적자재정 지출을 감당하였다. 이처럼 신용통화시스템은 금본위제를 바탕으로 해서 자연발생적으로 생겨났다.

신용통화시스템의 원리

놀이문화 중에 '의자뺏기 게임'이란 것이 있다. 놀이에 참여하는 인원수보다 의자를 하나 모자라게 준비해 놓고 노래를 부르면서 빙빙 돌다가 호루라기 소리가 나면 얼른 의자에 앉는 게임이다. 의자 수가 하나 모자라니 놀이 참가자 중 하나는 의자에 못 앉게 되고 결국 탈락하는 게임이다.

옛날 수메르에서 농민들은 농사지을 돈이 충분히 유통되지 않아 추수 때까지 돈을 꾸어야 했다. 그리고 빌린 열 냥을 갚기 위해서는 이자까지 열한 냥을 구해야만 했다. 그러지 못할 경우 빚쟁이가 되어 감옥에 가거나 노예가 되었다. 1890년대 금본위제 하에서는 팽창하는 경제만큼 필요한 돈을 찍어낼 충분한 금이 없었다. 금값은 해가 갈수록 치솟았고 노동자들의 임금은 상대적으로 떨어졌다. 금이 없는 사람들은 은행에서 돈을 빌려야 했다. 그러다 은행이 대출금을 회수하거나 이자율을 올리면 통화량이 줄고 금융경색이 일어났다. 의자뺏기 게임에서처럼 돈이 바닥난 사람들은 집을 은행에 빼앗긴 뒤 파산했다.

우리 시대를 움직이는 신용창조기능에 대하여 지금까지 이야기했지만, 한 가지 우리가 알아야 할 중요한 사실이 있다. 그것은 은행들은 대출을 통해 '마법의 지팡이'처럼 신용을 창조하여 돈을 만들어 내지만 나중에 대출금과 함께 갚아야 하는 이자를 만들어 내지는 않는다는 것이다. 그래서 신용창조의 총량은 언제나 대출원금과 똑같다. 언제나 이자에 해당하는 돈은 이 사회 내의 다른 어느 곳에서도 만들어지지 않는다. 그래서 은행에 의해서 만들어진 통화 자체로는 절대로 충분하지 않다. 결국 이자를 내려면 다른 누군가의 원본을 가져와야 한다. 은행에서 대출을 받아 시작한 사업이 잘되어서 이자까지 포함하여 원리금을 모두 갚는다는 의미는, 다른 사람의 원본을 조금씩 떼어 와서 갚았다는 뜻이다. 결국 자신의 원본을 내어주고 다른 사람의 원본을 가져오지 못하면 부도가 난다. 은행에서 돈을 빌려 주식에 투자했는데 수익을 올리지 못하고 원본을 까먹었다면, 그리하여 원본을 갚지 못하면 부도가 난다. 결과적으로 그는 자기 원본을 떼어 다른 사람이 지불해야 할 이자를 준 셈이다. '의자뺏기 게임'과 같은 이치다. 이것이 금융, 즉 신용통화시스템의 원리다.

금융이란 어찌 보면 부자를 위해 존재하는 시스템이다. 돈이 있어야 돈을 번다고 한다. 그래서 금융시장은 약육강식의 논리가 지배한다. 우리가 은행에 예금을 할 때 은행에 질권, 담보 등을 요구하지는 않는다. 그러나 우리가 대출을 받으려고 하면 은행이 요구하는 온갖 대출조건을 충족시켜야 한다. 이것이 바로 금융의 본질이다. 경제학에서는 이를 두고 '자원의 효율적 배분'이라고 말한다.

19세기 영국에서는 리카도(D.Ricardo)를 비롯한 '통화학파(currency school)'와 손튼(H. Thornton)을 위시한 '은행학파(banking school)' 간에 통화시스템을 둘러싼 치열한 논쟁이 벌어졌다. 화폐수량설을 신봉했던 통화학파는 금화와 은행권인 지폐만이 화폐이고 은행예금은 화폐가 아니라고 주장했다. 반면에 은행학파는 은행예금도 현실적으로 화폐와 같이 사용되고 있으므로 은행예금까지도 포함하도록 화폐의 개념이 확대되어야 한다는 입장이었다. 이 논쟁은 1847년 공황에 처한 영국 정부가 발권제한 규정을 수정하면서 은행학파의 승리로 막을 내렸다. 더불어 반복되는 공황을 겪으면서 통화시스템은 조금씩 다듬어져 갔고, 이처럼 신용통화시스템은 역사를 통해 시행착오를 겪으면서 점점 발전해 왔다. 이렇게 금융의 배후에는 사회 · 경제 · 문화 · 역사적 배경이 있다.

은행이 금도 없으면서 금보관증을 빌려주고 있다는 사실에 대한 반발도 일어났다. 정부는 세수가 부족할 경우 국채를 발행해서 은행으로부터 금 보관증인 돈을 빌리는데, 그 이자는 국민의 세금으로 내게 되니 한편으로 생각하면 은행이 사기 치는 것이 아닌가 하는 의문이 들었던 것이다. 정부가 그냥 돈을 찍어내면 이자를 안 물게 되니 세금도 걷을 필요가 없지 않느냐는 주장이었다. 그리고 이에 기반한 통화시스템이 실제 시도되기도 했다. 이를 그린백(Greenback)시스템이라고 하는데, 링컨대통령 시절 남북전쟁의 비용을 조달할 목적으로 이 그린백 지폐를 발행했다. 이것은 은행권이 아니라 재무부가 발행한 '정부권'이었다. 이자를 내지 않아도 되는 그린백시스템은 역사적으로 여러 번 시도되었지만 초인플레이션으로 실패로 돌아가고 말았다.

한정된 자원을 어떻게 배분할 것인가?

신용사회 또는 신용통화시스템이라고 하는 것은 한마디로 '경제 주체 각자에게 그의 신용에 맞는 만큼 화폐를 할당해 주겠다'는 제도다. 사회 내에 존재하는 자원은 무한하지 않고 한정되어 있기 때문에 필요로 하는 모든 사람에게 한없이 줄 수는 없다. 따라서 필요로 하는 경제 주체에게 어떻게 적절히 배분 하느냐 하는 문제를 해결하는 것이 바로 경제제도라 할 수 있다. 자본주의 제도는 자원의 배분을 시장에 맡긴다. 아담 스미스는 『국부론』에서 '보이지 않는 손'이 작용하여 가격이 생산과 소비를 조절함으로써 자원의 효율적 배분이 이루어진다고 하였다. 시장의 가격에 자원배분을 맡기다 보니 돈이 있는 사람은 시장에서 자신이 필요한 자원을 가져갈 수 있다. 그러나 돈이 없는 사람은 아무리 필요해도 자원을 가져갈 수 없다. 문제는 병이 나서 아파도 돈이 없어 병원에 못 가는 사람, 돈이 없어 굶어 죽어가는 사람들이 있다는 사실이다. 자본주의 제도의 비극이다.

자원은 한정되어 있기 때문에 어느 한 사람에게 많이 가게 되면 꼭 필요한 다른 사람에게는 그만큼 덜 가게 되어 있다. 또 잘못해서 너무 많이 풀려 버리면 초인플레이션이 일어나서 시스템 자체가 망가져 버린다.

그렇다면 돈을 누구에게 얼마나 또 어떻게 배분할 것인가? 신용시스템에서는 이를 원리금상환능력으로 판단하겠다는 것이다. 경제활동에서 일반적으로 일컬어지는 신용(信用)이란 쉽게 말해서 '돈을 빌리고서 그 돈을 제때에 갚을 수 있는 능력'이라고 할 수 있다. 그리고 신용의 가치 내지 그 정도를 측정하는 것을 신용평가(Credit Rating)라 한다. 기업에 대한 신용평가는 채무자의 상환불능위험(default risk)을 측정하는 것으로 기업의 신용도 내지 채무상환능력을 평가하는 것이다.

금본위제는 금 생산량이 자연에 의해 제한되어 있기 때문에 돈의 양이 제한되고 가치를 유지할 수 있었다. 이에 비해 신용시스템에서는 돈을 종이로 만들기 때문에 물리적인 제한이 따르지 않는다. 따라서 언제든지 통화가 폭증할 위험성이 도사리고 있다. 그렇기 때문에 화폐량은 철저하게 사회 내에 존재하는 신용의 크기를 넘지 않도록 제한해야 신뢰를 확보할 수 있다.

이때 신용의 크기를 넘지 않도록 제한해 주는 것이 바로 철저한 신용평가다. 그리하여 원리금상환 약속을 지키지 못한 경제 주체는 탈락시킨다. 그러한 주체를 파산시킴으로써 그가 끌어 모은 자원을 회수하는 것이다. 이른바 부도(default)다.

신용통화시스템은 각자에게 그의 신용만큼만 돈을 공급한다는 것이다. 신용이 있는 사람에게는 그만큼 많이 자원을 배분하고 신용이 없는 사람에게는 그만큼 자원의 배분을 줄인다. 자원을 많이 갖고 싶은 탐욕은 '레버리지(leverage)'라는 형태로 나타나는데, 호황이 되면 이러한 탐욕스런 행위가 보상을 받게 된다. 반대로 불황은 무리한 탐욕을 부린 경제 주체들에게 벌을 준다. 이를 통해 비효율적으로 배분된 자원을 효율적으로 재배분하는 것이다. 이러한 신용시스템의 원리는 오늘날 법률적 제도 속에 '견제와 균형의 원리'로서 굳게 자리 잡았다. 이것이 오늘날 우리 시대가 돌아가는 원리다.

금융은 경제학의 일부처럼 생각되지만, 알고 보면 그 출발점이다. 금융은 신용이고, 금융은 기술, 종교, 경제 등 지구촌의 모든 것을 움직이는 근본이다. 금융은 시대와 역사와 미래에 연결되어 있다. 따라서 어느 날 갑자기 어느 개인이나 국가의 의지로 하루아침에 비약적으로 발전할 수는 없다. 금융의 발전은 그 나라 금융의 역사와 국가, 개인의 의식 수준과 함께한다.

9장

근린 궁핍화 정책

미국, 예일 거시경제 패러다임

양적완화를 위한 변명

미국의 본원통화 증가추이를 보면 2008년 9월을 기점으로 미국의 본원통화 공급이 폭증하고 있다(그림39). 경제위기로 인한 신용경색

(그림39) 미국 본원통화증가 대비 M_1 ,M_2 증가율

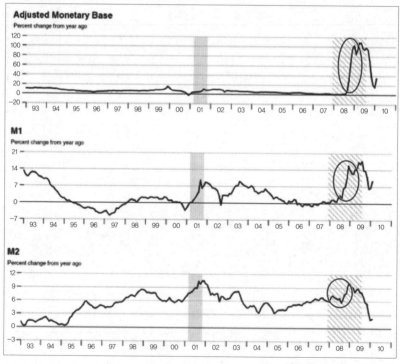

자료 : blog.naver.com/kdjnjh

을 해소하고 경기를 부양하기 위해 연방준비제도이사회(FRB)는 2008
년 12월부터 2009년 3월까지 국채나 기타 부실금융자산의 매입을 통
해 1조 7,250억 달러를 시중에 풀었다. 그 결과 10년 물 장기국채가
0.3% ~ 1% 정도 하락하였다. 이를 1차 양적완화(Quantative Easing)라고
한다. 그림은 이를 나타내고 있다. 그러나 최저 이자율과 0%의 지급준
비율 상황에서도 본원통화증가 대비 M_1, M_2의 증가량이 따라와 주지
못하고 있다.

(그림40)에서 보듯이 본원통화 공급이 대폭 이루어졌음에도 불구하
고 M_2, M_3의 통화량 증가율은 오히려 감소하고 있다. 신용경색이 계속
되고 있다는 이야기다. 정상적인 경우 정부에서 돈을 풀면 은행에서 기
업에 대출을 해 줘서 돈의 흐름이 활발해지는데, 당시의 상황은 그렇지
못했다는 것이다. 은행은 세계 경기가 불안하고 불확실하기 때문에 돈
을 잘못 대출해 줬다가 떼이기라도 하면 낭패가 아닐 수 없다. 그래서

(그림40) 미국의 통화량 M_1 ,M_2, M_3 증가율 추이

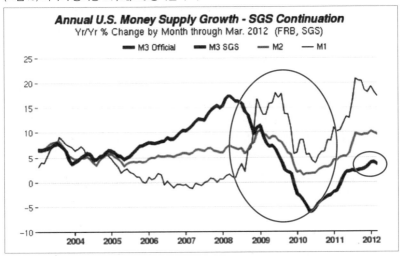

자료 : Shadow Government Statistics, shadowstats.com

그냥 은행에 쌓아놓고 있는 것이다. 또한 가처분소득 대비 가계부채는 1995년 58%에서 2007년에 130%로 증가했고, 2010년에는 118%로 여전히 높은 수준이었다. 사정이 이러하니 가계에서도 빚 갚기에 벅차서 새로 대출을 늘릴 형편이 못 된다. 결국 돈은 돌지 않고 있는 것이다.

이와 같이 경기회복 기미가 보이지 않자 FRB는 2010년 10월부터 2011년 6월까지 6,000억 달러 규모의 2차 양적완화 정책을 실시하였다. (그림40)에서 보면 이 기간 동안 미국 유동성지표인 M₃추이는 증가하다가 양적완화가 끝나고 나니까 그 증가세가 확연히 둔화된 것을 볼 수 있다.

미국 소비자들의 생각

2차 양적완화 이후 소비자신뢰지수도 꾸준히 상승세에 있고, 9.5%에 달하던 실업률도 3차 양적완화를 거치면서 2014년 1월에는 6.6%까지 내려왔다(그림41).

조지 애컬로프와 로버트 쉴러는 그들의 공저 『야성적 충동(Animal Spirits)』에서 이를 '신뢰승수'로서 다음과 같이 설명하고 있다.

> 최초 정부의 소비를 '1'이라고 하고 수식으로 나타내면, '1+ MPC + MPC² + MPC³ + MPC⁴…'이 된다. 이 모든 단계별 소비의 총액은 '1/(1−MPC)'로서 그 수는 케인즈 승수라 불린다. 만약 한계소비성향이 0.5라면 케인즈 승수는 2가 되고, 한계소비성향이 0.8이라면 케인즈 승수는 5가 된다.

케인즈의 '승수이론'은 1929년 대공황 때 소비의 작은 하락이 엄청나게 영향을 미칠 수 있음을 설명해 주었다. 케인즈의 승수 이론에 의하면, 정부의 부양책은 궁극적으로 국민소득이 되며 그 일부를 국민이 소비하게 된다. 그러한 소비의 비중을 한계소비성향(MPC: Maginal Propensity Consume)이라고 한다. 국민이 소비하는 돈을 벌어들인 사람들은 다시 또 소비를 하게 된다. 그리고 이러한 관계는 계속적으로 발생한다.

그런데 사람들이 지나치게 겁을 먹고 상당한 폭으로 소비를 줄이면 거꾸로 정부가 경기진정책을 쓴 것과 같은 효과가 발생한다. 즉, 정부의 부양책이 차례로 승수를 일으킨 것과는 반대로, 조그만 소비 감소가 단계별로 소비지출을 줄어들게 함으로써 초기 충격에 따른 것보다 훨씬 많이 경제 활동이 위축된다. 그리고 여러 단계의 지출감소가 기업의 적자폭을 늘리면서 몇 년간 경기침체가 이어진다.

신뢰승수는 정의와 측정방식에 따라 자신감이 한 단위만큼 변할 때 수반되는 소득의 변화를 가리킨다. 여기에는 소비자신뢰지수가 유명하다. 실제로 미시건 소비자신뢰지수에 예측할 수 없었던 충격이 발생했다. 1990년에서 1991년 사이에 이라크의 쿠웨이트 침공에 따른 유가 상승과 저축대부조합의 부패가 신뢰 악화를 불러왔던 것이다. 이러한 비관적 분위기는 미국 경기의 자신감 상실로 이어졌고 이어서 큰 폭의 소비감소로 이어졌다. 2008년 9월 리먼브러더스 파산의 경우도 시장에 대한 신뢰가 바닥에 떨어진 경우다. 이는 신용시장을 경색시켰고 채권자들은 돈을 돌려받을 수 있을 것이라고 믿지 않게 되었다. 돈을 쓰고자 하는 사람들이 필요한 신용을 얻기 힘든 상황이 된 것이다. 이때는 정부의 지출 증가가 있더라도 일반적인 재정승수들은 훨씬 더 축소될 수밖에 없다.

소비자신뢰지수(Consumer Confidence Index)는 미시간 대학과 민간경제기관인 컨퍼런스 보드(Conference Board)가 매월 발표하는 지수로, 소비자

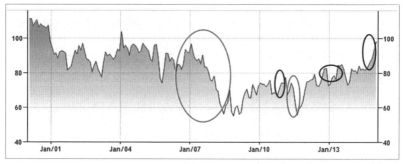

(그림41) 미국 소비자신뢰지수

자료 : www.tradingeconomics.com/ Thomson reuters/university of michigan

의 관점에서 기업과 일반인이 미국 경제체력을 어떻게 판단하는지 나타내는 선행지수의 하나다. 보통 지수가 100을 넘으면 소비자들이 경기를 낙관한다는 뜻이다.

실제로 서브프라임 사태가 일어나던 2007년 하반기부터 소비자신뢰지수가 급격히 하락하기 시작하여 리먼브러더스 파산이 나던 2008년 하반기에서 2009년 초에는 지수가 역대 최저치인 50 수준까지 내려왔다 (그림41). 거의 패닉상태라고 볼 수 있다. 그러다가 2차 양적완화가 시작되는 2010년 11월부터 소비자신뢰지수가 꾸준히 상승했다.

2011년 하반기에 다시 지수가 하락한 것은 유럽재정위기에 기인한다. 2012년 3월의 소비자신뢰지수는 70.2를 기록하여 유럽 재정위기 때보다는 심리가 회복되고는 있으나, 미국의 소비자들이 아직은 경기를 낙관적으로 생각하지 않고 있다는 것을 보여준다. 그러다가 2013년 6월에는 81.4를 기록함으로써 아직 서브프라임 사태 이전의 신뢰지수인 100을 넘지는 못했지만 심리가 많이 회복되고 있음을 나타내고 있다. 이와 함께 실업률도 7.5%를 기록하면서 양적완화 축소(tapering) 우려가 이어졌다.

11월에는 신뢰지수가 70.40까지 다시 떨어졌지만 세 차례의 양적완화를 통해 4조 7,500억 달러를 풀었던 연준은 12월 18일에 월 850억 달러에서 월 750억 달러로 국채매입규모를 줄이는 테이퍼링을 실시한다고 발표했다. 이어서 100억 달러의 추가 테이퍼링이 발표되던 2014년 1월에는 오히려 실업률이 6.6%로 꾸준히 떨어지고 소비자신뢰지수도 80.70으로 회복되었다. 그러나 이로 인해 아르헨티나와 터키 등 신흥국들의 통화가치가 급락하면서 세계 금융시장은 요동을 쳤다.

그러나 10월에는 예정대로 테이퍼링이 종료되고 2015년 2월에는 실업률이 5.5%로 떨어지면서 글로벌 금융위기 이후 최저치를 기록했다. 2014년 3분기 경제성장률은 5%로 높아지면서 11년 만에 최고치를 기록했다. 2015년 1월 소비자신뢰지수 역시 98.2를 기록함으로써 2004년 1월 이후 11년 만에 가장 높은 수치를 나타냈다. 경제가 확실히 회복세를 보이고 있다는 증거다.

예일 거시경제 패러다임

2008년의 글로벌 금융위기 이후 유일하게 회복세를 보이는 나라는 미국이다. 미국의 2014년 3분기 GDP성장률이 연간 환산 기준 5%에 달했다. 이는 2003년 3분기 이후 11년 만에 가장 빠른 성장속도다. 이에 화답하듯 다우지수도 사상 처음으로 18,000선을 돌파했다. 미니 골디락스라는 말이 나오고 있는 이유이다. 1990년대 외환위기 당시의 일이었다. 그때는 인터넷이 발달하던 시대라 네트워크만 깔면 생산성이 증대하기 때문에 임금상승 같은 노동의 문제는 없었다. 생산성 증대로 성장이 되더라도 공급능력이 커지기 때문에 물가가 오르지 않았다. 경제 성장으로 임금은 올라가는데 물가는 떨어지니까 실질소득은 더 증가하게 되었다. 이때 미국의 경제와 증시가 나홀로 상승했는데, 너무 뜨겁지도 차갑지도 않은 호황기의 경기상태라 하여 골디락스 경제라고 했다.

미국은 글로벌 금융위기 이후 세 번의 양적완화와 한 번의 오퍼레이션 트위스트를 통해 4조 7,500달러를 풀었고, 2014년 10월 마지막 테이퍼링이 끝났다. 이제 유효수요의 고갈로 경제위기 극복방안이 없을 것만 같았던 자본주의에 희망의 메시지를 전해준 미국의 위기대처 방안이 새삼 주목을 받고 있다. 그것은 미국 경기가 위기에 처했을 때마다 처방되었던 예일 패러다임이었다.

예일 패러다임은 재닛 옐런이 1994년 예일대 경제동문회에서 행한 강연에서 처음 이야기했다. 재닛 옐런 연준 의장과 아베노믹스의 이론적 틀을 마련한 하마다 고이치 교수는 예일 패러다임의 출발점이 되었던 제임스 토빈 예일대 화폐경제학 교수의 제자이다. 제임스 토빈은 아서 오쿤, 로버트 솔로, 케네스 애로 교수 등과 함께 1960년대 케네디와 존슨 정부 시절에 핵심적인 경제정책을 설계했다. 이때 미국은 106개

(그림42) 미국 GDP성장률 추이

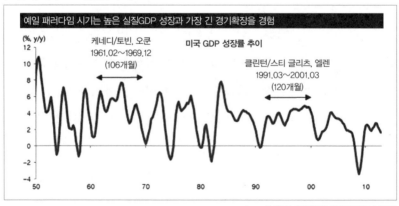

출처: 동양증권 리서치센터 보고서

월 동안 경기확장 국면이 지속됐다. 1970년대 이후에는 윌리엄 노드하우스, 로버트 쉴러 교수 등이 뒤를 이었다. 1990년대에는 클린턴 대통령이 조지프 스티글리츠 교수와 재닛 옐런의 정책 처방을 기초로 120개월에 달하는 경기확장을 경험했다.

예일 거시경제 패러다임에 따르면 기본적으로 자본주의 시장경제에 정부 개입 없이는 완전고용이 어렵다고 본다. 그리고 이때 생기는 비자발적 실업은 사회적 낭비에 해당하며 잘못하면 구조적으로 실업을 고착화시킬 수 있는 위험을 가진다고 여긴다. 그리고 특히 변동환율제도 하에서는 재정정책보다는 통화정책이 유용하다고 믿는다.

예일 패러다임의 핵심은 과감한 금융완화정책이다. 이 정책은 저금리를 통해 기업이익을 늘려 투자를 활성화함으로써 완전고용을 달성하기 위한 것이다. 미국은 장기적으로 저축보다는 소비를 확대하는 사회로 발전해 왔다. 그렇지만 위기가 왔을 때마다 예일 패러다임을 채택함으로써 재차 저축을 늘리고 투자를 확대해 성장을 달성했다. 재정긴축으로 정부와 기업의 저축이 늘어나면 각종 투자촉진정책을 구사함으로써 시설투자의 확대로 연결될 가능성이 크다. 제조업이 부활하면 GDP성장률도 늘어난다. 다시 말해 예일 패러다임의 콘셉트는 '금융완화 → 제조업 경쟁력 강화 → 경제성장'이다. 이런 의미에서 예일 패러다임은 완전고용과 장기성장을 위한 종합적인 정책이다.

이와 같이 예일 거시경제 패러다임은 두 가지 측면이 유연하게 결합된 것이 특징이다. 즉 경기침체와 경제위기 같은 거시경제 변동 사이클의 불일치에 대한 단기적 처방은 케인지언 관점(IS/LM곡선과 총수요/총공급 모형)대로 정부가 나서서 과감하게 빨리 해소한다. 그렇지만 전통적 케인지언과 달리 적극적인 재정긴축을 강조한다. 변동환율제도 하에서 재정정책의 효과는 환율절상을 초래함으로써 외부 국가로 누출돼 효과가 약화되기 때문이다. 그런데 한편으로 고용창출이나 장기적인 성장 같이 중장기적으로 해결해야 될 과제는 시장에 맡김으로써 신고전학파 성장이론(토빈-솔로우 성장모형)을 받아들인다.

케인지언의 처방은 대부분 재정정책을 선호한다. 단기적으로 위기시에는 경기를 부양하지만 궁극적으로 재정의 건전화 틀을 깨면 안 된다는 입장이다. 반면에 예일 패러다임은 통화정책에 더 무게를 둔다. 적당한 물가상승은 경제주체들에게 활력을 주게 됨으로써 바람직하다는 견해이다. 또한 지속 가능한 성장을 위해서는 투자세액을 공제하는 등 저축과 투자를 촉진하기 위한 각종 세제개혁안을 포함함으로써 기업을 중시해야 한다고 말한다.

예일 패러다임 시기엔 금융완화 정책에도 달러화가 강세를 띠었다. 그 이유는 재정긴축을 통한 재정수지 개선과 민간투자 확대로 경제성장에 대한 전망이 좋아지면서 달러자산에 대한 수요가 증가하기 때문이다. 또한 GDP성장률이 높아지면서 금리가 상승하면 해외로 나갔던 달러가 다시 돌아오기 때문이다. 달러강세는 국제적으로 거래되는 원자재의 국내가격을 떨어뜨리는 효과가 있기 때문에 상대적으로 수입물가 하락을 유도한다. 미국이 제조업을 중심으로 경쟁력을 회복하게 되면 대부분의 신흥국에는 위협요인이 된다. 미국의 금리상승과 달러강세는 신흥국에서의 외국인 투자자금 이탈을 불러오기 때문이다. 문제는 달러화 강세가 오래 지속되면 글로벌 디플레이션이 우려된다는 점이다. 1990년대 골디락스 시기에 1991년 소련의 붕괴와 1998년 러시아의 모라토리움 선언을 가져왔다. 1994년에는 멕시코에서 경제위기가 발생했으며, 1997년에는 아시아에도 외환위기 사태를 불러왔다.

아베노믹스는 일본판 예일 패러다임 처방이다. ECB의 양적완화 정책도 같은 맥락이다. 중국의 경제정책 처방 방식도 미국과 유사하다. 우리나라만이 독야청청 재정건전성과 물가안정을 되뇌고 있다. 우리나라는 전통적인 통화정책 대응으로 일관했기 때문에 디플레이션 압력이 고스란히 시장에 전해졌다. 우리도 예일 패러다임으로 금리를 1.5% 이하로 내려야 한다. 다만 재정정책 측면에서 케네스 로코프 독트린보다는 폴 크루그먼 독트린으로 성장을 선택해야 한다. 설혹 가계부채를 염려한다 하더라도 일본의 잃어버린 20년 상태에 들어선 지금은 긴축보다는 성장 쪽에 초점을 맞추어야 한다.

2

유럽, 영광과 굴욕
그리고 투명한 신뢰사회

그리스 몰락의 교훈

그리스 아테네 북서쪽에 그리스 신화에 나오는 유서 깊은 '코파이스'라는 호수가 있었다. 1950년대에 그리스 정부는 이 호수의 물을 모두 바다로 빼내고 도로를 냈다. 그런데 그 공사를 감독하기 위해 설립했던 기구는 50년이 훨씬 지난 지금까지 남아있다. 감독기관의 30명이나 되는 공무원들이 무엇을 하는지는 아무도 모른다. 1911년 헌법개정으로 공무원의 평생고용이 보장됐기 때문에 발생한 일이다. 그리스는 공무원 천국이다. 전체 노동인구의 4분의 1인 85만 명이 공무원이다. 정부조직이 비대해지면 관료주의와 부패의 폐단도 같이 커진다. 불필요한 인력이 넘치다 보니 쓸데없는 규제가 나오고 부패를 낳는다. 그리스에서 집을 팔려면 변호사 2명과 공증인 1명이 입회해야 한다. 사업을 하거나 공사를 벌이려면 수많은 인·허가 장벽을 넘어야 한다. 그때마다 공무원에게 뒷돈을 줘야 하는 것은 당연한 일로 되어있다. 비효율적인 관료제로 그리스 경제가 치러야 하는 비용부담이 GDP의 7%에 달한다. 이러고도 나라 경제가 멀쩡하게 잘 굴러간다면 오히려 이상한 일이다.

그리스 재정파탄의 또 다른 주범은 탈세(脫稅)다. 그리스 경제를 대표하는 해운업계 오너를 비롯한 기업인과 정치인, 의사, 변호사 등이 모여 사는 부유층 거주지역 상당수는 공식적으로는 '빈곤층'이다. 세무공무원에게 1만 유로(약 1,500만원)을 찔러 주면 세금을 내지 않아도 아무 탈이 없다. 정부가 공무원을 마냥 늘리면서 나랏돈을 함부로 쓰고, 세금 낼 사람들은 미꾸라지 같이 빠져나가니 나라 재정은 거덜 날 수밖에 없다.

그리스에서는 좌파정권이나 우파정권 가릴 것 없이 한결같이 돈을 뿌려서 중산층과 저소득층의 환심을 샀다. 또한 기업과 부유층에 대해서는 탈세를 눈감아 주면서 인심을 잃지 않으려 했다. 정치인들은 선거에서 이기기 위한 정치적 계산에만 눈이 멀었다. 국가부도가 눈앞에 다가왔는데도 그리스 국민은 30년간 누려온 혜택을 놓으려 하지 않았다. 공무원들이 복지축소에 반발하는 파업을 벌이는 나라다. 공무원 자체가 통제불능의 이익집단이 되어 버렸다. 판사도 파업을 하다 보니 판결이 안 나오고 법률분쟁도 확정되지 못한다. 그러는 사이 범죄인은 처벌받지 않은 채 거리를 활보하였다. 온 나라에 만연한 부패와 부도덕이 그리스 비극의 뿌리인 셈이다.

1980년대 초까지 그리스 경제는 유럽의 우등생그룹에 들었다. 위기의 씨앗이 뿌려진 것은 30년 전의 일이었다. 군부독재가 끝나고 7년만인 1981년 좌파 사회당 정권이 들어섰다. 최근 위기사태를 맞았을 때 재임했던 게오르기오스 파판드레우 총리의 아버지인 안드레아스 파판드레우가 당시의 총리였다. 그는 취임 직후 내각에 유명한 지시를 내린다.

"국민이 원하는 것은 다 줘라(Give them all)!"

유럽평균에 뒤떨어진 그리스의 복지수준을 끌어올리는 것은 당시로서는 당연한 시대적 과제였다. 그러나 끊임없이 자기 증폭을 하는 것이 복지의 확대본능이다. 한번 복지를 맛보면 국민의 기대감은 자꾸만 높아지고, 이익집단은 점점 더 많은 혜택을 요구하게 된다. 복지의 대가로 표를 받는 정치권은 포퓰리즘 경쟁으로 영합을 했다. 순식간에 복지 의존 체질로 사회가 변하고 말았다. 문제는 그리스에 그만한 재정수요를 충당할 산업 기반이 없다는 점이었다. 정부가 돈을 꾸어 일자리를 만들고 재정을 충당할 수밖에 없었다. 파판드레우 집권 8년(1981~1989) 사이 국가부채 비율은 GDP의 28%에서 80%로 늘어났다. 2010년에 143%로 늘어났고 지금은 160%에 달한다.

차입을 통한 복지모델의 계산서는 30년 후 아들에게 날아왔다. 아들 총리는 아버지가 남긴 채무를 뒤치다꺼리하다 결국은 사임하고 말았다. 그리스 사태는 재정위기 형태를 띠고 있지만 본질은 정치리더십의 위기다.

그리스 문제의 상당부분은 공무원에 대한 과잉 복지에서 비롯되었다. 그리스 공무원은 오후 2시 30분까지만 업무를 보고 퇴근한다. 그래도 온갖 수당과 연금혜택은 다 받는다. 35년 근무하고 퇴직한 공무원이 죽을 때까지 월급의 96%를 매달 연금으로 받는다. 국가재정이 버틸 재주가 없다. 역대 정권은 표가 떨어질까 봐 세금을 많이 걷지도 못했다. 지난 30년간 어느 정권도 복지를 줄이자거나 세금을 더 걷자고 하지 않았다.

유로화 덕분에 유로화 가입 전 9%에 달하던 국채 10년 물 이자율이 유로 가입 후에 3%대까지 떨어졌다. 낮은 이자율로 외채를 조달하니 부담이 덜해지고, 그러다 보니 더욱더 많이 빌려도 옛날만큼 걱정이 덜 된다. 국가 경제가 나아진 것으로 착각을 하게 된다.

그리스에는 관광과 해운 외에 변변한 산업이 없다 보니 대학을 졸업해도 취직이 어렵다. 인구가 1,100만 명인 그리스에서 청년 실업률은 거의 43%에 달한다. 이 나라를 찾는 한 해 관광객수는 1,650만 명으로 관광수입은 GDP의 20%에 해당한다. 한마디로 조상 잘 둔 덕에 먹고 사는 나라다. 그럼에도 불구하고 복지 포퓰리즘에 정치인과 국민이 합작하다 오늘과 같은 결과를 불러온 것이다. 산업을 일굴 돈을 무상복지에 쏟아 부었다. 산업이 육성되지 못하다 보니 기업이 못 만드는 일자리를 정부가 공무원과 공기업 인원을 무작정 늘리면서 오늘에 이르렀다. 복지에 공짜는 없었다. 일자리 대신 소비성 복지에 돈을 쓴 그리스 모델은 유럽에서도 가장 비참한 700유로(약 110만 원) 청년세대를 낳았다. 이 나라 청년들의 꿈도 희망도 사라졌다. 2011년 6월 미국 신용평가사 S&P는 그리스 국가신용등급을 세계 126개 대상국가 중 최하위인 'CCC'로 하향했다.

복지국가의 모델

영국과 프랑스까지 국가신용등급이 강등되는 유로존의 재정위기에도 불구하고 스웨덴은 국가재정이 매우 안정되어 있다. 2012년 5월 OECD가 발표한 국가별 행복지수도 덴마크, 호주, 노르웨이와 더불어 세계 최상위를 기록하고 있다. 각 계층의 소득분배가 어떻게 이루어져 있는지 '빈부격차'를 한눈에 보여주는 지니계수(Gini coefficient)도 덴마크, 핀란드, 노르웨이, 스웨덴 등의 북유럽국가는 0.25대로 낮은 편이다. 지니계수가 4.0을 넘어서면 사회혼란을 초래할 수 있게 된다고 하는데, 최근의 우리나라는 0.315, 미국은 0.378, 칠레, 멕시코, 중국은 0.5에 가깝다. 특히 중국은 상위 20%가 국민의 부의 50%를 장악하고 하위 20%는 겨우 5%의 부를 가져 지니계수가 0.5에 근접하는 소득 불평등국가다. 중국 사회과학원은 2010년 중국 지니계수가 0.438일 것으로 추정했다. 그런데 최근 중국 스촨(四川)성 청두(成都)에 있는 민간 연구기관인 시난(西南)재경대 중국가정금융조사센터는 2010년 중국 가계의 지니계수가 0.61로 집계됐다고 밝혔다. 중국의 과거 역사를 보면 지니계수가 0.5 이상일 때 폭동이 일어났다. 1940년대 국민당 정권 때 0.53이었고, 명나라 말 이자성(李自成)의 난 당시가 0.62, 청나라 말기 태평천국의 난이 일어났던 1850년대가 0.58이었다.

행복하게 산다는 것은 삶 자체가 불안하지 않다고 믿기 때문에 마음이 평안한 삶을 산다는 것이다. 그러기 위해서는 복지혜택도 필요하다. 그러나 국가가 가난하면 국민이 원하는 복지정책은 시작도 할 수 없다. 국가가 부자가 되어야 한다. 그래야 그 안에 있는 기업이나 국민이 세금도 많이 낼 수가 있다.

세금을 많이 내려면 자기가 낸 세금을 복지를 통해 다시 돌려받는다는 믿음이 있어야 한다. 그래서 실직을 했을 때 본인이 낸 세금으로 국가가 일시적이나마 재기할 수 있는 기회를 준다고 믿을 수 있다면 삶 자체가 불안하지 않다고 생각할 수 있을 것이다. 최연혁 교수는『우리가 만나야 할 미래』에서 스웨덴의 경우 사람들은 서로를 믿고 또한 국가와 공무원을 믿기 때문에 사회적 갈등이 적고, 그것이 국민이 행복해 하는 가장 큰 이유라고 한다. 소외된 사람 없이 모두가 성공할 수 있는 사회라는 강한 믿음이 있기 때문에 부자들 역시 높은 세금을 부담 없이 낸다.

OECD가 최근 발표한 2010년 조세부담률 잠정치에 따르면, 조세부담률이 높은 나라는 덴마크 47.2%, 스웨덴 34.3%, 노르웨이 33.1% 등 북유럽의 복지국가들이었다. 이에 비해 우리나라는 19.3%, 부시 대통령 시절 경기부양을 위해 한시적으로 4% 정도를 감세한 미국이 18.3%, 일본이 15.9%로서 OECD 평균인 24.8%를 훨씬 밑돌았다. 스웨덴에서 최고로 높은 세율을 내는 사람은 60%까지를 세금으로 낸다고 한다.

간접세인 부가가치세도 스웨덴은 덴마크, 헝가리와 같이 유럽에서 가장 높은 수준인 25%를 낸다. 영국의 20%, 프랑스 19.5%, 독일 19%에 비해서도 높은 편이다. 이에 비해 우리나라는 10%, 일본이 8%를 내고 있다. 상황이 어렵다는 유럽의 다른 나라들, 이탈리아와 포르투갈도 20%를 내고 있고, 스페인은 18%였으나 2012년 9월에 21%로 상향 조정했다. 유럽의 국가들은 서민들에게 부담이 간다고 하는 부가가치세마저도 많이 내고 있다. 복지는 절대로 공짜가 아니라는 이야기다.

모든 사람이 골고루 잘사는 복지사회가 되기 위해서는 상호간의 신뢰가 무엇보다 중요하다. 부패한 사회에서는 서로를 믿지 못하기 때문에 사회보장제도 또한 반드시 실패한다. 불신과 대립이 팽배해지면 위법을 하다 걸리더라도 뇌물을 써서 빠져나올 수 있다고 생각하기 때문에 공공자원이 오염되는 것이다. '공유지의 비극(Tregedy of the Commons)'과 같은 것이다.

스웨덴을 표현할 때 한마디로 '모든 것이 투명한 사회'라고 한다. 국가 결정이 몇몇 사람의 탁상공론을 통해 결정되면 권력기관이 썩을 수 있다고 생각하는 국민이 스웨덴 국민이다. 이는 스웨덴이 200년 이상 지켜온 중요한 가치라고 한다. 정책결정 과정에서 정치인과 관료들의 모든 것이 공개되기 때문에 책임정치가 정착될 수 있다. 국민 생활양식 자체가 이러하니 탈세나 뇌물 또는 이권청탁이 발붙일 틈이 없다. 국제투명성기구가 발표하는 2010년 부패인식지수에서 스웨덴은 덴마크, 뉴질랜드, 싱가포르에 이어 핀란드와 함께 4위를 차지했다. 우리나라는 178개국 중 39위였다. 아래부터 위까지 깨끗한 사회가 되다 보니 정치인이나 관료가 부패하지 않고 거짓말을 하지 않는다. 그러니 국민들이 그 많은 세금을 내더라도 실직할 때나 은퇴 후에 자기에게 되돌아 올 것을 믿는다. 결국 그것이 바탕이 되어 좋은 복지를 시행할 재원이 된다.

스웨덴은 국내총생산의 50%를 수출에 의존하고 있다. 우리에게 잘 알려진 볼보, 사브, 에릭손, 이케아와 H&M 등의 대기업들이 수출을 주도하고 있다. 그러나 우리나라와 달리 스웨덴의 대기업들은 노블레스 오블리주를 실천하고 있다. 사회보장기금의 제공자로서 피고용자에 대한 국가 복지비용의 30% 이상을 부담하면서도 세계적 기업들과 경쟁하고 있다. 사회격차 해소에 적극적으로 동참하면서 경제성장과 분배의 두 가지 목표를 동시에 추구하는 역할을 하고 있다. 국민의 신뢰와 사랑을 받는 이유다. 부득이 정리해고를 할 경우에는 1년 동안 100% 봉급을 보전해 주는 것은 물론 1년 이내 재취업 교육 등을 책임진다. 또한 창업을 할 경우 창업비의 일부까지 회사가 지원해 준다. 그래도 1년 이내 취업이 안 되면 국가가 실업보상을 제공하는데 이 기금도 회사가 미리 지급해온 사회보장비의 일부에서 사용된다. 그리고 원하면 대학에 돌아가 교육지원비를 받아가면서 다시 공부해 업종을 바꿀 수 있는 기회를 제공받는다.

독일병의 치유

제2차 세계대전으로 분단되었던 독일은 1990년 10월 3일 통일된 후 2005년까지 15년간 총 1조 4,000억 유로(약 1,750조원)의 통일비용을 지출했다. 막대한 통일비용과 유럽 최고 수준의 복지정책은 대폭적인 재정적자를 초래했고, 그 수준이 유럽연합이 규정한 상한선인 GDP의 3%보다 높은 경우가 많아 '유럽의 문제아'라는 별명을 들어야 했다. 2003년 경제성장률은 -0.2%까지 떨어졌고 실업률은 10.4%까지 치솟았다. 재정수지는 GDP대비 3.7% 적자를 기록했다. 영국병보다 심각하다는 독일병을 앓고 있었다. 경직된 노동시장, 지나친 기업활동 규제, 과도한 사회보장제도가 문제였다.

이럴 때 게르하르트 슈뢰더 사회민주당 총리가 '어젠다 2010'이라는 이름의 경제개혁안을 내세웠다. 분배중심의 정책을 버리고 성장중심의 시장경제로 전환한 것이었다. 2001년 당시 500명 이상의 종업원이 있는 대기업의 85%가 공장을 해외로 이전한 상태였다. 슈뢰더 총리는 고용보호에 치중됐던 노동제도에서 정규직 노동자 보호장치를 대폭 완화하고 노동시장을 유연화했다. 이른바 '하르츠(Hartz)' 개혁으로 일컬어지는 대표적인 노동개혁이었다. 노동자 경영참여제도의 제한, 실업보험금 및 실업수당 축소, 해고자보호 완화, 부가가치세 인상 및 법인세 인하, 학교 전일제수업 도입 등의 개혁안을 다름 아닌 좌파 정부에서 강력하게 밀어붙였다.

이에 사회민주당과 노동조합총연맹이 반발했다. 2003년 10월 사민당 당사는 성난 수천 명의 시위대에 둘러싸였다. 그들은 '배신자 슈뢰더'라는 플래카드를 흔들었다. 그렇지만 슈뢰더 총리는 '독일에서 나태할 권리는 없다'며 꿈쩍도 하지 않았다. 당시 야당 당수였던 메르켈은 인기가 떨어진 슈뢰더를 일격에 무너뜨릴 수 있다는 당내 유혹을 뿌리치고 슈뢰더의 경제개혁 조처에 지지를 보냈다.

그러자 경제가 살아났다. 마치 브라질의 카르도수 전임 대통령을 본받아 같은 시기의 룰라 좌파정부 대통령과 짜고 정책을 펴는 것 같았다. 개혁 4년 만인 2007년 재정수지는 0.3% 흑자로 돌아섰고, 2008년 글로벌 금융위기와 2010년 유럽 재정위기 속에서도 독일은 꾸준한 성장을 이어갔다. 비록 사민당은 인기 없는 정책으로 정권을 잃고 2005년 우파 앙겔라 메르켈 총리 체제가 출범했지만 전 정권의 개혁정책은 중단 없이 계속됐다. 국가가 어려울 때 정부가 정리해고 요건을 완화하고 해고절차를 단순화 하는 방법으로 임금을 낮추었던 것이다. 경쟁국의 임금이 오를 때 독일만 임금을 내렸다. 독일 노동자들도 같이 허리띠를 졸라맸다. 그러니 몇 년 전 재정긴축과 관련한 그리스 국민들의 파업과 데모에 대해 10여 년 전 고통스러운 노동시장 개혁을 거쳐 경쟁력을 갖추게 된 독일 국민들은 동의하기 어려웠던 것이다. 이 외에도 노·사·정 관계에서의 대표적인 성공적 모델로는 네덜란드의 1982년 '바세나르협약'과 아일랜드의 '국가재건 프로그램 협약'을 꼽을 수 있다. 반면 일본은 1990년대 노동개혁에 실패하면서 아예 취업을 포기하고 아르바이트를 전전하는 '프리터(free+arbeiter)'가 양산되는 부작용을 낳았다.

독일과 같은 노동시장 개혁은 이탈리아나 스페인 그리고 우리나라가 벤치마킹할 대목이다. 고용의 유연성을 전제로 하는 노동시장 개혁이 이루어지지 않고는 비정규직 문제도 근본적으로 해결될 수가 없다. 고용의 유연성은 생산성 향상으로 경제를 회복시키고 기업의 고용의지를 회복시킬 수 있다. 문제는 선거다. 개혁을 추진하는 정부는 선거에서 패배해 개혁을 맛보지 못할 수도 있다. 브라질의 카르도수도 독일의 슈뢰더도 개혁을 추진하고 정권을 잃어버렸다. 그리고 국가를 살렸다. 그러나 이탈리아나 스페인이나 우리나라나 선거에서 표를 얻기 위해 국민의 복지를 주장하는 정치인들은 하나같이 진정한 개혁을 외면하고 있다. 복지를 넓히는 것만이 개혁인 것처럼 오히려 선동하고 있다. 국민을 속이고 있는 것이다. 진정한 복지국가가 되기 위한 방법은 분명히 있다. 우리는 그것을 스웨덴을 통해서 볼 수 있다. 그러나 거기에도 공짜는 없었다.

3

20년간 터널 속에 갇혀버린 일본

일본의 원동력 세켄(世間) 문화

가깝고도 먼 나라 일본. 1980년 당시 1인당 GDP가 영국을 추월하였고, 한때는 미국 다음으로 세계 국가별 GDP 순위 2위였던 나라. 그러나 그랬던 일본이 지금은 그 자리를 중국에 내주고, 국가목표를 상실한 채 혼란을 거듭하고 있다. 이런 와중에 북으로 쿠릴 열도를 둘러싸고 러시아와 영토분쟁을 벌이고 있는가 하면, 센카쿠 열도(중국명 댜오위다오) 문제로 중국과 대립하고 있으며, 우리나라의 독도가 자기네 땅이라고 억지를 부리고 있다.

일본은 자민당의 장기집권이 1993년 붕괴되면서 고이즈미 내각 5년을 제외하면 거의 매년 총리가 바뀔 정도로 정치적 리더십이 취약했다. 그러니 나라의 미래가 불확실하여 혼란을 거듭하면서 주변 국가와 좌충우돌하고 있는 것이다. 오늘날 '잃어버린 20년'은 1990년대 이래 추락하는 일본을 상징하는 말이 되어 버렸다. 일본은 1985년 플라자 합의를 계기로 엔화가 2배로 절상되면서 1990년대 초부터 심각한 경제 불황을 겪었다. 그렇지만 이후 20년 동안 세계 2위의 경제 대국 지위를 놓치지 않았을 정도로 저력이 있는 나라였다. 지금도 경제 3위의 대국이다.

일본은 1868년 메이지유신(明治維新) 이후 서구 문명을 받아들이면서 동양의 강대국으로 떠올랐다가 20세기 초 제국주의에 편승하여 침략전쟁에 빠져들면서 2차대전의 패전국이 되었다. 그러나 다시 경제 대국으로 일어섰다. 결코 과소평가를 할 수도 없고 해서도 안 된다. 그러면 일본의 이러한 저력은 어디에서 나온 것일까?

일본은 지리적으로 천연재해에 노출되어 있는 나라다. 태풍이 우리나라에 연간 3~4차례 지나간다면 일본은 이보다 세 배 정도 더한 10여 차례나 지나간다. 또한 1995년 고베 대지진과 2011년 3월 동일본 대지진에서 보았듯이 환태평양 조산대에 속한 일본은 크고 작은 지진이 수시로 일어난다. 인간의 능력으로는 어찌할 수 없는 천연재해에 그대로 노출되어 생활하다 보니 재난에 대항하여 살아가는 독특한 문화도 형성되었다. 우리가 어릴 때부터 들어온 '일본은 단체문화가 발달되어 있다'는 말은, 무리 중 어느 하나가 돌출되어 튀어나오면 이러한 자연 재난으로부터 예측할 수 없는 해를 입을 수 있기 때문에 그만큼 단체행동을 중요시해 온 데에서 연유했을 것이다. 그래서 그런지 이러한 단체행동에서 튀는 사람을 괴롭히는 '이지메'가 사회문제가 되곤 했다. 동식물을 포함하여 모든 사물 상호간 상부상조의 관계를 강조하거나 인간을 중심으로 상호간의 관계를 중시하는 이러한 문화를 세켄(世間)이라 한다. 그러다 보니 개인보다 조직을 우선시하고 절제를 중시하는 생활 방식과 태도를 갖게 되었다.

자연히 기업도 종신고용제와 같은 형태가 형성되었다. 이는 신뢰의 원리에서 출발한 일본형 기업구조로서 집단자본주의 모형으로 소개되었다. 일본은 특히 수평적 사고방식보다는 수직적 사고방식인 계층제도 (hierarchy)를 수립하기 위해 싸워 왔다. 계층제도에 대한 일본인의 신뢰는 인간 상호간에 그리고 국가관에까지 일본인의 관념의 기초가 되었다.

동양의 선두주자

1870년에서 1913년 사이에 미국은 영국을 앞질렀다. 그리고 1980년 일본은 영국을 추월했다. 15세기 대항해시대 이후 비서양 국가 중에서 서양과 성공적으로 경쟁하는 방법을 제일 먼저 알았던 나라는 바로 일본이었다.

19세기 서양에서는 중국의 차 · 도자기 · 비단에 대한 인기가 대단했다. 그 결과 은이 중국으로 빠져나가자 영국은 인도에서 재배한 아편을 중국에 밀수출하게 되었다. 중국이 이를 금지하자 1840년 아편전쟁이 일어났다. 결국 난징조약으로 문호를 개방했으나 태평천국운동, 양무운동, 변법자강운동 등이 별 성과를 이루지 못했다. 인도는 17세기 초 영국의 동인도회사 설립으로 무역이 시작되었고, 1857년 세포이 항쟁이 있었으나 영국의 무력진압으로 실패하고 말았으며 무굴제국의 멸망과 함께 영국의 식민지가 되었다. 우리나라는 1866년 병인양요와 1871년 신미양요로 개항이 강요되었으나 대원군의 쇄국정책으로 기회를 잃고 말았다.

반면에 일본은 1853년 미국의 페리 제독에게 굴복하여 개항한 후, 1868년 메이지유신으로 서구문명을 받아들임으로써 비약적인 발전을 하게 된다. 비록 영국의 지배를 받았다 해도 인도는 일본보다 훨씬 먼저 방적공장이나 증기기관, 철도를 접했다. 임금도 영국보다 훨씬 쌌고 공장 근로시간도 영국처럼 제한되지도 않았다. 면화도 영국보다 구하기가 한결 쉬웠다. 그럼에도 산업발달에 대한 관심은 인도에서도 중국에서도 싹트지 않았다. 1793년 영국의 매카트니 백작이 원정대를 이끌고 청의 건륭제를 찾아갔다. 황제를 설득하여 문호를 개방하는 것이 원정대의 목표였다. 망원경, 공기펌프, 전기시계, 별자리 투영기 등 서양

문명의 경이로운 물건들도 전달했다. 그러나 황제와 신하들은 서양문명의 경이로운 물건에 별로 흥미가 없었다. 그리고 중화사상과 농업사회에 정체된 그들은 영국 왕 조지 3세에게 부정적 답변을 보냈다. 한때 인쇄, 종이, 지폐 등 발명의 어머니였던 중국은 이제 2류 왕국의 길로 접어들고 말았다.

그러나 일본은 달랐다. 그들은 유럽이나 미국과 동등하게 되려면 서양화를 피할 수 없다는 오쿠보 도시미치(大久保利通)의 주장을 받아들였다. 19세기 요코이 쇼난(橫井小楠)에 의해 일본에서는 유학(儒學)열풍이 불었고, 이에 따라 사대부(士大夫) 정신이 사무라이들에게 영향을 미쳤다. 그들은 사카모토 료마(坂本龍馬)의 선구자적 기획으로 추진되었던 메이지 유신 이후, 다이묘(大名)들에 의한 공화정을 통해 정치 개혁을 함으로써 향후 일본 정치의 주역으로 활약했다. 메이지 시대의 엘리트들은 문명과 개화, 부국강병이라는 기치 아래 사무라이 복장을 벗어버리고 양복을 입었다. 서양의 발전에 놀란 그들은 모조리 서양을 따라 하기로 했다. 1870년대 초 철도가 놓이기 시작했고, 1900년경에는 일본 전체 노동인구의 60% 이상이 섬유공장에서 일했다. 1889년에는 프로이센 헌법을 모방했고, 1897년에는 영국의 금본위제를 도입했다. 군대, 교육 등 모든 제도는 서양 모델을 본떠 전면 개편했다. 미쓰이, 미쓰비시, 스미토모 등의 대기업이 일본 경제를 장악했다. 서양과 동등해지기 위해 식민지도 획득할 필요가 있었다. 1894년에 청일전쟁을 일으켰고 1904년에 러일전쟁을 일으켰다. 그리고 1910년에는 우리나라를 강탈하였다. 세계에 일본의 존재를 알린 것이다. 일본의 메이지유신은 프랑스나 러시아 혁명과는 달리 불필요한 파괴와 희생을 최소화하면서, 지배층 일부의 자기혁신에 의해 효율적이고 질서 있게 변혁을 이루었다는 점이 특징이다.

잃어버린 20년

2012년 9월 무디스(Aa3), 피치(AA⁻)에 이어 보수적인 S&P마저 우리나라의 신용등급을 A⁺로 상향 조정했다. 피치(Fitch)가 부여한 등급은 오히려 중국이나 일본의 A⁺보다 한 단계 더 높았다. 그리고 2014년 12월 무디스는 일본의 신용등급을 A1으로 한 단계 낮추었다. 이는 우리나라보다 낮고 오만, 체코와 같은 등급이다. 글로벌 금융위기 다음해인 2009년 우리나라는 0.3% 성장을 했지만 일본의 성장률은 -5.5%로 곤두박질쳤다. 그리고 2013년의 경상수지 흑자는 8조 엔에 못 미쳐 1996년 이래 가장 적었으며, 성장률은 -0.7%에 머물렀다. 2012년 국제통화기금(IMF) 발표에 따르면 일본의 GDP 대비 국가부채 비중은 229.8%에 달한다. 요즈음 한참 문제가 되고 있는 그리스가 160.8%, 이탈리아가 120.1%, 그리고 스페인이 68.5%이니 그 심각성을 알 만하다. 다만 채권자의 90%가 일본 국민들이어서 유로 채무 위기국가들처럼 흔들리지는 않았다.

일본 기업들은 장기고용 관행과 연공임금제로 정규직의 임금을 낮출 수 없게 되자 임시직과 파견직 고용으로 대체했다. 그 결과 가계소득은 늘지 않았다. 일본은행이 정책금리를 제로(zero)까지 낮추었지만 투자는 늘어나지 않고 대신 자산가격 하락 기대만 팽배해져 갔다. 가계와 기업은 소비를 하는 대신에 부채를 상환하고 국내투자를 계속 줄였다. 막대한 대외자산에서 벌어들이는 이자와 배당소득과 경상수지 흑자는 국채매입과 저축증가로 이어졌고 엔화강세를 초래했다. 흑자를 바탕으로 국민이 국가부채를 분담하는 구조가 형성된 것이다. 이른바 위기비용의 사회화가 암묵적으로 이루어짐으로써 디플레이션 상황 하에서도 버블붕괴의 충격을 오랜 시간에 걸쳐 흡수하고 대량실업을 피할 수 있었다. 그러나 실질임금 삭감과 구조조정 없는 대규모 재정투입은 '잃어버린 20년'을 가져왔고 오늘날 일본의 자화상이 되었다.

발단은 부동산 버블의 붕괴였다. 1985년 G5(미국, 영국, 프랑스, 독일, 일본) 재무장관이 뉴욕 플라자호텔에 모여서 엔화의 평가절상을 합의했다. 그후 엔 환율은 달러당 253엔에서 1988년에는 120엔까지 급등했다. 수출로는 채산이 맞지 않는 많은 기업들은 해외로 생산기지를 이전하고 설비투자를 감소시켰다. 엔고불황에 따른 기업의 부담을 덜어주기 위해 정부는 금리를 사상 최저 수준인 2.5%까지 대폭 인하했다. 그러나 과도한 유동성 공급의 부작용이 나타나기 시작했다. 1985년부터 거품이 꺼지는 1990년까지의 5년 사이에 주가는 약 3배, 도시의 땅 값은 약 4배가 뛰었다. 개인이나 기업이나 대출을 통해 부동산과 주식투자에 몰려갔다. '부동산 불패의 신화'가 만들어졌고, 거품경제가 형성되고 있었던 것이다.

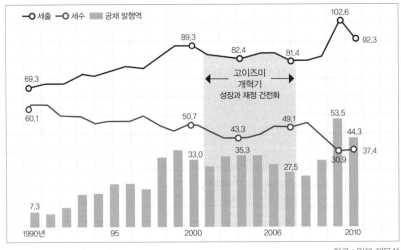

(그림 43) 잃어버린 20년 – 일본의 재정 (단위 : 조엔)

자료 : 일본 재무성

잘못 선택한 불황대책

1989년 일본은행 총재에 취임한 미에노 야스시(三重野康)는 집값을 떨어뜨리는 것이 사회정의라고 생각했다. 플라자합의 이후 지속된 엔고로 인한 불경기에 대응하기 위하여 시행한 저금리정책이 너무 오래 지속됨으로써 부동산버블이 제때에 제어되지 못했던 것이다. 그러나 금리인상에도 불구하고 부동산 상승세는 꺾이지 않았고, 결과적으로 1989년에서 1990년까지 단기간에 금리는 6%까지 수직 상승했다. 한편 정부는 토지와 관련한 취득세와 보유세 및 양도세를 중과하고, 통화증가율 억제, 재할인율 인상 등의 강력한 긴축정책을 폈다. 그러나 땅값은 요지부동이었다. 결국 1990년 3월 부동산관련 대출증가율을 자산범위 내로 규제하는 총량규제를 도입함으로써 불길을 잡을 수 있었다. 그러나 이번에는 토지 순매수자들이 졸지에 순매도자로 돌변하면서 문제가 발생했다. 부동산과 주식가격은 무섭게 하락하기 시작했고 은행에는 부실채권이 넘쳐났다. 은행과 기업들이 줄줄이 도산하면서 실업자가 속출했다. 일본이 자랑하던 종신고용의 관행도 깨졌고 길거리에는 노숙자들로 어수선해졌다. 부동산 버블의 붕괴는 일본의 부동산 경기뿐만 아니라 일본 경제를 장기침체의 늪으로 빠뜨렸다.

부동산 버블 붕괴를 막기 위해 일본 정부는 각종 경기부양대책을 쏟아냈다. 1991년부터 2000년까지 무려 11차례의 경기부양책을 통해 132조 엔을 쏟아 부었다. 그러나 효과가 전혀 없었다. 일본은행도 금리를 다시 '0%' 수준으로 내렸지만 경제는 살아나지 않았다. 금리인하에도 건설 및 부동산은 아무런 반응이 없었다. 은행들은 이미 대규모의 악성 부실채권을 떠안고 있는 상태에 신용경색까지 겹쳐서 추가로 대출해 줄 여력이 없었던 것이다.

한편 이때 일본 정부가 막대한 건설경기부양 정책과 금리인하, 그리고 공적 연금을 동원한 주가부양책 등을 총동원했던 탓에, 구조조정으로 퇴출되어야 할 부실기업들의 상당수가 목숨을 연명했다. 무엇보다 부동산발 부실을 정리하는 데 실기(失機)했다. 기업들은 부실자산을 자회사로 이관해 처리를 연기하는 등 부실정리에 소극적이었고, 정부는 골치 아프게 부실을 정리하는 대신에 시종일관 공공투자 확대 등 수요진작에만 매달렸다. 초저금리 정책과 재정지출 확대로 격렬한 통증을 숨긴 결과는 결국 금융권의 부실증가로 이어졌고 일본의 장기침체를 가져오는 주요 원인이 되었다. 결과적으로 버블붕괴는 막지 못하고 오히려 강한 구조조정 후 효과적으로 쓸 수 있는 재정 및 통화정책 수단들을 일찌감치 소진해 버렸던 것이다.

금융위기 국가는 외환위기 후의 우리나라처럼 환율을 평가절하하거나 최근의 스페인처럼 실질임금 삭감을 통해 대외 경쟁력을 높여서 경상 및 재정수지를 개선하고 구조조정 과정에서의 실업률 급등을 감수해야 한다. 그러나 평가절하를 할 수 없었던 일본은 구조개혁도 외면했다. 외환위기 당시의 우리나라나 서브프라임모기지 사태 후 미국의 실업률이 각각 9%, 10%였던 것에 비해 일본은 5%대를 밑돌았다.

일본의 장기 불황은 1985년 플라자합의 후 정부가 저금리 정책을 통해 부동산과 주가 폭등을 자초한 데 1차적인 원인이 있다. 그러나 더 큰 잘못은 너무 늦게(too late), 그리고 너무 조급하고 강하게(too strong) 버블을 깨뜨렸다는 것이다. 거기에 기득권세력들의 저항으로 각종 토목·건축 부양책을 구사하면서 제대로 된 부실채권 정리와 구조개혁을 지연시켜 미래에 쓸 마중물까지 소진해 버림으로써 경제를 치유불능의 상태로 만들었다는 것이다.

여기에 인구고령화가 급속히 진행되면서 일본경제의 기초체력을 갉아먹었을 뿐만 아니라 세출 증가를 불러왔다. 기업은 젊은 인재를 육성하는 여유를 찾지 못하고 단기적인 실적을 올리는 일에 급급함으로써 신규 고용도 임금수준도 올리지 않았다. 청년층은 높은 실업률 탓에 새로운 소비계층으로 부상하는 데 실패했다. 중산층은 나이가 들면서 연금생활자로 전환되어 저소득층으로 변했다.

대폭적인 엔화강세가 이어진 것도 불황과 디플레이션을 촉진했다. 지난 20년간 엔화 강세로 수출기업들은 수출경쟁력을 상실하고 타격을 받았으며, 내수도 증가하지 못했고 오히려 디플레이션만 증폭되었다. 정치 불안 역시 일본경제의 발목을 잡는 고질병으로 지적된다. 정치권은 2011년 도호쿠(東北) 대지진과 후쿠시마 원자력발전소 사고 대처에 무기력함을 드러내 놓았을 뿐 이렇다 할 부양책을 내놓지 못했다. 장기불황으로 기초 경제체력이 바닥을 드러낸 일본의 위기극복능력이 그만큼 여러모로 미약함을 보여주고 있다.

세 개의 화살

일본이 20년간 터널 속에 갇혀 탈출하지 못하는 이유는 위에서 살펴본 것처럼 원인이 어찌됐든 인구고령화가 급속히 진행되면서 생산가능인구는 감소하는데 재정부담은 늘어나고 경제활력은 떨어지고 있는데도 이에 대처하는 대응에는 실패했기 때문이다. 아베 정권이 무제한 양적완화를 하겠다고 하고 있지만, 이는 시중금리 상승으로 이어져 국채금리 폭등과 국채가격 급락으로 이어질 수 있다. 토목공사를 위한 엄청난 국채발행은 문제를 더 악화시킬 수 있다.

일본의 사정이 이렇다 해도 2014년 일본의 GDP는 4조 7,698억 달러로 우리나라의 1조 4,495억 달러보다 3배 이상 많았다. 또한 1인당 국민소득도 3만 8,141달러로 우리나라의 2만 5,931달러보다 1.5배 정도 차이가 났다. 우리나라는 2014년에 475억 달러 무역흑자를 냈지만 일본에게는 215억 달러 적자였다. 주력 수출상품에 들어가는 핵심 소재나 부품의 상당부분을 일본에 의존하고 있기 때문이다.

다만 일본은 저출산 고령화 사회에 접어들면서 이제까지 새로운 성장동력을 찾아내지 못하고 늙어가고 있을 따름이다.

그런데 늙고 힘없는 노인처럼 보이던 일본 경제가 전기를 맞고 있다. 2012년 12월 집권한 아베는 경기회복과 디플레이션 탈출을 위해 '아베노믹스(아베+이코노믹스)'를 주창했다. 아베노믹스는 물가에 대한 일본인의 기대를 바꾸는 것이다. 즉, 오늘 물건을 사는 것이 내일 물건을 사는 것보다 싸다는 인식을 갖게 해주는 것이다. 아베노믹스는 금융완화를 통하여 소비자물가 상승률을 2% 수준까지 올리는 것을 목표로 하고 있다. 아베노믹스 주창 이후 올들어 소비자물가상승률이 2%까지 올라 왔지만 구로다 하루히코 일본은행 총재는 목표가 달성될 때까지 기조를 유지하겠다는 입장이다.

아베가 내 놓은 '세개의 화살'은 일본에서는 널리 알려진 화살 한 개는 쉽게 꺾을 수 있지만 세 개는 한꺼번에 부러뜨리기 어렵다는 고사에서 따온 말로, 각각의 정책을 따로 시행하면 큰 효과가 없지만 동시에 펼치면 시너지를 발휘한다는 내용이다.

아베의 세 개의 화살은 중앙은행의 통화정책과 정부의 재정정책, 그리고 성장정책을 한꺼번에 사용하여 침체된 경제를 회복시키겠다는 야심찬 의도가 깔려 있다.

일본은 GDP의 35%에 달하는 규모의 양적완화와 함께 본원통화를 270조 엔 규모로 확대하는 금융정책과, 13조 1000억 엔 규모의 공공지출 확대로 표현되는 재정정책이라는 두 개의 화살을 쏘았다. 아베는 화살 두 발로 일본 주가를 8,654 포인트에서 15년 만에 종가기준으로 2만을 넘어 20,133 포인트까지 대략 232% 정도 끌어올렸고, 엔화의 가치를 85.3엔에서 121.15엔까지 약 42%나 떨어뜨렸다. 이제 아베는 법인세율을 35.6%에서 20%로 인하하고 가장 중요한 기업지배구조 개혁을 골자로 하는 세 번째 화살의 시위를 당기고 있다.

아베는 "민간 소비가 되살아날 수 있도록 대기업은 월급을 더 올리고 배당과 투자를 늘려야 한다."고 주문했다. 아베가 대기업들에게 법인세 인하라는 당근과 배당–투자 확대라는 채찍을 동시에 꺼낸 셈이다. 이에 화답하듯이 지난해 도요타의 영업이익 증가율은 73%를 기록했다. 그리고 미쓰비시가 48%, 혼다가 37% 영업이익이 증가했다. 대기업이 잇달아 임금 인상을 발표하면서 소비 심리 진작의 마중물을 붓고 있다. 오랫동안 수렁에 빠져 있던 부동산 시장도 조금씩 숨을 고르고 있다. 일본이 "잃어버린 20년"이라는 악몽을 떨쳐버리고 날개짓을 하고 있었다.

그런데 문제는 일본의 2014년 3분기 실질 국내총생산(GDP) 성장률이 지난 2분기 -1.9%에 이어 전분기 대비 -0.4%로 두 분기 연속 마이너스를 기록했다는 점이다. 이는 소비세 인상요인과 엔화약세정책이 수입물가 상승을 부추겨 소비위축으로 이어진 탓이다. 2014년 4월 소비세를 5%에서 8%로 올리면서 '증세(增稅)쇼크'로 경기회복에 급제동이 걸렸던 것이다. 원자재 가격 상승으로 내수 기업의 파산이 잇따르고 있고, 4∼9월 무역수지 적자는 5조 4271억 엔으로 역대 최대규모를 기

록했다. 엔화 약세로 혜택을 입은 수출 기업들은 임금인상과 투자 대신에 곳간을 채우기에 급급했다. 엔화 약세가 무한정 지속될 수는 없기에 미래가 불안했던 것이다. 결국 아베 총리는 2015년 10%로 예정된 소비세 인상시기를 1년 6개월 연기했다. 법인세 인하, 노동규제 완화 등 아베노믹스의 세 번째 화살인 성장전략이 표류할 수밖에 없게 되었다. 구조조정과 규제개혁은 일본이 20년간 단 한번도 넘지 못한 미완의 과제이다. 국가 부채가 아베 취임 당시 997조 엔에서 1,038조 엔으로 급등한 상황에서 소비세 인상 유보는 장기적으로 금리상승과 국채가격 하락의 부작용을 초래할 수 있다. 아베노믹스가 도망경제정책이라는 뜻인 니게노믹스(逃げノミクス)로 전락했다는 비판이 나오고 있다. 다행히 지난 4분기 성장률이 1.5%까지 올라 왔고 2년 9개월 만에 무역수지가 적자에서 흑자로 돌아섰다. 올해 1분기 GDP성장률은 1%로 우리나라(0.8%)를 앞질렀다. 마침내 'J커브'(통화가치가 하락할 경우 초반에 무역수지가 악화되지만 시간이 지나면서 개선되는 현상)효과가 나타났다는 분석도 나온다. 더구나 일본 증시에서 외국인 지분이 35%까지 늘어나면서 기업의 투명성이 개선되고 기업 지배구조가 변화하고 있다. 아베의 세 번째 화살을 지켜봐야 하는 이유이다.

물론 아베노믹스는 엔화 약세로 인해 일본 제품 수출경쟁력을 높여서 상대적으로 주변국들로 하여금 궁핍하게 한 측면도 있다. 돈 풀기를 통한 엔화 약세 정책이 일본경제의 발목을 잡을 수도 있다. 기업들이 이미 생산시설의 상당 부분을 해외로 돌려놓은 현실 때문에 실효성이 없을 수도 있다. 그러나 중요한 것은 아베가 세 개의 화살을 잇달아 쏘면서 나타난 탈(脫) 디플레 흐름은 일본 기업과 국민들에게 일본 경제가 되살아나고 있다는 자신감을 심어주고 있다는 것이다.

4
잠에서 깨어난 거인, 중국

대륙의 딜레마

중국이 택한 길, 즉 쌀 생산에 집중하는 것은 노동력을 필요로 하여 인구는 증가하지만 소득은 줄어들고 영양 상태와 키, 생산성을 떨어뜨리는 결과를 가져왔다. 가뭄으로 흉년이 들거나 홍수라도 나면 그야말로 대재앙이었다. 아담 스미스는 1776년 그때까지도 중국을 "세상에서 가장 비옥하고, 농업생산성이 높고, 인구가 가장 많은 나라, 유럽 그 어느 나라보다도 부유한 나라"라고 했다. 동시에 "오랫동안 정체된 나라"라고도 했다. 또한 그는 중국의 몰락은 해외무역을 장려하지 않았기 때문에 비교우위와 국제분업의 혜택을 놓쳤기 때문이라고 했다. 빈곤과 전쟁에 분열되어 있던 서유럽 나라들은 대항해 시대와 더불어 앞다투어 영토 확장에 나서 식민지배를 강화하면서 거의 500년 동안 발전하였다. 반면에 동양의 제국들은 그대로 정체되어 있다가 서양의 힘에 무릎을 꿇고 말았던 것이다.

산업혁명에 성공한 유럽은 공장에서 만든 물건을 팔기 위해 아시아를 찾았다. 그러나 생각조차 정체되어 버린 중국은 혁신을 저해하는 유교적 제도와 중화사상에 젖어 있었다. 1793년 영국의 매카트니 백작이 원정대를 이끌고 청나라의 건륭제를 찾아가 문호개방을 청했을 때에도 그들을 적대적인 태도로 대하면서 일언지하에 거절했다. "중국에는 무엇이든다 있기 때문에 너희 나라의 제품이 조금도 필요 없다! 무역을 한다는 것은 천조대국의 법규에 맞지 않으며 오랑캐에게 은혜를 베푸는 것이다."

당시 유럽은 일방적으로 은을 주고 차나 비단을 사가야 하는 상황이었다. 어마어마한 양의 은이 중국으로 흘러들어갔다. 그중에서도 영국의 문제가 가장 심각했다. 영국의 동인도회사는 인도에서 재배한 아편을 중국에 수출했다. 그 결과 중국은 1840년 아편전쟁과 1894년 청일전쟁을 계기로 서양 열강의 조차(租借) 대상인 반식민지로 전락하고 말았다.

1817년 당시 영국 국왕의 무역대표단이었던 암허스트 대사가 중국을 업신여기는 발언을 했다. "중국은 흙으로 빚은 거인에 불과하다."

반면에 나폴레옹은 중국을 잠자는 거인이라 불렀다. "사자가 잠이 들면 파리마저 얼굴에 앉아 앵앵대는 법이다. 중국이 잠에서 깨어나면 세계를 흔들 것이다. 잠자게 내버려 둬라!"

중국은 이제 깨어났고, 정말로 세계를 뒤흔들고 있다. 수교 50주년을 맞아 프랑스를 방문한 시진핑(習近平)은 말했다. "중국이라는 잠자던 사자는 이미 깨어났다. 이 사자는 평화롭고 온화하며 문명화된 사자다." 시진핑의 '깨어난 사자'는 나폴레옹의 말에 대한 답사라는 평가다.

2014년 기준 중국의 국내총생산(GDP)은 10조 3,554억 달러로 미국의 17조 4,163억 달러 다음으로 세계 2위를 차지하고 있다. 3위 일본은 4조 7,698억 달러로서 2010년 중국에 추월을 당한 후 무서운 속도로 그 차이가 벌어지고 있다. 2014년 6월말 기준으로 중국의 외환보유액은 4조 206억 달러로 일본의 1조 2,839억 달러보다 훨씬 많다.

세계 경제규모 2위 국가 중국은 이미 G2로서 경제적 강국이 되었다. 이렇게 새로이 부상한 중국은 국제 정치적으로는 세계 제1의 패권국 미국과 곳곳에서 충돌하는 양상을 보이고 있다. 그러나 경제적으로는 이미 서로 물고 물리는 관계가 되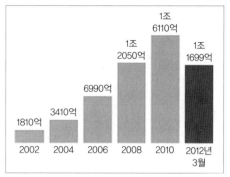
었다. 중국이 1990년대 중반
이후 이른바 글로벌 불균형
(global imbalance)이 확대되는
과정에서 미국 국채발행액
의 10% 이상을 보유하게 된
것이다. 2010년 말 기준으로
중국은 전체 미국 국채 발행

(그림44) 중국의 미 국채 보유액 추이 (단위: 달러)

- 2002: 1810억
- 2004: 3410억
- 2006: 6990억
- 2008: 1조 2050억
- 2010: 1조 6110억
- 2012년 3월: 1조 1699억

자료 : 미국 재무부

량 9조 2,268억 달러의 12.6%인 1조 1,601억 달러어치를 보유하고 있
다. 전 세계 국가 중 가장 많이 보유하고 있을 뿐만 아니라 미국 중앙은행
(11.1%)보다도 비중이 높다. 2000년대 초반 미국 연방준비위원회가 기준
금리를 올려도 장기 금리가 올라가지 않고 오히려 떨어지는 현상이 나타
났다. 당시 연준 의장이었던 그린스펀이 정책효과가 먹히지 않는 이유를
잘 모르겠다고 말해서 '그린스펀의 수수께끼'란 말이 있었다. 그런데 그
이유를 알고 보니 중국이 미국 국채를 사들이는 바람에 그렇게 된 것이었
다. (그림44)는 수치는 약간 다르지만 글로벌 불균형 문제가 제기된 이후
변화하는 중국의 미 국채 보유액 추이까지 잘 보여주고 있다.

문제는 일본이나 유럽을 포함한 다른 경제 강국들 역시 경제위기
를 겪고 있기 때문에 중국은 무역흑자가 생겨도 마땅히 투자할 곳이라
고는 미국 국채밖에 없는 형편이라는 것이다. 더욱이 미 국채 신용등
급이 떨어지면서 막대한 양을 보유하고 있는 중국의 자산가치도 영향
을 받을 수밖에 없다. 미 국채 가치가 20% 정도 떨어지면 중국은 약
2,300억 달러의 손실을 보게 된다. 그러니 미국의 중앙은행이 양적완
화 정책을 추진할 때 중국은 불만을 터뜨릴 수밖에 없는 것이다.

중국이 무역흑자를 이루고 외환보유가 증가하면 위안화 가치는 상승한다. 이는 물가상승과 수출경쟁력 하락으로 이어진다. 이렇게 되면 수출을 통해 7.5% 이상의 경제성장을 유지하려고 하는 중국 정부에게는 고민이 아닐 수 없다. 결국 중국은 나라 밖으로 외화를 방출하기 위해 미국 국채를 구입해야 하며, 미국은 국채를 팔아 달러를 확보해야 한다. 그동안은 미국이 중국에게 국채를 팔아 빌린 돈으로 재정 및 복지사업을 벌이고 저렴한 중국산 공산품을 수입함으로써 저소득층의 소비력을 부양해 왔다. 그리고 이것은 중국으로서는 자국의 공산품을 계속 팔 수 있는 순환구조를 이루고 있었던 것이다.

미국은 값이 싼 중국 제품 때문에 수출이 원활하게 되지 않는 원인을, 중국이 인위적으로 위안화 절상을 하지 않고 묶어 둠으로써 싼 인건비로 생산제품 단가를 낮추었기 때문이라고 한다. 그동안 중국은 고정환율제를 고수해 오다가 2005년부터 필요시 매월 0.2%씩 절상(절하)하는 크롤링페그제를 채택하였다. 그러나 2008년 7월 리먼브러더스 사태 이후 금융위기 대응 차원에서 달러 페그제를 도입함으로써 사실상의 고정환율제를 채택하고 있다. 독일이 유로화 도입으로 유럽 역내불균형에 의해 상대적 이득을 보는 것처럼, 중국 역시 그들 자신은 이득을 보고 있지만 변동환률제를 쓰고 있는 다른 나라들에게는 피해를 주고 있다. 이른바 국제불균형(global imbalance)을 초래한 것이다. 미국은 경상수지 적자를 감소시키기 위해 대폭적인 위안화 절상을 요구했고, 글로벌 불균형의 해결과정에서 각국은 위안화 환율문제를 직접적으로 제기했다. 그러나 1985년 플라자합의 이후 대폭적인 평가절상으로 '잃어버린 20년'이란 굴레를 쓰고 있는 일본을 보았던 중국이 이를 호락호락 들어줄 리는 만무하다. 미국 시장의존도가 너무 큰 중국으로서는 미국의 절상 압력에 정면으로 맞설 수는 없지만, 그렇다고 압력에 굴복하여 위안화를 대폭 절상할 수도 없다. 가뜩이나 세계 경기도 안 좋은데 위안화 절상은 수출경쟁력 약화로 중국 경제에는 치명타가 될 수 있기 때문이다.

더구나 중국은 연간 660만 명의 대졸자가 사회로 나오고 서부 내륙의 미개발 농촌지역에서 동부의 도시지역으로 밀려들고 있는 농민공(農民工) 구직자까지 합하면 연간 2,000만 명의 신규 일자리가 필요하다. 적어도 7% 이상의 성장을 해야 신규 일자리의 마지노선이 보장된다. 밀려드는 구직자 행렬을 경제 내에서 적절히 흡수하지 못하면 바로 사회불안으로 이어질 수 있다. 중국 정부가 가장 무서워하는 것이 바로 '먹물' 실업자들이다. 대량의 고학력 실업자의 양산은 혁명으로 이어질 수가 있기 때문이다. 뿐만 아니라 '부동산 불패신화'와 더불어 주택가격의 70~80%를 담보로 주택을 매입한 후 매달 월급으로 원리금을 상환하는 고달픈 방노(房奴. 집의 노예)들의 문제까지 부각될 수가 있다. 실제로 2009년 1분기에는 2,000만 명 가까운 대량 실업자가 발생했었다. 이와 같은 사태가 장기간 이어지면 사회불안이 일어나고 일당 독재체제를 유지해 온 중국 공산당의 권력 자체가 위협받게 되는 것이다.

그림자 금융

중국에서 그림자 금융의 위험성이 부각되고 있다. 그림자 금융(shadow banking)이란 정부의 감독과 규제를 받지 않는 사각지대에 있는 비제도권 금융을 말한다. 미국의 서브프라임모기지(비우량 주택담보대출)나 이를 기초로 한 부채담보부 증권(CDO) 등이 대표적인 예다. 그동안 중국에서는 정부나 국영기관이 보증을 서 주면서 사실상 기업부도를 막아줬지만 앞으로 부실기업은 보호하지 않겠다는 신호를 보낸 셈이다. 국영은행이 엄격한 대출규제 아래에서 신용이 확실한 기업에게만 돈을 빌려줬던 탓에, 일반은행은 규제가 덜한 신탁회사를 통한 유동화로 대출한도를 늘렸고, 부동산 개발업체 등 대부분 중소 규모의 기업들이 은행 신탁계정을 통해 일종의 사채로 필요한 돈을 조달하면서 2010년 이후 그림자 금융은 그 규모가 급증했다. 정확한 규모는 파악하기 힘들지만 인민은행은 그림자 금융의 규모를 40조 위안 정도로 추정하고 있다.

중국 정부는 2008년 금융위기가 발생한 뒤 글로벌 경기침체에 대한 타격을 줄이기 위해 중앙정부 차원에서만 20조 5,000억 위안을 풀었고 상당액은 부동산으로 투입되어 집값을 폭등시켰다. 더구나 중국 정부는 금융위기 대응을 위해 대규모 경기부양책을 실시하는 과정에서 지방정부의 개발과 투자를 권장했다. 그 결과 지방정부들이 대대적인 인프라 투자에 나서면서 부채가 크게 증가했다. 중국 심계서(의회 예산관리국)에 따르면 글로벌 금융위기 전인 2007년 4조 위안에 불과했던 지방정부의 부채가 2010년 말에는 10조 7,100억 위안(GDP의 26.9%)으로 크게 증가했다. 1997년부터 2010년 사이 중국의 GDP가 5배 성장하는 동안 지방정부의 부채는 36배 급증한 것이다.

중국 지방정부는 주로 중앙정부를 통해 채권을 발행하거나 공기업을 설립해 은행으로부터 자금을 조달해 왔다. 독자적으로 채권을 발행할 권한이 없는 지방정부들은 '도시건설투자공사'라는 일종의 지방공기업을 통해 개발업자의 대출을 보증하는 형태로 대형 국유은행으로부터 자금을 융통해서 사업을 추진했던 것이다. 중국 지방정부는 정식으로 지방채를 발행하지 않기 때문에 지방정부의 부채가 공식적인 국가부채로 통계에 잡히지 않는다. 은행들이 '신탁(Trust)'이라는 방법으로 대출을 해주면 장부에 잡히지도 않는다. 일종의 분식회계인 셈이다. 〈중국 경제주간〉에 따르면 그 당시 이미 일부 지방정부는 부채율이 150%를 넘어섰고 개별 현급 중소도시 일부는 400%를 넘어서 사실상 파산 수준에 도달할 정도로 부채 규모가 심각한 것으로 알려졌다. 중국 정부도 사태의 심각성을 인정하고 2011년 11월 지방정부가 직접 채권을 발행하는 것을 허용하기로 하고 상하이 등 4곳을 시범지역으로 선정했다. 지방정부의 부채상환 능력을 높이고 자금집행의 투명성을 확보하기 위해서였다. 그러나 시행 1년도 안 되어 2012년 6월 이를 다시 금지하기로 했다. 부채가 많은 지방정부가 채권발행을 남발할 경우 재정이 더욱 부실해질 수 있다는 우려에서였다.

(그림45) 중국의 M₂ 증가율

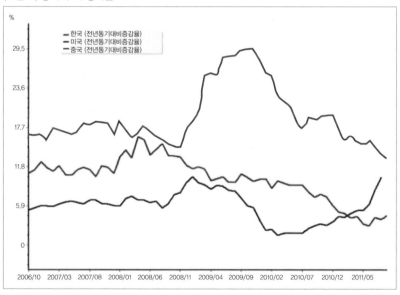

2007년의 서브프라임모기지 사태로 2008년 9월 리먼브러더스가 파

산하면서 앞서 살펴 본 (그림35)와 (그림40)에서처럼 본원통화 공급이 대폭 이루어졌음에도 불구하고, 우리나라와 미국의 통화량증가율 M_2는 오히려 감소하고 있다. 신용경색이 일어나서 은행의 신용창조기능이 붕괴되고 있었던 것이다. 그런데 (그림45)를 보면 우리나라나 미국과 달리 중국의 경우는 M_2증가율이 급상승하고 있다. 이것은 중국이 경제위기에 대한 대응으로 정부지출을 대폭 확대하고 인위적인 신용 팽창을 통해 경제에 돈을 주입시킨 것으로 볼 수 있다. 통화량을 팽창시킴으로써 부동산 버블을 일으켜 건설경기를 활성화시킨 것이다. 물론 여기에는 지방정부의 '도시건설투자공사'를 통해서 개발업자를 위해 은행이 보증을 선 것도 한몫을 단단히 했다고 볼 수 있다. 또한 당시 중국의 부동산활성화 정책이 성공할 수 있었던 이유 중 하나는, 2009년 내내 이어졌던 달러화 약세와 위안화 강세에 대한 기대로 인해 핫머니들이 빠져 나가지 않았기 때문이다.

그림자금융의 기업부실이 금융 리스크로 전이하여 실물경제 둔화로 이어진다면 최악의 시나리오가 될 수 있다. 그러나 대부분의 전문가들은 이런 시나리오가 현실로 나타날 가능성을 극히 낮게 보고 있다. 그 이유는 미국발 글로벌 금융위기는 국가 간 자금이 얽혀 있는 문제였지만 그림자금융은 중국 국내 문제로 국한되기 때문이다.

새로운 실험 중국식 경제시스템

여기에서 주목할 것은 (그림45)에서 보듯이 글로벌 금융위기가 닥친 2009년 우리나라와 미국의 M_2증가율이 감소할 때 중국의 M_2증가율은 큰 폭으로 증가하고 있다는 점이다. 또한 2010년 들어 미국에서는 양적완화정책에 힘입어 M2증가율이 서서히 증가하고 있는데 오히려 중국은 M2증가율이 감소하고 있다는 사실이다. 무언가 정상적인 신용경제 시스템과는 약간 다른 양상이 전개되고 있다. 거시적인 관점에서 보면 채권발행과 같은 직접금융은 새로운 통화량 증가로 이어지지 않는 반면에 은행대출과 같은 간접금융은 통화량 증가를 가져온다. 이는 신규 대출은 원본 유입을 바탕으로 시중에 자금이 방출되어 광의통화량(M2)을 증가시키기 때문이다. 결국 채권시장이 발달하지 못한 중국이 직접 금융시장에서보다는 간접금융시장을 통해 돈을 풀어 위기에 대응한 것으로 볼 수 있다. 그러나 한편으로는 다음과 같은 이유로 중국만의 독특한 통화시스템을 갖고 있는 것은 아닌가 하는 의심이 든다.

2010년 초 중국정부는 지방정부의 부채급증에 따른 신용리스크를 우려해 지방정부가 제공했던 재무보증을 모두 무효화하겠다고 발표했다. 그러나 경제성장의 불씨를 꺼뜨리지 않기 위해 지방정부의 돈줄은 계속 열어줄 방침이라고 했다. 앞에서 본 것처럼 은행의 지급준비율을 2007년의 8%에서 2011년 21.5%까지 지속적으로 인상하면서 간접적으로 통화량을 조절하였다(그림30). 또한 과열된 부동산 시장의 투기 억제를 위하여 대출규제 등 강력한 규제정책을 실시했다.

2010년에 접어들면서 중국의 통화량 M2증가율이 감소하는 것은 이러한 각종의 노력이 있었기 때문이라고 생각한다. 문제는 지방정부의 대출 보증을 전면 무효화하겠다고 할 정도로 당시 지방정부에 의해 창조된 신용통화는 정상적인 신용의 크기를 넘어서 통화의 과다발행이 되었던 것이다. 그럼에도 불구하고 글로벌 경제위기의 시기에 신용시스템하에서는 은행의 리스크관리 때문에 신용경색이 일어나야 하는데 중국은 그런 것에 아랑곳하지 않고 M2증가율이 대폭 상승했다. 신용경제시스템에서는 사회 내에 존재하는 신용의 크기 이상으로 돈이 발행되면 돈의 가치를 유지할 수 있는 방법이 없다. 그런데 중국의 통화 운용 모습을 보면 신용의 크기와 상관없이 통화량을 조절하는 것으로 보인다. 기본적으로 2014년 세계 10대 은행에 포함된 공상은행, 건설은행, 농업은행 모두가 실질적으로 국유은행이다. 이러한 은행들의 경우 수출기업들에게 대출을 해주면서도 원리금 회수에 대한 걱정을 하지 않는다. 부동산 가격 상승에 따른 영업외 수익은 차치하고라도 만일의 경우 부동산 시장이 냉각되더라도 지방정부가 막아줄 것으로 보고 있기 때문이다. 이는 결국 중국 공산당 정부의 신용이 되는 셈이다.

겉모습은 신용시스템을 유지하고 있지만 회수 걱정 없이 신용통화를 만들어 주고 있는 것이다. 철저한 신용평가를 통해서 각자에게 그 신용만큼 돈을 공급한다는 신용시스템의 원칙은 어디에도 존재하지 않는다. 이러한 구조는 중국 경제가 신용시스템이 아닌 일종의 그린백시스템으로 운용되고 있는 것은 아닌가 하는 생각을 품게 한다.

중국 공산당은 '사회주의 시장경제' 체제를 운영한다. 공산당의 운명과 사회주의 시장경제의 운명이 하나인 것이다. 그래서 중국은 정부 소유 은행들이 국내 개발을 위한 '국가신용'을 만들어내고 있다. 은행권이 아닌 정부 발행 통화와 국가 소유의 국가은행시스템을 갖고 있다. 변동환율제 채택도 거부했다. 중국 은행들은 기업들이 빌린 돈을 제때 갚을 수 있느냐 없느냐에 크게 구애 받지 않는다. 중국 정부가 자기 국가신용으로 화폐를 발행해서 갚을 수 있기 때문에 빚더미에 빠질 염려가 없다. 미국이 9조 달러의 연방정부 부채를 안고 있는데 아무도 그것이 상환되리라고 생각하지 않는 것처럼, 돈을 대출이라는 형태로 만들어 낼 뿐이다. 그리고 아직까지는 자국 통화를 투기꾼들에게 개방하지 않고 있기 때문에 투기꾼들이 갑작스럽게 통화를 평가절하시키는 초인플레이션을 일으키는 것이 방지되고 있다. 다만 개혁개방 시 외국인 투자에 의존함으로써 여기서 생기는 부를 해외로 내보내야 하는 부담을 안게 되었다. 따라서 거액의 빚을 미국에 놓고 있지만 미국의 국채를 팔아야 한다면 국채가격이 내려가 엄청난 손해를 보게 되는 물고 물리는 관계가 되고 만 것이다.

그린백시스템은 정부가 화폐를 발행하기 때문에 은행에게 이자를 줄 필요가 없다. 따라서 은행으로부터 빌린 돈(국채)을 갚기 위해 세금을 걷을 필요가 없다. 오로지 새로운 물건과 서비스를 만드는 데 쓴다면 공급은 수요와 함께 늘어나고 물가는 안정상태를 유지한다. 경제에 돈을 늘려 물가가 올라가는 것은 오직 제조업자에게 물건을 더 만들어내기 위해 필요한 원료나 노동력이 바닥났을 때뿐이다. 중국의 비단과 도자기 등을 사기 위해 여러 세기 동안 그렇게 많은 금과 은이 중국으로 흘러 들어갔어도 물가 상승이 그다지 일어나지 않았던 '경제 수수께끼'도 케인즈의 이러한 설명으로 풀린다. 중국은 지금도 통화량 증가에 세계의 달러가 몰려들지만 값싼 제품을 유지하고 있다. 그야말로 인류가 발명한 최고의 통화제도다.

그렇지만 그린백시스템은 미시시피버블 당시의 프랑스, 프랑스 대혁명 후의 아시냐 지폐, 독일 바이마르공화국에서 본 것처럼 신중한 접근이 요구된다. 더구나 오늘날과 같이 국제적으로 얽히고 정치적으로 표를 의식하는 선거민주화 사회에서는 성공하기가 그리 쉽지는 않다. 다만 나치스 독일이나 영국 앞바다의 한 작은 나라 건지(Guernsey)섬처럼 강력한 일당 독재체제에서 그야말로 아주 건전한 상식으로 운용될 때는 가능할 것이다. 1997년 아시아 외환위기와 1999년 닷컴버블,

2008년 미국 서브프라임모기지 부실을 정확히 예견했던 중국의 경제 전문가 앤디 셰(謝國忠) 박사도 중국은 정부가 금융을 소유하고 있기 때문에 시장에서 파산이 일어날 수 없는 구조라고 지적했다.

잠에서 깨어난 중국

중국은 덩샤오핑 등장 이래 개혁·개방정책을 펴면서 우리나라의 압축적 경제개발 성공방식을 벤치마킹했다. 그런데 1997년 아시아 외환위기 때 우리나라와 태국 등이 갑작스런 외국자본 철수로 인해 IMF 구제금융을 받게 되는 것을 보면서 외환보유액을 본격적으로 축적하기 시작했다. 그래서 2000년 1,656억 달러에 불과했던 외환보유액이 지금은 4조 달러나 되어 세계 1위를 차지하고 있다. 그래도 중국은 자본시장을 개방하지는 않고 있다. 자본계정의 자유화가 이루어지지 않았다는 이야기다. 이익을 위해서라면 갑작스럽게 배신하는 외국의 환투기꾼들에게 시장을 호락호락 내줄 생각이 없는 것이다. 문제는 이런 외환보유액 축적전략의 효력이 떨어지고 있다는 것이다. 막대한 무역수지 흑자를 위안화로 흡수함으로써 물가에 주는 부담이 커졌을 뿐만 아니라 내수소비 확대 정책도 소비재 수입 확대로 연결되어 무역수지 흑자를 축소시킨다. 연이은 미국의 양적완화 정책은 중국이 보유한 달러 자산의 가치를 불안하게 한다. 환율을 더 이상 약하게 유지할 수가 없다. 2005년 달러당 8.3위안이던 환율은 최근 6.1위안으로 26%나 절상이 되었다. 그 결과 2008년 2,955억 달러에 달하던 무역수지 흑자는 2011년 1,555억 달러로 거의 반 토막이 났다. 더 이상 외환보유액 축적전략을 지속할 수 없게 된 것이다.

가까운 장래에 언젠가는 중국이 미국을 제치고 세계 1위의 경제대국이 될 것이라는 전망이 잇따르고 있다. IMF는 실제 중국의 2014년 PPP 기준(상대적인 실제 구매력을 평가하는 데 더 유용한 계산법. 각국의 통화단위로 산출된 GDP를 단순히 달러로 환산하는 방식이 아닌 각국의 물가수준을 반영하는 수치) GDP는 17조 6,000억 달러로 미국보다 2,000억 달러를 앞설 것으로 전망했다. 그러나 중요한 것은 경제규모보다 그 나라가 세계경제에서 어떤 역할을 하느냐에 있다. 그리고 그 역할은 통화를 통해서 일어난다. 자국 화폐가 기축통화인 미국은 별도로 통화관리를 할 필요가 없다. 유로화를 사용하는 유럽 각국도 상대적으로 적은 양의 외환만 보유한다. 중국이 위안화 국제화에 나서고 있는 이유다. 이미 중국 무역 중 10% 정도가 위안화로 결제된다. 홍콩의 위안화 표시 채권(딤섬본드)도 중국 정부와 국유 은행은 물론 유럽, 일본의 금융사와 기업으로 확산되고 있다. 그러나 위안화 국제화의 필수조건은 자본시장 개방이다. 자본시장이 열리면 환율 통제가 어려워지고 국제금융시장의 충격이 쉽게 중국에 전파된다. 그러기에 이는 대외 거래의 안정성을 위협하는 양날의 칼이다.

중국은 이제 잠에서 깨어났다. 2009년 리먼브러더스 파산 직후 열린 다보스포럼에서 한 중국인 참석자가 말했다.

"국공 내전 당시인 1949년에는 사회주의가 중국을 구했고, 덩샤오핑이 개혁하던 1979년에는 자본주의만이 중국을 구할 수 있었다. 베를린 장벽이 무너진 1989년에는 중국만이 사회주의를 구할 수 있었고, 이제 글로벌 위기에 처해 중국이 자본주의를 구하게 될 것이다."

이제 중국은 3조 7,000억 달러가 넘는 외환보유고(작년 7,000억~8,000

억 달러가 중국을 빠져 나갔다. 무역 흑자 4,500억 달러를 감안하면 자본 이탈 규모가 크다)를 바탕으로 아프리카의 자원을 싹쓸이하고 있다. G2 경제대국으로 자신감을 얻고 중화민족주의가 부상하고 있으며 국내총생산이 일본을 앞지르면서 '패권의지'를 숨기지 않고 있다. 덩샤오핑 시절의 도광양회(韜光養晦, 재능을 감추고 때를 기다린다)를 넘어 유소작위(有所作爲, 적극적으로 참여해서 하고 싶은 대로 한다)의 행태를 보인다. 미국과는 경제적으로 서로 맞물려 있으면서도 곳곳에서 맞부딪치고 있다. 강력해진 힘을 바탕으로 티베트나 위그르 등의 독립을 억압하면서 주변국들과 영토분쟁을 벌이고 있다. 필리핀과는 난사군도 분쟁을, 베트남과는 시사군도 분쟁을 벌이고 있다. 일본과는 댜오위다오(일본명 센카쿠)섬을 놓고 일본이 이를 국유화한 것을 계기로 무력시위를 벌이며 군사적 긴장을 고조시켰다. 100년 넘게 아시아 패권국이던 일본은 고개를 숙여야 했다. 우리나라에 대해서도 동북공정이니 이어도 영유권이니 하여 신경을 건드리고 있다. G2에 걸맞은 발언권을 요구하고 있는 것이다. 시진핑의 외교 전략에는 명나라 영락제가 세력을 확장한 것과 비슷한 측면이 있다고 평가된다. 그러다 보니 중화민족의 부흥과 미국의 아시아 복귀 전략이 곳곳에서 부딪치고 있는 형국이다.

중국은 우리나라의 최대 교역국이자 최대 수출국이다. 2013년 한·중 교역액은 2,225억 달러로 우리나라 전체 교역액 1조 1,537억 달러의 19.3%에 달했다. 미국(11.2%)과 일본(8.4%)을 합한 것과 비슷하다. 대중국 수출액은 1,350억 달러로서 21.9%의 비중에 달하고 있다. 중국에서 벌어들인 무역흑자만 474억 달러로 우리나라 전체 무역흑자(806억 달러)의 약 59%에 달한다. 중국의 경제성장률이 1% 하락할 때 우리나라의 경제성장률은 대략 0.38% 감소한다. 이 경우 대 중국 수출은 감소폭

이 2%에 달한다. 국내 수입 소비재 가운데 중국산 비중은 34%에 이른다. 국내총생산(GDP) 기준 무역의존도가 25%인 일본도 중국의 경제보복에 휘청거렸다. 무역의존도가 95%인 우리 경제는 중국의 경제 제재에 훨씬 더 취약하다. 만일 중국발 금융위기가 발생한다면 세계 여러 나라 가운데 우리나라가 받을 충격이 가장 클 것이다. 타일러 코웬 교수는 2년 안에 중국에 대공황에 버금가는 위기가 올 것이라고 주장한다.

지난 글로벌 금융위기 때 중국은 막대한 정책자금을 투입했다. 그 결과 위기는 벗어났지만 부동산시장의 과열과 지방행정부의 부채가 심각해진 것 또한 사실이다. 7% 성장의지만큼이나 소비경제로 전환하는 데 따르는 구조적인 문제와 좀처럼 깨어날 것으로 보이지 않는 세계경제의 어려움이 맞바람을 안겨다 주고 있다. 이러한 상황에서 신중치 못한 선진국들로부터 학습효과를 얻은 중국이 최근의 금리인하에서 보여준 것처럼 통화정책에 의존하는 것은 타당해 보인다.

"귤이 회수(淮水)를 건너면 탱자가 된다(橘化爲枳)."

시진핑이 2017년에 치러질 홍콩 행정장관 직선제 요구와 관련한 민주화 시위에 대해 답변하면서 인용한 고사이다. 중국은 960만 km²의 국토와 56개 민족으로 이루어진 나라다. 시진핑은 서유럽같은 민주화의 길을 걷다가는 위구르자치구나 티베트자치구 등 소수민족 분리독립 문제로 연결되어 핵분열이 될 것으로 보고 있다. 그는 중국식 사회주의의 길을 가겠다는 의지를 분명히 하고 있다.

중국이 주도한 서부 앙골라와 동부 탄자니아를 연결하는 아프리카 횡단철도가 2018년에 개통될 예정이다. 또한 대서양에 연한 브라질에서 태평양에 연한 페루까지 연결하는 남미대륙 횡단철도를 제안하고 있다. 그렇게 되면 미국이 장악하고 있는 파나마운하를 이용하지 않아도 된다. AIIB(아시아인프라투자은행) 흥행에 고무된 중국이 아시아판 다보스 포럼으로 불리는 하이난(海南)성 보아오(博鰲) 포럼에서 육·해상 신(新) 실크로드 전략인 '일대일로(一帶一路)'를 강조했다. '중화(中華)주의' 부활을 의심케 하는 대목이다. 더구나 중국으로서는 엄청난 무역흑자를 금리도 낮은 미 국채에 투자하는 것보다 수익률 6~7%의 아시아 인프라에 쏟는게 훨씬 경제적이라는 사실이다.

나폴레옹의 예언은 맞았다. 중국은 이제 깨어났고, 정말로 세계를 뒤흔들고 있다. 다만, 중국은 중진국 함정(middle income trap)에 빠질 우려를 경계해야 하며, 미국이 세계 1위의 경제 대국이 되고 나서 40년이 지난 뒤에야 달러가 영국 파운드화를 대체하는 기축통화가 되었다는 사실을 상기할 필요가 있을 것이다.

우리가 만나야 할 미래

1. 일본 같은 장기 침체를 피하려면

서브프라임 사태로 인한 글로벌 경제위기에 우리나라는 남유럽 등 다른 나라에 비해 비교적 선방했다고 평가받고 있다. 실제로 몇몇 대기업은 위기를 기회로 극복하는 저력을 보인 것이 사실이다. 그렇지만 기업은 실적이 좋아졌어도 국민들에게 다가오는 체감경기는 그에 훨씬 미치지 못한다. 기업들이 국내에 공장을 지은 것이 아니라 해외의 생산기지에서 돈을 벌어들이기 때문이다. 그러니 국민이 느끼는 양극화 현상은 오히려 더할 수도 있다. 우리의 경제 현실은 1985년 플라자합의 후 장기 침체가 시작된 일본 경제와 닮아가고 있다. 2014년 경제성장률이 3.3%에 머물렀으며, 2011년 이래 4년째 3% 성장 벽을 넘지 못하고 있다. 우리나라 경제는 이미 장기 저성장 시대에 진입한 것이다.

일본은 당시 부동산과 주식 등 자산 가격이 폭락하며 경기 침체에 빠졌고, 이를 내수보다는 수출에 의존하여 극복하려고 했다. 기업들 역시 엔고와 높은 임금 등을 감당하지 못하고 해외로 탈출하여 산업공동화 현상을 나타내고 있었다. 일본 중앙은행도 선제적으로 금리인하를 하여 대응하기보다는 일시적일 것이라고 잘못 판단하여 뒤늦게 점진적으로 금리인하를 했다. 그리하여 재정정책만으로 경기부양을 시도했다. 낙후된 금융은 기업들의 구조조정을 지연시켰고 자금흐름이 왜

곡되었다. 지금까지 15명의 총리가 바뀌었지만 구조조정보다는 국채를 찍어내 빚으로 지출 습관을 유지했다.

지금 우리는 더 높은 산에 올라가기 전에 만나는 '전환의 계곡(valley of transition)'에 머물러 있다. 그런데 우리는 일본을 비웃으면서도 그 뒤를 따라가고 있는 형국이다. 5년마다 바뀌는 정부의 입맛에 맞추려니 장기적인 투자를 하기 어렵다. 우리가 왜 하필이면 일본의 전철을 밟아야만 하는가?

이유는 간단하다. 노동시장에서 고용의 탄력성이 없어서이다. 일본이 그랬다. 일본은 노동 개혁에 실패하여 일자리의 유연성을 확보하지 못하면서 비정규직 일자리만 양산되는 환경이 조성되었다. 그러다 보니 가난한 젊은 비정규직 종사자들이 고령자를 부양해야 되는 구조가 되어버렸다. 우리도 이대로 가다가는 일본의 실패를 되풀이하게 될 것이다.

우리나라는 1980년대 후반 88올림픽을 앞두고 정치민주화 바람이 거세게 불었다. 노사분규가 폭발했고 노동조합의 입김이 점점 세어져 갔다. 1997년 경제위기가 닥치면서 구조조정의 바람이 불 때 노동조합의 울타리 안에 있는 정규직 노동자만 보호를 받는 구조로 재편되어 갔다. 구조조정이 회사의 경쟁력을 강화하는 관점에서 시행되어야 하는데 막강한 노조의 힘 때문에 그렇게 하지 못했다. 이것이 문제의 근본 원인이다. 구조조정의 물결이 밀려왔을 때는 먼저 비정규직부터 해고했고 그다음이 능력에 상관없이 나이 많은 순으로 명예퇴직의 대상이되었다. 노동조합의 보호를 받지 못했기 때문이다. 그러다 보니 일거리가 늘어서 인력이 필요할 때면 고용주는 우선 노동의 탄력성이 있는 비정규직 채용으로 눈을 돌리게 되었다.

진정한 국가 경쟁력보다는 선거만을 의식하는 정치권이 비정규직보호법을 만들어 2년 이상 근로한 계약직원은 정규직으로 전환시킬 것을 규정했다. 그러자 글로벌 경쟁을 해야 하는 기업들은 계약직원이 2년을 넘기기 전에 해고를 하거나 아예 도급을 주는 것으로 대응했다. 기업도 숙련된 직원을 해고하고 또다시 신입직원을 뽑아서 가르쳐야 해서 손해였고, 계약직원 역시 또다시 새로운 직장을 알아봐야 하기에 쉬운 일이 아니다. 도급은 하청업체나 외주업체로서 외연만 바꿔 쓴 채 동일노동을 한다. 그러나 임금이나 편익에는 차이가 있다. 이렇게 비정규직보호법이 오히려 더 차별화를 하는 법으로 변질되는 것이 현실이다.

1987년 민주화 이후 대통령이 여섯 번이나 바뀌었지만 누구도 경제의 구조적 병폐를 고치지 않았다. 아무도 이러한 현실의 본질을 거론하지 않으려 한다. 그리고 무조건 비정규직과 정규직을 임금도 동일하게 주고 차별을 하지 말라고만 한다. 노동조합이 귀족이 되어버린 현실을 애써 외면한다. 앓는 게 비정규직 근로자요, 곪는 게 기업이다.

기업이 성장해도 공장을 해외로 돌리고 공장을 자동화시키기 때문에 일자리가 그다지 늘어나지 않는다. 1987년까지만 해도 국내 기업의 해외투자는 연간 2억~5억 달러에 불과했다. 그러던 것이 1988년에는 돌연 16억 달러로 불어났고, 1996년에는 71억 달러로 폭증했다. 그리고 2013년에는 351억 달러로 늘어났다. 반면에 우리가 유치한 외국인투자는 같은 해 145억 달러로 나가는 돈의 반에도 못 미쳤다.

현대차의 국내 생산 비중은 2005년 73%에서 2013년에는 43%로 떨어졌다. 삼성전자는 모바일 부문 급성장으로 지난 4년간 종업원 수가 15만 8,000명에서 27만 명으로 늘었지만 이중 8%만이 국내 인력이었다. 현대자동차는 멕시코에 연간 30만대 규모의 생산공장을 짓기로 했고, LG화학도 중국 난징에 연간 10만 대의 전기차 배터리 공장을 짓기로 했다. 베트남 정부는 수십 만 평의 공장 부지를 공짜로 제공하고 4년간 법인세 면세 등 특혜를 제공한다. 우리나라 근로자 임금의 10분의 1 수준인 월 20만~35만원의 임금을 받으려고 베트남 여공들이 구름처럼 몰려드는 것이 현실이다.

지난해 중국 시안의 반도체공장 건설에 70억 달러를 투입한 삼성전자는 올해도 30억 달러를 투자할 계획이다. 문제는 여기서 그치지 않는다. 시안에 있는 삼성전자에서는 현재 지구상에서 유일하게 '3D V 낸드 플래시 메모리'를 생산한다. 기존 제품보다 데이터 처리 속도가 2배 빠르지만 전력 소비량은 40%에 불과하다. 플래시 메모리 중에서는 가장 첨단의 제품이다. LG전자의 105인치 곡면 초고화질(UHD) TV 역시 최첨단 제품이다. 여기에는 LG디스플레이가 파주 공장에서 생산한 105인치 LCD패널(화면을 구성하는 핵심 부품)이 들어간다. LG디스플레이는 중국 광저우 공장에서 이와 똑같은 제품을 만들어 내고 있다. 문제는 부품·완제품 구분 없이 첨단 설비와 제조업의 강점인 제조·공정 기술이 중국으로 고스란히 넘어가고 있다는 것이다. 일본의 전문가들은 한국 기업이 살아남으려면 중국이 못 만드는 부가가치가 높은 제품을 만들어야 하는데, 기술을 너무 쉽게 넘겨주고 부메랑을 맞고 있다고 말한다. 대기업의 중국 진출이 한국 경제의 힘과 체력을 오히려 떨어뜨렸다고 뼈아픈 지적을 하고 있다. 일본 기업들은 오래전부터 중국의 부상에 대비해 왔으며, 적어도 기술 축적이 잘 되어 있는 핵심 기술은 밖으로 갖고 나가지 않는다고 한다. 한국 대기업은 국내의 고용 문제를 무시하고 너무 쉽게 너무 많이 밖으로만 나가고 있다.

우리의 대기업이 움직이는 경로는 마치 로마의 농업재벌들이 식민지에서 올리브와 밀을 생산하는 대형 농장을 개발하고 엄청난 돈을 벌어들이던 모습과 유사하다. 부의 축적이 해외에서 이루어지고 해외에서 벌어온 돈을 쌓아놓고 국내에서 쓰지 않는 경영전략도 비슷하다. 당시에도 이탈리아 반도에는 실업자가 늘어나고 산업공동화 조짐이 뚜렷했다. 참다못한 트라야누스 황제가 재벌들에게 매년 수익의 30%를 국내에 투자하라는 법을 만들었다. 돈이 국내로 쏠리자 로마의 땅값은 올라갔고, 포도밭은 얕은 구릉에서 가파른 산꼭대기까지 확대됐다. 부동산 버블이 발생했다.

2. 양극화의 사전규제

복지와 경제민주화를 외쳐대고 있는 우리나라는 지금 어떠한가? 얼마 전에는 재벌들이 빵집까지 운영하고 동네 골목상권까지 독점한다고 하여 문제가 된 적이 있다. 또한 계열사에 일감 몰아주기, 그룹 내 구매독점(MRO)사업 운영, 특수관계에 의한 하도급업자 선정, 독점력을 남용한 납품업체 착취 등 많은 문제를 갖고 있다. 경제민주화에 관련해서는 과거정권에서도 상생협력이니 동반성장이니 하여 법률도 정하고 위원회도 만들고 하였다. 그리하여 상생협력촉진법도 만들고 동반성장을 위한 '이익공유제'를 추진하기도 했다. 그리고 지금은 출자총액제한제도나 재벌의 순환출자금지 등을 통하여 경제민주화를 하여야 한다고 주장들을 하고 있다. 그러나 경제민주화란 도대체 무엇인지 그리고 그런 말이 왜 나왔는지 많이들 헷갈려 하고 있다. 복지라는 말은 알겠는데 경제민주화란 무슨 뜻인가? 민주화란 기존의 권위주의 체제에서 벗어나 자유와 평등이라는 민주주의의 기본 가치를 세운다는 뜻인데 경제민주화라고 하니까 알쏭달쏭하다.

우리는 자본주의 시대를 살아가고 있다. 그리고 자본주의 신용경제 시스템 하에서 생겨난 모순들에 직면해 공산주의도 나타났고 그린백 시스템이 나타났으며, 수정자본주의를 거쳐 신자유주의로 변모하여 왔다. 그러나 그 근본에는 신용사회라는 뿌리가 있고 그것은 시장경제로 나타났다.

(그림46)에서 보듯이 오늘날 자본주의 사회에서는 여기에 내재한 불완전성의 결과로서 나타나는 사회의 양극화 문제를 해결하기 위한 노력이나 방안들이 제시되어 왔다. 그리하여 약육강식의 시장경제가 지닌 폐해를 사전에 차단하기 위한 방편으로 경제민주화란 개념이 도입되었다. 그럼에도 불구하고 시장에서는 경쟁의 결과 소외계층이 생겨나게 마련이다. 그래서 경쟁의 결과 나타나는 사회적 약자를 보호하기 위한 방편으로 복지라는 개념이 도입되었다. 그리고 이를 위해서 선별적 복지를 할 것이냐 보편적 복지를 할 것이냐를 두고 논란이 있는 것이다.

(그림46) 자본주의 시장 양극화에 대한 정부의 역할

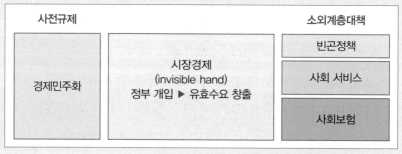

기본적으로 민간부문에서 유효수요가 창출되는 시장에서는 아담 스미스의 '보이지 않는 손'이 작동한다. 그러나 시장은 사회 내에 존재하는 신용의 크기만큼만 거래가 허용된다. 이러한 시장의 법칙이 무너져

서 민간의 수요창출에 한계가 왔을 때 정부가 개입하여 유효수요 창출을 하였다. 그리고 경제상황에 따라 케인즈학파와 시카고학파가 번갈아 대안을 내놓았고 정부개입의 정도에 변화가 있었다. 이것이 오늘날의 시장경제에 대한 개괄적 설명이라고 볼 수 있다.

그렇지만 시장은 경쟁시장이고 경제이론에서 가정하는 완전경쟁시장은 존재하지 않는다. 완벽할 수가 없는 것이다. 출발선이 다르다거나 사회구조적 모순도 무시할 수 없지만 일반적으로 보자면, 경쟁에 따른 인간의 능력에는 차이가 존재하기 때문에 빈부의 격차가 나타날 수밖에 없다. 따라서 사회를 형성하고 있는 시장의 양극화 현상에 대하여 사전에 경제적 강자의 시장지배력에 대한 규제가 필요하며, 그렇게 하고도 시장에서 낙오되는 사회적 약자를 사후에 보호할 정부의 역할이 필요한 것이다. 전자를 경제민주화라고 하며, 후자를 사회복지라고 한다.

경제민주화라는 표현을 쓰는 나라는 우리나라가 유일하다. 미국에 있는 약자 보호법과 약자를 위한 긴급법률서비스가 우리나라에는 없다. 남덕우 전 총리는 "외국에서 경제민주화라 함은 의사결정의 저변을 확대하는 것으로 해석된다. 주주들만이 아니라 기업과 관련된 여러 이해관계자를 고려하는 것이고 경제적 약자를 돕는 것"이라고 하였다. 흔히 경제민주화라고 하면 재벌을 개혁하는 것이고 이는 순환출자 금지나 해소가 전부인 것처럼 말들을 하고 있다. 재벌이 지분도 몇% 갖지 않고서 순환출자를 통해 기업들을 지배하면서 시장 내에서 불공정한 게임을 벌이고 있으니 그럴 만도 하다. 그러나 그것이 다는 아니다. 경제민주화는 시장에 그냥 맡겨 놓았을 때 강자가 약육강식의 논리로 횡포를 부리지 못하도록 규율(rule)을 미리 정해 놓는 것이다.

사회복지라고 하면 일반적으로 급식, 교육, 출산, 의료 등을 생각할 수 있다. 복지제도는 자유로운 시장경제의 경쟁에서 상대적으로 낙오되는 계층을 보호함으로써 불완전한 시장경제시스템을 보완하려는 장치다. 따라서 가난을 벗어나 일정한 수준에 오른 국가는 국민들의 이러한 차별적 빈곤을 해소하기 위해 복지제도를 시행한다. 선진국에서 시행되는 복지제도는 대개 빈곤정책, 사회서비스, 사회보험으로 구성되어 있다.

빈곤정책(poverty police)은 빈곤을 해소하기 위해 국가가 맨 처음 또 가장 중점적으로 시행하는 제도다. 따라서 금전적 결핍 정도의 차이에 따라 절대적 빈곤층과 상대적 빈곤층으로 나눌 수 있다. 절대적 빈곤이란 한 사회에서 최소한의 생계유지를 위해 필요한 재화와 서비스를 구입하는데 소득수준이 미치지 못하는 경우를 말한다. 상대적 빈곤이란 사회의 평균소득수준과 대비하여 상대적으로 소득수준이 낮은 계층을 말하는데, 보통 가구총소득이 중위층 평균소득의 50%에 미달하는 계층을 일컫는다. 사회서비스(social services)는 노인 · 장애인 · 아동 등 인구집단별로 발생하는 다양한 복지 수요에 대응하는 서비스를 말한다. 인구집단별 수요에 맞추기 때문에 선별적 복지(selective welfare)라고 한다. 예를 들면 아동과 초중등학교 무상급식, 출산장려금, 영유아 무상보육 등이 여기에 속한다.

사회보험은 가장 중요한 영역으로써 보편적 복지(universal welfare)라 불리운다. 사회보험에는 연금, 의료, 고용, 산재보험의 4대 보험이 있다. 사회보험은 모든 시민이 향유해야 할 기본권이자 복지정책의 기초가 되는 것이다. 사회서비스는 인구집단별로 선별적으로 제공되므로 못 받을 수도 있지만, 사회보험은 누구나 받을 수 있다. 예를 들어 노령연금은 65세 이상의 노인에게 매월 지급된다. 건강보험은 모든 국민들에게 차별 없이 제공되는 보편적 복지에 해당한다. 다만 무상의료를 하기에는 막대한 재원이 소요된다. 문제는 우리나라에는 이러한 사회적 권리가 없는 4대 보험의 사각지대가 매우 넓다는 것이다. 우리나라는 사회보험을 직장에서부터 먼저 시작하였기 때문에 초기에 취약계층이나 빈곤계층이 배제되었다. 취약계층이 먼저 혜택을 받아야 하는데 거꾸로 된 것이다.

3. 새로운 패러다임

착취와 파괴로 얼룩진 제국주의 식민지 경쟁 대신에, 새로운 문명의 모델로 소비문화가 대두되었을 때 동시다발적으로 역동적인 소비사회가 발달하지 않았다면, 아마도 산업혁명은 서양의 다른 국가들로 퍼지지 못했을 것이다. 이 또한 산업혁명 당시 기술개혁의 물결이 몰고 온 대량생산의 결과였다. 대량생산과 대량소비의 자본주의 시스템은 구매력 있는 소비자(유효수요)에 의존한다. 19세기에 접어들면서 세계는 몇 번의 공황을 겪기는 했지만 마크 파버가 말한 '마법의 지팡이'가 닿은 것처럼 엄청난 성장과 팽창이 있었다. 과학과 의학의 발달로 인구가 기하급수적으로 증가하면서 유효수요가 늘어난 것이다. 경제의 규모가 팽창하는 데 따른 화폐부족 문제는 은행의 신용창조 활동에 의한 신용시스템이 해결해 주었다. 시장에서 아담 스미스의 '보이지 않는 손'과, '공급이 수요를 창출한다.'는 세이의 법칙이 작동될 수 있었던 배경이다.

대공황과 같은 글로벌 금융위기에 케인즈가 다시 등장했고 각국 정부는 막대한 재정을 투입해서 빚더미에 빠진 민간 대신 유효수요를 창출했다. 그런데 이제 그 처방이 한계에 부딪힌 듯하다. 앞날이 불확실할 때는 일본에서 보듯이 돈을 풀어도 지갑을 열지 않는다. 지갑을 열지 않으니 소비가 줄어들 수밖에 없다. 공장을 돌리고 고용을 유지하기 위해서는 상품을 계속 만들어야 하는데 그것을 사 줄 유효수요가 없다. 공장이 문을 닫으면 일자리가 없어진다는 이야기다. 소비하지 않으면 안 되는 시스템과 늘어나지 않는 유효수요가 빚어내는 모순이 임계점에 달했다. 자본주의 3.0을 대신할 새로운 패러다임이 필요한 때다. 소비와 노동과 소득재분배에 대한 태도를 근본적으로 재검토해야 한다.

그래도 희망이 있음을 우리는 미국에서 보고 있다. 미국의 민간 부문은 금융위기가 정점에 달했을 때 오히려 역동적이었다. 미국은 1970년대 하룻밤 사이에 석유가격이 3달러에서 35달러로 치솟던 석유파동 때, 금융·정보통신·우주항공·바이오제약·반도체 등 신종 산업이 자동차·철강·조선·방직업의 생산액에 견줄 만큼 성장했다. 재래식 산업인 제조업 위주의 산업구조를 변화시킴으로써 위기에서 벗어나 신산업을 새로운 경제 주역으로 탈바꿈시킨 것이다.

21세기 글로벌 경제위기에서도 미국은 유감없이 창조적 혁신을 보여주었다. 2000년대 최고의 발명품으로 꼽히는 아이폰, 페이스북과 트위터 등으로 대변되는 온라인 및 모바일 인터넷 혁명, 암반 속 원유를 뽑아내는 셰일가스 혁명, 우버택시나 에어비앤비 서비스의 공유경제 비즈니스가 그것이다. 아이폰은 '손 안의 PC'를 가져다주었고, 셰일가스 혁명은 석유가격을 반값으로 떨어뜨리고 우크라이나 사태에까지 영향을 미치고 있다. 우버택시는 전 세계에 마찰을 빚고 있지만 올해 매출이 10조원을 넘을 것이라고 한다. 에어비앤비는 전 세계 힐튼호텔 체인보다 더 많은 손님을 끌어 모으고 있다.

IT의 발달로 흥정, 의사결정, 시행 등 중간 단계에 수반되는 거래비용이 사라지게 되면서 변화된 경제 구조인 공유경제는 수동적이었던 소비자를 적극적인 프로슈머(prosumer)로 바꾸어 놓았다. 이렇게 세계경제는 끊임없이 신산업을 창조하면서 새로운 패러다임을 만들어갈 것이다. 누구의 말처럼 석기시대가 돌이 다 떨어져서 끝이 나고 다음 시대로 넘어간 것이 아니지 않는가.

4. 저금리의 혁명

세계경제는 1990년대를 고비로 금융이 실물경제를 뒷받침하던 시대가 가고 금융이 실물경제를 지배하는 구조로 바뀌었다. 미국과 유럽과 일본이 자기나라 경제를 살리려고 다퉈가며 돈을 찍어 살포했기 때문이다. 금리의 역사는 고대부터 시작해 오늘날 우리사회를 지배하는 방대한 서사시다.

시드니 호머와 로버트 쉴러는 요즈음 같은 저금리 시대가 경제를 일으키고 문명을 흥하게 만든다고 했다. 고대 바빌로니아와 그리스, 로마 등의 이자율 역사를 살펴보면 국가나 문화가 흥성했던 시기에는 이자율이 낮았고 쇠퇴하거나 망하는 시기에는 이자율이 높았다. 지금도 나라가 안정되고 부강할 때 이자율이 낮고 국가가 흔들리거나 신흥국가일 경우에는 이자율이 높다.

16세기 중반 이탈리아의 베네치아와 제노바 등지에서 연 2% 아래의 저금리가 십수 년간 지속된 이후 르네상스의 용틀임이 시작되었다. 르네상스시대부터 본격적으로 상업이 발달하면서 그에 따른 돈이 필요하게 되어 서로간의 이해타산이 맞아떨어진 것이다. 이자가 낮다는 것은 돈을 마음 놓고 빌려 무엇인가 할 수 있는 여건이 조성된다는 뜻이다. 이런 분위기에서 사회 전체적으로 사람들이 돈을 빌려 일을 하면서 산업이 발달하고 상업이 꽃을 피워 국가가 발전했다. 영국도 1688년 명예혁명과 함께 네덜란드의 저금리 정책을 도입하면서 산업혁명이 일어나는 계기가 되었다. 저금리로 벤처정신을 가지고 사업을 할 수 있는 토대가 마련되면서 실제로 유럽은 엄청난 발전을 거듭하게 되었다.

우리나라도 1980년대에는 이자율이 25%에서 12%를 오르내렸다. 그러다가 1997년 IMF 외환위기를 맞으면서 이자율이 30% 가까이 치솟기도 했다. 지금은 10% 미만이 대부분이며 은행이나 저축은행에 저금을 해도 5% 미만에 불과하다. 예로부터 지금까지 금리가 낮으면 서민들의 생활이 수월하였고 금리가 높으면 그 시대의 삶이 어려웠다. 금리란 항상 한 사회나 시대의 잣대가 되었다.

지금 전 세계는 저금리와 통화팽창으로 전쟁을 겪고 있는 것 같다. 선진국은 울트라 금융완화정책을 7년간이나 지속했다. 우리나라만이 금리인하와 유동성 공급에 인색했다. 우리나라는 균형재정을 자랑하면서 딴 세계에 살고 있는 것처럼 한가롭기만 했다. 미국을 비롯한 세계 주요국가의 실질금리가 모두 마이너스인데 우리나라만 플러스를 유지했다. 여차하면 순식간에 빠져나갈 수 있는 채권투자 자금이 몰려와 원화만 절상시켰다. 우리만 역주행을 한 것이다.

5. 개방에 담겨진 미래

지금까지의 세계 역사를 되돌아볼 때 문화든 무엇이든 타민족에게 개방적이었던 나라는 흥했고 폐쇄적이었던 나라는 망했다. 제정 로마제국이 그랬고, 800여 년간 이베리아 반도를 지배했던 이슬람문화가 그랬고, 자본주의의 터를 닦았던 네덜란드가 그랬고, 산업혁명의 꽃을 피운 영국이 그러했고, 오늘날의 미국이 그러하다.

로마의 건국은 늪지 언덕에서 이루어졌고 지리적으로 바다와 인접하지도 않았다. 그런데도 로마가 지중해를 지배할 수 있었던 배경에는 타민족에 대한 개방성과 포용력이 있었다. 로마의 황제는 특정 가계에 국한되지 않는다. 오현제(伍賢帝)시대의 트라야누스와 하드리아누스는 스페인 출신이었다. 노예의 아들로 태어난 디오클레티아누스는 아드리아해 건너 발칸 반도의 스플릿 출신이었지만 후기 로마에서 가장 효율적인 통치를 펼쳤다. 넓은 땅을 통치해야 했던 로마는 인재를 인종이나 귀천을 가리지 않고 등용했던 것이다.

711년 이베리아 반도에 들어온 이슬람교도들은 유대인들을 같은 아브라함의 자손으로 인정하면서 우호적으로 대한 덕분에 오늘날 서구 문명의 싹을 틔울 수 있었다. 유럽 여러 나라에서 추방당해 이베리아 반도로 몰려든 세파르디 유대인들은 자유롭게 그들의 자질을 꽃 피웠던 '세파르딤 문화'를 가장 자랑스럽게 생각한다.

네덜란드 역시 좁은 땅덩어리에 국토의 4분의 1이 낮은 저지대 습지였다. 그러한 네덜란드에서 오늘날 자본주의의 싹이 틀 수 있었던 것은 스페인에서 쫓겨난 유대인들을 종교적 관용정책으로 대거 수용했던 결과였다. 캘빈주의 신교국가였으나 종교적으로 박해를 받던 위그노 등의 지식인들도 포용했다. 17세기는 문화와 경제 면에서 네덜란드의 시대였다. 이와 대조적으로 국교를 핑계로 유대인을 추방하였던 스페인은 과거 식민지였던 네덜란드에 뒤처질 수밖에 없었다.

1688년 명예혁명으로 네덜란드의 빌렘 3세가 영국의 윌리엄 3세로 왕에 추대되었을 때, 많은 유대인과 네덜란드의 금융업자들이 윌리엄

3세를 따라 영국으로 이주했다. 이로써 영국에는 금융을 비롯한 새로운 제도가 전파되었고 이는 나중에 영국에서 산업혁명이 일어날 수 있었던 원동력이 되었다.

독일을 통일한 프로이센도 강대국이 되는 과정에서 국적과 종교를 불문한 인재 영입정책을 펼쳤다. 오늘날 초강대국으로서 세계를 호령하고 있는 미국은 아메리카 대륙 발견 후 이민족들이 모여들어 형성된 국가이다. 그리고 지금도 세계 각국에서 많은 사람들이 몰려들고 있다. 고령화 문제가 심각한 우리나라도 이민 수용 등 인재 개방정책에 힘써야 한다.

1793년 매카트니 백작이 청나라의 건륭제를 찾아가 문호개방을 청했을 때 그들을 적대적으로 대했던 판단 착오는 중국으로 하여금 아편전쟁과 청일전쟁을 거치면서 서구 열강의 반식민지로 전락하게 했다. 우리도 구한말 대원군의 쇄국정책은 조선을 일본의 식민지로 만든 원인이 되었다. 사회주의 국가인 중국보다도 폐쇄적인 의료시장과 교육시장의 개방도 이해관계자들의 눈치만 보고 있다가는 국가의 미래가 없다.

6. 큰바위 얼굴

오늘날 우리가 부러워하는 스웨덴의 복지가 있기까지에는 50여 년의 세월이 필요했다. 그 중심에 국민의 아버지로 불리는 타게 에를란데르(Tage Erlander)가 있었다. 모든 사람이 골고루 잘사는 사회, 반목과 질시가 없는 강한 사회는 그의 통치 철학이기도 했다. 국민을 위한 열정, 상생의 정치, 대화와 협상의 정치는 그의 정적조차도 찬사를 아끼지 않을 수 없도록 만들었다. 나중에 그가 총리직을 내려놓았을 때 그에겐 평범한 시민으로 돌아가 살 수 있는 집 한 채가 없다는 사실이 밝혀졌다. 서로간의 신뢰와 세금부담을 꺼리지 않는 수준 높은 국민의식은 아르헨티나와 그리스, 스페인 같은 처지로 전락하는 것을 막아주는 것 이상의 보상을 해줄 것이다.

과거 청교도들은 종교 탄압을 피해 '메이플라워'호에 몸을 싣고 새로운 대륙을 향했다. 이후 새로운 삶을 꿈꾸는 유럽인들에게 미국은 자유의 나라이며 희망의 나라로 이상향이 되었다. 오늘날까지도 미국은 경제적 빈곤을 해결할 수 있는 또 다른 '아메리칸 드림'으로 전 세계인들에게 꿈을 심어주고 있다. 중국 부자들의 '미국 꿈'이 지구촌을 놀라게 하고 있다. 세계 최대 전자상거래업체인 알리바바의 마윈(馬雲) 회장이 뉴욕 증시 상장으로 중국 최고의 부자가 된 데에는 영어에 대한 관심이 결정적 역할을 했다. 세계적으로 돌풍을 일으키고 있는 스마트폰 제조업체 샤오미의 레이쥔 회장 역시 미국이 이상향이었다.

우리가 만나야 할 미래는 어디에 있을까? 다음 세계 경제의 물결은 중국의 소비다. 노동력이 늘지 않고 있는 서구는 오랫동안 어려움을 겪을 것이다. 이는 우리에게도 시사하는 바가 크다. 금리인하를 통한 디플레이션의 극복과 경제성장은 당면한 핵심 문제이다. 미국의 예일거시경제패러다임은 좋은 모델 중 하나를 보여주었다. 관치에 물든 금융산업이 더 이상 정부를 바라보게 해서는 살아남을 수 없다. 인구가 늘지 않는데 부동산 경기 부양은 한계가 있다. 우리 경제의 비효율성과 낭비요소를 걷어내고 생산성을 높이는 경제시스템의 개혁이어야 한다. '빵과 서커스'로 쇠퇴의 길을 걸은 로마가 되어서는 안 된다. 경제는 생존의 문제다. 일본의 잃어버린 20년을 답습할 수는 없는 노릇이다. 시대를 밝혀줄 '진정한 리더'가 그립다. 아니, 우리 스스로 그런 리더를 만들어 내야 한다.

참고문헌

강창래(2013), 「책의 정신」, 알마 출판사

고세훈(2012), 「조지 오웰」, 도서출판 한길사

김상훈(2009), 「외우지 않고 통으로 이해하는 통세계사 1, 2」, 다산북스

김석균(2014), 「바다와 해적」, 오션&오션

김수행(2010), 「청소년을 위한 국부론」, 도서출판 두리미디어

　　　(2012), 「청소년을 위한 자본론」, 도서출판 두리미디어

김용덕(2010), 「반복되는 금융위기」, 삼성경제연구소

김인준(2009), 「대한민국, 경제학에게 길을 묻다」, 중앙북스

김종인(2012), 「지금 왜 경제민주화인가」, 동화출판사

김형오(2012), 「술탄과 황제」, 21세기북스

배기찬(2005), 「코리아 다시 생존의 기로에 서다」, 위즈덤하우스

세일러(2009), 「흐름을 꿰뚫어보는 경제독해」, 위즈덤하우스

　　　(2010), 「불편한 경제학」, 위즈덤하우스

송길호, 김춘동, 권소현, 양미영(2012), 「세계 경제권력 지도」, 어바웃어북

송호근(2012), 「이분법 사회를 넘어서」, 다산북스

신장섭(2009), 「금융전쟁」, 청림출판

이영훈(2013), 「대한민국 역사」, 도서출판 기파랑

이윤섭(2012), 「세계 속 한국 근대사」, 필맥

이헌재(2012), 「경제는 정치다」, 로도스출판사

임승수(2008), 「원숭이도 이해하는 자본론」, 시대의 창

장하준(2007), 「나쁜 사마리아인들」, 이순희 역, 부키

　　　(2014), 「장하준의 경제학 강의」, 김희정 역, 부키

정운찬, 김홍범(2000), 「화폐와 금융시장」, 율곡출판사

주경철(2008), 「대항해시대」, 서울대학교출판문화원

최연혁(2012), 「우리가 만나야 할 미래」, 쌤앤파커스

최용식(2009), 「환율전쟁」, 새빛에듀넷

홍성국(2005), 「세계 경제의 그림자, 미국」, 해냄출판사

홍익희(2013), 「유대인 이야기」, 행성비

현대경제연구원(2009), 「대한민국 경제지도」, 원앤원북스

郎咸平(2010), 「중미전쟁」, 홍순도 역, 비아북

宋鴻兵(2008), 「화폐전쟁」, 차혜정 역, 랜덤하우스코리아

　　　　(2010), 「화폐전쟁2」, 홍순도 역, 랜덤하우스코리아

李隆旭(2010), 「세계금융의 지배자 로스차일드 신화」, 시그마북스

陳雨露, 楊棟(2012), 「금전통치」, 김지은 역, 동아일보사

陳雨露, 楊棟(2014), 「금융으로 본 세계사」, 하진이 역, 시그마북스

다케나카 헤이조(2012), 「문제해결력을 기르는 힘 경제고전」, 김소운 역, 북하이브

도몬 후유지(2001), 「사카모토 료마」, 안희탁 역, 지식여행

아베 긴야(2005), 「일본인에게 역사란 무엇인가: 세켄(世間) 개념을 중심으로」, 이언숙 역,

　　　　도서출판 길

Akerlof, G. A. and R. J. Shiller(2009), 「야성적 충동」, 김태훈 역, 랜덤하우스코리아

Brown, E. H.(2009), 「달러」, 이재황 역, AK(도서출판 이른아침)

Bryson, B.(2014), 「여름, 1927, 미국 : 꿈과 황금시대」, 오성환 역, 까치글방

Butler, E.(2015), 「오스트리아 학파 경제학 입문」, 황수연 역, 리버티

Carey, J.(2006), 「역사의 원전」, 김기협 역, 바다출판사

Collins, A.(2006), 「아틀란티스로 가는 길」, 한은경 역, 김영사

Cowen, T.(2012), 「거대한 침체」, 송경헌 역, 한빛비즈

Deaton, A.(2014), 「위대한 탈출」, 이현정, 최윤희 공역, 한국경제신문

Faber, M.(2003), 「내일의 금맥」, 구홍표, 이현숙 역, 필맥

Ferguson, N.(2010), 「금융의 지배」, 김선영 역, 민음사

　　　　(2011), 「시빌라이제이션」, 구세희, 김정희 공역, 21세기북스

　　　　(2013), 「위대한 퇴보」, 구세희 역, 21세기북스

Graeber, D.(2011), 「부채 : 그 첫 5,000년」, 정명진 역, 도서출판 부글북스

Homer, S. and R. Sylla(2011), 「금리의 역사」, 이은주 역, 리딩리더

Kaletsky, A.(2011), 「자본주의 4.0」, 위선주 역, 컬쳐앤스토리

Mishkin, F. S.(2013), 「미쉬킨의 화폐와 금융」, 정지만, 이상규, 이명훈 공역,
　　　　　피어슨에듀케이션코리아

Morris, I.(2013), 「왜 서양이 지배하는가」, 최파일 역, 글항아리

Nasar, S.(2013), 「사람을 위한 경제학」, 김정아 역, 반비

Piketty, T.(2014), 「21세기 자본」, 장경덕 역, 글항아리

Rifkin, J.(2001), 「소유의 종말」, 이희재 역, 민음사

　　　　　(2005), 「유러피언 드림」, 이원기 역, 민음사

　　　　　(2014), 「한계비용 제로 사회」, 안진환역, 민음사

Roubini, N. and S. Mihm(2010), 「위기 경제학」, 허익준 역, 청림출판

Senor, D. and S. Singer(2010), 「창업국가」, 윤종록 역, 기운센

Shapiro, M.(1991), 「인플레로 돈버는 사람들」, 박정삼 역, 도서출판 한울

Smith, A.(2007a), 「국부론(상)」, 김수행 역, 비봉출판사

　　　　　(2007b), 「국부론(하)」, 김수행 역, 비봉출판사

Tett, G.(2010), 「풀스골드」, 김지욱, 이석형, 이경식 공역, 랜덤하우스코리아

Tvede, L.(2009), 「비즈니스 사이클」, 안진환 역, 위즈덤하우스

McNeill,W.H. (2007), 「세계의 역사 1, 2」, 김우영 역, 이산

찾아보기

ㅎ

비틀거리는 자본주의

조길연 지음

초판 1쇄 발행 2015년 7월 1일

펴 낸 곳　꿈엔들
펴 낸 이　이승철
디 자 인　김진디자인
출판등록　2002년 8월 1일 등록번호 제10-2423호
주　　소　121-231 서울특별시 마포구 망원1동 415-1번지
전　　화　032)327-4860 팩스 0303)0335-4860
이 메 일　nomadism@hanmail.net

값 25,000원

ISBN 978-89-90534-24-8 03320

이 도서의 국립중앙도서관 출판시도서목록(CIP)은 서지정보유통지원시스템 홈페이지
(http://seoji.nl.go.kr)와 국가자료공동목록시스템(http: //www.nl.go.kr/kolisnet)에서
이용하실 수 있습니다. (CIP제어번호 : CIP2015016756)

＊정성을 다해 만들었습니다만, 간혹 잘못된 책이 있습니다.
　연락주시면 바꾸어 드리겠습니다.